Korruption: ein ungerechtfertigter Eingriff in internationale Menschenrechte?

Leonie Hensgen

Korruption: ein ungerechtfertigter Eingriff in internationale Menschenrechte?

Chancen und Grenzen einer opferbezogenen Korruptionsperspektive

PL ACADEMIC RESEARCH

Bibliografische Information der Deutschen Nationalbibliothek
Die Deutsche Nationalbibliothek verzeichnet diese Publikation in der Deutschen Nationalbibliografie; detaillierte bibliografische Daten sind im Internet über http://dnb.d-nb.de abrufbar.

Zugl.: Heidelberg, Univ., Diss., 2016

Umschlagabbildung: © Michael Finzenhagen

D 16
ISBN 978-3-631-69786-3 (Print)
E-ISBN 978-3-631-69676-7 (E-PDF)
E-ISBN 978-3-631-69677-4 (EPUB)
E-ISBN 978-3-631-69678-1 (MOBI)
DOI 10.3726/978-3-631-69676-7

PL Academic Research ist ein Imprint der Peter Lang GmbH.

Peter Lang – Frankfurt am Main · Bern · Bruxelles · New York · Oxford · Warszawa · Wien

Diese Publikation wurde begutachtet.

www.peterlang.com

Zusammenfassung

Menschen in Brasilien, Venezuela, Ägypten, Nigeria, Bulgarien und vielen weiteren Ländern gingen in den letzten Monaten auf die Straße, um zu protestieren. Es war ein Protest gegen korrupte Machthaber, gegen den Zerfall öffentlicher Institutionen und gegen Restriktionen der freien Meinungsäußerung und der politischen Partizipation. Die Menschen machten sich stark für einen Staat, der gegenüber seinen Bürgern verantwortlich agiert, der nicht gegen die Interessen, sondern im Interesse der Bevölkerung handelt und eine Kultur der Transparenz fördert anstatt diese zu unterbinden. Die wütenden Demonstranten sprachen sich gleichermaßen für die stärkere Achtung der Menschenrechte und gegen die staatliche Korruption aus.

Ist die Verknüpfung zwischen Menschenrechten und Korruption begrenzt auf die Erkenntnis, dass in vielen Staaten mit endemischer Korruption auch die Menschenrechtslage kritisch zu beurteilen ist und die Menschen ihre politischen Forderungen gegen Korruption und für die Menschenrechte daher verbinden, oder ist ein Zusammenhang auch auf juristischer Ebene greifbar und von Relevanz? Die vorliegende Arbeit geht dieser Frage nach, indem korrupte Akte aus einer neuen Perspektive betrachtet und dahingehend untersucht werden, ob sie neben einem strafrechtlichen Delikt auch eine Menschenrechtsverletzung darstellen können.

Anhand von Fallstudien, basierend auf realen Situationen, zeigt die Dissertation auf, dass ein dem Staat zurechenbarer korrupter Akt eine Menschenrechtsverletzung begründen kann. Der Anteil der Fälle, in denen über eine Beeinträchtigung der Menschenrechte eine Verletzung dieser vorliegt, ist jedoch gering. Maßgeblicher Grund hierfür ist die fehlende direkte Kausalität zwischen der korrupten Handlung und dem Eingriff in die Menschenrechte.

Die Untersuchung der Fallkonstellationen zeigt darüber hinaus auf, dass es Muster im Rahmen der Menschenrechte gibt, die Rückschlüsse darüber zulassen, ob eine Verletzung durch Korruption per se zu bejahen oder zu verneinen ist. Insbesondere eine Differenzierung anhand der Staatenverpflichtungen erweist sich in dieser Hinsicht als vielversprechend. So wird durch Korruption am häufigsten die Pflicht zur Achtung der Menschenrechte verletzt. Auf ähnliche Weise ist es anhand der Korruptionsdelikte möglich, eine Aussage darüber zu treffen, wie wahrscheinlich eine Menschenrechtsverletzung durch die Verwirklichung des Deliktes ist. Während ein Eingriff in Menschenrechte durch das Delikt der illegalen Bereicherung zu verneinen ist, begründet der Akt der Bestechung in einer Vielzahl von Konstellationen eine Menschenrechtsverletzung.

Die Erkenntnis, dass Korruption in gewissen Fallkonstellationen Menschenrechte verletzt, darf keine abstrakte bleiben, wenn sie den demonstrierenden Menschen zugutekommen soll. Vielmehr stellt sich die Frage, welchen konkreten Nutzen Betroffene daraus ziehen können, dass Korruption ihre individuellen Rechte verletzt. Die Erörterung der Erfolgsaussichten einer juristischen Geltendmachung durch Einreichen einer Individualbeschwerde steht in diesem Zusammenhang im Fokus der vorliegenden Dissertation. Die Diskrepanz zwischen theoretisch Möglichem und praktisch Realisierbaren verweist jedoch auf die Grenzen des Rechtsschutzes durch internationale Quasi-Gerichte.

Das Potenzial neuer Handlungsoptionen, die eine menschenrechtlich ausgerichtete Anti-Korruptionsagenda bieten, ist nicht auf die justizielle Durchsetzung von Individualbeschwerden beschränkt. Die Vorteile einer neuen Korruptionsperspektive können vielmehr in politisch ausgerichteten Mechanismen realisiert werden, wie beispielsweise den Prüfungsverfahren der Staatenberichte vor den Menschenrechtsausschüssen der Vereinten Nationen. Um nachhaltige Veränderungen zu erreichen, muss der Diskurs einer Menschenrechtsverletzung durch Korruption auch die Betroffenen erreichen. Erst wenn sich ein gesellschaftliches Bewusstsein der negativen Folgen und des Ausmaßes von Korruption bildet und die individuellen Rechtsbeeinträchtigungen in den Mittelpunkt der Aufmerksamkeit rücken, offenbart sich den Bürgern ihre direkte Betroffenheit. Die intrinsische Motivation, aktiv gegen Korruption vorzugehen, ist eine der stärksten Waffen gegen den illegalen Missbrauch anvertrauter Macht.

Danksagung

Meinem Doktorvater, Herrn Prof. Dr. Dr. hc. Rüdiger Wolfrum, möchte ich dafür danken, dass er mir die Möglichkeit gab, am Max-Planck-Institut für ausländisches öffentliches Recht und Völkerrecht in Heidelberg zu promovieren und parallel mit großer Eigenverantwortlichkeit Projekte im Bereich der Antikorruption durchzuführen. Herr Wolfrum brachte mir sehr viel Vertrauen entgegen und ließ mir bei der Gestaltung meiner Arbeit großzügige Freiheit.

Mein Dank geht an Yvonne Klein für ihre freundliche und entgegenkommende Art, mit der sie mir bei jeder Frage und jedem Problem zur Seite stand. Ihre Tür stand immer offen und Yvonne nahm sich immer Zeit, wenn ich sie um ihre Hilfe bat.

Johannes Krusemark Camin danke ich für die Zeit, die er sich genommen hat, um mich zu unterstützen, wo immer er konnte, obwohl er in keiner Weise direkt für mich verantwortlich war. Es war Johannes, der mich in meiner Arbeit beständig bestätigte, wofür ich ihm sehr dankbar bin.

Anregende und hilfreiche Gespräche führte ich mit Anja Seibert-Fohr. Insbesondere bei Fragen zu Aspekten des Schutzes der Internationalen Menschenrechte konnte ich auf Anjas Expertise vertrauen und wusste, dass sie immer ein offenes Ohr für mich hatte, wenn ich etwas nicht verstand oder einen Rat benötigte.

Ohne die Hilfe von Ali Zakouri und Sandra Berg wäre ich bei der Büchersuche oft sicherlich hilflos zwischen den endlosen Regalen in den Tiefen des Institutkellers umhergeirrt. Die beiden waren eine kontinuierliche Hilfe – nicht nur durch ihre Erfahrung, sondern insbesondere auch durch ihre unermüdliche, freundliche und offene Art. Mein Dank geht auch an alle anderen Mitarbeiter der Bibliothek für ihre Unterstützung bei der Recherche.

Meine Arbeit ist geprägt vom kontinuierlichen Austausch mit anderen Doktoranden des Institutes. Gespräche bei Kaffee und Tee eröffneten mir neue Perspektive und regten mich an, meine Sicht immer wieder aufs Neue zu hinterfragen. Das Besondere war jedoch, dass wir nicht nur alle Doktoranden am Max-Planck-Institut waren, sondern zum Teil auch zu sehr guten Freunden wurden.

Des Weiteren geht mein Dank an all die Freunde ohne Institutsbezug, die sich die Zeit genommen haben, meine Arbeit zu lesen, Fehler zu verbessern und mir aufzuzeigen, an welchen Stellen meine Argumentation für den Leser nur noch schwer nachvollziehbar ist. Insbesondere Sandra Laier war mir während meiner gesamten Zeit als Doktorandin eine unersetzbare Unterstützung, da sie mir nicht nur mit juristischen und grammatikalischen Ratschlägen zur Seite stand, sondern darüber hinaus immer für mich da war, wenn ich das Gefühl hatte, meine Dissertation komme nie zu einem Ende. Christine Siegel, Rouven Strauss und Henrieke Over danke ich dafür, dass sie Teile meiner Arbeit am Ende meiner Zeit am Institut Korrektur gelesen haben.

Mein Mann Moritz Mussgnug hat Höhen und Tiefen meiner Dissertationszeit mit mir gemeinsam durchlebt und stand mir immer zur Seite. Als Ingenieur war er es, der mich dazu anregte, nicht nur in Wörtern zu denken, sondern auch einmal zu versuchen, mein Thema grafisch darzustellen. Moritz saß stundenlang an der Formatierung meiner Dissertation und war vor meiner Verteidigung fast genauso aufgeregt wie ich. Neben der Unterstützung für meine Dissertation bin ich Moritz wahnsinnig dankbar für all die schönen Momente an Abenden und Wochenenden, die mich das Promovieren für eine Weile vergessen ließen.

Zu guter Letzt möchte ich namentlich meinen Eltern Andrea Hensgen und Klaus Bertel dafür danken, dass sie mich immer wissen und spüren ließen, wie stolz sie auf mich sind, sich stets für meine Arbeit interessierten, mir in schwierigen Momenten Mut zugesprochen haben und den Abschluss meiner Dissertation mit mir feierten. Es war meine Mama, der ich als Erste freudig von meinem Promotionsangebot berichtete, und es war mein Papa, der meine fertige Arbeit binden ließ und bei der Uni einreichte, als ich bereits in Nepal war.

Viele weitere Menschen, die ich an dieser Stelle nicht alle beim Namen nennen kann, haben mich während der Zeit meiner Doktorarbeit unterstützt. Auch ihnen möchte ich danken, denn jeder von ihnen hat einen Teil zu meiner Dissertation beigetragen.

Inhaltsverzeichnis

Abkürzungsverzeichnis

a.a.O.	am angegebenen Ort
Allg.	Allgemein(e)
Anm.	Anmerkung
Art.	Artikel
ASIL	American Society of International Law
AU	Afrikanische Union/African Union
BGBl.	Bundesgesetzblatt
Bspw.	beispielsweise
Bzgl.	bezüglich
Bzw.	beziehungsweise
CCPR	International Covenant on Civil and Political Rights
CESCR	International Covenant on Economic, Social and Cultural Rights
CDU	Christlich Demokratische Union Deutschlands
CSU	Christlich-Soziale Union in Bayern e.V.
CPJ	Committee to Protect Journalists
Ders.	derselbe
ECLAC	Economic Commission for Latin America and the Caribbean
Dok./Doc.	Dokument/Document
DSM	Democratic Socialist Movement
ECOWAS	Economic Community of West African States
EGMR	Europäischer Gerichtshof für Menschenrechte
EMRK	Europäische Menschenrechtskonvention
EU	Europäische Union
Et al.	et alii (und Andere)
Etc.	et cetera
f.	folgende [Seite]
ff.	fortfolgende [Seiten]
FAZ	Frankfurter Allgemeine Zeitung
FITCAM	Focal Integrity Team Cameroon
Fn.	Fußnote
GAOR	General Assembly Official Records
Gem.	gemäß
GMC	Multidisziplinäre Gruppe des Europarates zu Korruption
GPAC	United Nations Global Programme against Corruption
HIV	Humane Immundefizienz-Virus
h. M.	herrschende Meinung
HRC	United Nations Human Rights Council
HRCee	United Nations Human Rights Committee
ibid.	ibidem (ebenda)

ICHRP	International Council on Human Rights Policy
IGH	Internationaler Gerichtshof
IMF	International Monetary Fund Internationaler Währungsfonds (IWF)
ILA	International Law Association Dt. Völkerrechtskommission
ILC	International Law Commission
ILO	International Labour Organisation
IO	International Organization
IPbürgR	Internationaler Pakt für bürgerliche und politische Rechte
IPwirtR	Internationaler Pakt für wirtschaftliche, soziale und kulturelle Rechte
iRd.	im Rahmen der
i.V.m.	in Verbindung mit
Mio.	Millionen
NACC	National Anti-Corruption Commission (Thailand)
NGO	Non-Governmental Organization (Nichtregierungsorganisation)
Nr./No.	Nummer/Number
OEA	Organización de los Estados Americanos (Organisation Amerikanischer Staaten)
OECD	Organization for Economic Co-operation and Development
OHCHR	Office of the United Nations High Commissioner for Human Rights
UN	United Nations
UNCAC	United Nations Convention against Corruption
UNDP	United Nations Development Programme
UNESCO	United Nations Educational, Scientific and Cultural Organization (dt. Organisation der Vereinten Nationen für Erziehung, Wissenschaft und Kultur)
UN.GIFT	United Nations Global Initiative to Fight Human Trafficking
UNICEF	United Nations Children's Fund
UNODC	United Nations Office on Drugs and Crime
UPR	Universal Periodic Review
USA	United States of America
Rn.	Randnummer
Rspr.	Rechtsprechung
S.	Seite
s.	siehe
SADC	Southern African Development Community
SIWI	Stockholm International Water Institute
StGB	Strafgesetzbuch
StPO	Strafprozessordnung
TI	Transparency International
v.Chr.	vor Christus

vgl.	vergleiche
VN	Vereinte Nationen
Vol.	Volume
WHO	Welthandelsorganisation
WTO	World Trade Organization
WVK	Wiener Vertragsrechtskonvention
ZP	Zusatzprotokoll
z. T.	zum Teil

„When the public at large demonstrate for more accountability and decent government in so many countries of the world they are motivated, to no small extent, by the anger over corruption: corruption that humiliates the poor who must bribe officials for minimal services; corruption that bankrupts the honest trader; corruption that empowers unscrupulous captains of commerce and their partners, dishonest politicians; corruption which spreads like a cancer to kill all that is decent in society.“[1]

1 Zitat des Nobelpreisträgers Oscar Arias Sanchez zur Eröffnung von TI (Berlin), Nov. 1993, zitiert aus Pope, S. 139.

Einleitung

„Let us be clear. Corruption kills!"

Mit diesen Worten eröffnet Navi Pillay, High Commissioner for Human Rights, im März 2013 die Debatte über die negativen Auswirkungen von Korruption auf die Menschenrechte im Menschenrechtsrat. In ihrem folgenden Statement führt sie den Diskussionsteilnehmern die Prägnanz der Thematik deutlich vor Augen:

> *"The money stolen through corruption every year is enough to feed the world's hungry 80 times over. Bribes and theft swell the total cost of projects to provide safe drinking water and sanitation around the world by as much as 40 per cent. It is reported that from 2000 to 2009, developing countries lost US $ 8.44 trillion to illicit financial flows, 10 times more than the foreign aid they received.*
>
> *There is no doubt that, in practical terms, corruption is an enormous obstacle to the realization of all human rights — civil, political, economic, social and cultural, as well as the right to development. Corruption hits the poor first and hardest.*
>
> *Corruption violates human rights; let us pool our thoughts and efforts together, and fight it as one."*[2]

Das Phänomen der Korruption sowie Fragen der Korruptionsbekämpfungen sind seit den 90er-Jahren Thema der internationalen Debatte und als solches aus dieser nicht mehr wegzudenken. Mit dem Vormarsch der Good Governance Agenda, deren Forderungen nach Transparenz, Integrität und Accountability seither immer stärker an Prominenz gewinnen, begann man, die Hindernisse zu adressieren, die der Verwirklichung dieser Werte entgegenstehen.[3] Die Weltbank deklarierte Korruption zu einem wirtschaftlichen Thema, wodurch sie den eigenen Fokus auf die Korruptionsbekämpfung rechtfertigte.[4] Das Zitat des damaligen Präsidenten der Weltbank ist prägend für einen maßgeblichen Wandel des Korruptionsbewusstseins auf internationaler Ebene.

---

2 Die gesamte Rede von Frau Pillay ist abrufbar unter: http://www.ohchr.org/EN/NewsEvents/Pages/DisplayNews.aspx?NewsID=13131&LangID=e.

3 Das Konzept von „Governance" wurde von der Weltbank 1989 in ihrem Bericht über Afrika zum ersten Mal verwendet, World Bank, *Sub-Saharan Africa: from crisis to sustainable growth.* Zur Entwicklung der Good Governance Agenda s. Kjoer/Kinnerup, in Sano/Alfredsson, S. 2 f.; Czada, in Benz/Dose.

4 Das Mandat der Weltbank ist auf Themen der wirtschaftlichen Entwicklung begrenzt. Andere Aspekte dürfen nur adressiert werden, sofern diese Auswirkungen auf das primäre Mandat haben, s. Art. IV Section 10 Articles of Agreement for the World Bank.

"I visited a number of countries and I decided that I would redefine the previously unspeakable ‚C' word not as a political issue but as something social and economic."[5]

Korruption galt nicht mehr als Angelegenheit der nationalen Politik, die aufgrund der Wahrung der staatlichen Souveränität vor externer Kritik abgeschirmt war, sondern als globales Problem, das im Interesse aller Staaten bekämpft werden muss.[6]

Das Ende der 90er-Jahre ist durch eine Welle nationaler, regionaler und internationaler Bemühungen der Korruptionsbekämpfung geprägt. Das Inkrafttreten der internationalen Antikorruptionskonvention der Vereinten Nationen im Jahre 2005 markierte einen Höhepunkt der vereinten staatlichen Kräfte zur Eindämmung des Übels. Doch schnell musste man realisieren, dass die gewünschten Erfolge ausblieben. Trotz der Vertragsratifikation durch eine Vielzahl von Staaten und der nach außen kommunizierten Bekenntnis zu einer „zero-tolerance-against-corruption" Strategie[7] kamen beständig neue Skandale ans Licht, und die Erkenntnis über die negativen Konsequenzen von Korruption auf allen Ebenen nahm immer besorgniserregendere Ausmaße an. Nur langsam wurde den verantwortlichen Akteuren bewusst, dass kurzfristig angelegte Maßnahmen keine nachhaltige Wirkung erzeugen können. Statt einer Strategie, die primär auf die Bekämpfung der Korruptionssymptome abzielt, musste ein nachhaltiges Umdenken angestrebt werden.

Der begrenzte Erfolg der Antikorruptionsstrategien ist eine Erklärung dafür, warum neue Ansätze und solche, die bereits thematisiert wurden, in Vergessenheit gerieten und erst in den letzten Jahren wieder verstärkt Aufmerksamkeit erfahren

---

5 James Wolfensohn, zitiert aus Ivanov, S. 31.

6 Insbesondere die Rede des Präsidenten der Weltbank, James Wolfensohn vom 1.10.1996, wird bis heute als Wendepunkt betrachtet: „(...) we must tackle the issue of economic and financial efficiency. But we also need to address transparency, accountability, and institutional capacity. **And let's not mince words: we need to deal with the cancer of corruption.** In country after country, it is the people who are demanding action on this issue. They know that corruption diverts resources from the poor to the rich, increases the cost of running businesses, distorts public expenditures, and deters foreign investors. They also know that it erodes the constituency for aid programs and humanitarian relief. And we all know that it is a major barrier to sound and equitable development."
Die gesamte Rede ist abrufbar unter: http://web.worldbank.org/WBSITE/EXTERNAL/EXTABOUTUS/ORGANIZATION/EXTPRESIDENT/EXTPASTPRESIDENTS/PRESIDENTEXTERNAL/0,,contentMDK:20025269~menuPK:232083~pagePK:159837~piPK:159808~theSitePK:227585,00.html. Für genaue Ausführungen bzgl. der zunehmenden Präsenz der Korruptionsproblematik im internationalen Diskurs sowie einem damit einhergehenden Wandel in der Entwicklungszusammenarbeit, s. Böckmann, in Achathaler, S. 149 ff.

7 Eine „zero-tolerance-against-corruption" Strategie wird u. a. von der Weltbank befürwortet und wurde vermehrt von Staaten aufgegriffen, um ihr Engagement diesbezüglich Hervorzuheben. Für weitere Informationen, s. http://www.u4.no/publications/donors-and-zero-tolerance-for-corruption-from-principle-to-practice/.

haben. Die Idee einer Verknüpfung der Menschenrechte mit der Korruption, die bereits 2003 von den VN im Ansatz untersucht wurde,[8] ist einer dieser Ansätze. Durch eine alternative Betrachtungsweise sollen neue Wege der Korruptionsbekämpfung aufgezeigt werden. Die Untersuchung des normativen Gehalts dieses Ansatzes sowie die Frage nach dessen Mehrwert für die von Korruption Betroffenen ist das Ziel der vorliegenden Dissertation.

8 Im Jahre 2003 setzte die ehemalige Menschenrechtskommission eine Spezialberichterstatterin ein, deren Mandat es war, die „negativen Auswirkungen der Korruption auf die Menschenrechte" zu untersuchen, s. Hensgen, in Max Planck UNYB 17 (2013), S. 206 ff.

Kapitel I

Das erste Kapitel dient der Übersicht über die Thematik der vorliegenden Arbeit. Um die Fragestellung besser einordnen zu können, wird diese in ihrem Gesamtzusammenhang dargestellt (A) und darauf aufbauend der konkrete Untersuchungsgegenstand erläutert (B). Im Anschluss erfolgen eine thematische Eingrenzung (C) sowie Anmerkungen zu Ziel und Gang der Arbeit (D).

A. Thematischer Gesamtzusammenhang

Die Verknüpfung der Menschenrechte mit der (Anti-)Korruption begrenzt sich nicht auf die von Frau Pillay thematisierten Aspekte. Neben der Frage einer Menschenrechtsverletzung durch Korruption werden in der Wissenschaft und in der Praxis zwei weitere Ebenen des Zusammenspiels dieser Thematiken erörtert: einerseits die potenzielle Nutzbarmachung der Menschenrechte als Instrument der Antikorruption und andererseits die Beeinträchtigung der Menschenrechte durch Antikorruptionsmaßnahmen.

1. Korruption als Menschenrechtsverletzung?

Während Korruption, was zunächst als opferloses Delikt[9] eingestuft wird, lange aus einer primär strafrechtlichen Perspektive betrachtet wurde,[10] rücken seit einigen Jahren die gesellschaftlichen Folgen von Korruption stärker in den Fokus.[11] Man erkannte, dass sowohl die Gesellschaft in ihrer Gesamtheit als auch Individuen und Personengruppen in ihren Rechten durch Korruption beeinträchtigt sein können. Bereits die Summe der finanziellen Verluste, die Entwicklungsländer durch Korruption jährlich erleiden (2010 wurde diese auf circa eine Billion US-Dollar geschätzt[12]), erklärt, warum heute nur noch wenige Korruption als „notwendiges Öl im Motor" bezeichnen, ohne das erfolgreiche wirtschaftliche Investitionen ausgeschlossen

9 Es wird die Ansicht vertreten, dass die Opfer von Korruption aufgrund fehlender direkter Auswirkungen korrupter Delikte auf die Betroffenen nicht identifizierbar sind. Zwar ist diese Auffassung heute eine Mindermeinung, wird aber aufgrund einer fehlenden Beteiligung des Geschädigten an der Tat z. T. immer noch befürwortet, bspw. Röhrich, S. 49.

10 Der starke Fokus auf den strafrechtlichen Charakter des Phänomens ergibt sich insbesondere aus den regionalen und internationalen Antikorruptionsverträgen, die näher in Kapitel II C. behandelt werden.

11 Vgl. Terracino, S. 27 ff. für eine ausführliche Beschreibung des gewandelten Verständnisses gegenüber Korruption.

12 Lobe, in Neopresse (18.12.2012) unter Berufung auf den Bericht der NGO Global Financial Integrity.

sind.[13] Die weitgreifenden negativen Folgen von Korruption zeigten immer deutlicher auf, dass eine rein strafrechtliche Perspektive es weder vermag, die Problematik zu erfassen noch angemessene Gegenmaßnahmen aufzuzeigen. Die Limitierungen des Strafrechts waren Auslöser dafür, einer menschenrechtlichen Korruptionsbetrachtung vermehrte Aufmerksamkeit zu widmen.

Während eine generelle Einschränkung menschenrechtlicher Garantien und der vertraglichen Pflichten der Menschenrechtsverträge durch korruptes, dem Staat zurechenbares Verhalten nicht umstritten ist, gehen die Meinungen bei der Frage einer Menschenrechtsverletzung durch Korruption auseinander. Die These, dass jeder korrupte Akt eine Menschenrechtsverletzung darstelle, stieß auf Gegenwehr, und man begann sich intensiver damit auseinanderzusetzen, unter welchen Bedingungen die Verwirklichung eines korrupten Deliktes als ein ungerechtfertigter Eingriff in vertraglich geschützte Menschenrechte anzusehen ist. Während sich die Debatte zunächst auf wirtschaftliche, soziale und kulturelle Rechte beschränkte vollzog sich schnell eine Ausdehnung der Fragestellung auf alle Menschenrechte, die bis heute andauert.[14]

Der in diesem Zusammenhang entstandene Diskurs ist geprägt von den unterschiedlichen Verständnissen und Denkweisen der Disziplinen, die zu diesem beitragen. Sowohl das Konzept der Menschenrechte als auch das Phänomen der Korruption werden je nach Fachrichtung anders aufgefasst. Juristen verstehen Menschenrechte in erster Linie als Individualrechtsgarantien des Einzelnen gegenüber dem Staat. Zur Erörterung einer potenziellen Menschenrechtsverletzung durch Korruption werden Konstellationen individueller Rechtsverletzungen in den Blick genommen. Politikwissenschaftler diskutieren vermehrt die gesamtgesellschaftlichen Folgen korrupter Akte und wie diese mit den vertraglichen Verpflichtungen der Staaten in Konflikt treten. Menschenrechte sind für sie weniger ein rechtlicher Anspruch als vielmehr ein Leitfaden, der in einer globalen Werteordnung Kriterien einer guten Regierungsführung aufzeigt, die der Bewertung staatlichen Handelns dienen. Die Beurteilung eines Eingriffs in Menschenrechte durch Korruption kann

---

13 Die berühmtesten Schriften über die positiven Auswirkungen, die Korruption auf die politische und wirtschaftliche Entwicklung haben kann, datieren aus den 1960er- und 70er-Jahren. Die Verteidiger des sogenannten revisionistischen Ansatzes streiten die negativen Folgen von Korruption nicht ab, konzentrieren sich in ihrer Arbeit aber auf die Funktionalität gewisser korrupter Praktiken für Entwicklungsländer, bspw. Huntington, in Political Order in Changing Societies, S. 59ff.; Nye, in American Political Science Review 61, No.2 (1967), zitiert aus Terracino, S. 34. Kaufman/Kraay argumentieren in einer jüngeren Veröffentlichung dafür, dass Korruption kurzfristig zwar Prozesse beschleunigen kann, langfristig jedoch die Kosten unnötig erhöht und zu ökonomisch ineffizienten Resultaten führt, Kaufman/Kraay, World Bank.

14 Dies ist deutlich an den veröffentlichten Ergebnissen der Spezialberichterstatterin zu den negativen Auswirkungen von Korruption auf die Menschenrechte zu sehen, einsehbar unter: http://www.ohchr.org/EN/Issues/Development/GoodGovernance/Pages/Documents.aspx.

je nachdem, welches Verständnis zugrunde gelegt wird, durchaus unterschiedlich ausfallen.

2. Menschenrechte als Antikorruptionsmechanismus?

Mit neuen Perspektiven auf Korruption ging einher, das primär repressive Vorgehen gegen Korruption infrage zu stellen. Insbesondere in Staaten mit jungen Antikorruptionskonzepten lässt sich beobachten, dass eine präventive Herangehensweise immer mehr an Bedeutung gewinnt. Das Aufkommen präventiver Ansätze hat die Auseinandersetzung über das Potenzial einer Verknüpfung der Menschenrechte mit der Antikorruption besonders gestärkt. Insbesondere die Nutzbarmachung bürgerlicher und politischer Menschenrechte wurde von den VN und NGOs propagiert. So könnte eine wirksamere Achtung des Rechts auf Meinungs-, Informations- und Versammlungsfreiheit, das Recht auf ein faires Verfahren sowie das Diskriminierungsverbot dazu dienen, die Zivilgesellschaft in ihrer Funktion als Watchdog zu stärken. Je besser der Zugang zu Informationen und je breiter der Raum für zivilgesellschaftliches Engagement, desto eher können Bürger Druck auf eine korrupte Elite ausüben und Politiker kritisieren, die sich des Missbrauches ihrer ihnen anvertrauten Macht schuldig machen.[15] Ein Exempel für die Berufung einer auf internationale Menschenrechte im Kampf für mehr Transparenz und gegen Korruption ist die *Bottom-up* Bewegung[16] in Indien, die sich erfolgreich für den Erlass eines Rechts auf Information einsetzte. Das verfassungsrechtlich normierte Recht gewährt Indern Einsicht in staatliche Dokumente, die ihnen davor leicht verwehrt werden konnte. Die Normierung eines Rechts auf Information auf nationaler Ebene gilt heutzutage als anerkannter Antikorruptionsmechanismus, der von vielen Staaten umgesetzt wurde.[17]

Während die Berufung auf bürgerliche und politische Rechte eine aktivere und intensivere Partizipation der Bürger im Kampf gegen Korruption sichern soll, erhofft man die Anreize für korruptes Agieren im Alltag durch die Verwirklichung wirtschaftlicher und sozialer Rechte langfristig zu reduzieren.[18] Ein Arzt beispielsweise,

---

15 Vgl. Schenk in v. Arnim, S. 109 ff. Die Zivilgesellschaft wird hier als Multiplikator und Avantgarde für ethisches Verhalten im Kampf gegen die Korruption beschrieben.

16 „*Bottom-up*" ist von „*Top-down*" zu unterscheiden. Es war lange vehement umstritten, ob ein Ansatz, der die Gesellschaft von unten stärkt (Bottom-up) oder eine solche Herangehensweise, die sich primär auf die Handlungsmöglichkeiten der politischen Elite konzentriert (Top-down), zur Eindämmung der Korruption erfolgsversprechender ist. Die h. M. geht heute davon aus, dass beide Ansätze kombiniert werden müssen, um einen Wandel auf allen Ebenen erreichen zu können.

17 Das Recht auf Information gilt heute als eine der Best Practice im Kampf gegen Korruption, s. Präambel der *Atlanta Declaration and Plan of Action for the Advancement of the Right of Access to Information*, TI – Right to Information as an Anti-Corruption Tool.

18 Vgl. ICHRP (2009), S. 79.

dessen Recht auf ein angemessenes Arbeitsentgelt gewahrt wird, sieht sich nicht gezwungen, Einkommensdefizite durch korrupte Akte auszugleichen, um den Lebensunterhalt von sich und seiner Familie sichern zu können.[19]

Die Idee, die Menschenrechte als Instrument der Korruptionsprävention zu nutzen, basiert letztlich auf Prinzipien, die Antikorruptionsbemühungen und Menschenrechtsbewegungen teilen. Die Umsetzung und Stärkung von Werten wie Transparenz, Partizipation, Empowerment, Rechtsstaatlichkeit und Antidiskriminierung kann einen Mehrwert für beide Unterfangen darstellen.

3. Menschenrechtsverletzungen durch Antikorruptionsmaßnahmen

Maßnahmen zur Korruptionsbekämpfung können zu einer Verletzung menschenrechtlicher Garantien führen, wenn die Rechte des Beschuldigten nicht angemessen gewahrt werden. Insbesondere die im Recht auf ein faires Verfahren implizierte Unschuldsvermutung nach Art. 14 II IPbürgR wird in der Praxis zum Teil außer Acht gelassen, wenn das effektive Vorgehen gegen den korrupten Täter oberste Priorität hat. Es steht mit Artikel 14 II IPbürgR in Widerspruch, dem Beschuldigten die Beweislast aufzubürden, um den Beweisschwierigkeiten entgegenzuwirken, die oft mit korrupten Delikten einhergehen. Das Recht auf ein faires Verfahren kann auch verletzt sein, wenn dem Beschuldigten das Recht auf Verteidigung verwehrt oder gänzlich von einem Verfahren abgesehen wird. Ein weiteres, in diesem Zusammenhang häufig betroffenes Recht ist das Recht auf die Achtung der Privatsphäre gemäß Artikel 17 IPbürgR. Je intensiver die Überwachung von Verdächtigen ausgestaltet ist, desto eher tritt dies mit Artikel 17 IPbürgR in Widerspruch. Die häufig kritisierte Vorgehensweise der kenianischen Antikorruptionskommission ist nur eines von vielen Beispielen in diesem Zusammenhang.[20] Diese hat das Recht, Personen zu überwachen,[21] die Herausgabe von privaten Dokumenten[22] oder das Offenlegen des privaten Vermögens zu verlangen[23], ohne dass dafür immer ein richterlicher Beschluss notwendig ist.[24] Es steht außer Frage, dass die Eindämmung von Korruption nicht als Rechtfertigung zur Missachtung von Menschenrechten

---

19 Geringe Gehälter sind nur ein Aspekt zur Erklärung für korruptes Verhalten. Für eine gute Aufzählung externer und interner Faktoren, die Korruption fördern, s. Hallak/Poisson, IIEP/UNESCO, S. 64 ff.

20 Die kenianische Antikorruptionskommission ist dafür bekannt, ihre eigenen Kompetenzen sehr weit auszulegen, wodurch sie Kritik auf sich zog. Rechtsgrundlage für das Vorgehen der Kommission ist der *Anti-Corruption and Economics Crime Act* (2003), Gathii, in L. & Dev. Rev. 4 (2011), S. 205 ff.

21 § 7 Ib) *Anti-Corruption and Economics Crime Act.*

22 § 27 III a.a.O.

23 § 26 I a.a.O.

24 Gathii, in L. & Dev. Rev. 4 (2011), S. 206.

dienen kann. Der Schutz der Menschenrechte steht korrupten Tätern in gleicher Weise wie jedem anderen Individuum zu.

B. Gegenstand der Untersuchung

Die vorliegende Arbeit konzentriert sich auf die Frage, inwiefern ein korrupter Akt eine Menschenrechtsverletzung darstellen kann (I.A.1.). Es geht folglich um die Abgrenzung zwischen einer rechtlich nicht einklagbaren Beeinträchtigung der Menschenrechte und einer durch das Verfahren der Individualbeschwerde sanktionierbaren Verletzung der Menschenrechte in Fällen korrupter Handlungen. Die Eingrenzung basiert auf folgenden Überlegungen.

Betrachtet man die drei Aspekte eines Zusammenhangs zwischen den Menschenrechten und der (Anti-)Korruption hinsichtlich ihres Potenzials für eine rechtswissenschaftliche Dissertation, bietet die Analyse einer Menschenrechtsverletzung durch Korruption juristisch die meisten, bisher unzureichend erörterten Fragen. Trotz einer zunehmenden Präsenz der Thematik in den letzten Jahren in Wissenschaft und Praxis und durchaus gewinnbringenden Beiträgen in diesem Zusammenhang bleiben weiterhin viele Aspekte ungeklärt. Der Fokus lag bisher vor allem auf theoretischen Überlegungen wie, ausgehend von einzelnen Rechtsgarantien, deren Verletzung durch Korruption aussehen könnte.[25] Das Augenmerk wurde selten auf alltägliche Korruptionsfolgen und deren Bedeutung für die Betroffenen gerichtet. Dies ist jedoch notwendig, um eine bloße Beeinträchtigung von einer Verletzung der Menschenrechte abgrenzen zu können. Zudem bedarf es einer genauen Betrachtung der Kausalität in Einzelfallkonstellationen. Nur wenn der korrupte Akt kausal für die Menschenrechtsverletzung ist, kann von einer Menschenrechtsverletzung durch Korruption gesprochen werden.[26] Ein weiterer Aspekt, den bisherige Analysen nicht aufzeigen vermochten, ist eine Untersuchung, welche der einzelnen

25 S. bspw. Terracino, ICHRP, S. 9 ff.; ICHRP (2009), S. 23 ff.; ICHRP (2010); Pearson, S. 29 ff; Boersma, S. 202; Boersma/Nelen; Ogundokun. Zwar gehen diese Autoren auf reale Fälle der Beeinträchtigung der Rechte durch Korruption ein, um anhand von Beispielen die Verletzung zu veranschaulichen; im Vordergrund steht jedoch die beschriebene Vorgehensweise, die vermehrt abstrakt versucht, potenzielle Rechtsverletzungen herauszuarbeiten.

26 Nadakavukaren Schefer, in RW 4 (2010), ein exzellenter Artikel zum Problem der Kausalität in der Menschenrechts-Korruptionsbeziehung, der jedoch die „spezifische Kausalität“, die zwischen dem korrupten Akt und dem Eingriff im Einzelfall vorliegen muss, damit dieser als Menschenrechtsverletzung geltend gemacht werden kann, von einer „generellen Kausalität“ unterscheidet, die insbesondere für politische Entscheidungsträger maßgeblich ist, wenn es darum geht, neue Antikorruptionsstrategien zu entwickeln und deren Auswirkungen auf die Gesellschaft zu untersuchen. Der Aufsatz beschränkt seine Analyse auf die sog. „generelle Kausalität“ und befasst sich daher gerade nicht mit jenen Konstellationen, welche Thema der vorliegenden Arbeit sind.

Korruptionsdelikte, losgelöst von den Rechtsgarantien, überhaupt einen ungerechtfertigten Eingriff in Menschenrechte begründen können. Selten wird in ausreichendem Maße zwischen den verschiedenen Formen von Korruption differenziert. Schließlich gibt es keine Arbeit, die sich über die Frage einer Rechtsverletzung hinaus mit der Durchsetzung einer solchen auf internationaler Ebene befasst.

Angesichts der Ausmaße von Korruption und des drängenden Bedürfnisses nach Lösungen haben die aufgeworfenen Fragen bisher verhältnismäßig wenig Aufmerksamkeit erfahren. Diese Lücken will die vorliegende Arbeit schließen. Die Tatsache, dass Korruption den Alltag vieler Menschen maßgeblich prägt, verlangt nach einer genauen Untersuchung der Fragestellung. Eine verallgemeinernde Betrachtungsweise muss aufgelöst und der konkrete Mehrwert einer verstärkt menschenrechtlich ausgerichteten Antikorruptionsstrategie analysiert werden. Die in der Wissenschaft und Praxis vorhandenen Ansätze dienen als Anknüpfungspunkt und erlauben es der Verfasserin, aus beiden Quellen zu schöpfen.

Neben den Vorzügen, die mit der Behandlung der genannten Thematik einhergehen, lassen sich auch Punkte anführen, die den Ausschluss der zwei weiteren Verknüpfungsaspekte für diese Dissertation begründen können. Die Gefahr von Menschenrechtsverletzungen durch Antikorruptionsmaßnahmen wird heutzutage nicht mehr infrage gestellt, wodurch sich dies als Thema für eine Dissertation nicht eignet. Im Gegensatz dazu ist der potenzielle Mehrwert der Menschenrechte als Instrument eines präventiven Antikorruptionsansatzes bisher am wenigsten erforscht. Trotz der Vielzahl ungeklärter Fragen ist die Thematik jedoch nur in begrenzter Weise mit juristischen Methoden zugänglich. Inwiefern die Stärkung von Menschenrechten einen Beitrag zur Korruptionseindämmung leisten kann, ist eine Frage, die richtungsweisend von politischen Aspekten beeinflusst wird. Zwar hat sich jeder Vertragsstaat der Menschenrechtsverträge rechtlich verpflichtet, die normierten Garantien zu verwirklichen; wie dies geschieht, ist jedoch primär eine politische Entscheidung. Der Aufbau und die Funktionsfähigkeit staatlicher Institutionen, insbesondere der Justiz, deren rechtsstaatliche Ausrichtung sowie das Vorhandensein von Freiräumen zu zivilgesellschaftlichen Betätigungen sind in diesem Zusammenhang beispielhaft zu nennen.[27] Es existiert weder eine universal gültige, rechtlich verbindliche Auslegung der Menschenrechte noch deren einzig richtige Realisierung. Vielmehr wird den Staaten auf nationaler Ebene bewusst ein gewisser Beurteilungsspielraum eingeräumt. Neben politischen Implikationen, die im Rahmen der Umsetzung der Menschenrechte eine tragende Rolle spielen und gegen eine rein juristische Betrachtung sprechen, verlangt auch die Erstellung einer Nutzwertanalyse eines neuen Antikorruptionsansatzes nach einer interdisziplinären Bearbeitung der Fragestellung. Diese Erwägungen sprechen in den Augen der Verfasserin für die thematische Eingrenzung auf die Frage einer potenziellen Menschenrechtsverletzung durch Korruption.

---

27 Staderock, in Wolfrum (MPEPIL), § 2.

C. Thematische Eingrenzung

Um die aufgeworfenen Aspekte angemessen zu beantworten und gleichwohl den Umfang der Arbeit zu wahren, ist eine Fokussierung sowohl in Bezug auf die untersuchten Formen der Korruption als auch hinsichtlich der zu betrachtenden Menschenrechte notwendig.

Die Analyse einer Menschenrechtverletzung durch Korruption orientiert sich an den in der UNCAC normierten Korruptionsdelikten. Es bedarf einer Arbeitsdefinition der Korruption, um ein einheitliches Verständnis in der Arbeit zu gewährleisten. Da bis heute kein Konsens über eine Korruptionsdefinition erzielt werden konnte, liegt es in einer völkerrechtlichen Dissertation nahe, sich auf das einzige Dokument zu stützen, das auf globaler Ebene Geltung hat und für alle Staaten zur Ratifikation offensteht. Trotz der Orientierung an den in der UNCAC normierten Tatbeständen unterlässt die Arbeit es nicht, auch weitere, aus anderen Disziplinen kommende Korruptionsdefinitionen in die Überlegung einzubeziehen, um auf diese Weise eventuelle Lücken der völkerrechtlichen Korruptionsauffassung aufzuzeigen.

Die Betrachtung einer potenziellen Menschenrechtsverletzung durch Korruption konzentriert sich zunächst auf die Delikte der Bestechung und der Veruntreuung/Unterschlagung. Dies ist einerseits damit zu erklären, dass laut der UNCAC lediglich diese zwei Delikte verbindlich ins nationale Recht umgesetzt werden müssen. Während hinsichtlich der weiteren normierten Delikte vonseiten der Staatenvertreter Vorbehalte geäußert wurden, die eine verbindliche Kriminalisierung dieser verhinderten, sind Bestechung und Veruntreuung/Unterschlagung als korrupt zu sanktionierende Delikte mehrheitlich anerkannt. Ein weiterer Grund für eine Fokussierung auf die Tatbestände der Bestechung und der Veruntreuung/Unterschlagung ist die von der Verfasserin aufgestellte These, dass diese beiden Delikte für die Frage einer Menschenrechtsverletzung durch Korruption die größte Bedeutung aufweisen. Inwiefern die These aufrechterhalten werden kann, wird am Ende des V. Kapitels untersucht.

Hinsichtlich der Menschenrechte liegt die primäre Eingrenzung in der Ausgrenzung aller nicht verbindlich normierten Menschenrechte. Menschenrechtsgarantien, die auf internationaler Ebene lediglich in Form des *soft law*[28] existieren, blieben unberücksichtigt. Diese Einschränkung lässt sich anhand des Themas der Dissertation erklären, das nicht bei der Frage einer Menschenrechtsverletzung durch Korruption stehen bleibt, sondern auch erörtert, inwiefern eine Geltendmachung der Verletzung im Wege des Rechtsschutzes erfolgversprechend sein kann. Mangels der Ableitung verbindlicher Rechte und Pflichten aus einem unverbindlichen Dokument ist auch deren Verletzung ausgeschlossen. Eine prozessuale Geltendmachung scheidet daher bereits aus rein theoretischen Überlegungen aus.

28 Für eine Erklärung des Begriffs sowie weitere Ausführungen s. Thürer, in Wolfrum (MPEPIL).

Im Rahmen der verbindlich normierten Menschenrechte konzentriert sich die vorliegende Arbeit auf Garantien, die auf internationaler Ebene Geltung erlangt haben. In diesem Zusammenhang sind der Internationale Pakt für bürgerliche und politische Rechte sowie der Internationale Pakt für wirtschaftliche, soziale und kulturelle Rechte von besonderer Relevanz und dienen deshalb als Ausgangspunkt für die Analyse. Es existiert eine Vielzahl weiterer internationaler Menschenrechtsverträge, die sich meist auf spezifische Rechtsgarantien konzentrieren. Zwar ist deren Bedeutung für die vorliegende Fragestellung nicht zu unterschätzen, allerdings ist diese Arbeit verstärkt auf eine allgemeine Analyse potenzieller Menschenrechtsverletzung durch Korruption ausgerichtet. Das Heranziehen der Menschenrechtsverträge, die auf den Schutz einer Vielzahl von Menschenrechte abzielen, ist daher zielführender als die Auseinandersetzung mit spezifischen Menschenrechtsgarantien. Regionale Menschenrechtsverträge werden außer Betracht gelassen.

Um Fehlinterpretationen zu vermeiden, ist an dieser Stelle festzuhalten, dass es sich bei dieser Arbeit um eine juristische, völkerrechtliche Dissertation handelt. Wie bereits angedeutet, sind sowohl die Menschenrechte als auch die Korruption Konzepte, die von einer Vielzahl von Disziplinen untersucht und definiert werden. Darüber hinaus wird auch die Debatte über eine Menschenrechtsverletzung durch Korruption nicht nur in einem juristischen Kontext geführt, was durchaus zu Missverständnissen führen kann. Trotz der Nähe der Fragestellung zu gesellschaftlichen und politischen Aspekten können diese lediglich rudimentär in die Arbeit einfließen. Menschenrechte werden als individualrechtliche Garantien des Bürgers gegenüber dem Staat verstanden, die durch ein dem Staat zurechenbares Verhalten verletzt werden können.

D. Ziel und Gang der Untersuchung

„Expressing conflicts in terms of human rights language can reveal the competing interests at stake and suggest the appropriate procedure for resolving the tension."[29]

Die vorliegende Arbeit nimmt den Gedanken des Zitates auf, indem die globale Problematik der Korruption in den Kontext der Betroffenen gesetzt wird, um anhand einer menschenrechtlichen Perspektive neue Lösungswege zu untersuchen. Die auf den vorherigen Seiten angesprochenen Fragen sowie weitere in diesem Zusammenhang relevanten Aspekte werden in sieben aufeinander aufbauenden Kapiteln detailliert dargestellt, analysiert und erörtert. Der Aufbau der vorliegenden Arbeit gestaltet sich wie folgt: Das erste Kapitel dient der Übersicht über die zu erörternde Thematik. Der Gesamtzusammenhang sowie die methodische Vorgehensweise werden dargestellt. Die Darstellung der drei unterschiedlichen Verknüpfungsansätze der Menschenrechte mit der Korruption (A.) dient als Grundlage, um darauf aufbauend den Gegenstand der Untersuchung zu erläutern (B.). Nach

29 Clapham, S. 160. Das Zitat fiel im Kontext einer generellen Stärkung der Menschenrechte.

Ausführungen zur thematischen Eingrenzung (C.) schließt das Kapitel mit Anmerkungen zu Ziel und Gang der Untersuchung (D.).

Kapitel II befasst sich mit dem Phänomen der Korruption (A.) und den Schwierigkeiten der Korruptionsdefinition (B.). Ziel des Kapitels ist es, dem Leser ein Grundverständnis von „Korruption“ zu vermitteln. Die Darstellung bedient sich der wirtschaftswissenschaftlichen Principal-Agent Theorie. Anschließend werden die einzelnen Tatbestandsvoraussetzungen der Korruptionsdelikte erläutert (C.).

In Kapitel III beginnt die Auseinandersetzung mit der Frage der negativen Auswirkungen von Korruption auf die Menschenrechte. Erfahrungen mit Korruption werden wiedergegeben und mit dem rechtlichen Gehalt einzelner Menschenrechtsgarantien in Verbindung gebracht. Eine normative Bewertung, ob eine Rechtsverletzung vorliegt, erfolgt an dieser Stelle noch nicht. Wissenschaftliche Studien anderer Fachrichtungen, Interviews, UN-Dokumente und NGO-Berichte dienen als primäre Bezugspunkte in diesem Kapitel. Um die Darstellung möglichst nachvollziehbar zu gestalten, wurden Kategorien gebildet, die sich bewusst nicht an einzelnen Menschenrechtsgarantien orientieren, sondern an deren alltäglichen Beeinträchtigungen durch Korruption. Eine Differenzierung wird außerdem anhand der Korruptionsdelikte vorgenommen. Während zunächst die Folgen der Verwirklichung des Bestechungsdeliktes thematisiert werden (A.), erfolgt anschließend eine Betrachtung der Auswirkungen der Veruntreuung/Unterschlagung (B.). Die Darstellung ist nicht abschließend. Aus der Bezugnahme auf Dokumente, die sich mit den Korruptionsauswirkungen im Alltag befassen, resultiert ein Fokus auf Konstellationen, die von den Menschen als Beeinträchtigung wahrgenommen werden.

Bevor in Kapitel V erörtert wird, wann Korruption tatsächlich eine Menschenrechtsverletzung darstellt und unter welchen Umständen lediglich eine Beeinträchtigung vorliegt, setzt sich Kapitel IV mit den vertraglichen Menschenrechtsverpflichtungen der Staaten auseinander. Da eine Rechtsverletzung eine Pflichtverletzung impliziert, gilt es darzulegen, welche Pflichten Menschenrechtsverträge normieren. Die Pflichtentrias, die Pflicht zur Achtung, zum Schutz und zur Verwirklichung der Menschenrechte, wird unter IV.A. erläutert. In IV.B. werden die spezifischen Verpflichtungen dargelegt, die aus den Generalklauseln der beiden Internationalen Menschenrechtspakte resultieren.

Aufbauend auf den Erkenntnissen der Kapitel II, III und IV kann in Kapitel V die Frage einer Menschenrechtsverletzung durch Korruption einer normativen Bewertung zugeführt werden. In einem ersten Schritt wird anhand der Normen über die Verantwortlichkeit der Staaten für völkerrechtswidrige Handlungen erläutert, wann im Völkerrecht eine Pflichtverletzung vorliegt (V.A.) und welche Voraussetzungen abstrakt an eine Menschenrechtsverletzung durch Korruption gestellt werden (V.B.). Anschließend werden die in Kapitel III dargestellten Konstellationen juristisch bewertet. Der Aufbau des V. Kapitels ist an Kapitel III angelehnt, um einen Vergleich zwischen faktischen Beeinträchtigungen und normativ begründeten Verletzungen der Menschenrechte zu ermöglichen. Wie in Kapitel III werden zunächst die unter das Delikt der Bestechung fallenden Kategorien untersucht (V.C.), anschließend die der Veruntreuung/Unterschlagung (V.D.). Sofern es einem besseren Verständnis dienlich ist, weicht die Darstellung der einzelnen Konstellationen in Kapitel V von der Gliederung des Kapitel III ab. Einzelne Kategorien werden zusammengefasst, wenn die normative Bewertung auf mehrere, der in Kapitel III dargestellten Beispiele übertragbar ist. Dadurch werden redundante Ausführungen vermieden. Das Kapitel schließt mit der Analyse, welche Relevanz die weiteren in der UNCAC normierten Korruptionsdelikte für die Fragestellung eine Menschenrechtsverletzung durch Korruption aufweisen (V.E.).

Kapitel VI widmet sich den Erfolgsaussichten einer Individualbeschwerde im Fall einer durch Korruption begründeten Menschenrechtsverletzung. Da sich die Zusatzprotokolle der beiden Internationalen Pakte, in denen die Beschwerdemechanismen normiert sind, sehr ähneln, wird nach einer Darstellung von Ablauf (VI.A.1.), Zulässigkeit (VI.A.2.) und Begründetheit einer Individualbeschwerde nach dem ZP IPbürgR (VI.A.3.) anhand des gleichen Aufbaus nur noch auf die relevanten Unterschiede des ZP IPwirtR hingewiesen (VI.B.1./2./3.). Der Schwerpunkt des Kapitels liegt auf der Frage, wie der Ausschuss bei der Verteilung der Beweislast verfährt, wenn Widersprüche zwischen den Aussagen der Parteien auftreten.

Die Arbeit wird im Schlussteil durch eine Zusammenfassung der wichtigsten Ergebnisse mit einem Fazit (A.) sowie einem anschließenden Ausblick (B.) abgerundet.

Kapitel II

„We are talking about more than scandals. Corruption has become a crosscutting issue with the potential to dissipate the dividends of the end of Cold War: the consolidation of democracy, political stability, and respect for the rule of law; effective development; and the expansion of open, competitive markets.“[30]

Korruption ist kein Thema, das erst seit den 90er-Jahren von Relevanz ist, auch wenn die verstärkte Aufmerksamkeit, die der Thematik seitdem entgegengebracht wird, dies vermuten lassen könnte. Ohne genau festmachen zu können, wann sich die ersten Antikorruptionsethiken herausgebildet haben, geht man davon aus, dass der Zeitpunkt bis ins Jahr 3000 v. Chr. zurückreicht.[31] Referenzen zur Verteilung der Korruption in Form der Bestechung finden sich bereits im Kodex von Hammurabi.[32] Der indische Premierminister diskutierte Korruption vor über 2000 Jahren in seinem Buch *Arthashastra*.[33] Vor 700 Jahren platzierte Dante korrupt agierende Personen in die Hölle und sogar Shakespeare wies Korruption eine prominente Rolle in seinen Stücken zu.[34] Trotz des seit vielen Jahren bestehenden Wissens um Korruption und der aktuell heißen Debatte über das Thema konnte bis heute kein Konsens über eine Begriffsdefinition erzielt werden.

Korruption kommt vom lateinischen Begriff *corruptio/corrumpere*, was übersetzt so viel bedeutet wie Zerstörung, moralischer Zerfall oder Fäulnis.[35] Die Assoziation mit Zerstörung und moralischem Zerfall stand lange in einem engen Zusammenhang mit der gesellschaftlichen Moral.[36] Insbesondere westlich geprägte Politiker und Philosophen, die durch den Begriff der Korruption Situationen charakterisierten, die sich durch den Abbau der moralischen und politischen Ordnung auswiesen, bestärkten dieses Verständnis.[37] Eine korrupte Gesellschaft galt als krank.[38] Maßstab für das Befinden der Allgemeinheit war die Verteilung von Wohlstand und Macht, die Legitimationsfähigkeit der ausgeübten Autorität und das moralische Recht der Herrscher, über sein Volk zu herrschen.[39] Der Begriff der Korruption diente als

30 Zucker Boswell (Paper ASIL), zitiert aus Wang/Rosenau, Global Governance 7 (2001), S. 34.
31 (2200 v. Chr.), Noonan, S. XX.
32 Es ging insbesondere um die Bestechlichkeit von Richtern, ders., S. 11.
33 (400 v. Chr.), Kautalya verurteilte die Annahme von Bestechungsgeldern durch öffentliche Beamte in Indien, s. Ajit, in The Economics of Corruption, 2005, S. 4.
34 Tanzi, IMF Staff Papers, S. 560.
35 Oxford English Dictionary, Vol. II: C, 1978, 1024–1025, online abrufbar unter: http://www.oed.com/view/Entry/42045?redirectedFrom=corruption&.
36 Terracino, S. 8.
37 Heidenheimer/ Johnston, S. 5.
38 Terracino, S. 9.
39 Johnston, in International Social Science Journal, S. 322.

Beschreibung des gesellschaftlichen Zustands und war an keine individuellen Handlungen geknüpft.

Das gegenwärtige Korruptionsverständnis ist ein anderes. Nicht der Zustand der Gesellschaft, sondern individuelles, von der Norm abweichendes Verhalten wird beurteilt. Dieser Wandel ist auf die Modernisierung und Bürokratisierung der westlichen Gesellschaften im 19. Jahrhundert zurückzuführen.[40] Die Idee, dass öffentliche Ämter Privateigentum darstellen, verschwand.[41] Der Staat galt als moralische Einheit und die Wahrnehmung öffentlicher Autorität im Sinne des Allgemeinwohls als seine Pflicht, an die Beamte bei der Ausführung ihrer Aufgaben gebunden waren.[42] Korruption war kein Gesellschaftszustand der globalen Verkümmerung mehr, sondern eine politische Symptomatik, die durch Verhaltensregeln, anknüpfend an bestimmte Handlungen, definiert werden konnte.[43] Die Ausgestaltung von Verhaltensregeln und dementsprechend das Verständnis von Korruption divergiert jedoch je nach kulturellem Hintergrund. Was in manchen Ländern als Geschenk angenommen werden darf und sogar erwartet wird, ist in anderen Ländern bereits ein Strafrechtstatbestand.[44] Neben kulturellen Unterschieden führen verschiedene Herangehensweisen der Korruptionsforschung dazu, dass eine Vielzahl an Korruptionsdefinitionen koexistiert. Die Tatsache, dass Korruption neben einer rechtlichen auch eine politische, soziale und wirtschaftliche Dimension aufweist, erschwert eine einheitliche Auffassung und Verwendung des Korruptionsbegriffes.

Trotz einer bisher fehlenden, universal anerkannten Korruptionsdefinition ist es möglich, einzelne Kriterien herauszuarbeiten, die das Phänomen der Korruption präzisieren. Im folgenden Abschnitt wird ein Modell der 70er-Jahre vorgestellt, das als Erklärungsmuster für korrupte Taten bis heute herangezogen wird. Anschließend wird anhand der Aufspaltung des Korruptionsbegriffes in eine deskriptive und normative Ebene erläutert, welche Voraussetzungen vorliegen müssen, damit eine Tat nach heutigem Verständnis als korrupt definiert werden kann.

A. Das Phänomen „Korruption“

Obwohl Korruption inzwischen ein Thema der täglichen Nachrichten ist und zu einem geläufigen Begriff wurde, wissen viele Menschen nicht, was sich hinter diesem verbirgt. Dies liegt nicht nur an den Schwierigkeiten der Begriffsdefinition, sondern auch am fehlenden Wissen über die Struktur einer korrupten Tat, das es

---

40 Terracino, S. 30.

41 Klaveren, in Heidenheimer/Johnston, S. 83 ff.; Swart, in Heidenheimer/Johnston S. 95 ff.; Hill, in The Review of Politics 68, No.4 (2206), S. 636 ff.

42 Terracino, S. 9.

43 Friedrich, in Heidenheimer/Johnston, S. 20.

44 Blundo/ Olivier Sardan, S. 113 – so zum Beispiel in Afrika, wo Korruption in manchen Fällen zum „guten Ton“ gehört, wie Verwaltungsbeamte in afrikanischen Ländern berichten.

ermöglicht, solche auch ohne eine feststehende Definition besser zu verstehen.[45] Hilfreich ist in dieser Hinsicht das wirtschaftswissenschaftliche *Principal-Agent Model,* das es vermag, die Grundproblematik der Korruption, die divergierenden Ziele der korrupt agierenden Parteien und eine sich zugunsten des Agenten auswirkende Informationsasymmetrie zu beleuchten und zu erklären.[46]

Grundannahme des Modells ist die Aufgabenverteilung zwischen dem Prinzipal und dem Agenten. Der Prinzipal delegiert Aufgaben an den Agenten in der Hoffnung, dass dieser die Arbeit, wie vereinbart, ausführt. Aufgrund einer zu aufwendigen und/oder zu kostspieligen dauerhaften Überwachung bleibt dem Prinzipal verborgen, wenn der Agent lediglich vorgibt, im Sinne des Prinzipals zu handeln (*hidden intention*), indem er seinen Informationsvorsprung zuungunsten des Prinzipals ausnutzt (*hidden information*) oder wenn er der Aufgabenerfüllung nicht mächtig ist (*hidden charactersitics*).[47] Dem Agenten werden durch eine impraktikable permanente Überwachung Handlungsspielräume eröffnet, die er zur eigenen Gewinnmaximierung nutzen kann. Sofern eine Kosten-Nutzen-Analyse ergibt, dass der Nutzen des Missbrauches die Kosten beziehungsweise das einzugehende Risiko übersteigt, entscheidet sich der Agent für die korrupte Handlung. Da sich der Nutzen eines korrupten Aktes oft aus dem Angebot einer Vorteilsgewährung durch eine dritte Person ergibt, wird häufig auch vom *Principal-Agent-Client Model* gesprochen.[48]

Da das ursprüngliche *Principal-Agent Model* dem Zweig der Vertragstheorie entsprang[49], sahen die Vertreter des Ansatzes in jedem Machtmissbrauch einen Vertragsbruch durch den Agenten in der Beziehung zwischen diesem und dem Prinzipal. Die Voraussetzung für einen korrupten Akt war, dass der Agent sich im Innenverhältnis den Vorgaben des Prinzipals widersetzte und seine eigenen Interessen denen des Prinzipals überordnete.[50] Fälle, in denen der Prinzipal den Machtmissbrauch des Agenten tolerierte oder sogar in diesen einwilligte, galten nach dem Verständnis der Vertreter des *Principal-Agent Models* nicht als korrupt.

---

45 Eine sehr interessante Studie zum unterschiedlichen Verständnis von korrupten und strafwürdigen Handlungen, s. Grafl, in Achathaler, S. 175 ff. Befragt wurden Mitglieder des Rotary Clubs, Studierende und Korruptionsexperten. Ein einheitliches Korruptionsverständnis war zwischen den drei Gruppen nicht zu verzeichnen.

46 Die Prinzipal-Agent Theorie ist der „Neuen Institutionenökonomik" zuzuordnen, Gilroy/ Kruse, S. 2. Die Anfänge der Agency Theorie gehen auf Spence/Zeckhauser, in The American Economic Review 1971, S. 380 ff.; Ross, in The American Economic Review 1973, S. 134 ff. und Jensen/Meckling, in Journal of Financial Economics 1976, S. 305 ff. zurück. Vgl. Pragal, in ZIS 2/2006, S. 67 Fn. 59; Groenendijk, in Crime Law & Social Change 27, S. 207.

47 Bzgl. Erläuterungen Rose-Ackermann, S. 6 ff.; Schreyögg, S. 445 f.; Gilroy/ Kruse, S. 3.

48 Vgl. Klitgaard, in Zeckhauser.

49 Pragal in, ZIS 2/2006, S. 65.

50 Ders. a.a.O; Steßl, S. 323.

Eine Erklärung für das massive Ausmaß von Korruption auf staatlicher und privater Ebene ist jedoch die Duldung und Befürwortung von Korruption durch den Prinzipal. Der Agent muss keine Sanktionen für ein Fehlverhalten befürchten und das korrupte Agieren wird zur Regel. An einem Vertragsbruch im Innenverhältnis fehlt es in diesen Konstellationen. Da die strafrechtliche Kriminalisierung und politische Ächtung jedoch gerade unter diesen Umständen von enormer Wichtigkeit sind, kann die Verwirklichung von Korruption nicht an einen Vertragsbruch im Innenverhältnis gekoppelt sein. Die heute vorherrschende Meinung geht davon aus, dass selbst eine Einwilligung des Prinzipals in die korrupte Handlung für das Vorliegen des Tatbestandes unbeachtlich ist.[51]

Das ursprüngliche *Principal-Agent Model* ist nach heutigem Verständnis folglich zu eng, um alle korrupten Akte zu erfassen. Das Modell dient daher nicht mehr dazu, korrupte Akte als solche zu bestimmen. Vielmehr hilft es, die Problematik der Informationsasymmetrie und die daraus erwachsenden Handlungsoptionen des Agenten zu verstehen. Während das ursprüngliche Modell von einem Informationsdefizit aufseiten des Prinzipals ausgeht, wirken Prinzipal und Agent heutzutage oft zusammen und nutzen Informationsasymmetrien zulasten des Klienten aus.[52]

In der Grundkonstellation eines korrupten Akts auf öffentlicher Ebene nimmt der Staat die Rolle des Prinzipals ein. Der Agent ist ein Amtsträger, und sofern eine Dreiecksbeziehung vorliegt, ist der Bürger der Klient. Der Klient kann dem Amtsträger einen Vorteil aus freiwilligen Stücken anbieten, um dessen Handeln nach seinen Vorstellungen zu beeinflussen. Der Nutzen für den Agenten kann von diesem auch gegen den Willen des Klienten eingefordert werden.

D. Ansatz einer Korruptionsdefinition

> *„No precise definition can be found which applies to all forms, types and degrees of corruption, or which would be acceptable universally as covering all acts which are considered in every jurisdiction as contributing to corruption."*[53]

Um die unterschiedlichen Verständnisse von Korruption zu veranschaulichen, auf die das Zitat Bezug nimmt, reicht es, einen Blick auf die Bedeutung kultureller Differenzen für die Wahrnehmung von Korruption zu werfen.[54] Untersuchungen

51 Ausschlaggebend war letztlich die Rspr. im „Korkengeld-Fall", RGSt 48, 291 (293), Nomos Kommentar StGB – Dannecker § 299 Rn. 52, 80; Heine ZBJV 2002, S. 542 ff.; Ders. In Schönke/Schröder, § 299 Rn. 20, 30; Leipziger Kommentar StGB - Teidemann, § 299 Rn. 6.

52 Dies insbesondere in Fällen der passiven Bestechung, in der nicht der Klient einen Vorteil anbietet, sondern aufgefordert wird, diesen zu gewähren, um in den Genuss einer Leistung vonseiten des Agenten zu kommen.

53 Programme of Action against Corruption – GMC (96) 95, S. 14.

54 Für weitere Ausführungen zu den kulturellen Einflüssen auf das Korruptionsverständnis, s. Barr/ Serra, S. 869.

in Benin, Niger und Senegal haben ergeben, dass der Vorwurf korrupten Fehlverhaltens nicht allein daran festgemacht wird, dass formales Recht zum persönlichen Vorteil überschritten wurde, sondern daran, dass die Überschreitung als übertrieben wahrgenommen wird.[55] Der Vorwurf der Korruption dient in diesen Gesellschaften als Verhältnismäßigkeitsmaßstab und wird in gewissen Grenzen als legal erachtet.[56] In Bolivien steht Politikern die Nutzung öffentlicher Gelder für private Zwecke zu und wird von diesen sogar erwartet.[57] Der Vorwurf von Korruption orientiert sich daran, wie gut oder schlecht das akkumulierte Geld durch die Netzwerke verteilt wird.[58] Selbst in Deutschland führen die unterschiedlichen Auffassungen innerhalb der Parteien immer wieder zu Debatten darüber, welche Handlungen Politikern erlaubt sein sollten, ohne dass sie sich dem Vorwurf der Korruption ausgesetzt sehen.[59]

Die Beispiele weisen auf zwei problematische Aspekte bezüglich einer Korruptionsdefinition hin. Einerseits kann eine soziale Norm von einer Rechtsnorm abweichen. Zwar stehen beide Normen in einem Wechselverhältnis, sie stimmen jedoch nicht zwangsläufig miteinander überein.[60] Trotz einer einheitlichen Kriminalisierung eines korrupten Aktes in Bolivien und Deutschland kann die strafrechtliche Handlung in einem der Länder sozial legitimiert sein. Das gesellschaftliche und juristische Korruptionsverständnis können stark voneinander abweichen. Andererseits ist es auch auf rein juristischer Ebene umstritten, wie weit Korruption zu verstehen ist. Dies führt dazu, dass die nationalen Regelungen zur Kriminalisierung korrupter Akte divergieren.

Im Folgenden bedarf es jedoch einer Arbeitsdefinition von Korruption, die eine möglichst breite Anerkennung findet. Unterschiedliche kulturelle Auffassungen und Diskrepanzen in der nationalen Gesetzgebung zu berücksichtigen, ist in der vorliegenden Dissertation nicht realisierbar. Vielmehr muss davon ausgegangen werden, dass die internationalen Verträge, die Grundlage für das Erarbeiten der Forschungsfrage sind, die unterschiedlichen nationalen Auffassungen berücksichtigen, indem sie entweder in weiten Teilen unverbindlich bleiben oder den Staaten im Rahmen der verbindlichen Wortwahl einen ausreichenden Freiraum zur Auslegung der Regelungen gewähren.

---

55 Gephart, S. 17.

56 Blundo/Olivier Sardan, S. 133 f.

57 Lazar, S. 223.

58 Es handelt sich hier um anthropologische Studien. Gephart, S. 17. Die zuverlässige und einer klientelistischen Norm entsprechende Abweichung vom Gesetz kann einen Politiker vom Vorwurf der Korruption befreien, Lazar, S. 223.

59 S. bspw. Bundestagsdebatte 16. Wahlperiode, 179. Sitzung, 25.09.2008; in der es in erster Linie um die Änderung von § 108e StGB geht, die notwendig wäre, um die UNCAC zu ratifizieren. Während die SPD und die Grünen eine Änderung unterstützen, kommt vonseiten der CDU/CSU und der FDP massiver Widerstand.

60 Zu den Unterschieden und Gemeinsamkeiten zwischen dem juristischen, alltagssprachlichen und soziologisch-wissenschaftlichen Korruptionsbegriff, s. Grafl, in Achathaler, S. 176 f.

Ein Ansatz, der es dennoch ermöglicht, den Unrechtsgehalt von Korruption zunächst losgelöst von normativen Eingrenzungen aufzuzeigen und diesen erst in einem zweiten Schritt einzugrenzen, ist die Aufteilung des Korruptionsbegriffes in ein sowohl deskriptives als auch normatives Element.[61]

1. Deskriptives Element

„Korruption ist der Missbrauch anvertrauter Macht zum privaten Nutzen oder Vorteil".[62] Mit dieser Definition setzt Transparency International[63] einen Standard für ein deskriptives Korruptionsverständnis, das heute nahezu auf der ganzen Welt anerkannt ist. Unterschiede hinsichtlich der Wertungsmaßstäbe und der Auslegung der einzelnen Begriffe stehen dem nicht entgegen.[64] Die grundsätzliche Übereinstimmung über das deskriptive Element der Definition lässt sich an der einheitlichen Ausgestaltung des universal anerkannten Bestechungstatbestandes in den verschiedenen Antikorruptionsverträgen ableiten.[65] Zwar kann das Verständnis von Korruption in (Teil-)Gesellschaften abweichend sein, es ist jedoch zumindest von einer partiellen Überschneidung des juristischen und sozialen Verständnisses auszugehen, da der Staat ansonsten nicht bereit gewesen wäre, dem Vertragsvorlaut nach Artikel 15 UNCAC zuzustimmen.

Alle Konventionen halten an einer grundsätzlichen Trennung zwischen Öffentlichem und Privatem fest, um den Akt der Bestechung zu definieren.

2. Normatives Element

Um eine Grenze zwischen legalem und illegalem, moralisch anerkanntem und moralisch verwerflichem Verhalten ziehen zu können, bedarf es eines normativen Elements. Bezieht man dieses auf rechtliche Normen, ist Korruption entsprechend

---

61 Terracino, S. 14 f. Die Aufteilung wird auch derart vorgenommen, dass die hier als normative Ebene bezeichnete Teildefinition als Strafrechtsdefinition bezeichnet wird, während das hier als deskriptiv aufgeführte Element als Definition für politische Zwecke verwendet wird. S. OECD Glossary Corruption, S. 22. Eine derartige Zweiteilung führt dazu, dass parallel existierende Definitionen für verschiedene Zwecke eingeführt werden. Dies ist abzulehnen, da ein einheitliches Konzept zu bevorzugen ist, das die Ausarbeitung umfassender Antikorruptionsstrategien fördert.

62 Die Definition ist auf der Website von TI abrufbar: http://www.transparency.de/FAQ-haeufige-Fragen.1088.0.html.

63 Transparency International ist eine global agierende NGO, die sich speziell dem Kampf gegen Korruption widmet und sowohl auf lokaler als auch auf nationaler und internationaler Ebene agiert.

64 Selbst in Ländern wie Bolivien, in denen die strikte Trennung zwischen dem Öffentlichen und dem Privaten nicht primärer Gegenstand des Korruptionsvorwurfes ist, wird letztendlich ein Missbrauch anvertrauter Macht zum privaten Vorteil bewertet, auch wenn der Bewertungsmaßstab des klientelistischen Verhaltens ein anderer ist.

65 Die Definitionen des Bestechungsdeliktes in den gültigen Antikorruptionsverträgen weichen nur marginal voneinander ab, s. diesbzgl. Kapitel II.C.1.

als *rechtlich illegaler Missbrauch anvertrauter öffentlicher Macht zum privaten Vorteil oder Nutzen* zu definieren.[66]

Die rechtliche Illegalität des Machtmissbrauchs bemisst sich an den einzelnen, unter den Korruptionsbegriff subsumierbaren strafrechtlichen Tatbeständen.[67] Der Begriff der Korruption steht nicht für einen selbstständigen Tatbestand. Vielmehr dient er als Oberbegriff, um einzelne als korrupt eingestufte Delikte zusammenzufassen.[68] Welche Delikte letztlich unter den Begriff der Korruption fallen beziehungsweise fallen sollten, ist auch unter Juristen umstritten.

Der im Folgenden verwendete Korruptionsbegriff greift beide Elemente auf. Hinsichtlich des normativen Elements erfolgt eine Orientierung an dem umfassendsten internationalen Antikorruptionsvertrag, der UNCAC. Die in Kapitel III der UNCAC festgelegten Korruptionsdelikte dienen als Maßstab für das normative Verständnis der Korruptionsdefinition. Erwähnenswert ist in diesem Zusammenhang, dass lediglich die Akte der passiven und aktiven Bestechung inländischer Amtsträger, die aktive Bestechung ausländischer Amtsträger sowie das Delikt der Veruntreuung/Unterschlagung auf nationaler Ebene verpflichtend umzusetzen sind. Die missbräuchliche Einflussnahme und die missbräuchliche Wahrnehmung von Aufgaben sollen in das nationale Strafrecht aufgenommen werden. Hinsichtlich der nationalen Kriminalisierung des Tatbestandes der illegalen Bereicherung wird lediglich eine Empfehlung ausgesprochen.[69] Die Tatbestandsvoraussetzungen der einzelnen Delikte werden im Folgenden näher beleuchtet.

C. Korruptionsdelikte

1. Bestechung

Entgegen dem oft verwirrenden synonymen Gebrauch der Begriffe „Korruption" und „Bestechung" sind diese voneinander zu unterschieden. Die Bestechung stellt einen von mehreren strafrechtlichen Tatbeständen dar, der unter den Korruptionsbegriff

---

66 Der Begriff „normativ" setzt nicht zwingend voraus, dass es sich um Rechtsnormen handelt. Insbesondere in den Politikwissenschaften ist umstritten, welche Art von Normen heranzuziehen sind und ob diese anhand subjektiver (s. Johnston, in Polity 24 No.1, S. 1–25) oder objektiver Kriterien (s. Heidenheimer, S. 3 ff.) festgemacht werden, vgl. Terracino, S. 10 f.

67 Einen guten Überblick über die Tatbestände, die in den verschiedenen regionalen Antikorruptionsverträgen normiert sind, bietet Carr, in Manchester J. Int'l Econ. L. 3 (2006), S. 12 ff. sowie Webb, in J. Int'l Econ. L., 8 (1), S. 193ff.

68 Versuche einiger Länder des Istanbul Action Plan, Korruption in ihren Strafgesetzen als speziellen Tatbestand aufzunehmen, sind misslungen. Korruption derart zu definieren führt dazu, dass die Tatbestände zu unbestimmt sind, als dass eine Subsumtion darunter gelingen könnte.
OECD Glossary on Corruption, S. 22.

69 Dieser Tatbestand ist stark umstritten. Neben der UNCAC findet er sich nur in der interamerikanischen Konvention gegen Korruption (Art. IX) wieder.

fällt. Zu verstehen ist das Delikt gemäß Art. 15 UNCAC, wenn vorsätzlich begangen, als das:

> „unmittelbare oder mittelbare Versprechen, Anbieten oder Gewähren eines ungerechtfertigten Vorteils an einen Amtsträger für diesen selbst oder für eine andere Person oder Stelle als Gegenleistung dafür, dass dieser in Ausübung seiner Dienstpflichten eine Handlung vornimmt oder unterlässt."

Ein Akt der Bestechung ist in gleicher Weise das vorsätzliche unmittelbare oder mittelbare Fordern oder Annehmen eines ungerechtfertigten Vorteils durch den Amtsträger für sich selbst oder eine andere Person oder Stelle als Gegenleistung dafür, dass in Ausübung der Dienstpflichten eine Handlung vorgenommen oder unterlassen wird.[70] Während die erstgenannte Variante die aktive Bestechung darstellt, definiert letztere den Fall der passiven Bestechung.[71] Der Amtsträger muss sich durch das Ausführen oder Unterlassen der vonseiten des Gegenparts gewünschten Handlung nicht zwingend rechtswidrig verhalten oder gegen seine Dienstpflichten verstoßen. Der Verweis in manchen Antikorruptionsverträgen auf eine Dienstpflichtverletzung ist in Bezug auf das im öffentlichen Bereich vorgeschriebene unparteiische Agieren des Amtsträgers im Sinne des Allgemeinwohls zu verstehen, das im Falle der korrupten Handlung missachtet wird.[72]

a. *Amtsträgerbegriff*

Gemäß der Amtsträgerdefinition nach Artikel 2a UNCAC kann anhand verschiedener Kriterien festgemacht werden, welche Personen unter den Begriff des Amtsträgers fallen.

Auf einer ersten Stufe wird beurteilt, ob die Person ein Amt innehat, das einem Bereich der staatlichen Gewalt zuzuordnen ist.[73] Ist dies nicht der Fall, handelt die

---

70 Die Definitionen des Bestechungstatbestandes finden sich, wenn nicht in derselben, in sehr ähnlicher Fassung auch in den anderen internationalen Antikorruptionsverträgen wieder. S. Art. 4 I a-b) AU Konvention gegen Korruption; Art. 6 I a-b) Inter-amerikanische Konvention gegen Korruption; Art. 2/3 EU Konvention gegen Korruption; Art. 2 Zivilrechtskonvention - Art. 2 und 3 Strafrechtskonvention des Europarates gegen Korruption.

71 Die Kriminalisierung des Bestechungstatbestandes auf nationaler Ebene ist in jedem internationalen Antikorruptionsvertrag verpflichtend normiert. Die Verpflichtung ist jedoch auf solche Bestechungsakte beschränkt in die ein Amtsträger involviert ist. Unterschiede bestehen bzgl. der verpflichtenden Sanktionierung der Bestechung zwischen Privaten.

72 OECD, Commentaries on the Convention on Combating Bribery of Foreign Public Officials in International Business Transactions, Abs. 3; UN General Assembly, Interpretative Notes for the Official Records (Travaux Préparatoires) of the Negotiation of the UNCAC, Abs. 24.

73 Art. 2a) i) UNCAC. Ob die Person durch Ernennung oder Wahl das Amt erlangt hat und ob der Vertrag befristet oder unbefristet ist, spielt keine Rolle. Unter diese

Person trotzdem als Amtsträger, wenn die von ihr ausgeübte Funktion die Wahrnehmung einer öffentlichen Aufgabe oder die Erbringung einer öffentlichen Dienstleistung darstellt.[74] Schließlich kann sich die Amtsträgereigenschaft auch aus dem innerstaatlichen Recht ergeben.[75]

Schwierigkeiten bereitet vor allem die Subsumtion unter die zweite Kategorie, die allein auf die ausgeübte Funktion abstellt. Es stellt sich die Frage, wann von der „Wahrnehmung öffentlicher Aufgaben" gesprochen werden kann. Die Auslegung der Begrifflichkeiten bemisst sich grundsätzlich nach nationalem Recht. Kommentare zu internationalen Konventionen dienen als Maßstab, an dem sich die Staaten bei der Umsetzung orientieren können. In den Kommentaren zur OECD-Konvention zur Bekämpfung der Korruption ausländischer Amtsträger findet sich eine Erläuterung, die zwei Merkmale hervorhebt, die in diesem Zusammenhang generell Geltung aufweisen, weshalb sie auf andere gleichlautende Verträge übertragbar ist.[76] Einerseits muss die ausgeführte Handlung im Interesse der Öffentlichkeit liegen. Andererseits bedarf es für die Wahrnehmung der Aufgabe einer Ermächtigung von staatlicher Seite.[77] Auch ein Unternehmer, der durch einen Dienstvertrag für die Erbringung einer einmaligen Leistung im Rahmen der Wahrnehmung öffentlicher Interessen unter staatlicher Ermächtigung tätig wird, fällt folglich unter den Begriff des Amtsträgers. Unternehmen, die öffentliche Interessen wahrnehmen, beschäftigen auch Amtsträger.[78] Liegt ein Unternehmen nicht ausschließlich in staatlicher oder privater Hand, können auch Arbeitnehmer die vorgenannten Amtsträgereigenschaften aufweisen, wenn dem Staat die Mehrzahl der Firmenanteile gehört.[79] Darüber hinaus ist von der Wahrnehmung öffentlicher Interessen auszugehen, wenn der Staat in der Lage ist, auf eine dominante Art und Weise Einfluss auf die Geschäftsführung

---

Kategorie fallen Staatsoberhäupter, Minister und ihr Personal, Bürgermeister, Mitglieder des Militärs (s. Generalversammlung der VN, Report of the Ad Hoc Committee for the Negotiation of a Convention against Corruption on the work of its first to seventh sessions: Addendum: Interpretative Notes for the Official Records (Travaux Préparatoires) of the Negotiation of the UNCAC, A/58/422/Add.1 (7.10.03), Abs. 2., Abgeordnete, die legislative oder exekutive Funktionen ausüben, Richter, Staatsanwälte und sonstige Beamte im Justizwesen. Alle Regierungsstufen, sei es auf nationaler, lokaler, örtlicher oder provinzieller Ebene, sind umfasst (Generalversammlung der VN, Interpretative Notes for the Official Records (Travaux Préparatoires) of the Negotiation of the UNCAC, A/58/422/Add.1 (7.10.03), Abs. 3.).

74 Art. 2a) ii) UNCAC.

75 Art. 2a) iii) UNCAC.

76 OECD, Commentaries on the Convention on Combating Bribery of Foreign Public Officials in International Business Transactions, DAFFE/IME/BR(97), 20, (21.11.1997), Abs. 12.

77 Die Ermächtigung bedarf keiner besonderen Form und muss sich nicht notwendigerweise nach öffentlichem Recht richten, Zerbes, in Pieth/Low/Cullen, S. 60.

78 Terracino, S. 84.

79 OECD Glossary on Corruption, S. 31; Zerbes, in Pieth/Low/Cullen, S. 62–66.

zu nehmen, oder wenn er Unternehmen besonders bezuschusst oder diese anderweitige, staatlich gewährte Vorteile erhalten.[80]

Aus der Wahrnehmung öffentlicher Interessen durch ein Unternehmen folgt allerdings nicht die Amtsträgereigenschaft jedes Angestellten. Diese liegt nur vor, wenn hoheitliche Autorität[81] ausgeübt wird und eine substanzielle Verbindung zwischen der Arbeit der jeweiligen Person und dem Mandat des Unternehmens besteht.[82] Besonderheiten gelten für ausländische Amtsträger und Amtsträger einer IO. Amtsträger einer IO sind alle Personen, die von der IO beauftragt wurden, in ihrem Namen zu handeln.[83] Wie bei inländischen Amtsträgern bedarf es einer substanziellen Verknüpfung der auszuführenden Arbeit durch die Person mit dem Mandat der IO. Aufgrund der Tatsache, dass IO und die für sie tätige Personen Immunität genießen, hängt die strafrechtliche Verfolgung von der Immunitätsaufhebung ab.[84]

Die Amtsträgerdefinition der UNCAC umfasst keine Personen, die für ein öffentliches Amt kandidieren. Die Staaten sind jedoch im nationalen Recht nicht daran gehindert, einen breiteren als in der UNCAC vorgegebenen Anwendungsbereich des Amtsträgerbegriffes umzusetzen.[85]

b. Tathandlung

i. Aktive Bestechung: Versprechen/Anbieten/Gewähren

Schwierigkeiten hinsichtlich der Tathandlung der aktiven Bestechung ergeben sich vor allem in Bezug auf die Annahme des ungerechtfertigten Vorteils. Während es nach internationalem Recht für die Vollendung des Deliktes nicht notwendig ist, dass der Amtsträger den Vorteil annimmt, wird dies auf nationaler Ebene oft vorausgesetzt.[86] Da sich die vorliegende Arbeit nach den internationalen Standards richtet,

---

80 OECD Glossary on Corruption, S. 31.

81 Dies ist in einem sehr weiten Sinne zu verstehen, wenn man bedenkt, dass auch ein privater Dienstleister im Fall des Tätigwerdens durch eine staatliche Ermächtigung hoheitliche Autorität ausübt und in dieser Hinsicht unter die Amtsträgerdefinition fällt.

82 Zerbes, in Pieth/Low/Cullen, S. 69 f.

83 Art. 2c) UNCAC; Art. 9 Strafrechtskonvention des Europarates; Art. 1 IVa) OECD Konvention.

84 Terracino, S. 88.

85 In den Niederlanden wird der Begriff des Amtsträgers so weit gefasst, dass selbst ein Bahnfahrer und der Sicherheitsdienst der Universität darunter zu subsumieren ist. Supreme Court of the Netherlands, 1.12.1992, NJ 1993, S. 354; Ders., 18.05.2004, NJ 2004,527 zitiert in OECD WGB, *The Netherlands: Review of Implementation of the Convention and 1997 Recommendation,* (Phase 1 Report), Feb.2001, S. 8; GRECO, *Third Evaluation Round: Evaluation Report on the Netherlands on Incriminations (E.T.S. 173 and 191, GPC 2),* Greco Eval III Rep (2007) 8E, 13.06.2008, Abs. 86.

86 Beispielsweise in Lettland, Strafgesetzbuch Sektion 323/315 und in Italien, Art. 322 Strafgesetzbuch.

ist die Tathandlung der aktiven Bestechung nicht davon abhängig, ob der Gegenpart den gesamten oder einen Teil des Vorteils bereits erhalten hat.

ii. Passive Bestechung: Fordern/Annehmen

Um die Tat der passiven Bestechung zu verwirklichen, ist es irrelevant, ob der Gegenpart der Forderung nachgekommen ist oder nicht. Die Annahme ist ab dem Zeitpunkt zu bejahen, in dem sich beide Seiten einig sind, auch wenn die physische Übergabe des Vorteils erst zu einem späteren Zeitpunkt geschieht.[87] Fraglich ist, ob sich daran etwas ändert, wenn der Amtsträger den Vorteil annimmt, ohne zu wissen, dass er dadurch bestochen wurde, oder wenn er ihn zu einem späteren Zeitpunkt, an dem er sich über die strafrechtliche Relevanz seiner Handlung bewusst wird, wieder zurückgibt?[88] Während die Rückgewährung des Vorteils im nationalen Recht zum Teil zum Strafausschluss führt, ändert dies auf internationaler Ebene nichts daran, dass der Tatbestand der passiven Bestechung erfüllt ist.[89] Eine Besonderheit der Antikorruptionsverträge der EU ist, dass auch das Sich-Versprechen-Lassen, folglich das Annehmen des Angebots oder des Versprechens, als Tathandlung normiert wird.[90] Die Vollendung des Deliktes wird in diesem Fall noch weiter vorverlagert. Aufgrund der Beschränkung eines derartig weiten Verständnisses auf die EU gilt im Folgenden nur das Fordern und Annehmen als Akt der passiven Bestechung.

iii. Direkt oder indirekt

Die Begehung einer Bestechungstat kann sowohl auf direkte als auch auf indirekte Art und Weise ausgeübt werden, wobei sich „indirekt" auf die Einschaltung einer Mittelsperson bezieht.[91] Als Mittelsperson kann jede beliebige Person fungieren. Es bedarf keiner Verbindung zum Amtsträger oder zum Gegenpart.

c. Unrechtmäßiger Vorteil

Eine abstrakte Definition davon, was den „unrechtmäßig erlangten Vorteil" ausmacht, ist nicht möglich. Allerdings kann die Vorteilserlangung generell umschrieben werden.[92]

---

87 Terracino, S. 88.

88 Ders., S. 91f.

89 In der Türkei kann ein Amtsträger, der den erlangten Vorteil der Polizei übergibt, nicht wegen des Deliktes der passiven Bestechung strafrechtlich verfolgt werden – Strafgesetzbuch Art. 254 II, zitiert aus Terracino, S. 92 Fn. 398. Rat der Europäischen Union, Explanatory Report on the Protocol to the Convention on the Protection of the European Communities' Financial Interests, Official Journal C 011, (15.01.1998), S. 5–12, Nr. 2.2.

90 Art. 3 Strafrechtskonvention des Europarates.

91 Terracino, S. 92 f.

92 Idee der Umschreibung s. Terracino, S. 96.

Der Person, die den Vorteil erhält, steht dieser nicht zu. Wer den Vorteil aus welchen Gründen im Endeffekt erlangt und warum, ist irrelevant genauso wie die Beziehung zwischen demjenigen, der den Vorteil entgegennimmt, und der Person, die ihn erhält.[93] Im Vergleich zum Zeitpunkt vor der Vorteilserlangung verbessert der Vorteil die Position des Amtsträgers oder die einer anderen Person. Der objektive Wert des Vorteils ist nicht von Bedeutung, da der persönliche Wert des Vorteils je nach Empfänger variieren kann. Der Begriff des Vorteils ist sehr weit zu fassen und schließt Geld, Firmenanteile, Essen, Trinken, sexuelle Dienste, Reisen, die Zulassung eines Kindes zur Schule oder die bloße Weitergabe von Informationen ein, sofern dies für den Amtsträger von subjektivem Wert ist.[94] Ein Vorteil bleibt auch dann ein solcher, wenn die Erlangung oder das Einfordern eines solchen den gesellschaftlichen Umständen und Vorstellungen nach als Gewohnheit anerkannt wird.[95] Der Ausdruck „unrechtmäßiger Vorteil“ lässt darauf schließen, dass Vorteile auch auf legale Weise entgegengenommen werden können. Ob dies der Fall ist, weil beispielsweise ein Anspruch auf den Vorteil besteht, bemisst sich nach dem Gesetz, der Rechtsprechung oder einer anderweitigen Erlaubnis.[96] Schwierigkeiten können bei der Abgrenzung zwischen einem unrechtmäßigen Vorteil und einem rechtmäßigen Geschenk entstehen. Der Unterschied zwischen Geschenk und Vorteil ist grundsätzlich der, dass ein Geschenk nicht mit der Erwartung einer Gegenleistung verknüpft wird. Oft fällt es im Einzelfall jedoch schwer zu überprüfen, ob eine Gegenleistung erwartet wurde. Viele Länder haben detaillierte Regelungen erlassen, die festlegen, ab welchem Wert und welchem Umfang von einem Vorteil auszugehen ist.[97] Darüber hinaus können die Quelle des Geschenkes sowie die Position des Beschenkten für eine Differenzierung von Relevanz sein.[98]

---

93 Das türkische Recht setzt bspw. eine Beziehung zw. der Person, die den Vorteil entgegennimmt, und der, die ihn erhält, voraus. Vgl.. OECD WGB, *Turkey- Phase 2: Report on the Application of the Convention on Combating Bribery of Foreign Officials in International Business Transactions and the 1997 Recommendation on Combating Bribery in International Business Transactions,* 7.12.2007, S. 49; s. Terracino, S. 103 Fn. 446.

94 Terracino, S. 97. S. auch erläuternder Bericht zum Übereinkommen über die Bekämpfung der Bestechung, an der Beamte der Europäischen Gemeinschaft oder der Mitgliedsstaaten der Europäischen Union beteiligt sind (98/C 391/01) vom 15.12.1998, S. 4 Punkt 2.4.

95 OECD, *Commentaries on the Convention on Combating Bribery of Foreign Officials in International Business Transactions,* Abs. 7. Kenia hat explizit normiert, dass die Gewohnheit der Gewährung oder Forderung eines Vorteils keine Rechtfertigung darstellt, Anti-Corruption and Economic Crimes Acts, Act No.3, 3003, Sektion 49. Terracino, S. 97.

96 OECD, Commentaries on the Convention on Combating Bribery of Foreign Officials in International Business Transactions, Abs. 8.

97 In Kirgisien sind jegliche Geschenke verboten. In Kasachstan sind alle Geschenke, die einen Wert von 15 US $ übersteigen, verboten. S. Terracino, S. 99.

98 So bspw. in den USA – US Code of Federal Regulations, Titel 5, Teil 2635 (Standards of Ethical Conduct for Employees of the Executive Branch), Abschnitt 201–205. s. Terracino, S. 99.

Umstritten ist die Einordnung von Zahlungen, die getätigt werden, um Vorgänge zu erleichtern oder diese ins Rollen zu bringen. Dies rührt vor allem daher, dass die ersten internationalen Antikorruptionsverträge solche Gelder als Ausnahme behandelten. Ein Akt der Bestechung lag nicht vor.[99] Die UNCAC lässt keine Ausnahmen in dieser Hinsicht zu. Beschleunigungszahlungen fallen deshalb auch unter den Begriff des unrechtmäßigen Vorteils.

d. Zweck der Bestechung

Kern des Bestechungstatbestands ist die Beeinflussung des Verhaltens eines Amtsträgers durch die Vorteilsgewährung. Fraglich ist, ob es ausreicht, einen Vorteil zur Beeinflussung von zukünftigen, noch unbestimmten Verhaltensweisen des Amtsträgers zu gewähren, oder ob die Vorteilsgewährung sich auf eine spezielle, bereits bestimmte oder bestimmbare Handlung beziehen muss.[100] Die internationalen Antikorruptionsverträge sind in diesem Punkt nicht eindeutig, und auch auf nationaler Ebene bestehen in dieser Hinsicht Unterschiede. Betrachtet man die Vor- und Nachteile davon, einen Zusammenhang der Vorteilsgewährung mit einer spezifischen Handlung des Amtsträgers zu verlangen[101], ist der gewichtigste Nachteil, dass unter dieser Voraussetzung viele korrupte Praktiken nicht unter den Bestechungstatbestand fallen. Als Vorteil ist aufzuführen, dass die Voraussetzung eines Zusammenhangs zwischen dem Vorteil und einer spezifischen Handlung Überkriminalisierung vermeidet und soziale Geschenke gegenüber Amtsträgern aus der Bestechungsdefinition ausschließt. Aus heutiger Sicht erscheint es jedoch erstrebenswert, auch solche Akte zu kriminalisieren, die keine Verbindung zu einer spezifischen Handlung aufweisen. Es ist schwer nachvollziehbar, dass die Vorteilsgewährung gegenüber einem Amtsträger seitens des Bestechenden ohne jegliche Hintergedanken erfolgt. Der Vorteil, der heute gewährt wird, um sich das Wohlwollen des Amtsträgers zu „erkaufen“, wird früher oder später mit einer Handlung oder Unterlassung von diesem verbunden sein.[102]

---

99 OECD, *Commentaries on the Convention on Combating Bribery of Foreign Officials in International Business Transactions,* Abs. 9; Low/Bjorklund/Cameron Atkinson, in Virgina Journal of International Law 38 (1997), S. 270. Genauere Ausführungen s. Terracino, S. 101. Auch der Foreign Corrupt Practices Act, das erste umfassende Antikorruptionsinstrument auf nationaler Ebene (USA), behandelt sog. „facilitation payments“ nicht als Form der Korruption, Dickerson, in Conneticut Journ. Of Int'l Law, Vol. 14 (1999), S. 397.

100 Vgl. Terracino, S. 104.

101 Der amerikanische Oberste Gerichtshof hat sich mit dieser Frage detailliert auseinandergesetzt und sich letztlich für das Erfordernis eines Zusammenhangs zwischen der Vorteilsgewährung und der Handlung des Amtsträgers entschieden, *United States vs. Sun Diamond Growers of California,* 526 U.S. 398.

102 Terracino, S. 105.

e. *Subjektiver Tatbestand*

Trotz des Verzichts auf die explizite Nennung der vorsätzlichen Handlung als notwendige Tatbestandsvoraussetzung in vielen internationalen Antikorruptionskonventionen[103] muss der Täter einer Bestechungstat vorsätzlich handeln. Der Vorsatz muss sich sowohl auf das Fordern/ Annehmen/ Anbieten/ Versprechen oder Gewähren des Vorteils beziehen als auch darauf, die Handlung des Amtsträgers zu beeinflussen, unabhängig davon, ob dies tatsächlich geschieht oder nicht.[104] Vorsatz umfasst ein Element des Wissens und des Wollens. Da der Nachweis vorsätzlichen Handelns insbesondere bei Bestechungsdelikten oft sehr schwer zu führen ist, werden teilweise objektive Umstände herangezogen, die auf das Vorliegen des Vorsatzes schließen lassen können.[105]

2. Veruntreuung/Unterschlagung

Artikel 17 UNCAC normiert die Kriminalisierung der Veruntreuung/ Unterschlagung und der Akte sonstiger unrechtmäßiger Verwendung von Vermögensgegenständen durch Amtsträger, ohne diese genauer zu definieren. Als Voraussetzung für alle Handlungen gilt, dass der Vermögensgegenstand, die öffentlichen oder privaten Geldmittel, Sicherheiten oder andere Wertgegenstände dem Amtsträger aufgrund seiner Stellung anvertraut und durch diesen zu seinen Gunsten oder zugunsten einer anderen Person oder eines anderen Rechtsträgers veruntreut oder unterschlagen wurden.[106]

Betrachtet man die Normierung der entsprechenden Delikte der Untreue und der Unterschlagung im deutschen Strafrecht, ergeben sich durchaus Unterschiede zu den Tatbestandsmerkmalen gemäß Artikel 17 UNCAC. Die Vermögensbetreuungspflicht, die im deutschen Strafrecht für den Tatbestand der Untreue verlangt wird, nicht jedoch für die Verwirklichung der Unterschlagung[107], setzt Artikel 17 UNCAC für die Verwirklichung beider Delikte voraus. Eine weitere Abweichung besteht hinsichtlich des Erfordernisses eines Schadens. Während ein Schaden im deutschen Recht für die Begehung einer Unterschlagung nicht notwendig ist, verlangt der Tatbestand der Untreue das Zufügen eines Nachteils. Artikel 17 UNCAC verzichtet auf die Voraussetzung eines Schadens. Der Tatbestand der Untreue kann

---

103 Antikorruptionskonvention der AU; Zivilrechtskonvention des Europarats; ECOWAS Protokoll gegen Korruption.

104 Terracino, S. 89.

105 Art. 28 UNCAC.

106 Gleiche bis ähnliche Formulierungen finden sich in Art. 4 I d) AU Konvention gegen Korruption, Art. X I d) der Inter-amerikanischen Antikorruptionskonvention; Art. 6 Ie) ECOWAS Protokoll gegen Korruption und Art. 3d) SADC Protokoll gegen Korruption.

107 Gem. Art. 246 StGB stellt der Tatbestand der Unterschlagung ein allgemeines Zueignungsdelikt dar, das bereits dann zu bejahen ist, wenn der Täter sich eine fremde bewegliche Sache rechtswidrig zueignet.

nach Maßgaben der UNCAC auf nationaler Ebene auch derart normiert werden, dass es zur Erfüllung des objektiven Tatbestandes keines Schadens bedarf.[108]

Der Anwendungsbereich der Norm ist durch die Formulierung „oder sonstige unrechtmäßige Verwendung von Vermögensgegenständen" bewusst weit gefasst. In Artikel 2d) UNCAC findet sich eine gesonderte Definition des Begriffs der „Vermögensgegenstände". Nach diesem sind Vermögensgegenstände Vermögenswerte jeder Art, körperliche oder nichtkörperliche, bewegliche oder unbewegliche, materielle oder immaterielle sowie rechtserhebliche Schriftstücke oder Urkunden, die das Recht auf solche Vermögensgegenstände oder Rechte daran belegen.

3. Missbräuchliche Einflussnahme

Der Tatbestand der missbräuchlichen Einflussnahme gemäß Artikel 18 UNCAC kann wie die Bestechung sowohl aktiv als auch passiv realisiert werden. Dies folgt bereits aus der Tatsache, dass die missbräuchliche Einflussnahme einen Akt der Bestechung voraussetzt.[109] Während bei der Bestechung der Amtsträger selbst beeinflusst wird, regelt der Tatbestand der missbräuchlichen Einflussnahme Handlungen, die auf eine Beeinflussung der Verwaltung oder sonstiger staatlicher Behörden durch den bestochenen Amtsträger abzielen.[110] Beide Tatbestände verlangen demzufolge das Tätigwerden des Amtsträgers; die Bestechung im Rahmen der eigenen Dienstpflichten, die missbräuchliche Einflussnahme im Rahmen der tatsächlichen oder vermuteten Einwirkungsmöglichkeiten auf staatliche Institutionen.[111] Die missbräuchliche Einflussnahme kann realisiert werden, ohne dass die staatliche Institution sich der Beeinflussung bewusst ist. Die Verwirklichung von Artikel 18 UNCAC setzt das Zustandekommen einer Unrechtsvereinbarung nicht voraus. Der Tatbestand ist bereits

---

108 Das Erfordernis eines Schadens richtet sich danach, in welcher Kategorie das Delikt der Untreue auf nationaler Ebene normiert ist. Sofern es wie in Deutschland um ein Vermögensdelikt geht, liegt es nahe, einen Schaden zu verlangen. In anderen Staaten ist das geschützte Rechtsgut jedoch nicht das Vermögen, sondern die Integrität des Amtsträgers. In diesen Fällen ist es irrelevant, ob ein Schaden entstanden ist. Auch Stimmen der Literatur plädieren wiederholt dafür, im Rahmen der Untreue keinen Schaden zu verlangen: Carrera, S. 139; Creus, S. 324. Interessanterweise stammen beide Autoren aus dem lateinamerikanischen Raum.

109 Viele Aspekte, die im Rahmen der Bestechung aufgeführt wurden, können auf den Tatbestand der missbräuchlichen Einflussnahme übertragen werden – Vorsatz, Tathandlung, Vorteil, Verknüpfung zwischen Vorteil und Tathandlung.

110 Vgl. Art. 18 UNCAC; Art. 23 Strafrechtskonvention des Europarates. Die interamerikanische Antikorruptionskonvention bezieht sich im Rahmen der Definition des Tatbestandes der missbräuchlichen Einflussnahme gem. Art. 11 Ic) nur auf die Erlangung einer Entscheidung einer staatlichen Behörde, während die anderen Konventionen auf die Erlangung eines Vorteils abstellen, der sowohl eine Entscheidung als auch eine Handlung implizieren kann.

111 Die missbräuchliche Einflussnahme wird auch als „Hintergrund-Korruption" umschrieben. S. Terracino, S. 124.

erfüllt, wenn der Täter der Mittelsperson den ungerechtfertigten Vorteil verspricht oder anbietet, um diese zum Missbrauch des Einflusses zu bewegen.[112]

Abzugrenzen ist die missbräuchliche Einflussnahme vom Lobbyismus. Merkmal zur Differenzierung ist vor allem das Ziel der Handlung. Während Lobbyismus auf den Vorteil einer Personengruppe abzielt, die ein konkretes Ziel verfolgt, geht es bei der missbräuchlichen Einflussnahme um die Bevorzugung von Einzelpersonen, ohne dass ein weiteres Ziel als der eigene Nutzen das Handlungsmotiv ist.[113]

4. Missbräuchliche Wahrnehmung von Aufgaben

Der Tatbestand der missbräuchlichen Wahrnehmung von Aufgaben liegt gemäß Artikel 19 UNCAC vor, wenn ein Amtsträger vorsätzlich in Erfüllung seiner Aufgaben unter Verstoß gegen Gesetze eine Handlung vornimmt oder unterlässt, um für sich selbst oder eine andere Person oder einen anderen Rechtsträger einen ungerechtfertigten Vorteil zu erlangen.[114] Das Verhalten des Amtsträgers ist in diesem Fall im Gegensatz zu den bisher aufgeführten Korruptionsdelikten nicht extrinsisch, sondern intrinsisch motiviert. Private Handlungen des Amtsträgers fallen nicht unter den Tatbestand. Der Tatbestand der missbräuchlichen Aufgabenwahrnehmung weist Ähnlichkeit zu dem der passiven Bestechung auf. In beiden Fällen geht es dem Amtsträger um die Erlangung eines Vorteils. Im Gegensatz zum Tatbestand der missbräuchlichen Wahrnehmung von Aufgaben setzt der Akt der passiven Bestechung keinen Gesetzesbruch voraus. Um das Bestimmtheitsgebot zu wahren, müssen die dem Amtsträger verbotenen Handlungen bei der Umsetzung des Tatbestandes in nationales Recht konkretisiert werden.[115] Da dies auf eine sehr umfassende Weise geschehen kann, indem eine Vielzahl an Handlungen als rechtswidrig normiert werden, ist der Tatbestand der missbräuchlichen Aufgabenwahrnehmung als Auffangtatbestand zu verstehen, der es ermöglicht, korrupte Handlungen, die unter keinen der bisher genannten Tatbestände fallen, trotzdem strafrechtlich zu verfolgen.

5. Unerlaubte Bereicherung

Artikel 20 UNCAC definiert den Tatbestand der unerlaubten Bereicherung als eine vorsätzliche erhebliche Zunahme des Vermögens eines Amtsträgers, die er

---

112 Es steht den Staaten offen, diese Fälle bei der Umsetzung des Tatbestandes ins nationale Recht als strafbaren Versuch zu normieren, vgl. Legislative Guide UNCAC, Anm. 281, 282 i.V.m. 197, zitiert aus Zeiser, S. 45.

113 Zeiser, S. 126.

114 Vgl. Art. 4 I c) AU Konvention gegen Korruption; Art. 6Ic) und Art. 11 I a-b) Inter-Amerikanische Antikorruptionskonvention; Art. 3c) SADC Protokoll gegen Korruption.

115 Vgl. Terracino, S. 127. Hinweis darauf, dass Jamaika einen derart weiten und somit unbestimmten Anwendungsbereich zulässt – Art. 14 Ib) des Aktes zur Prävention der Korruption, Act 18 of 2000. Terracino, S. 127, Fn. 531.

im Verhältnis zu seinen rechtmäßigen Einkünften nicht plausibel erklären kann.[116] Damit das Delikt der illegalen Bereicherung einschlägig ist, muss der dem Täter vorgeworfene Vermögenszuwachs auf korrupten Handlungen basieren, die bereits im Vorfeld realisiert wurden.[117]

Hintergrund für die Normierung des Deliktes sind die häufig auftretenden Beweisschwierigkeiten bei der Verfolgung korrupter Taten. Beruht ein korrupter Akt auf dem Konsens der involvierten Parteien, läuft die Deliktsverwirklichung heimlich ab. Die Verfolgung der Täter setzt Momente der Unachtsamkeit oder entstehende Unstimmigkeiten voraus, die dazu führen können, dass eine Partei den Vorfall meldet. Um der unter diesen Umständen erschwerten Strafverfolgung entgegenzuwirken, werden Mechanismen etabliert, die es erlauben, aus objektiven Tatsachen Rückschlüsse auf korrupte Handlungen zu ziehen. Einer dieser Mechanismen ist die Normierung des Tatbestandes der unerlaubten Bereicherung.[118]

Die Rechtsstaatlichkeit sowie Aspekte der Grund- und Menschenrechte werden als Argumente gegen eine strafrechtliche Verantwortlichkeit aufgeführt, sofern deren Annahme allein auf objektiven Umständen beruht, die der Angeschuldigte nicht zufriedenstellend erklären kann. Insbesondere die Unschuldsvermutung steht mit dem Tatbestand der unerlaubten Bereicherung im Widerspruch.[119] Aus den genannten Gründen haben sich einige Länder gegen die Kriminalisierung des Deliktes auf nationaler Ebene entschieden. Andere Länder gehen über die Sanktionierung der illegalen Bereicherung hinaus noch einen Schritt weiter, indem sie die dauerhafte Observierung verdächtiger Amtsträger erlauben, um die Aufdeckungschancen der Bereicherungstaten zu erhöhen.

---

116 S. auch Art. 9 Inter-amerikanische Antikorruptionskonvention; Art. 6 IIIa) ECOWAS Protokoll gegen Korruption. Die AU Konvention listet den Tatbestand der unerlaubten Bereicherung zwar als korrupte Handlung (Art. 4 Ig), Art. 8), verzichtet jedoch auf eine Definition.

117 Babu, S. 15.

118 Nicht normiert ist die Frist, in der das Delikt geltend gemacht werden kann, nachdem der Amtsträger aus dem Dienst entlassen wurde. Manche Staaten haben einen Zeitrahmen von zwei Jahren festgelegt. Die Komplexität der Aufdeckung einer solchen Straftat sowie die Tatsache, dass es oft eines Regierungswechsels bedarf, um ein strafrechtliches Vorgehen gegen hohe Amtsträger zu ermöglichen, sprechen allerdings für eine längere Frist.

119 Art. 6 II EMRK, Art. 14 II IPbürgR: Der Angeklagte ist solange als unschuldig zu behandeln, bis in einem gesetzlichen Verfahren der Nachweis seiner Schuld erbracht wurde. Weitere kritische Aspekte sind die Beweislast, die in strafrechtlichen Verfahren bei der Staatsanwaltschaft liegt und den Kritikern nach ohne Rechtfertigung dem Angeklagten auferlegt wird, sowie die Missachtung des Grundsatzes *in dubio pro reo*. Für weitere Ausführungen sowie die Erläuterung eines Modells des Tatbestandes der unerlaubten Bereicherung, das die Menschenrechte akzeptiert, s. Wilsher, in Crime, Law & Social Change 45 (2006), S. 27 ff.

Kapitel III

„Bribery is a betrayal of trust. The notion of fidelity in offices, as old as Cicero, is inextricably bound to the concept of public interest distinct from private advantage. It is beyond debate that officials of the government are relied upon to act for the public interest not their own enrichment. When they take bribes they divide their loyalty and become traitors to the people.“[120]

Nicht nur die Bestechung, sondern jegliche Form von Korruption untergräbt das Vertrauen der Gesellschaft in den redlich handelnden Amtsträger und in einen im Interesse der Allgemeinheit agierenden Staat. Der auf einer allgemeinen Wahrnehmung basierende Vertrauensverlust wird durch persönliche Erfahrungen mit Korruption verstärkt, wenn diese zum Alltag der Menschen gehören. Gewählte Volksvertreter stellen ihre privaten Interessen über diejenigen der Gesellschaft, und auch die Bürger beginnen, Korruption als den einzigen Weg zu verstehen, um ihre Interessen und Bedürfnisse durchzusetzen.

Korruption kann im Alltag ablaufen. Niedrige Beamte missbrauchen im Kontakt zum Bürger ihre anvertraute Macht zur Erlangung eines privaten Vorteils.[121] Bei solchen Formen der *petty corruption* weisen die geforderten oder gewährten Vorteile einen vergleichsweise geringen materiellen Wert auf. Aufgrund der Häufigkeit kann sich die Summe, die der Bürger tragen muss, jedoch schnell summieren. Im Gegensatz dazu steht die *grand corruption,* in die Staatsoberhäupter, Minister und hohe Beamte involviert sind.[122] Die Summen sind weitaus höher als in Fällen der *petty corruption*, die Häufigkeit jedoch meist geringer.[123]

Die vorliegende Arbeit orientiert sich nicht direkt an der Klassifizierung von Korruptionsdelikten in *petty* und *grand corruption.* Indirekt wird die Unterscheidung durch die Gliederung jedoch aufgegriffen. Im weiteren Verlauf wird sich zeigen, dass Bestechung die häufigste Form der Alltagskorruption darstellt, während die Veruntreuung/Unterschlagung häufig dazu dient, auf hoher Ebene große Summen an staatlichen Ressourcen für private Zwecke zu nutzen.

120 Noonan, S. 704.

121 Anti-Corruption Toolkit, S. 6. Für weitere Beispiele s. Kaufmann, Foreign Policy, Nr. 107 (1997), S. 117.

122 Der Begriff „grand corruption“ stammt aus der Arbeit von G. Moody-Stuart. Dieser bezieht sich bei der Verwendung des Begriffes auf die Bestechung ausländischer Amtsträger durch multinationale Unternehmen.

123 Bzgl. der Kategorisierung zwischen petty und grand corruption s. Terracino, S. 13.

A. Menschenrechtsbeeinträchtigung durch Bestechung

„Inequalities of wealth provide the means to pay bribes, while inequalities of power provide the means to extort them."[124]

In Ländern, in denen Korruption endemische Maße angenommen hat, wird die Bestechung im Kontakt zwischen Bürger und Amtsträger zur Praxis. Beamte fordern Vorteile ein, die ihnen rechtmäßig nicht zustehen, und Bürger, die es sich finanziell leisten können, nutzen die Korrumpierbarkeit von Amtsträgern, um eine privilegierte Behandlung zu erfahren.[125] Während der Bürger sich in erstgenannter Konstellation mangels Ausweichmöglichkeiten in einer Zwangslage befindet, ist im zweiten Fall Opportunismus das leitende Handlungsmotiv. Eine Beeinträchtigung liegt hinsichtlich der Rechte Dritter vor, die nicht korrupt agieren wollen oder dies nicht können. Die folgenden Ausführungen stellen die Vielfältigkeit der Beeinträchtigungen von individuellen Rechten dar, die Bestechung hervorrufen kann.

1. Zahlungen für unentgeltlich zu gewährende Güter/Leistungen

a. Recht auf Zugang zu Grundschulunterricht

Die Staaten werden durch die Internationalen Menschenrechtspakte verpflichtet, gewisse Güter oder Leistungen unentgeltlich zu gewähren. Ein Beispiel für die explizite Normierung der Unentgeltlichkeit ist das Recht auf den Zugang zu Grundschulbildung gemäß Artikel 13 IIa) IPwirtR:

> „(...) im Hinblick auf die volle Verwirklichung dieses Rechts (muss) der Grundschulunterricht für jedermann Pflicht und allen unentgeltlich zugänglich sein (...)"

Gemäß UNESCO-Richtlinien ist die Grundschulbildung die erste Stufe des formalen Schulsystems, die grundsätzlich mit einem Alter zwischen fünf und sieben Jahren beginnt und maximal eine Dauer von vier Jahren beträgt.[126] Der Anspruch auf einen unentgeltlichen Zugang zu Grundschulunterricht wird als das zentralste Element des Rechts auf Bildung angesehen.[127] Das auf dieser Stufe vermittelte Wissen gilt in den meisten Gesellschaften für ein Leben in Würde als absolut notwendig, um Kinder vor Armut, Ausbeutung und Missbrauch zu schützen.[128] Im Gegensatz zu

---

124 Miller/Grodeland/Koshechkina, S. 13.

125 „A state with endemic corruption can be especially brutal to the very poor who have no resources to compete with those willing to pay bribes.", UNDP, S. 45 ff.; „Bribery is a sell-out to the rich", Noonan, S. 703.

126 UNESCO, Statistical Yearbook (1996), S. 3. Der IPwirtR selbst enthält keine Definition des Begriffs der „Grundschulbildung".

127 Kälin/Künzli, S. 460.

128 Ssenyonjo, S. 378; Allg. Bemerkung Nr. 13 zu Art. 13 IPwirtR, § 51, 57. Strittig ist inzwischen, ob Grundschulbildung oder Sekundarstufen des Bildungsangebotes

anderen Sozialrechten, die ein Tätigwerden des Staates erst dann fordern, wenn Private ihr Grundbedürfnisse nicht selbst befriedigen können, statuiert das Recht auf Bildung eine primäre Handlungspflicht der staatlichen Behörden.[129] Es liegt in der Verantwortung des Staates, mittels des unentgeltlichen, für alle gleichermaßen offenen Zugangs zu schulischen Einrichtungen zu gewährleisten, dass die Kinder in den Genuss von Bildung kommen.

In über 130 Staaten wurde das Recht auf einen unentgeltlichen Zugang zur Grundschulbildung auf normativer Ebene verankert. Weitere 13 Länder haben sich verpflichtet, dieses Recht progressiv umsetzen.[130] Trotz existierender Rechtsgrundlagen auf den unentgeltlichen Zugang zu Grundschulunterricht wird die tatsächliche Umsetzung in vielen Fällen unterhöhlt. Schätzungen zufolge werden mindestens 20 %, in vielen Fällen bis zu 90 % der finanziellen Kosten von den Eltern und sonstigen Familienangehörigen des Kindes getragen.[131] Wenn keine Schulgebühren verlangt werden, muss auf andere Weise ein finanzieller Beitrag geleistet werden. Inoffizielle Zahlungen machen einen bedeutenden Teil der Beiträge aus. Bei Befragungen in Bangladesch gaben 44.6 % der Teilnehmer an, solche tätigen zu müssen, damit die Kinder die Schule besuchen können.[132] In Kambodscha ist offiziell anerkannt, dass die Regierung die vorhandenen Lehrerkapazitäten nicht aufrechterhalten könnte, wenn Lehrer ihre geringen Gehälter nicht durch Bestechungsgelder aufstocken würden.[133] Sofern inoffizielle Zahlungen zur Voraussetzung werden, damit Kinder Zugang zu Grundschulunterricht erhalten, wird das Recht auf unentgeltlichen Zugang durch den Akt der passiven Bestechung untergraben.[134]

Die direkte Aufforderung zur Vorteilsgewährung in Form von Schulgeldern oder sonstigen Beiträgen ist der simpelste Fall, das Recht auf einen kostenfreien Grundschulunterricht zu beeinträchtigen. Vielfältige weitere Praktiken haben sich im Bildungsbereich etabliert. Lehrer entscheiden sich bewusst dafür, nicht alle Kursinhalte

---

ausschlaggebend für die Armutsbekämpfung sind, vgl. die Erkenntnisse aus Südkorea, die auf eine starke Kausalität zwischen wirtschaftlichem Wachstum und Sekundarbildung hinweisen, Ministry of Education, *The Development of Education: National Report of the Republic of Korea,* S. 1; ähnliche Resultate erzielten Forschungen in Lateinamerika, ECLAC, *Equality Gap,* S. 116; ECLAC, *Equidad, desarollo y cuidadanía,* S. 72; zitiert aus, Tomasevski, UNESCO 2004/ED/EFA/MRT/PI/73, S. 43; UNICEF (United Nations Children's Fund), S. 9.

129 Kälin/Künzli, S. 460.

130 Angaben vgl. Tomasevski, UNESCO 2004/ED/EFA/MRT/PI/73, S. 34. Das Recht auf unentgeltlichen Zugang zu Grundschulunterricht ist auch in der Konvention über die Rechte des Kindes gem. Art. 28 8(a) normiert.

131 Bray, UNICEF/World Bank.

132 UN Doc. HR/POL/GG/SEM/2006/BP.1, S. 3 § 6.

133 Hallak/Muriel, IIEP/UNESCO, S. 62.

134 Das Recht auf unentgeltlichen Zugang zu Grundschulunterricht ist auch in der Konvention über die Rechte des Kindes gem. Art. 28 8(a) normiert. Die Thematisierung der Problematik erfolgt daher auch durch das Komitee für die Rechte des Kindes, bswp. in Bezug auf Sri Lanka – UN Doc. CRC/C/LKA/CO/3-4, § 62 (c).

während des offiziellen Unterrichts zu lehren, sondern zahlungspflichtige Zusatzkurse anzubieten, in denen die vorgeschriebenen Lehrinhalte vermittelt werden. Die Kenntnis des Materials der Zusatzkurse ist Voraussetzung für eine Versetzung. Statistiken zufolge beliefen sich die Kosten derartiger Praktiken in Südkorea im Jahre 2006 auf 17 Milliarden US $[135]; eine Summe, die prozentual 80 % der staatlichen Gesamtausgaben für Bildung ausmacht. Berichten aus Indonesien zufolge wurde die Einführung obligatorischer, kostenpflichtiger Lernmodule als Teil des Lehrplans genutzt, um zusätzliche Gelder zu verlangen. Die veranschlagten Preise der Module übersteigen deren tatsächlichen Kosten bei Weitem.[136] Nicht nur der Unterricht selbst, auch der Transport, das Bereitstellen von Materialien und Kleidung sowie die Ausgabe von Zeugnissen kann von der Gewährung unrechtmäßiger Vorteile abhängig gemacht werden.[137] Selbst Plätze in Klassenzimmern werden verkauft oder an die meistbietenden Eltern versteigert,[138] um zusätzliche Einnahmequellen zu generieren. Die Reihe, in der ein Kind sitzt, kann bereits von Beginn des Schuljahres darüber entscheiden, ob es die nächste Klasse besuchen darf und welche Noten im Abschlusszeugnis stehen. Zwar ist lediglich der unentgeltliche Zugang zu Grundschulunterricht als Menschenrecht normiert. Dies bedeutet allerdings nicht, dass sich derartige Praktiken auf diesen begrenzen. Selbst der Zugang zu Universitäten ist in manchen Ländern käuflich.[139]

Im schulischen Bereich erfolgt die Zahlung der Bestechungsgelder in den meisten Fällen in regelmäßigen Abständen. Die zu erbringenden Einzelsummen sind im Vergleich zu Zahlungen in anderen Institutionen gering. Aufgrund der hohen Frequenz der Forderungen müssen jedoch insbesondere arme Familien hart kämpfen, um den Zahlungen nachzukommen.[140] Die Bestechung im Bildungssektor wird dadurch erleichtert, dass die Eltern auf schulische Institutionen angewiesen sind, wenn sie wollen, dass ihre Kinder in den Genuss von Bildung kommen. Sie agieren zurückhaltend, wenn es darum geht, Fehlverhalten der Lehrer aufzuzeigen, da sie wissen, wie maßgeblich die Qualität des Unterrichts für die Zukunft ihrer Kinder ist. Die Informationsasymmetrie zwischen Eltern und Lehrern, das bewusste Aufrechterhalten von Grauzonen sowie mangelnde Kenntnis über rechtliche Ansprüche und tatsächliche Kosten sind weitere Faktoren, die ein aktives Vorgehen der Eltern gegen Korruption im Bildungsbereich verhindern.

---

135 Bray/Lykins, die sich auf Daten der Südkoreanischen Nationalen Statistikbehörde beziehen.

136 Hardjono/Teggemann, S. 16.

137 Für eine ausführliche Darstellung potenzieller Einfallstore für Korruption im Bereich des Bildungssektors siehe: FITCAM, S. 15 f.; Hardjono/ Teggemann, S. 12 ff.; Hallak/Muriel, IIEP/UNESCO, S. 56 f.

138 U4 Anti-Corruption Research Centre, 4/2006, S. 40.

139 TI Global Corruption Report (2005), S. 36.

140 Nissen, S. 25 f.

Die bisher nur selten thematisierte weite Verbreitung von Korruption im Bildungswesen gilt für viele Teile der Welt.[141] Häufig nimmt Korruption im Bildungswesen endemische Ausmaße an.[142] Korruption im Rahmen schulischer Bildung weist aufgrund der langfristigen Konsequenzen ein besonderes Gefahrenpotenzial auf. Die Vermittlung von Intransparenz und einem fehlenden Integritätsbewusstsein von klein auf ist prägend für die Einstellung junger Menschen. Kinder, die den unrechtmäßigen Missbrauch anvertrauter Macht als Erfolgsfaktor wahrnehmen, internalisieren eine positive Einstellung gegenüber Korruption und geben diese an die nächste Generation weiter. In Afrika machen Kinder im Grundschulalter fast die Hälfte der Bevölkerung aus.[143] Die Verwirklichung des Rechts auf unentgeltlichen Zugang zu Bildung entscheidet nicht nur über die Zukunft einer Generation, sondern hat maßgeblich Einfluss auf die Zukunft eines gesamten Kontinents.

> *„(...) cross-country regression work has gathered robust evidence that school enrolment rates and educational attainment play a considerable role in determining economic growth."*[144]

b. Recht auf das Zurverfügungstellen eines Pflichtverteidigers/Dolmetschers

Die Bezugnahme auf eine unentgeltliche Leistung findet sich auch in Artikel 14 IPbürgR, der die Rechte des Angeklagten in einem gerichtlichen Prozess festlegt. Gemäß Artikel 14 IIId) IPbürgR hat der Angeklagte das Recht auf einen unentgeltlichen Pflichtverteidiger, sofern dies im Interesse der Rechtspflege erforderlich ist. Artikel 14 IIIf) IPbürgR normiert das Recht,

> „die unentgeltliche Beiziehung eines Dolmetschers (zu) verlangen, wenn er (der Angeklagte) die Verhandlungssprache des Gerichts nicht versteht oder spricht (...)."

Die in Artikel 14 IPbürgR normierten Garantien beruhen auf dem Grundsatz eines fairen Verfahrens. Die in diesem Zusammenhang zu wahrende Waffengleichheit setzt voraus, dass alle Verfahrensbeteiligten sich auf dieselben Verfahrensrechte berufen können müssen.[145] Der Zugang zu fachlicher und sprachlicher Unterstützung kann notwendig sein, um die Benachteiligung einer Partei im Prozess

---

141 Selbst in Deutschland schockierte 2009 ein Korruptionsskandal. Es wurde berichtet, dass über hundert Professoren ihren Doktoranden den Titel im Gegenzug zur Zahlung von Bestechungsgeldern verliehen hatten, Leffers, in Der Spiegel, 24.08.2009, zitiert aus Boersma, S. 245.

142 Vgl. Forschungsergebnisse von Studien in Südostasien, Afrika und den Balkanstaaten, U4 Anti-Corruption Research Centre, 4/2006, S. 3.

143 Tomasevski, UNESCO 2004/ED/EFA/MRT/PI/73, S. 22.

144 Mauro, in Elliott, S. 264 f.

145 Allg. Bemerkung Nr. 32 (2007), § 13 unter Bezugnahme auf *Dudko vs. Australia*, 1347/2005 (2007), § 7.4.

auszuschließen. Wäre die Inanspruchnahme rechtlichen und linguistischen Beistands an die finanzielle Situation des Angeklagten geknüpft, könnten die Erfolgschancen eines Verfahrens leicht zu dessen Lasten beeinflusst werden.

Die Aufforderung zur Gewährung eines unrechtmäßigen Vorteils gegenüber dem Angeklagten selbst oder einer ihm nahestehenden Person als Voraussetzung für die Zuweisung einer Pflichtverteidigung unterhöhlt nicht nur das Kriterium der Unentgeltlichkeit, sondern auch das Prinzip der Waffengleichheit und somit das eines fairen Verfahrens.[146]

Das Recht auf einen unentgeltlichen Dolmetscher kann auf dieselbe Weise beeinträchtigt werden. Eine Vielzahl der in Artikel 14 IPbürgR normierten Garantien sowie das Recht, über die Anklage informiert zu werden, das Recht, sich selbst zu verteidigen, sowie das Recht, Fragen an Zeugen zu stellen, setzt die Verständigungsmöglichkeit mit den beteiligten Personen/Parteien voraus. Die nach Artikel 14 IIIf) IPbürgR normierte Unentgeltlichkeit verbietet es, die Ausgaben für die Bereitstellung einer Übersetzung in die Verfahrenskosten einzuschließen oder dem Angeklagten im Nachhinein aufzuerlegen.[147]

c. Recht auf die Vorführung vor einen Richter

Die unentgeltliche Gewährleistung von Leistungen/Gütern kann implizit auch im Rahmen solcher Rechte vorgesehen sein, die auf die explizite Normierung der Unentgeltlichkeit verzichten.[148] Beispielhaft dafür sind Artikel 9 und 10 IPbürgR zu nennen. Gemäß Artikel 9 III IPbürgR hat jede Person, die festgenommen wurde oder in Haft gehalten wird, das Recht,

> „unverzüglich einem Richter oder einer anderen gesetzlich zur Ausübung richterlicher Funktionen ermächtigten Amtsperson vorgeführt (zu) werden."

Der Gefahr potenzieller staatlicher Willkür im Fall von Verhaftungen, Inhaftierungen und andere Formen des Freiheitsentzuges sollen durch Artikel 9 IPbürgR Grenzen gesetzt werden. Aus diesem Gedanken folgt das Recht des Angeschuldigten, die Rechtmäßigkeit jedes Abschnittes seines Freiheitsentzuges von einer kompetenten

---

146 A.a.O. Ob die Zuweisung einer unentgeltlichen Pflichtverteidigung im Interesse der Rechtspflege erforderlich ist, bemisst sich grundsätzlich nach der Schwere des Deliktes, dem Ausmaß der zu erwartenden Strafe und der Komplexität des Falles, s. Kälin/Künzli, S. 513; vgl. auch EGMR, *Boner v. The United Kingdom*, A/300-b (1994), § 41. Relevant können auch die persönlichen Umstände des Angeklagten sein, s. EGMR, *Quaranta v. Switzerland*, A/205 (1991), §§ 34 ff. Um den Ansprüchen an die korrekte Verwaltung der Justiz in der Praxis gerecht zu werden, muss der zugewiesene Pflichtverteidiger eine effektive Verteidigung gewährleisten können.

147 So der EGMR in Luedicke, Belkacem und Koc vs. Germany, A/29 (1987), § 46.

148 In Polen ergaben Studien, dass 46 % der Patienten für grundsätzlich kostenlose Leistungen inoffizielle Gelder zahlen mussten, Chawla et al., in Health Economics 7 (1998), S. 337 ff. In Bulgarien lagen die Ergebnisse bezüglich der gleichen Frage 1994 bei 43 % und 1999 bei 51 %, Delcheva et al., in Health Policy (1997), S. 89 ff.

Autorität bestätigt zu bekommen. Sofern an der Rechtmäßigkeit Zweifel bestehen, muss die jeweilige Kontaktperson die Autorität innehaben, die Freilassung anzuordnen. Ab wann das Kriterium der Unverzüglichkeit nicht mehr gewahrt wird, ist bis heute auf internationaler Ebene umstritten. Anerkannt ist jedoch, dass „ein paar Tage" nicht überschritten werden dürfen. Weder die Vorführung vor einen Richter noch die Gewährleistung, dass diese Handlung unverzüglich stattfindet, darf von der Gewährung unrechtmäßiger Vorteile abhängig gemacht werden.

Zum Teil wird Achtung des Rechtes durch ein Herauszögern der formellen Inhaftierung oder der Festnahme umgangen. Die auf rechtlicher Ebene zwingend vorgeschriebene Kooperation mit den Gerichten kann auf diese Art und Weise zunächst ausbleiben. Diese Praxis findet vor allem in Ländern statt, in denen die Polizei korrupter agiert als die Justiz. Die heimliche Festnahme ohne Einbindung einer weiteren Kontrollinstanz eröffnet Gefängniswärtern einen breiten Spielraum zur Ausübung korrupter Delikte gegenüber inhaftierten Personen. Da diese sich in einer Notlage befinden, steigt die Bereitschaft, auf Bestechungsforderungen einzugehen.

d. Recht auf die würdevolle Behandlung in Haftsituationen

Das vage gehaltene Gebot gemäß Artikel 10 I IPbürgR schreibt die Einhaltung gewisser Standards in Haftsituationen vor und legt Minimalgarantien für die Behandlung von Gefangenen fest.[149] Es besagt, dass:

> „Jeder, dem seine Freiheit entzogen ist, (...) menschlich und mit Achtung vor der dem Menschen innewohnenden Würde behandelt werden (muss)."

Den Staaten wird eine positive Verpflichtung zugunsten der Personen auferlegt, die aufgrund ihres Freiheitsentzuges besonders verletzlich sind.[150] Eine würdevolle Behandlung impliziert unter anderem, dass Beschuldigte zur Wahrung der Unschuldsvermutung von Verurteilten getrennt unterzubringen sind.[151] Wird dies von der Gewährung eines Vorteils abhängig gemacht, ist die Achtung von Artikel 10 I IPbürgR gefährdet. Eine Einschränkung der menschlichen und respektvollen Behandlung liegt auch vor, wenn Inhaftierte nur gegen die Zahlung von Bestechungsgeldern Essen, Trinken und/oder einen Schlafplatz erhalten.[152] Eine grundlegende Ausstattung der

---

149 Vgl. Allg. Bemerkung Nr. 21 zu Art. 10 IPbürgR, § 5., der eine Aufzählung der Dokumente enthält, die festlegen, welche Behandlung den Gefangen zugestanden werden muss. Darunter fallen unter anderem die Mindestgrundsätze für die Behandlung von Gefangenen, angenommen durch den ersten UN Kongress zur Verhütung von Verbrechen und die Behandlung von Straftätern (Genf 1955), bestätigt durch den Wirtschafts- und Sozialrat durch die Resolution 663 C (XXIV), 31.07.1957 und 2076 (LXII), 13.05.1977.

150 Ibid., § 3.

151 Ibid., § 9.

152 Vgl. Ausschuss zur Abschaffung jeglicher Diskriminierung gegen Frauen, abschließende Bemerkungen Uganda (2010) – UN Doc. CEDAW/C/UGA/CO/7, § 23, sowie Ausschuss gegen Folter, UN Doc. CAT/C/CMR/CO/4, § 15.

Zellen mit Schlafplätzen sowie eine ausreichende Versorgung mit Wasser, Nahrungsmitteln und Medizin wurde vom Menschenrechtsausschuss vermehrt als essenzieller Bestandteil des in Artikel 10 I IPbürgR normierten Rechts dargelegt.[153]

e. Recht auf die Gewährung gleicher Arbeitsbedingungen

Zur Anerkennung des Rechts eines jeden auf gerechte und günstige Arbeitsbedingungen fordert Artikel 7c) IPwirtR, dass:

> „gleiche Bedingungen für jedermann (bestehen), in seiner beruflichen Tätigkeit entsprechend aufzusteigen, wobei keine anderen Gesichtspunkte als Beschäftigungsdauer und Befähigung ausschlaggebend sein dürfen."

Die Gleichbehandlung wird jedoch zu einem leeren Versprechen, wenn jeder weiß, dass nicht die Fähigkeiten oder der Fleiß, sondern finanzielle Ressourcen entscheidend sind, um gewisse Positionen zu erlangen. Aus Gesprächen mit Beamten aus Kambodscha ging hervor, dass ohne die Zahlung von Bestechungsgeldern eine Beförderung ausgeschlossen ist.[154] Analog zur Vergabe von Positionen wird über geografische Präferenzen entschieden, wenn es um die Versetzung eines Beamten geht.[155] In Kambodscha steigen die zu zahlenden Summen für eine Position je nach Möglichkeit, in dieser korrupt zu agieren.[156]

Zwar wird in Artikel 7c) IPwirtR nicht explizit auf die Unentgeltlichkeit Bezug genommen. Da es sich bei den Kriterien, die nach dem Wortlaut der Norm für die Beurteilung einer Beförderung herangezogen werden dürfen, um eine abschließende Aufzählung handelt, stellt ein Maßstab, der sich an der Gewährung unrechtmäßiger Vorteile bemisst, eine Beeinträchtigung von Artikel 7c) IPbürgR dar.

f. Recht auf freie Wahl der Arbeit

Menschenrechte, die den Staat nicht zur Bereitstellung von Gütern oder Leistungen verpflichten, sondern dem Schutz der freien Ausübung gewisser Handlungen dienen, implizieren den Aspekt der Unentgeltlichkeit per se. Der Mehrwert dieser Rechte liegt primär in der Anerkennung der jeweiligen Handlungsform als Rechtsgarantie, aus der sich ein Unterlassungsanspruch gegen den Staat ableiten lässt. Beispielhaft ist das gemäß Artikel 6 IPwirtR normierte Recht auf Arbeit anzuführen.

---

153 Bspw. Beschwerde Nr. 66, 74/1980; 88, 92, 105/1981; 159, 162/1983, 289/1988, s. Nowak, S. 246, Fn. 28.

154 Nissen, S. 24. Bspw. ist es durchaus üblich, statt der Zahlung von Bestechungsgeldern große Feste für den zukünftigen Chef auszutragen. Die Kosten übernimmt die Person, die befördert werden will.

155 Nissen, S. 27.

156 TI Global Corruption Report (2006), S. 22; UN Doc. HR/POL/Gg/SEM/2006/BP.1, S. 5 f. § 13.

„Die Vertragsstaaten erkennen das Recht auf Arbeit an, welches das Recht jedes einzelnen auf die Möglichkeit, seinen Lebensunterhalt durch frei gewählte oder aufgenommene Arbeit zu verdienen, umfasst, und unternehmen geeignete Schritte zum Schutz dieses Rechtes."

Da lediglich von der Anerkennung des Rechtes und dessen Schutz gesprochen wird, ist ein Anspruch des Einzelnen auf Arbeit gegenüber dem Staat nicht aus Artikel 6 I IPwirtR ableitbar. Vielmehr verpflichtet sich der Staat, Eingriffe in die Ausübung des Rechtes zu unterlassen. Unter das Unterlassungsverbot fällt auch eine kostenpflichtige Ausgestaltung der Rechtsausübung auf direkte oder indirekte Weise, wenn dafür keine zwingenden Gründe ersichtlich sind.

In Aserbaidschan werden viele Frauen indirekt gezwungen, für die Ausübung des legalen Gewerbes der Prostitution zu bezahlen, indem sie hinsichtlich der Vornahme einer medizinischen Untersuchung unter Druck gesetzt werden.[157] Die Durchführung einer solchen Untersuchung ist nur rechtmäßig, wenn eine dritte Partei eine Beschwerde einreicht. Die Untersuchung dient in diesem Fall als Grundlage für eine strafrechtliche Anklage der Verbreitung von Geschlechtskrankheiten. Polizisten nutzen ihre Position und die stigmatisierte Rolle der Frauen aus, indem sie die Prostituierten gewaltsam zu einer derartigen Untersuchung zwingen, sofern diese nicht gewillt sind, die geforderten Bestechungsgelder zu bezahlen oder den Amtsträgern anderweitige Vorteile zu gewähren.[158] Häufig werden sexuelle Gefälligkeiten eingefordert, mit denen die Frauen sich die Ausübung ihres Berufes „erkaufen" müssen. In diesen Fällen wird das Ausüben einer beruflichen Tätigkeit, die ein jeder uneingeschränkt vornehmen oder unterlassen kann, zu einer durch Korruption kostenpflichtigen Handlung. Beispiele existieren in gleicher Weise für das Recht auf Versammlungsfreiheit oder andere Freiheitsrechte, wie das Recht auf Religionsfreiheit oder das Recht auf Meinungsfreiheit. Journalisten, die Bestechungsgelder bezahlen müssen, damit sie ihre Meinung äußern können, werden gezwungen für eine Handlung zu bezahlen, die der Staat unentgeltlich achten und schützen muss.

Wenn die von staatlicher Seite grundsätzlich unentgeltlich zu gewährleistenden Güter und Leistungen durch Korruption kostenpflichtig werden, stehen die Menschen vor den Optionen, auf Rechte zu verzichten oder für deren Inanspruchnahme zu investieren. Vielen bleibt nur der Verzicht, da die geforderten Bestechungssummen ihr Vermögen übersteigt. Negative Erfahrungen mit Korruption können auch dazu führen, dass Bürger sich bewusst gegen die Inanspruchnahme von Leistungen entscheiden und Angebote staatlicher Institutionen nicht mehr wahrnehmen. Umfrageergebnisse zeigen, dass die Einwohner mancher Länder ihr Vertrauen, insbesondere in die Justiz, fast vollständig verloren haben. In Nigeria gaben 30–50 % der Befragten an, justizielle Leistungen aufgrund vorheriger Korruptionsfälle nicht mehr zu nutzen. Lediglich 15 % der Personen, die bereits einen Bezug zu gerichtlichen Prozessen hatten, stufen den Zugang zu Gerichten als finanziell

157 TI, Global Corruption Report (2007), S. 124.
158 Ibid.

tragbar ein.[159] In Indonesien war die korrupte Wahrnehmung der Justiz für 70 % der befragten Geschäftsleute ausschlaggebend dafür, trotz rechtlicher Streitigkeiten und der Notwendigkeit eines gerichtlichen Prozesses einen solchen nicht anzustreben.[160] In der Reihe der Bevölkerung lag die Zahl bei 50 %.[161] Befragungen aus Russland führten zu ähnlich erschreckenden Ergebnissen. 70 % der Menschen suchen dort keinen Rechtsschutz vor Gericht, weil ihnen die inoffiziellen Zahlungen zu hoch sind.[162] 76,8 % glauben nicht mehr daran, dass ihnen vor Gericht Gerechtigkeit widerfährt.[163] Der Zugang zur Justiz gemäß Artikel 14 I IPbürgR ist unter derartigen Umständen nicht mehr realisierbar.

2. Zusätzliche Zahlungen für kostenpflichtige Leistungen

Die meisten der in den Internationalen Pakten normierten Menschenrechte setzen nicht voraus, dass der Staat den Bürgern Güter oder Dienstleistungen unentgeltlich zur Verfügung stellt. Dies überfordert die Kapazitäten eines jeden Staates. Zur Absicherung von Qualität und Zugang sind Investitionen erforderlich, die der Bürger zu gewissen Teilen mittragen muss.[164] Die finanzielle Verantwortung des Bürgers darf jedoch nicht dazu führen, dass dieser seine Rechte nicht mehr oder nur noch unter erschwerten Bedingungen in Anspruch nehmen kann. Insbesondere das inoffizielle Überschreiten der Summen, die für die Durchführung einer Amtshandlung offiziell veranschlagt wurden, kann jedoch zu derartigen Situationen führen.

a. Recht auf Gesundheit

Artikel 12 II d) IPwirtR normiert im Rahmen des Rechts eines jeden auf das für ihn erreichbare Höchstmaß an körperlicher und geistiger Gesundheit, dass

> „(...) Voraussetzungen (geschaffen werden), die für jedermann im Krankheitsfall den Genuss medizinischer Einrichtungen und ärztlicher Betreuung sicherstellen."

Das Recht auf Gesundheit impliziert keine Garantie darauf, gesund zu sein. Die Vertragsstaaten sind vielmehr verpflichtet, in Ergänzung zur individuellen Gesundheitsvorsorge Bedingungen anzustreben, unter denen sich der höchstmögliche

---

159 Je öfter Personen aufgrund von Prozessverzögerungen oder Prozessverschleppungen ans Gericht zurückkehren mussten, desto öfter waren sie der Aufforderung zur Zahlung von Bestechungsgeldern ausgesetzt. Ders., S. 162.

160 Ders., S. 161.

161 Ibid.

162 TI Global Corruption Report (2007), S. 33.

163 TI Global Corruption Report (2007), S. 33.

164 Sowohl der unentgeltliche Grundschulunterricht als auch der Zugang zu medizinischen Einrichtungen werden durch Steuergelder mitfinanziert.

Gesundheitszustand der Bevölkerung realisieren lässt.[165] Dies beinhaltet die Pflicht, die wichtigsten Medikamente bereitzustellen, umfassende Impfprogramme gegen die gefährlichsten Infektionskrankheiten sowie Maßnahmen zur Prävention und Nichtverbreitung epidemischer und endemischer Krankheiten anzubieten und Einrichtungen zur Geburts- und Säuglingspflege zu schaffen.[166] Über die Gewährleistung eines gewissen Standards an medizinischer Versorgung hinaus ist der Staat auch verantwortlich dafür, den Zugang zu vorhandener Gesundheitsinfrastruktur nicht zu erschweren oder zu verhindern.

Korruption kann die Realisierung dieser Aspekte maßgeblich gefährden. Die Aufforderung zur Gewährung unrechtmäßiger Vorteile führt dazu, dass die finanziellen Hürden, die ein Arztbesuch, eine notwendige Operation oder der Kauf von Medikamenten mit sich bringen, von den Menschen nicht mehr überwindbar sind. Behandlungen werden in entscheidenden Momenten abgebrochen oder unnötig lange hinausgezögert.[167] Studien aus Bangladesch, Indien, Nepal, Pakistan und Sri Lanka zeigen, dass in all diesen Ländern Bestechungsgelder gewährt werden müssen, um Zugang zu medizinischer Versorgung in einem Krankenhaus sowie zu staatlich subventionierten Medikamenten zu erhalten.[168] Studien in Aserbaidschan kommen zu dem Ergebnis, dass in manchen ländlichen Regionen 35 % der Geburten zu Hause stattfinden. Die Frauen und ihre Familien sind nicht in der Lage, die zusätzlich geforderten Gelder für Dienste zu zahlen, die ihnen grundsätzlich kostenlos oder für geringe Gebühren zur Verfügung stehen sollten.[169] Selbst bei auftretenden Komplikationen besteht aufgrund fehlender Möglichkeiten zur Befriedigung korrupter Forderungen nicht die Möglichkeit, die Geburt in ein Krankenhaus zu verlegen.

---

165 Kälin/Künzli, S. 353. Es ist unumstritten, dass der Gesundheitszustand des Einzelnen zu einem erheblichen Maße davon abhängt, ob und inwiefern der Staat ein umfassendes Gesundheitssystem fördert und ausbaut. Vgl. Jahresbericht der Weltbank (2006). Die Lebenserwartung liegt in Europa bei 69 Jahren, in Afrika bei 46 Jahren.

166 Kälin/Künzli, S. 360.

167 Vgl. Nissen, S. 28, die aufzeigt, dass Menschen in Kambodscha bereit sind, private Praxen zu konsultieren und für Dienste höhere Summen zu zahlen als in einem staatlichen Krankenhaus, weil sie das Gefühl haben, dass sie in einer privaten Praxis angemessen behandelt werden, wohingegen in staatlichen Einrichtungen die Gefahr besteht, dass die Gesamtsumme trotz einer geringeren Ausgangssumme für die Behandlung die Kosten einer privaten Behandlung aufgrund der enormen Summen für Bestechungszahlungen übersteigt. Für eine ausführliche Darstellung der Auswirkungen von Korruption auf das Gesundheitswesen, s. Azfar/Gurgur.

168 Lewis, S. 29.

169 World Bank, Azerbaijan Health Sector (Vol. I/II). Anhand von Daten aus 71 Ländern wurde der Zusammenhang des Korruptionsniveaus mit der Rate der Säuglingssterblichkeit untersucht und festgestellt, dass die Rate der Säuglingssterblichkeit steigt, je mehr das Land mit Korruption zu kämpfen hat, Gupta/Davoodi/Tiongson, in Abed/Gupta, S. 254; bzgl. der gleichen Problematik s. UN Doc. E/C.12/1997/Sr.41, § 23.

Transparency International zeigt sich nicht nur über den erschwerten Zugang, sondern auch über die Reduktion der Qualität besorgt, die mit der Korruption im Gesundheitswesen einhergeht.[170] Patienten in Kasachstan berichten, dass nur die Zahlung informeller Summen eine angemessene Betreuung, geringe Wartezeiten und einen Krankenhausaufenthalt bis zur vollständigen Genesung absichern kann.[171] Das medizinische Personal reduziert zum Teil bewusst die Qualität ihrer Leistungen, um einen Zustand zu kreieren, in dem der Patient gewillter ist, Vorteile zu gewähren oder der Aufforderung nach solchen Folge zu leisten.[172]

Eine weitere Taktik, Patienten zur Gewährung unrechtmäßiger Vorteile zu bringen, ist die Vorgabe reduzierter Bestände an Medikamenten.[173] Der behandelnde Arzt vermittelt dem Patienten, dass es einer zusätzlichen Summe bedarf, damit die Arzneimittel auf dem privaten Markt erstanden werden können. Unwissend zahlen die Patienten die geforderten Beträge, die direkt in die Tasche des Arztes fließen. Dass diese Summen nicht für alle bezahlbar sind, verdeutlichen die Worte eines Mannes aus Casablanca:

> *"When my wife went to the hospital they examined her and prescribed some pills. They said that none were available there, but if we paid 30 dirhams, someone could provide the ‚free medication'. The problem is we can't afford the drugs."*[174]

Die Forderung von Bestechungsgeldern im Gesundheitssystem kann sich auf allen Ebenen der Versorgung durchsetzen. Sowohl Krankenschwestern als auch Oberärzte fordern Vorteile für die zu erbringenden Leistungen ein oder nehmen solche an. Da die Vorteile in den seltensten Fällen unter dem Personal aufgeteilt werden, sind die Patienten gezwungen, mehreren behandelnden Angestellten Bestechungsgelder oder sonstige Vorteile zu gewähren. Einerseits führt dies zu einer erhöhten Belastung der Patienten, andererseits kann der Wettbewerb um Bestechungsgelder ein weiterer Faktor sein, der zu einer geringeren Qualität der Leistungen beiträgt. Frustration aufgrund einer als ungerecht empfundenen Verteilung der informellen Zahlungen ist Auslöser für eine geringe Bereitschaft des Personals, ein hohes Leistungsniveau aufrechtzuerhalten.[175] Mit abnehmender Hierarchie innerhalb eines Gesundheitssystems scheint die Wahrscheinlichkeit zuzunehmen, dass die Patienten zur Zielscheibe des Ärgers der Angestellten darüber werden, dass nicht alle an den

---

170 TI Corruption Barometer (2006), S. 8.

171 TI Global Corruption Report (2006), S. 63.

172 Mastad/Mwisongo, S. 5.

173 Ibid.

174 Zitat stammt aus einem Interview, was von TI Marokko durchgeführt wurde, TI Global Corruption Report (2006), S. XII. Umgerechnet sind 30 Dirhams weniger als 3 Euro. Bereits diese Summe ist jedoch für Teile der Bevölkerung nicht tragbar.

175 „(...) you feel bad because you do the work and someone else benefits (by taking the bribe). That affects the work, leads to poor service provision (...)." Aussage eines Doktors in Tanzania, TI Global Corruption Report (2006), S. 8.

gewährten Vorteilen beteiligt werden.[176] Das Personal des unteren Sektors sieht nicht die Möglichkeit, die ihrer Ansicht nach verantwortlichen Oberärzte zur Verantwortung zu ziehen, und baut deswegen den Frust an den Patienten ab.

> *"If I am not with good heart and have seen, that a doctor has been bribed, but I have not received any share from it, I may, if supposed to give six tablets, give four (...) if angry I may even give two tablets."*[177]

Qualitätseinbußen können auch daraus resultieren, dass die Angestellten eines Krankenhauses das Angewiesensein auf die Zusammenarbeit ausnutzen. Die fehlende Kooperation kann als Druckmittel genutzt werden, um eine Aufteilung der erlangten Bestechungsgelder zu erreichen. Die Krankenschwester verweigert so lange die Erbringung qualitativer Arbeit, bis der Arzt sich bereit erklärt, die erlangten Vorteile mit ihr zu teilen. Derjenige, der unter der eingeschränkten Qualität der Leistungen der Krankenschwester leidet, ist in erster Linie der Patient. Die effektive und angemessene Gewährleistung der medizinischen Versorgung für jedermann ist in derartigen Konstellationen gefährdet, da die diskriminierungsfreie, wirtschaftliche Zugänglichkeit und die Qualität der Versorgung von der Gewährung unrechtmäßiger Vorteile abhängig werden.[178]

In gleicher Weise kann die Aufforderung zur Zahlung unrechtmäßiger Vorteile die umfassende Implementierung von Gesundheitsprogrammen verhindern. Medikamente gegen HIV/AIDS, die der Bevölkerung in Nigeria zu geringen Preisen oder sogar kostenlos zugänglich sein sollen, erreichen vor allem arme Gesellschaftsschichten nicht, da diese die zusätzlichen, inoffiziell geforderten Summen nicht aufbringen können. Ein HIV-Patient berichtet:

> *"The anti-virus drugs are not given to those of us (...) but to those big men who bribe their way through, and we are left to suffer and scout around for the drug."*[179]

Der Zugang zu medizinischen Einrichtungen bleibt einem Drittel der Weltbevölkerung versagt.[180] In Afrika und Asien steigt die Zahl nach Schätzungen der

176 Ibid.

177 Aussage eines medizinischen Assistenten eines ländlichen Krankenhauses in Tanzania, a.a.O.

178 Korruption als Hindernis iRd. Zugangs zu medizinischer Versorgung wird auch vom Komitee für die Rechte des Kindes in Bezug auf die Situation in Pakistan thematisiert: „(...) the poor provision of health care, especially in rural areas, which is in part due to corruption within the framework of projects supported by international organisations." – UN Doc. CRC/C/15/Add.217, § 52. In ähnlicher Weise spricht sich der Special Rapporteur zum Recht auf Gesundheit in mehreren seiner Berichte aus: UN Doc. E/CN.4/2005/51/Add.2, § 41, § 45–52; UN Doc. A/HRC/14/20/Add.2, § 52.

179 Anukansai, in NACC Journal (2007), S. 10.

180 Brundtland, 4th WTO Ministerial Conference, Statement WHO/17, Nov.2001, abrufbar unter: http://www.who.int/inf-pr-2001/en/state2001-17.html.

Weltgesundheitsorganisation auf die Hälfte der Bevölkerung an.[181] Elf Millionen Kinder sterben jährlich an behandelbaren Krankheiten.[182] Korruption ist ein zusätzlicher Faktor neben den bereits erdrückenden Umständen einer fehlenden oder mangelhaften medizinischen Versorgung, der verhindert, dass das Recht eines jeden auf ein Höchstmaß an Gesundheit verwirklicht wird.

b. Recht auf einen angemessenen Lebensstandard

Ein erschwerter oder verhinderter Zugang aufgrund von Akten passiver Bestechung kann sich auch in Bezug auf das Recht auf die Absicherung einer Unterkunft mit Zugang zu sanitären Einrichtungen, das Recht auf ein Minimum an lebensnotwendiger Nahrung[183] und das Recht auf eine angemessene Versorgung mit Trinkwasser realisieren. Korruption beeinträchtigt beispielsweise den Zugang zu Wasser, wenn Bestechungsgelder gewährt werden müssen, damit ein Anschluss an das Wassernetz erfolgt, oder wenn Amtsträger ihre Macht missbrauchen, um Privatunternehmen exklusive Rechte in Bezug auf die Nutzung der vorhandenen Wasserressourcen gewähren, die dazu führen, dass ein Teil der Bevölkerung von der Wasserversorgung ausgeschlossen wird.[184] Der Zugang zu den genannten Ressourcen ist nicht lediglich ein Aspekt des gemäß Artikel 11 I IPwirtR geschützten Rechts auf einen angemessenen Lebensstandard, sondern stellt elementare Voraussetzungen für die Umsetzung des Rechts auf Gesundheit dar.[185]

c. Recht auf Meinungs-, Informations-, Presse- und Medienfreiheit

Die Meinungsfreiheit sowie ihre Ausformungen in Informations-, Presse-, und Medienfreiheit sind weitere Menschenrechtsgarantien, die durch Korruption untergraben werden können. Während Bürger in Deutschland und den europäischen Nachbarländern den unbeschränkten Zugang zu Internet und Radio als selbstverständlich wahrnehmen, kann dies in anderen Staaten ein Privileg der zahlungsfähigen und -willigen Elite sein. Das gemäß Artikel 19 II IPbürgR normierte Recht,

---

181 Ibid.

182 Foege, UNICEF, S. 19.

183 Der erschwerte oder verhinderte Zugang zu Nahrungsmitteln, insbesondere für Randgruppen der Gesellschaft, wird unter anderem vom Ausschuss für wirtschaftliche, soziale und kulturelle Rechte in Bezug auf Indien angesprochen – UN Doc. E7C.12/IND/CO/5, § 25. Die Tatsache, dass Korruption ein Hindernis darstellt, wenn es um die Versorgungssicherheit mit Nahrung geht, wird auch in der Rome Declaration of the 1996 World Food Summit ausdrücklich erwähnt. Abrufbar unter: http://www.fao.org/docrep/003/w3613e/w3613e00.HTM.

184 Vgl. ICHRP (2009), S. 58.

185 Allg. Bemerkung Nr. 14 zu Art. 12 IPwirtR, § 43b) und c).

„(...) (sich) ohne Rücksicht auf Staatsgrenzen Informationen und Gedankengut jeder Art in Wort, Schrift oder Druck, durch Kunstwerke oder andere Mittel eigener Wahl (...) zu beschaffen, zu empfangen und weiterzugeben,“

wird sowohl für den Absender im Rahmen der Weitergabe von Informationen als auch für den Empfänger bezüglich des Beschaffens und Empfangens dieser eingeschränkt. Das Recht auf Informationsfreiheit, welches wiederum Voraussetzung für die Wahrnehmung einer Vielzahl anderer Rechte ist, läuft leer, wenn die Gewährung unrechtmäßiger Vorteile zur Voraussetzung für den Empfang von Radiosendern und der Nutzung des Internets wird.

d. Recht auf Freizügigkeit

Da die gemäß Artikel 12 II IPbürgR normierte Freizügigkeit ohne offizielle Dokumente nicht wahrgenommen werden kann, umfasst das Recht auf Ausreise zugleich das Recht, von der zuständigen Behörde die nötigen Reisedokumente zu erhalten.[186] Personen, die von einem Verwaltungsmitarbeiter mit der Forderung einer Vorteilsgewährung als Bedingung für die Ausstellung eines Reisepasses konfrontiert werden, sind in ihrem Recht auf Freizügigkeit beeinträchtigt.[187] Berichten einer NGO aus Simbabwe zufolge täuschen Behörden künstlich die Situation knapper Pässe vor, um Antragsteller indirekt zu zwingen, Bestechungsgelder für die Ausstellung ihres Reisedokuments zu bezahlen.[188] In Malawi war es der Vizepräsident selbst, der die Einwanderungsbehörde als eine der korruptesten Behörden im ganzen Land bezeichnete und die Zahlung von Bestechungsgeldern im Rahmen der Ausstellung von Pässen scharf verurteilte.[189]

e. Verbot der Diskriminierung

Jeder Bürger hat Anspruch darauf, dass Anträge, die er bei einer öffentlichen Behörde einreicht, nach dem Grundsatz des allgemeinen Diskriminierungsverbotes bearbeitet werden. So gewährt beispielsweise Artikel 24 II IPbürgR i.V.m. dem

186 Allg. Bemerkung Nr. 27 zu Art. 12 IPbürgR, UN Doc. CCPR/C/21/Rev.1/Add.9, § 9.

187 Korruption in Bezug auf Reisedokumente wird vom Menschenrechtskomitee sowohl bezüglich der Ausstellung der Dokumente als auch bezüglich der Folgekonsequenzen thematisiert, die auftreten, wenn Personen keine Dokumente besitzen und deshalb nur durch die Zahlung inoffizieller Gelder ihre Ansprüche auf soziale Leistungen geltend machen können. UN Doc. CCPR/C/79/Add.75, § 6, 9; UN Doc. CCPR/C/AZE/CO/3, § 18; UN Doc. CCPR/C/UZB/CO/3, § 18. Auch der Ausschuss zur Abschaffung von Rassendiskriminierung wirft die Problematik auf – UN Doc. CERD/C/UZB/CO/5, § 16. Das Recht auf Bewegungsfreiheit ist in diesem Pakt in Art. 5d) (i)/(ii) normiert.

188 Sokwanele, „Corruption in the Passport Office“.

189 Boersma, S. 227, die sich auf den Artikel „Veep Launches Malawi Passport, Denounce Corruption at Immigration“ in der Nyasa Times beruft.

allgemeinen Diskriminierungsverbot nach Artikel 2 I IPbürgR jedem Elternteil das Recht, das eigene Kind registrieren zu lassen, ohne dabei einer ungerechtfertigten Unterscheidung ausgesetzt zu sein. Eine Familie zur Zahlung von Bestechungsgeldern aufzufordern, damit eine Geburtsurkunde ausgestellt wird, und diese einer anderen Familie zu gewähren, ohne einen inoffiziellen Vorteil zu verlangen, stellt einen Verstoß gegen Artikel 24 II i.V.m. Artikel 2 I IPbürgR dar. Das Gleiche gilt für das Ausstellen einer Erlaubnis zum Abhalten einer Versammlung gemäß Art. 21 IPbürgR oder der offiziellen Eintragung eines Vereins in ein Vereinsregister gemäß Artikel 22 IPbürgR, jeweils i.V.m. Artikel 2 I IPbürgR.

Insbesondere in Entwicklungs- und Schwellenländern werden Lizenzen, Beglaubigungen und anderweitige Dokumente oft nur gegen die Gewährung von Bestechungsgeldern ausgestellt.[190] Problematisch ist dies insbesondere, wenn es um die Eigentumsrechte von Land geht. In vielen Fällen besitzen die Eigentümer keine Dokumente, die ihr Eigentum bestätigen, da die Vergabe von Land lange nach traditionellen Mustern verlief, die keiner schriftlichen Bestätigung bedurften. Die Unfähigkeit, die geforderten Bestechungsgelder zu zahlen, kann die Vertreibung der Menschen von ihrem eigenen Land oder einen erzwungenen Verkauf für einen geringen Gewinn zur Folge haben. Oft bedeutet dies den Entzug der Lebensgrundlage, da bis heute viele Familien alleine von der Landwirtschaft leben. Die Summen für eine Eigentümerurkunde belaufen sich auf 200–700 US $.[191] Diese Beträge kann ein Bauer nicht aufbringen. Während die fehlende Zahlungsfähigkeit der Eigentümer dazu führt, dass sie ihr Eigentum verlieren, sind es häufig Bestechungsgelder, die eine rechtswidrige Umschreibung der Dokumente ermöglichen.

Gewährte Vorteile können auch die Beschleunigung von Prozessen bezwecken. Das Resultat ist nicht zwingend eine rechtswidrige Entscheidung. Maßgeblich für eine Beeinträchtigung der Menschenrechte ist die Diskriminierung. Jene Personen, die willig und fähig sind, Bestechungsgelder zu zahlen, werden gegenüber solchen Bürgern, die eine normale Prozedur durchlaufen müssen, bessergestellt. Beschleunigungszahlungen werden am häufigsten gewährt, wenn Menschen sich in Notlagen befinden, deren schnelle Beendigung das primäre Ziel ist. Einerseits sind die Betroffenen aus eigenen Motiven heraus selbst früher bereit, zusätzliche Vorteile anzubieten, um die Leidenssituation zu beenden. Andererseits kommen sie Forderungen eher nach, da das bestehende Abhängigkeitsverhältnis durch die Notlage verstärkt wird. Korrupte Amtsträger nutzen dies gerne aus. Im Zusammenhang mit Artikel 14 IPbürgR sind derartige Konstellationen möglich, wenn Justizbeamte inoffizielle Vorteile dafür verlangen, dass ohne unangemessene Verzögerung in der Sache verhandelt wird, der unrechtmäßige Freiheitsentzug aufgehoben wird oder der Fall in die nächsthöhere Instanz gelangt.[192] Ein Richter in Kroatien wurde

---

190 Nissen, S. 30.

191 Pawlowski, in Human Rights Tribune 11/3.

192 Vgl. vorbereitenden Report des Special Rapporteur zu Korruption und Menschenrechten, UN Doc. E/CN.4/Sub.2/2004/23, S. 11 f.

angeklagt, mehr als 4.000 US $ von Klägern angenommen zu haben, um gerichtliche Prozesse zu beschleunigen.[193] Die Rechte des Angeklagten auf ein faires Verfahren werden wertlos, wenn jeder notwendige Schritt kostet, damit er vorgenommen wird bzw. damit dieser nicht erst nach Wochen oder Monaten geschieht.

In Krankenhäusern verkürzen Beschleunigungszahlungen Warteschlangen, die sich einerseits konkret vor Behandlungszimmern zur Routineuntersuchung bilden als auch in Form von Wartelisten vor Operationssälen entstehen. Die Stunden und Tage vor einer Operation können über Leben und Tod entscheiden.[194] Wenn Ärzte Prioritäten bei der Behandlung von Patienten nicht mehr aufgrund gesundheitlicher Aspekte setzen, sondern sich von den erlangten Vorteilen leiten lassen, wird der diskriminierungsfreie Zugang zu medizinischen Einrichtungen unterlaufen. Menschen gehen so weit, ihre gesamten Habseligkeiten zu verkaufen, um medizinisch behandelt zu werden.[195]

3. Willkürliche justizielle Entscheidungen

„A corrupt or politically dependent judiciary can facilitate high-level corruption, undermine reforms and override legal norms. When the judiciary is part of the corrupt system, the wealthy and the corrupt operate with impunity, confident that a well-placed payoff will deal with any legal problems.“[196]

Korruption und Willkür gehen oft miteinander einher. Willkürlich ist eine Entscheidung, wenn sachfremde Erwägungen ausschlaggebend sind. Ein Richter, der entgegen der Wahrung seiner Neutralität in einem Prozess die Seite bevorzugt, die ihm oder anderen Beteiligten höhere unrechtmäßige Vorteile gewährt, handelt willkürlich und korrupt. Dies widerspricht Artikel 14 I 1 IPbürgR, der eine unabhängige und unparteiische Justiz fordert. Nach dieser Norm hat jedermann den Anspruch darauf, dass:

> „über eine (...) erhobene strafrechtliche Anklage oder (...) zivilrechtliche Ansprüche und Verpflichtungen durch ein zuständiges, unabhängiges, unparteiisches und auf Gesetz beruhendes Gericht in billiger Weise und öffentlich verhandelt wird."

Ein unabhängiges, unparteiliches Gericht, das Urteile in Anwendung des einschlägigen Rechts auf Basis der entscheidungserheblichen Fakten des Sachverhalts fällt, wahrt die Interessen der Justiz am besten.[197] Während die Unabhängigkeit eines Gerichts Ausdruck der Gewaltentrennung ist und einen funktionalen und strukturellen

193 TI Global Corruption Report (2007), S. 195.

194 Selbst in lebensnotwendigen Operationen werden diese z. T. nicht durchgeführt, wenn der Patient oder dessen Angehörige nicht willens oder in der Lage sind, Bestechungsgelder zu zahlen, vgl. Nissen, S. 37.

195 Ders., S. 41.

196 Rose-Ackermann (1999), S. 151.

197 Smith, S. 242.

Mechanismus beschreibt, der externe Eingriffe in die Administration der Justiz verhindern soll, bezieht sich der Aspekt der Unparteilichkeit auf die Neutralität des Richters und die Wahrung seiner Integrität.[198] Sowohl auf funktionaler wie auf organisatorischer Ebene müssen Regelungen existieren, die eine Unabhängigkeit des Gerichtes sowie ein unparteiisches Agieren der Richter absichern. Kriterien in Bezug auf die Ernennung und Entlassung von Richtern, die Dauer und Konditionen ihrer Tätigkeit, die geforderten Qualifikationen sowie die Besetzung des Gerichts sind in diesem Zusammenhang von elementarer Bedeutung.[199]

> *"Impartiality implies that judges must not harbour any preconceptions about the matter put before them, and that they must not act in ways that promote the interest of one of the parties."*[200]

Sowohl die Unabhängigkeit als auch die Unparteilichkeit eines Gerichts kann durch die Verwirklichung von Bestechungsdelikten untergraben werden. Die Auswahl eines Richters an Kriterien wie der Loyalität zum Regime, persönlichen Beziehungen oder der Zahlung von Bestechungsgeldern festzumachen, anstatt seine Fähigkeiten zu beurteilen, gefährdet die Unabhängigkeit der Judikativen. In Kambodscha und Aserbaidschan scheint es gängige Praxis zu sein, Zahlungen an das Justizministerium zur Beförderung zu leisten.[201] In Bangladesch gehört es zur Tradition, die Richterposten nach politischer Zugehörigkeit zu vergeben.[202] Es verwundert nicht, dass der prozentuale Anteil der Kläger und Angeklagten in diesem Land, die zugeben, Bestechungsgelder an Justizbeamten gezahlt zu haben, bei 66 % und 65 % liegt.[203] Die Durchschnittssumme der Bestechungszahlungen belief sich dort im Jahre 2005 auf 108 US $ pro Fall. Dieser Betrag machte zu diesem Zeitpunkt circa ein Viertel des jährlichen Durchschnittseinkommens in einem der ärmsten Länder auf der ganzen Welt aus.[204]

---

198 Rädler, in Weissbrodt/Wolfrum, S. 729. Vgl. in Bezug auf die Prinzipien auch die Bangalore Principles, die Unabhängigkeit, Neutralität, Integrität, Ebenbürtigkeit, Korrektheit, Kompetenz und Gewissenhaftigkeit als die Hauptkriterien der richterlichen Arbeit niederlegen. Die Prinzipien richten sich an die Richter selbst und nicht an den Staat. Aus diesem Grund wird nicht weiter auf diese eingegangen.

199 Vgl. Rädler, in Weissbrodt/Wolfrum, S. 735 ff.

200 Menschenrechtsausschuss, Beschwerde Nr. 387/1989, *Karttunen v. Finland,* UN Doc. CCPR/C/46/D/387/1989, § 7.2.

201 Nissen, S. 18; TI, Global Corruption Report (2007), S. 6.

202 Global Corruption Report (2007), S. 181 f.

203 TI Bangladesh (2005), zitiert aus TI, Global Corruption Report (2007), S. 103.

204 Das jährliche Durchschnittseinkommen in Bangladesch lag nach Angaben des Auswärtigen Amtes im Jahre 2013 bei 840 US $. Es ist jedoch zu beachten, dass die Studie bereits im Jahre 2005 erhoben wurde. Es ist daher sehr wahrscheinlich, dass die zu gewährende Summe sich proportional ans Gehaltsniveau angeglichen hat, folglich geringer war, als sie es heute ist.

Bestechungshandlungen können auch dazu dienen, einen nach objektiven Kriterien ernannten Richter im Laufe eines Prozesses zu beeinflussen. So vergibt beispielsweise das ägyptische Justizministerium „fügsamen Richtern" großzügige Boni. Für die Richter wiederum ist es verpflichtend, Anklagen gegen hochrangige Offiziere in Kopie ans Ministerium weiterzuleiten, bevor weitere Schritte unternommen werden.[205] In Zimbabwe überschrieb die Regierung systemkonformen Richtern große Landgüter, die den Berechtigten durch eine Landreform entzogen worden waren. Dies schafft eine weitere Möglichkeit, sich die Loyalität der Richter zu sichern.[206] Fälle in Algerien, Kenia, Sri Lanka und Peru zeigen, wie Richter, die sich gegen Korruption einsetzen, mittels politischer Entscheidung in abgelegene Regionen versetzt, zum Rücktritt gezwungen oder von den Fällen abgezogen werden, deren Ausgang sich nachteilig auf die Regierung auswirken könnte.[207] Die Wahrung einer neutralen Stellung des Gerichts gegenüber der Exekutiven ist unter derartigen Umständen ausgeschlossen.

> *"The Committee considers that a situation where the executive is able to control or direct the judiciary is incompatible with the notion of an independent and impartial tribunal within the meaning of Art. 14 I of the Covenant."*[208]

Die Einflussnahme auf die Judikative findet nicht nur vonseiten der Politik statt. Jeder Prozessbeteiligte kann den Akt der Bestechung nutzen, um Gerichtsverfahren zu manipulieren. Die hohe Anzahl der involvierten Personen in einem gerichtlichen Prozess macht diesen besonders korruptionsanfällig.[209] Bestechungsgelder fließen zwischen der Justiz und der Exekutiven, zwischen den im Justizwesen tätigen Mitarbeitern als auch zwischen den Klägern und Angeklagten und der Justiz. In der Justiz tätige Personen mit einem gewissen Handlungsspielraum verwirklichen gleichermaßen wie ein Richter das Delikt der Bestechung, wenn sie Vorteile einfordern

---

205 Global Corruption Report (2007), S. 201.

206 TI, Global Corruption Report (2007), S. 6. Bereits die Landreform als solche warf eine Vielzahl von Fragen in Bezug auf eine korrupte Justiz auf. So wurden die Richter, die den vertriebenen Bauern rechtmäßig Rechtsschutz gewährten, von der Regierung derart bedroht, dass sie ihre Position freiwillig aufgaben oder sie wurden direkt abgesetzt. Die Folgebesetzung der Richterbank durch die Regierung ermöglichte nur solchen Richtern, die dem Regime loyal gegenüberstanden, ihren Beruf auszuüben. Nach Auffassung der Bevölkerung war es offensichtlich, dass die gesamte Justiz mit der Regierung kollaborierte und sich auf diese Weise der Verletzung grundlegender Menschenrechte schuldig machte, Ibid, S. 35 ff.

207 TI, Global Corruption Report (2007), S. XXII.

208 1994 Report der ehemaligen Menschenrechtskommission an die UN Generalversammlung, Annex IX, Sektion BB, § 94, zitiert aus de Zayas, in Weissbrodt/Wolfrum, S. 683.

209 Die Analyse der Korruptionsanfälligkeit von Systemen hat gezeigt, dass je komplexer die Beziehungen und je mehr Personen involviert sind, desto größer sind die Chancen, korrupt zu agieren, die von den Beteiligten auch genutzt werden. S. diesbzgl. TI, Global Corruption Report (2006), S. XVII.

oder annehmen. Ein Justizbeamter kann die Zuordnung der Fälle manipulieren,[210] Beweismaterial verschwinden lassen oder unterdrücken, Zeugen laden oder diese unbehelligt lassen, sofern er dafür angemessen vergütet wird. In Ländern, in denen die Einleitung von Prozessen nur durch die Staatsanwaltschaft möglich ist, kann deren Bestechung jeden Weg des Rechtsschutzes versperren.

Die als „Wuhan-Affäre" bekannt gewordene Korruptionskampagne in China hat deutlich gemacht, dass keine Ebene des Justizapparates von der Verstrickung in korrupte Beziehungen ausgenommen ist, wenn der illegale Machtmissbrauch den Normalfall darstellt.[211] 91 Richter wurden wegen Korruption angeklagt, darunter der Vizepräsident des Obersten Gerichtshofes sowie mehrere Präsidenten erstinstanzlicher Gerichte.[212] Die Ermittlungen weiteten ich auf mehr als 100 weitere Richter, Justizbeamte und Anwälte aus.

Das Recht auf einen Prozess vor einem unabhängigen und unparteiischen Gericht ist immer gefährdet, wenn die Gewährung ungerechtfertigter Vorteile Entscheidungen diktiert.[213] Der *Special Rapporteur on the negative impact of corruption on the full enjoyment of human rights* stellt in seinem vorbereitenden Bericht dar, wie viel es sich Staatsbeamte im Justizwesen in Kenia kosten lassen, um Prozesse in Gang zu bringen und Entscheidungen zu manipulieren.[214] Die Höhe der zu zahlenden Bestechungsgelder war abhängig von der Fallmaterie, der Instanz und der

---

210 Dies ist einerseits möglich, sofern die Zuteilung der Fälle nicht nach einem rotierenden Zufallsprinzip geschieht oder sofern die Daten der Verhandlung geändert werden und somit ein anderer Richter zuständig ist.

211 In gleiche Richtung gehen die Zahlen aus Kenia: 82 für das Justizwesen zuständige Beamte, 6 Berufungsrichter und 17 Richter des Obersten Gerichtshofes wurden aufgrund ihrer Verwicklung in korrupte Akte verurteilt, UN Doc. HR/Pol/GG/SEM/2006/BP.1, S. 7 § 20.

212 TI Global Corruption Report (2007), S. 156.

213 Die Problematik der Einflussnahme auf die Unabhängigkeit der Justiz und die Unparteilichkeit der Richter wurde unter anderem vom Menschenrechtskomitee im Rahmen der abschließenden Bemerkungen vermehrt thematisiert; UN Doc, CCPR/C/79/Add.108, §§ 8,10; UN Doc. CCPR/CO/69/KGZ, § 15; UN Doc. CCPR/CO/82/BEN, § 18; UN Doc. CCPR/CO/82/ALB, § 18. Interessant ist, dass trotz der Geltendmachung einer Verletzung des Rechts auf einen unparteiischen Richter und einen fairen Prozess im Rahmen der Individualbeschwerde *Munguwambuto Kabwe Peter Mwamba vs. Zambia* das Komitee nicht auf die Problematik der Bestechlichkeit des Richters und Anwälte einging – UN Doc. CCPR/C/98/D/1520/2006. Bedeutend ist, dass sich auch der Ausschuss für wirtschaftliche, kulturelle und soziale Rechte mit der Problematik der Korruption im Justizwesen auseinandersetzte, obwohl im IPwirtR kein Recht normiert ist, das auf Fair Trail Rechte Bezug nimmt. Bspw. in Bezug auf die Dominikanische Republik in UN Doc. E/C.12/1/Add.6, § 16; UN Doc. E/C.12/1/Add.16 § 4, 29.

214 Die Informationen stammen vom Integrität- und Antikorruptionskomitee in Kenia. S. vorbereitender Bericht des Special Rapporteurs, UN Doc. E/CN.4/Sub.2/2004/23, S. 11 f.

vorzunehmenden Handlung/Unterlassung.[215] Nicht nur für rechtsmissbräuchliche, auch für legale, von einem Beamten offiziell auszuführende Akte wie die Beurkundung von Dokumenten müssen in Kenia Vorteile gewährt werden. Umfrageergebnisse aus Paraguay weisen auf ähnliche Umstände hin. 18,7 % der Befragten gaben an, Bestechungsgelder zahlen zu müssen, um eine Leistung, auf die im Rahmen eines gerichtlichen Prozesses ein rechtlicher Anspruch besteht, zu erhalten.[216] Der Durchschnittswert der Zahlungen lag bei circa 130 US $.[217]

Entscheiden sich Privatpersonen dazu, einen gerichtlichen Prozess zu beeinflussen, um ein „faires" Urteil zu erlangen, wird in den meisten Fällen der Richter bestochen.[218] Die Befragten gaben an, sich bei einem Richter am sichersten zu sein, dass eine Vorteilsgewährung das gewünschte Ergebnis nach sich ziehe, da letztlich der Richter das Urteil fällt. Berichte aus Aserbaidschan bestätigen diese Einschätzung. Richter fällen ihr Urteil entweder aufgrund von politischen Gründen oder zugunsten der Partei, die am meisten gezahlt hat.[219] „Why hire a lawyer, if you can buy a judge?" ist ein geläufiges Sprichwort, das den Vertrauensverlust einer Bevölkerung in das Rechtssystem widerspiegelt. Interessant ist, dass sich Beschwerden häufig nicht gegen die Zahlung von Bestechungsgeldern richten, sondern gegen die geforderte Höhe des Vorteils, welche die normal übliche Summe übersteigt.[220] Dies ist ein deutlicher Hinweis darauf, dass die Bevölkerung Korruption in einem gewissen Ausmaß bereits als alternativlos hinnimmt.

In den dargestellten Fällen läuft nicht nur das Recht auf einen fairen Prozess leer, sondern auch die gemäß Artikel 14 II IPbürgR zu wahrende Unschuldsvermutung des Angeklagten. Ein Richter, der aufgrund seiner politischen Loyalität Urteile immer zugunsten angeklagter Politiker fällt, ist außerstande das Prinzip der Unschuldsvermutung zu respektieren, welches es verbietet, über Schuldfragen ohne eine genaue Erwägung des Sachverhalts und der rechtlichen Umstände zu urteilen. Das Gleiche gilt, wenn allen Whistleblowern oder Journalisten, die korrupte Taten aufdecken und über solche berichten, in einem Land radikal der Prozess gemacht wird, da sich die Regierung offen gegen den Schutz der Meinungsfreiheit ausspricht und Richter eine solche Haltung unterstützen (müssen).[221]

---

215 Um bspw. bei Mord trotz gegenteiliger Beweislage einen Freispruch/eine Aufhebung eines Urteils zu erlangen, müssen Summen zwischen 450 und 7000 Euro gezahlt werden. Richter zivilrechtlicher Verhandlungen in höheren Instanzen verlangen über 130.000 Euro für das erwünschte Urteil.

216 Global Corruption Report 2007, S. 257.

217 Ibid.

218 Befragungen wurden in 35 Ländern durchgeführt, TI, Global Corruption Report (2007), S. 12.

219 Ders., S. 175.

220 Ders., S. 5.

221 Vgl. Boersma, S. 211. Problematisch ist in diesem Zusammenhang insbesondere, dass immer mehr Länder durch gesetzliche Regelungen eine Rechtsgrundlage für die Verurteilung von Journalisten schaffen, sofern diese ihre Anschuldigungen

Problematisch ist auch der Missbrauch von Mindestgarantien eines fairen Prozesses zur Prozessverschleppung. Bestochene Richter, die tolerieren, dass Parteien Anträge einreichen, die offensichtlich nicht von Relevanz für eine Urteilsfindung sind, sondern diese nur hinauszögern, gefährden nicht nur den Ausgang des konkret betroffenen Prozesses, sondern zerstören in besonders gravierendem Ausmaß das Vertrauen der Gesellschaft in die Justiz. Die Garantien, die eine angemessene Ausübung des richterlichen Amtes wahren sollen, werden von den Richtern selbst ausgehebelt.[222] In Situationen einer Hyperinflation können derartige Verzögerungstaktiken einen enormen Einfluss auf die Summe des Streitwertes haben. Eine NGO aus Zimbabwe klagte im Jahre 2000 gegen den Staat auf Entschädigung aufgrund einer unrechtmäßigen Tötung eines Klienten durch die Polizei. Der Streitwert der Klage lag zu diesem Zeitpunkt bei einem umgerechneten Wert von US $ 100,000.[223] Als das Urteil 2004 gefällt wurde, war der Streitwert aufgrund der Inflation auf US $ 33 gesunken.[224] Bestechungshandlungen staatlicher Akteure hatten zur verzögerten Urteilsverkündung beigetragen.

Recht wird wertlos, wenn selbst die Justiz dieses nicht achtet. Die Problematik einer korrupten Justiz ist nicht auf die beispielhaft genannten Länder begrenzt. Die erfolgreiche Geltendmachung von Rechtsschutz ist in vielen Ländern der Welt zu einem Privileg der Elite geworden.

Willkürliche Entscheidungen sind nicht nur auf justizieller Ebene verboten. Gemäß den allgemeinen Diskriminierungsverboten ist jede Unterscheidung, Ausschließung, Beschränkung oder Bevorzugung zu unterlassen, sofern diese nicht gerechtfertigt ist. Während das Vermögen explizit als potenzieller Diskriminierungsgrund in den jeweiligen Artikeln aufgezählt ist,[225] verdeutlicht die Formulierung „oder des sonstigen Status", dass es sich um keine abschließende Liste der Diskriminierungsursachen handelt. Diskriminierungen aus jeglichen Gründen sind daher verboten. Der Ausschuss für wirtschaftliche, soziale und kulturelle Rechte hält in seiner „Allgemeinen Bemerkung zum Verbot der Diskriminierung" fest, dass Personen nicht aufgrund ihrer Zugehörigkeit zu einer bestimmten wirtschaftlichen oder sozialen Gruppe oder Gesellschaftsschicht willkürlich behandelt werden dürfen.[226] Die fehlenden finanziellen Möglichkeiten eines Individuums,

---

nicht beweisen können. Es drohen hohe Geldstrafen und Haft als Abschreckung gegen „diffamierende" Berichte über Politiker. Da korrupte Handlungen in den wenigsten Fällen bis ins kleinste Detail nachgewiesen werden können, bevor Ermittlungen stattgefunden haben, ist dies eine Weise, Journalisten zum Schweigen zu bringen und ihre Rolle als „Watchdog" radikal einzuschränken, vgl. TI, Global Corruption Report (2007), S. 111.

222 In vielen Fällen sind Bestechungsgelder der Auslöser für ein derartiges Vorgehen, vgl. ICHRP (2009), S. 39.

223 TI, Global Corruption Report (2007), S. 93.

224 Ibid.

225 Art. 2 I, Art. 26 IPbürgR, Art. 2 II IPwirtR.

226 Allgemeine Bemerkung Nr. 20, § 35, UN Doc. E/C.12/GC/20.

den Bestechungsforderungen nachzukommen, dürfen folglich nicht maßgebliches Kriterium für den Zugang zu staatlichen Leistungen und Diensten sein.

4. Missachtung gesetzlicher Vorgaben

Um die unparteiische Wahrnehmung hoheitlicher Aufgaben sicherzustellen, bedarf es Gesetze oder gesetzesähnlicher Vorgaben, die Kriterien festlegen, an denen sich die Entscheidungsfindung der Amtsträger orientiert. Objektive Fakten und nicht die subjektive Beurteilung sollen die Grundlage für rechtmäßiges staatliches Handeln bilden. Die Aussicht auf die Erlangung eines Vorteils ist für viele ein Anreiz, Vorgaben bewusst zu missachten, unabhängig davon, ob Bedürftigkeit oder Gier das leitende Handlungsmotiv ist.[227] Gesetzesverstöße gefährden den Schutz der Menschenrechte, wenn dieser von der Einhaltung gesetzlicher Regelungen abhängt. In den meisten Fällen impliziert die Entscheidung für ein korruptes Verhalten nicht nur die Missachtung strafrechtlicher Normen, sondern auch den Verstoß gegen weitere Gesetze. Während in den bisherigen Beispielen ein anderer Aspekt als der des Gesetzesverstoßes im Vordergrund stand, gehen die nun aufgeführten Konstellationen verstärkt auf diesen ein.

Erleichtern/Ermöglichen von Menschenhandel

Artikel 8 IPbürgR verbietet die Sklaverei und den Menschenhandel.[228] Während die Sklaverei in den meisten Ländern abgeschafft wurde, ist der Handel mit Menschen nach wie vor ein großes Problem. Trotz Unstimmigkeiten darüber, welcher der Absätze des Artikels 8 IPbürgR das Verbot des Menschenhandels impliziert,[229] ist anerkannt, dass dieses von der Norm erfasst wird.[230] Studien zufolge ist nicht das durchschnittliche Einkommen, die durchschnittliche Lebenserwartung, die Rate der Kindersterblichkeit oder der Zugang zu Grundschulbildung maßgeblich für die Probleme, die ein Land mit Menschenhandel hat. Vielmehr ist Korruption das ausschlaggebende Kriterium, um die unterschiedlichen Risiken des Menschenhandels in verschiedenen Ländern zu erklären.[231] Die United Nations Global Initiative to Fight Human Trafficking (UN.GIFT) beschreibt den Ablauf des Menschenhandels in vier

227 Das Handlungsmotiv als Maßstab für die Kategorisierung von Korruptionshandlungen (need vs. greed based corruption) heranzuziehen ist eine andere Weise der Einteilung, Bahur/Nasiritousi.

228 Nowak, S. 200, § 213.

229 Während Scarpa, S. 88 sich dafür ausspricht, den Menschenhandel unter Art. 8 I IPbürgR zu fassen, vertritt Nowak die Auffassung, dass Art. 8 II IPbürgR einschlägig ist, S. 200 Rn. 13.

230 Eine Definition des Menschenhandels findet sich in Art. 3a) des Protocol to Prevent, Suppress and Punish Trafficking in Persons, Especially Women and Children, Zusatzprotokoll zur UN Konvention gegen Transnationales Verbrechen, UN Doc. A/Res/55/25, 15.11.2000.

231 Zhang/Pineda, in Siegel/Nelen, S. 48 ff., zitiert aus Boersma Fn. 139.

Phasen: die Anwerbung, der Transport, die Ausbeutung sowie die Geldwäsche.[232] In jeder der vier Phasen kann Korruption eine Rolle spielen. Die bewusste Missachtung gesetzlicher Vorschriften durch „erkaufte" Amtsträger ist ein Faktor, der es Privatpersonen erlaubt, Menschenhandel zu betreiben.[233] Insbesondere die Bestechung von Zollbeamten kann den Menschenhandel erheblich erleichtern; gefälschte Papiere werden ausgestellt und an Grenzkontrollen akzeptiert oder Inspektionen an Grenzübergängen bleiben völlig aus. Die Organisation Human Rights Watch berichtet von Fällen, in denen Polizeibeamte eine weitaus aktivere Rolle bei der Ermöglichung des Menschenhandels und der Ausbeutung der Betroffenen einnehmen als durch die genannten Tätigkeiten. In Rumänien wurden die Reisedokumente verschleppter Frauen von Polizisten auf dem Polizeirevier aufbewahrt, um Ausreise- sowie Fluchtversuche der Frauen zu verhindern.[234] Die Bordelle, in denen die Frauen zur Arbeit und Prostitution gezwungen wurden, konnten gewinnbringend existieren, weil die Polizei die Inhaber schützte. In einer Stadt war die Polizei als Mitglied der örtlichen Fußballmannschaft sogar Teilinhaber eines Bordells, das verschleppte Frauen „kaufte", um diese auszubeuten.[235] Die Frauen mussten den Beamten oft sexuelle Dienste leisten, um im Gegenzug dafür die notwendigen gefälschten Reise- und Arbeitsdokumente zu erhalten.[236] Die Gesetzesverstöße von Amtsträgern führen dazu, dass der staatlich zu gewährende Schutz vor Menschenhandel leerläuft.

5. Aushebeln von Kontrollfunktionen

a. Recht auf gerechte und günstige Arbeitsbedingungen

"The inspection staff shall be composed of public officials whose status and conditions of service are such that are assured of stability of employment and are independent of changes of government and of improper external influences."[237]

232 UN.GIFT, S. 2. Die Initiative wurde durch das UNODC im März 2007 eingesetzt.

233 Die Auswirkungen, die korrupt agierende Beamte auf den Menschenhandel haben, werden sowohl vom Menschenrechtskomitee als auch vom *Special Rapporteur on Trafficking in Persons, especially in women and children* angesprochen. Menschenrechtskomitee: UN Doc. CCPR/C/79/Add.108, § 16; UN Doc. CCPR/CO/82.ALB, § 15; UN Doc. CCPR/C/BIH/CO/1, § 16 sowie UN Doc. A/HRC/10/16, in der Sektion „Fazit" und „Empfehlungen". Auch der Ausschuss für wirtschaftliche, soziale und kulturelle Rechte befasste sich mit der Problematik – UN Doc. E/C.12/1/Add.108, § 52, sowie das Komitee der Rechte des Kindes – UN Doc. CRC/C/OPSC/KGZ/CO/1, § 23 f.

234 Vandenberg, in Case W. Res. J. Int'L, Vol.34 (2002), S. 329.

235 Ibid.

236 Human Rights Watch, S. 29.

237 ILO Convention concerning Labour Inspection in Industry and Commerce, C081, 1947 (in Kraft getreten am 07.04.1950).

Diese Regelung aus der Konvention der Internationalen Arbeitsorganisation (ILO) zur Inspektion der Arbeitsbedingungen in Industrie und Handel will die Gefahr der Einflussnahme auf Inspektoren verhindern. Die präventive Sicherung stabiler Arbeitsbedingungen und einer unabhängigen Arbeitsweise sollen gewährleisten, dass eine neutrale und effiziente Überprüfung der Bedingungen an den Arbeitsplätzen stattfinden kann. Ungeachtet der Tatsache, dass die Zahl der Inspektoren in vielen Ländern zu gering ist, um eine regelmäßige Kontrolle der zu überprüfenden Abläufe gewährleisten zu können, fehlt es oft an den nach Maßstab der ILO Konvention geforderten Arbeitsbedingungen der Inspektoren. Selbst deren Wahrung kann ein korruptes Agieren der Kontrolleure zwar einschränken, jedoch nie vollständig verhindern. Das Anbieten oder Gewähren von Bestechungsgeldern als Gegenzug für eine bewusst unachtsam durchgeführte Überprüfung oder die vollständige Umgehung einer Kontrolle führt dazu, dass der Schutzmechanismus, der durch die Inspektionen gewährleistet werden soll, ausgehebelt wird. Sofern effektiv funktionierende Kontrollen Voraussetzung für den Schutz der Menschenrechte sind, können mangelnde Inspektionen eine Beeinträchtigung der Rechte darstellen.

Artikel 7 I IPwirtR normierte das Recht auf gerechte und günstige Arbeitsbedingungen. Die Verwirklichung der Garantie setzt die Umsetzung und Einhaltung gewisser Kriterien, wie beispielsweise angemessene Arbeitszeiten, die Vermeidung diskriminierender Behandlung, eine faire Bezahlung sowie einen respektvollen Umgang mit den Arbeitnehmern voraus. Die Konsequenzen fehlender Kontrollen am Arbeitsplatz wurden der gesamten Welt im April 2013 auf erschütternde Weise vor Augen geführt. Der Einsturz einer Textilfabrik in Bangladesch kostete 1129 Menschen das Leben, mehr als 2.500 Menschen wurden verletzt.[238] Durch Filmmaterial konnte im Nachhinein aufgedeckt werden, dass die Menschen trotz ersichtlich gravierender Mängel der Bausubstanz zur Arbeit in dem Gebäude gezwungen wurden.[239]

Die Verlagerung der Produktionsstätten in „Billiglohnländer" ist ein deutliches Zeichen für die geringe Bereitwilligkeit großer Produktionskonzerne, freiwillig finanzielle Aufwendungen zu tätigen, um gerechte und günstige Arbeitsbedingungen zu schützen und zu fördern. Die Kosten werden nicht lediglich durch geringe Löhne, verbunden mit enormen Arbeitsbelastungen, und das Verwehren sozialer Absicherungen gering gehalten, sondern auch durch die Missachtung der Vorgaben zur Sicherheit der Arbeitnehmer in den Werkstätten. Interne Kontrollen existieren nicht oder werden ausgehebelt, indem „loyale" Mitarbeiter mit der Überprüfung betraut werden. Die Missachtung von Standards kann folgenlos bleiben, sofern auch

238 Bericht in der Taz, 12.07.2013. Abrufbar unter: http://www.taz.de/!119770/. Nur wenige Tage (16.05.2013) später stürzte in Kambodscha eine Schuhfabrik ein, http://de.euronews.com/2013/05/16/kambodscha-mehrere-tote-bei-einsturz-von-schuhfabrik/.

239 Tagesschaubericht, 27.04.2013. Abrufbar unter: http://www.tagesschau.de/ausland/bangladesch316.html.

externe Kontrollen wirkungslos bleiben, da die zuständigen Beamten bestochen wurden. Das Angewiesen sein auf einen Lohn, sei er noch so gering, führt zur Hinnahme von Missständen. Ohne Katastrophen wie in Bangladesch gelangen diese nie an die Öffentlichkeit.

b. *Recht auf Gesundheit*

Die Auswirkungen fehlender oder mangelhafter Kontrollen sind auch in Bezug auf das Recht auf Gesundheit sichtbar. Ein elementarer Aspekt des Rechts ist die Versorgung von Patienten mit wissenschaftlich zugelassenen und nicht veralteten Medikamenten.[240] Die Einnahme von Medikamenten, die nicht den gesundheitlichen Vorgaben entsprechen, kann nicht nur zu Erkrankungen der Patienten führen, sondern stimuliert auch medizinresistente Erregerstämme wie Malaria.[241] Mittels der Zahlung von Bestechungsgeldern werden Prüfverfahren bewusst manipuliert. Gesundheitsgefährdende Medikamente gelangen auf den Markt, was mit dem Anspruch auf das erreichbare Höchstmaß an Gesundheit in Widerspruch steht.[242]

Neben veralteten Medikamenten stellen auch defizitäre oder mangelnde Überprüfungen der Fähigkeiten zugelassener Ärzte eine Gefahr für die Gesundheit der Patienten dar. In vielen Ländern sind Diplome kaufbar. Nicht die jahrelange Aneignung von Kenntnissen und Erfahrung ist maßgeblich dafür, ob man Patienten behandeln kann, sondern die in Sekundenschnelle ablaufende Vorteilsgewährung.[243]

c. *Wahrung der Neutralität im Rahmen polizeilicher Ermittlungen*

Die Überprüfung staatlicher Maßnahmen durch die Gerichte schützt den Bürger nur, wenn eine rechtmäßige Kontrolle tatsächlich stattfindet. Um dies zu gewährleisten, bedarf es nicht nur einer unparteiisch und neutral agierenden Justiz. Nach dem gleichen Maßstab müssen die Behörden arbeiten, die für die Aufarbeitung der

---

240 Allg. Bemerkung Nr. 14, UN Doc. CESCR E/C.12/2000/4, § 12d.

241 TI, Global Corruption Report (2006), S. XV.

242 In ähnlicher Weise werden auch an Nahrungsmittel, die auf den Markt kommen, gewisse Kriterien gestellt, die einzuhalten sind (bspw. „Frei von schädlichen Stoffen", Allg. Bemerkung Nr. 12 zu Art. 11 IPwirtR, § 10). Sofern Kontrollen unterlassen werden, kann es auch hier zur Vermarktung schädlicher Produkte kommen. In China wurde 2007 aufgedeckt, dass der ehemalige Chef der Abteilung, die für die Zulassung von Nahrungsmittel und Medikamenten zuständig war, Bestechungsgelder in Höhe von US $ 850,000 angenommen hatte, um im Gegenzug gefälschte Zulassungsbescheinigungen auszustellen. Er wurde zum Tode verurteilt, NY Times, 29.05.2007, abrufbar unter: http://www.nytimes.com/2007/05/29/world/asia/29iht-beijing.1.5911457.html?_r=0.

243 Gefälschte Urkunden sind nicht nur bei der Zulassung von Ärzten ein Problem. Die Arbeit inkompetenter Richter und Lehrer führt über Fehlentscheidungen in Einzelfällen hinaus zu einem massiven Vertrauensverlust der Bürger in die Arbeit staatlicher Institutionen.

Fälle zuständig sind, insbesondere die Polizei. Die Gewährung von Bestechungsgeldern oder anderweitigen Vorteilen kann die Durchführung neutraler polizeilicher Ermittlungen massiv beeinträchtigen.

Ein Fall aus Thailand, in dem es um die Entführung und den anschließenden Mord eines 16-jährigen Mädchens geht, veranschaulicht die Konsequenzen manipulierter Ermittlungsarbeit.[244] Vier Männer wurden festgenommen und aufgrund der durch die Polizei vorgebrachten Beweise zu lebenslanger Haft verurteilt.[245] Nachdem die Männer bereits einige Jahre im Gefängnis gesessen hatten, erging auf höchster Ebene ein Urteil, dass ihre Unschuld bewies. Ein anderes Ermittlungsteam hatte den Fall erneut aufgegriffen und festgestellt, dass gefälschte Beweisgegenstände sowie Falschaussagen zur Verurteilung der Männer geführt hatten. Während einer der Männer bereits im Gefängnis gestorben war, erlitten zwei nur wenige Monate nach ihrer Entlassung einen tödlichen Herzinfarkt. Der vierte Mann verließ das Gefängnis aufgrund der harschen Konditionen und Foltermethoden, denen er ausgesetzt war, als Krüppel. Der für die Beweiserbringung zuständige Polizeichef wurde verurteilt, konnte einer Verhaftung jedoch entkommen. Zwar konnte diesem der Akt der Bestechung im Prozess nicht nachgewiesen werden, die Überzeugung, dass ungerechtfertigte Vorteilsgewährungen Auslöser für die manipulierten Beweise und Zeugenaussagen waren, wurde jedoch von vielen, unter anderem dem Anwalt der Angeklagten, geteilt.[246] Durch eine zu einem späteren Zeitpunkt veröffentlichte Studie konnte die Verwirklichung der Bestechungsdelikte auf mehreren Ebenen des Prozesses nachgewiesen werden.[247] Das Zirkulieren unrechtmäßiger Vorteile auf staatlicher Ebene kostete vier Männer mindestens dreizehn Jahre ihres Lebens.

d. Recht auf Sicherheit

Der Grund für eine Vielzahl an Autounfällen in gewissen Ländern ist eine korrupte Verwaltung, durch die Führerscheine käuflich werden.[248] Eine Kontrolle der Fahrtüchtigkeit bleibt aus, wenn Amtsträger Führerscheine gegen die Gewährung unrechtmäßiger Vorteile ausstellen. In diesen Fällen liegt nicht nur eine willkürliche, diskriminierende Entscheidung gegenüber den Bürgern vor, die eine Fahrprüfung absolvieren müssen. Darüber hinaus werden Menschenleben gefährdet, wenn Autofahrer die Regeln des Straßenverkehrs nicht beherrschen.

---

244 Es geht um die Entführung und den Mord an der 16-jährigen Sherry Ann Duncan im Jahre 1986, über den in internationalen Medien berichtet wurde.

245 Bzgl. der Erläuterungen des Fall s. The Nation (8.10.2003), The Murder of Sherry Ann Duncan: A travesty of justice and its repercussions; Anukansai, in NACC Journal (2007), S. 9.

246 Ibid.

247 Thaipradit.

248 Vgl.: Studie zur Käuflichkeit von Führerscheinen in Neu-Delhi, Bertrand et al., in Quart. J. Econ. (2007).

Statistiken zufolge ist Korruption insbesondere in Entwicklungsländern auch im Straßenverkehr selbst gängige Praxis.[249] Während in Fällen der Umgehung von Bußgeldern durch die Bestechung der Verkehrspolizisten beide ein Interesse an der Vornahme der korrupten Handlung haben, entfällt das Interesse des Bürgers, wenn dieser unschuldig war. Autofahrer berichten, dass sie auch bei einem ordnungsgemäßen Verhalten im Straßenverkehr von Polizisten angehalten werden und ihnen mit einer Anzeige gedroht wird, wenn sie deren Forderung nach Bestechungsgeldern nicht nachkommen. Derartige Bestechungshandlungen, die nicht auf einem beidseitigen Vorteil beruhen, sind in den meisten Konstellationen durch ein erpresserisches Element gekennzeichnet.[250] Eine weitere Form der Einflussnahme auf polizeiliche Kontrollen ist die vorzeitige Manipulation des Erfolges. Das gewünschte Überraschungsmoment, das die gewinnbringende Erkenntnis von Kontrollen oft voraussetzt, bleibt aus, wenn Beamte den Verdächtigen aufgrund der Gewährung eines Vorteils vertrauliche Informationen über Zeit und Ort preisgeben.[251]

e. *Recht auf politische Partizipation*

Eine eher indirekte als direkte Art der Kontrolle liegt in der Möglichkeit der politischen Partizipation der Bevölkerung, wobei diese im Rahmen der Menschenrechte auf die Staatsbürger beschränkt ist. Gemäß Artikel 25 b) IPbürgR hat jeder Staatsbürger ein Recht darauf, in einer echten, wiederkehrenden, allgemeinen, gleichen und geheimen Wahl seine Stimme abzugeben. Der Bürger kann durch seine Wählerstimme an der Gestaltung öffentlicher Angelegenheiten teilnehmen und somit eine gewisse Kontrolle auf amtierende Politiker ausüben.[252]

Der Entzug der Wahlstimme durch Bestechung sowie die Manipulation der abgegebenen Stimme verhindert sowohl die Durchführung einer freien Wahl als auch ein daraus erwachsendes demokratisch legitimiertes Resultat. In Nigeria gab ein Fünftel der Befragten an, dem Stimmkauf bei Wahlen ausgesetzt zu sein.[253] Während der Mehrheit (68 %) Geld als Gegenleistung für ihre Stimme geboten wurde, erhielten 26 % Verbrauchsgüter, 6 % wurde ein Arbeitsplatz in Aussicht gestellt.[254] Auf den Philippinen schockierte das Geständnis eines Kandidaten, der zugab, in der Nacht vor der Parlamentswahl US$ 160,000 an Wähler verteilt zu haben, um sich ihrer

249 Die vollständige Umgehung von Kontrollen ist v.a. auch iRd. Zolls problematisch. Bzgl. der Statistiken vgl. Korruptionsbarometer TI (2013), S. 35.

250 Andvig/Fjeldstad, S. 9.

251 Ders., S. 8.

252 Konkretisierung der Voraussetzungen für freie Wahlen gemäß der Allgemeinen Bemerkung Nr. 25 zu Art. 25 IPbürgR, § 19: „Die Wahlberechtigten (…) sollten frei sein, für oder gegen die Regierung Stellung zu beziehen, ohne dabei unzulässigen Beeinflussungen oder irgendeiner Art von Zwang ausgesetzt zu sein, welche die freie Kundgabe des Wählerwillens verfälschen oder behindern könnten."

253 Bratton, in Electoral Studies, 27 (2008), S. 621ff., zitiert aus Boersma, S. 215.

254 Ibid.

Stimme gewiss sein zu können.[255] Die Staatsanwaltschaft in Taiwan schätzt die Summe der Beiträge, die ein Präsidentschaftskandidat in der Regel vor einer Wahl verteilt, auf bis zu drei Millionen US$.[256] In Thailand soll sich die Gesamtsumme, die Kandidaten vor der Parlamentswahl im Jahre 2011 verteilt hatten, auf US$ 460 Millionen belaufen haben.[257] Die fehlende Repräsentation des Volkes spiegelt sich nicht nur in Wahlergebnissen wider, die auf derartige Weise zustande gekommen sind. Die Personen, die den Wahlkampf von Kandidaten mit solch hohen Summen finanzieren, handeln nicht aus altruistischen Gründen. Sie sichern sich die Möglichkeit der Einflussnahme.[258] Die Interessen, die Politiker leiten, sind in diesen Fällen nicht diejenigen des Volkes, sondern die von wohlhabenden Einzelpersonen.

Bestechung kann auch die Kandidatenauswahl manipulieren. Mitglieder der Wahlkommission entscheiden sich aufgrund der Gewährung unrechtmäßiger Vorteile dazu, die Gewinnchancen der Kandidaten bereits im Vorfeld festzulegen.[259] Grundsätzlich qualifizierte Kandidaten werden disqualifiziert oder ihnen wird trotz fehlender sachgemäßer Gründe die Kandidatur verboten. Der ungerechtfertigte Ausschluss von Wahlen aufgrund korrupter Akte beeinträchtigt das gemäß Artikel 25 b) IPbürgR normierte Recht, gewählt zu werden. In gleicher Weise kann der gemäß Artikel 25 c) IPbürgR unter allgemeinen Gesichtspunkten der Gleichheit geschützte Zugang zu öffentlichen Ämtern beeinflusst werden. Sofern die Gewährung unrechtmäßiger Vorteile zur Bedingung wird, um für ein öffentliches Amt zu kandidieren, werden Kandidaten mit geringen Ressourcen ausgegrenzt.

Nicht lediglich das korrupte Agieren einer staatlichen Institution, sondern die daraus resultierende Diskriminierung gestaltet sich insbesondere in Bezug auf die Rechte zur politischen Teilhabe problematisch. Das heutige Verständnis demokratischer Prozesse ist geprägt von der Bedingung gleicher Teilhabemöglichkeiten aller Bürger. Dieses wird konterkariert, wenn Korruption vorherrscht und zahlungsfähige Bürger Politik zu ihren Gunsten beeinflussen.

6. Vorteilsgewährung als Bedingung zur Achtung der Menschenrechte

Die Verwirklichung des Tatbestandes der passiven Bestechung kann auch dann zu einer Beeinträchtigung von Menschenrechten führen, wenn aufgrund menschenrechtlicher Wertungen verbotene Handlungen nur gegen die Gewährung eines Vorteils unterlassen oder beendet werden. Letztendlich befasst sich auch diese

255 TI Global Corruption Report (2004), S. 83.

256 Ibid.

257 Dies sind die Ergebnisse eines unabhängigen Institutes zur Untersuchung von Wahlmanipulation, Ibid.

258 Vgl. ders., S. 19.

259 Auch der Ausgang eines Referendums kann durch Korruption manipuliert werden. So bspw. in Armenien im Jahre 2005, s. Journal of the Turkish Weekly, 29.11.2005, zitiert aus Boersma, S. 214.

Kategorie mit Forderungen unrechtmäßiger Vorteile für Leistungen, die den Bürger abgesehen von Steuergeldern nichts kosten dürfen.

a. *Recht auf persönliche Freiheit und Sicherheit*

Das in Artikel 9 I IPbürgR verbürgte Recht auf persönliche Freiheit und Sicherheit wurde in erster Linie als eine prozedurale Garantie gegen willkürliche und rechtswidrige Festnahmen konzipiert.[260] Bis ins Jahr 1989 galt es als umstritten, ob aus der Bezugnahme auf die „Sicherheit" ein selbstständiger Rechtsanspruch abgeleitet werden kann, der über den Schutz vor dem rechtswidrigen Entzug der Bewegungsfreiheit hinausgeht. Dreizehn Jahre nach dem Inkrafttreten des Vertrags sprach sich die ehemalige Menschenrechtskommission deutlich für eine derartige Auslegung aus und definierte das Recht auf Sicherheit als ein Recht mit vertikaler und horizontaler Wirkung.[261] Die Etablierung und Aufrechterhaltung einer effektiv funktionierenden Polizei, die einerseits Ermittlungen aufnimmt, sofern Gefahren für die Sicherheit einer Person auftreten, und andererseits präventiven Schutz vor Übergriffen gewährt, wird als maßgebliches Erfordernis genannt, um dem vonseiten des Staates zu gewährenden Schutzanspruch gerecht zu werden.

Der Gedanke einer schützenden staatlichen Institution verkehrt sich jedoch ins Gegenteil, wenn Polizisten unrechtmäßige Vorteile als Voraussetzung für zu gewährenden Schutz verlangen. Das Einfordern mafiaähnlicher Schutzzahlungen, damit Bürger sich in ihrer Umgebung sicher fühlen können, stellt insbesondere in Entwicklungsländern eine übliche Praxis der Polizei dar.

Nicht nur in der alltäglichen Umgebung der Menschen, sondern auch wenn diese sich von einem Ort zu einem anderen bewegen, muss in manchen Ländern für die eigene Sicherheit bezahlt werden.[262] Autos werden von der Polizei angehalten, um – oft unter der Androhung von Gewalt – Bestechungsgelder einzufordern.[263] Zeitungsberichten zufolge kam es bereits zu Tötungen, weil Personen sich weigerten, den Aufforderungen der Polizei nachzukommen.[264] Wissenschaftler, die diese Ausprägung von Korruption genauer untersuchen wollten, versteckten sich in den Schlafkabinen der Lastwagen und begleiteten Fahrer auf einer Vielzahl ihrer Fahrten. Sie konnten beobachten, welche enormen Summen sowohl Polizeibeamte als auch

260 Nowak, S. 212.

261 Vgl. *Delgado Paéz vs. Colombia*, Beschwerde Nr. 195/1985, § 5.5 ff. In dieser Entscheidung, in der es um das Unterlassen von Ermittlungen trotz Todesdrohungen gegen einen kolumbianischen Lehrer ging, sprach sich der Menschenrechtsausschuss zum ersten Mal ausdrücklich für eine weite Auslegung von Art. 9 IPbürgR aus, zitiert aus Nowak, S. 214 f.

262 In Nigeria spiegeln Korruptionszahlungen an Straßensperren die normale Praxis wider, Smith (2007), S. 61 f., zitiert aus Boersma S. 226.

263 Ibid.

264 Democratic Socialist Movement (DSM), Aug.-Sept. 2005, abrufbar unter: http://www.socialistnigeria.org/paper/2005/aug-sept/5.html.

organisierte Verbrechergruppen als Schutzgelder einforderten, um Übergriffe auf das Ladegut auszuschließen.[265] Je näher der Wagen sich seinem Ziel näherte, desto teurer wurden die geforderten Beträge.[266] Eine kurzzeitige Reduktion der polizeilichen Überwachungsposten auf der Gesamtstrecke führte zwar zu einem Anstieg der Beträge an den einzelnen Posten, die für Bestechungsgelder aufzubringende Gesamtsumme ging jedoch zurück.[267] Die zu zahlenden Bestechungsgelder machten im Ergebnis 13 % der Gesamtkosten des Transportes aus.[268] Auf einer anderen Strecke verlangten die Polizisten monatliche Zahlungen im Vorfeld, um vor Übergriffen geschützt zu sein.[269] Nicht nur Lastwagenfahrer sind beeinträchtigt. Ein Bauer aus Kambodscha berichtet, lediglich 10 % seiner Felder zu bewirtschaften.[270] Da die Beträge der Bestechungsforderungen, die er auf der Wegstrecke von seinem Haus bis zu seinem Land zahlen musste, die erzielten Gewinne bei Weitem überstiegen, wurde die Bestellung der Flächen unrentabel.[271] In einer derartigen Konstellation ist neben dem Recht auf persönliche Freiheit und Sicherheit zusätzlich der Schutzgehalt des Rechts auf Nahrung beeinträchtigt. Dieser verpflichtet die Staaten, ein Umfeld zu schaffen und aufrechtzuerhalten, das es dem Einzelnen ermöglicht, sich selbstständig zu ernähren.

Korruptes Agieren durch Polizeibeamte wird durch verschiedene Faktoren begünstigt. Die Angst vor Sanktionen und der daraus resultierende Respekt der Bürger vor Polizisten einerseits sowie die in der Ausübung des polizeilichen Berufes verankerte Kompetenz zur Gewaltanwendung andererseits bieten besondere Anreize zum Machtmissbrauch. Darüber hinaus befinden sich die meisten Menschen, die polizeilicher Unterstützung bedürfen, in einer Notlage und sind daher gewillter, Bestechungsforderungen hinzunehmen, um diese zu beenden. Auch die Arbeitsweise der Polizei erleichtert das korrupte Agieren. Die Ordnungshüter bündeln Informationen und haben Einsicht in eine Vielzahl an Daten. Der Überblick über das dem jeweiligen Polizisten zur Kontrolle zugewiesenen Umfeld eröffnet darüber hinaus Einblicke in das Leben und die Verhältnisse einzelner Bürger, die oft nicht nur zu deren Schutz genutzt werden. Fehlt es an einer ständigen Koordinierung unter den Beamten läuft auch die gegenseitige Kontrolle leer, die darauf abzielt,

---

265 Studie von Olken/Barron, Strecke von Aceh in zentrale Regionen von Sumatra (Indonesien).

266 Eine ähnliche Vorgehensweise kann auch im öffentlichen Beschaffungswesen verzeichnet werden. Die Summe der Bestechungsgelder, um auf die offizielle Liste der Anbieter zu kommen, ist im Vergleich zu der Summe, die gezahlt wird, wenn es um den Vertragsschluss geht, gering. Die hohen Kosten am Ende einer Verkehrsstrecke sind damit zu erklären, dass eine Rückkehr teurer wird, je später sie erfolgt.

267 Ibid.

268 Olken/Barron.

269 Ders. Diese Erkenntnis bezieht sich auf Untersuchungen, die auf einer stärker befahrenen Strecke durchgeführt wurden, die Bandung-Java Straße (Indonesien).

270 Nissen, S. 69 f.

271 Ibid.

der Willkür Schranken zu setzen.[272] Schließlich können sich Polizisten in Ausübung ihrer Funktionen direkt an Bürger wenden, ohne dass dies einen externen Betrachter verwundern würde. Während ein Schüler oder die Eltern zum Lehrer kommen, genauso wie ein Patient einen Arzt oder ein Kläger einen Richter aufsucht, funktioniert polizeiliche Arbeit auch umgekehrt. Eine Studie, die Korruption in acht Entwicklungsländern in verschiedenen staatlichen Institutionen untersucht, kommt zu dem Ergebnis, dass die Polizei in sieben Ländern die höchsten Zahlen der Bestechungsfälle verzeichnet.[273] Neben der Quantität der Fälle ist der polizeiliche Sektor auch derjenige, in dem die höchsten Bestechungsgelder gezahlt werden. Im Vergleich zum medizinischen Bereich und dem Bildungssektor verlangen Polizisten im Schnitt das Doppelte.[274] Ein Zitat eines Anführers einer Dorfgemeinschaft in einem der größten Armutsviertel Indiens an der Küste der Yamuna verdeutlicht, wie die Polizei ihr Korruptionspotenzial ausschöpft:

> *"They (the police) have made our lives miserable. We don´t know when we will be thrown out of our jhuggis (poorly housing). Officials of the Slum Wing and mukhbirs (informers) of the Delhi police land up any time and demand money. They threaten us that if we don't pay, they would brand us as Bangladeshis and throw us out of our jhuggis."*[275]

Auch in Thailand sind insbesondere Randgruppen der willkürlichen Machtausübung zum Zweck der Selbstbereicherung durch die Polizei ausgesetzt. Die strengen gesetzlichen Regelungen gewähren Migranten in Thailand weder das Recht, sich frei zu bewegen, noch das Recht zu arbeiten.[276] Bei einem Gesetzesverstoß nehmen Polizisten die Migranten fest, lassen sie jedoch gegen die Bezahlung von Bestechungsgeldern wieder frei. In den wenigsten Fällen können die mittellosen Migranten den Forderungen der Polizei nachkommen. Die Polizisten sind deswegen dazu übergegangen, ihre Forderungen an die Arbeitgeber zu richten, die Migranten entgegen der Gesetze beschäftigt haben. Aufgrund des eigenen Gesetzesverstoßes sehen sich diese gezwungen, die geforderten Summen zu zahlen. Sie nehmen Regress, indem sie den Migranten das Gehalt kürzen oder dieses vollständig einbehalten.

---

272 Bspw. der Gedanke, dass Polizisten immer mind. zu zweit unterwegs sein müssen (was natürlich auch dem Schutz der Beamten dienen soll) und Amtshandlungen nach dem Vier-Augen-Prinzip vorgenommen werden.

273 Andvig/Fjeldstad, S. 12 f. Im Vergleich mit Justiz-, Bildungs- und Gesundheitseinrichtungen. Die untersuchten Länder waren Bangladesch, Indien, Pakistan, Thailand, Sri Lanka, Ghana, Kambodscha – es wurden insgesamt zwölf Statistiken aufgestellt, in elf bestätigte sich das Ergebnis. In Kambodscha ist die Korruptionsrate in Bezug auf die Justiz am höchsten.

274 Ders., S. 11.

275 Andvig/Fjeldstad, S. 7.

276 Fallbeispiel, s. Anukansai, NACC Journal (2007), S. 13, der sich auf einen Bericht des Menkong Migration Network von 2007 stützt, Seite der Organisation abrufbar unter: http://www.mekongmigration.org/?page_id=126.

Frauen und ihre Kinder sowie andere besonders hilflose Personen werden leicht zur Zielgruppe korrupter Polizisten. Ein Leben in Sicherheit wird für die Menschen, die bereits wenig besitzen und schutzlos sind, zu einem sehr kostspieligen Gut.[277] Die Bürger verlieren das Vertrauen in eine (korrupte) Polizei und wenden sich informellen, häufig sehr gewaltbereiten Gruppierungen zu, um den Schutz zu erlangen, den die Polizei ihnen versagt.

Gefängnisse bieten Polizisten einen weiteren, zum Teil sehr abgeschirmten Raum von öffentlicher Kontrolle, um korrupt zu agieren. Polizeibeamte, die unschuldige Personen festnehmen, um sie nur gegen die Gewährung eines Vorteils wieder freizulassen, unterhöhlen das in Artikel 9 I IPbürgR normierte Verbot auf persönliche Freiheit. Besonders schwere Eingriffe liegen vor, wenn Foltermethoden oder andere menschenunwürdige Behandlungen gegenüber inhaftierten Personen nur dann unterlassen werden, wenn diese bereit sind, den Bestechungsforderungen nachzukommen. Das absolute Verbot der Folter bzw. grausamer, unmenschlicher oder erniedrigender Behandlung oder Strafe nach Artikel 7 IPbürgR läuft unter diesen Umständen leer.

Eine einjährige Untersuchung der Korruptionsanfälligkeit britischer Gefängnisse und sonstiger Haftanstalten ergab, dass mehr als 1.000 der in diesen Institutionen tätigen Amtsträger in korrupte Handlungen involviert waren.[278] Diese Statistiken lassen lediglich vermuten, wie hoch die Zahlen in Ländern sind, in denen willkürliches Agieren von Staatsbeamten auf der Tagesordnung steht.

Im Jahre 2001 ernannte der südafrikanische Präsident Mbeki eine Kommission, die Situationen von Korruption, Einschüchterungsmaßnahmen und Gewalt in südafrikanischen Gefängnissen untersuchen sollte. Der Fokus sollte weniger auf Zahlen der in korrupte Akte involvierten Beamten als auf einer detaillierten Darstellung liegen, inwiefern international geltende Standards zur Behandlung von Gefangenen in südafrikanischen Gefängnissen eingehalten werden.[279] Der breite Katalog korrupter Praktiken, der durch die Ergebnisse der Kommission aufgezeigt werden konnte, wurde gleichermaßen von Inhaftierten wie von Gefängniswärtern praktiziert. Häftlinge bestechen die Wärter, um eine Sonderstellung zu erlangen, auf die grundsätzlich kein Anspruch besteht. Die Inhaftierten waren bereit, unrechtmäßige Vorteile zu gewähren, damit Fluchtpläne fruchteten, Alkohol, Drogen und Waffen geschmuggelt werden konnten oder verbotener Kontakt nach außen geknüpft werden konnte. Die Wärter verlangten ungerechtfertigte Vorteile als Voraussetzung zur Wahrung und Achtung der Rechte der Inhaftierten. Diese mussten beispielsweise bezahlen, wenn sie ausreichend Essen, einen angemessenen Schlafplatz oder den

277 Ibid.

278 Glendinning, The Times, 31.07.2006, zitiert aus Boersma, S. 223. Bestechungsgelder wurden gezahlt/angenommen, um in weniger streng bewachte Gefängnisse transferiert zu werden, um dann Handys oder Drogen ins Gefängnis schmuggeln zu können.

279 Bzgl. der Standards, s. Allg. Bemerkung zu Art. 10 IPbürgR, § 5.

erwarteten Besuch erhalten wollten. All dies sind Aspekte, auf die Gefangene einen Anspruch haben. Die Motive der Gefängniswärter waren sowohl reine Gier als auch die erdrückende Notwendigkeit zusätzlicher Einkünfte.[280]

b. Recht auf Meinungs-, und Informationsfreiheit

Ein weiteres, oft thematisiertes Beispiel hinsichtlich der negativen Folgen von Korruption auf die Menschenrechte ist die massive Einschüchterung von Whistleblowern.[281] Das Delikt der passiven Bestechung wird genutzt, um die Beendigung von Einschüchterungsmaßnahmen unter die Bedingung einer unrechtmäßigen Vorteilsgewährung zu stellen. Das in Artikel 19 I IPbürgR statuierte Recht auf Meinungsfreiheit läuft unter diesen Umständen leer. Neben dem Recht auf Meinungsfreiheit ist auch das Recht auf Informationsfreiheit gem. Art. 19 II IPbürgR betroffen, wenn gewisse Dokumente nur gegen die Zahlung von Bestechungsgeldern zugänglich werden. Der Zusammenhang zwischen dem Zugang zu Informationen und der Aufdeckung korrupter Machenschaften wird seit Längerem auch vom Menschenrechtsausschuss sowie vom Ausschuss für wirtschaftliche, soziale und politische Rechte thematisiert.

> *"The ability to defend their (...) rights depend significantly on the availability of public information. Efforts to ensure accountability and to combat corruption also require such information in order to be effective."*[282]

> *"The Committee is particularly concerned that those government officials who have been found guilty of wrongdoing remain anonymous to the general public, becoming immune from effective scrutiny."*[283]

---

280 Jali Commission, Executive Summary of Final Report, S. 5 ff.

281 Sowohl das Menschenrechtskomitee (bspw. in: *Philip Afuson Njaru vs. Cameroon,* UN Doc. CCPR/C/89/D/1353/2005; *Rafael Marques de Morais v. Angola,* UN Doc. CCPR/C/83/d/1128/2002) als auch regionale Menschenrechtsgerichte (u. a. der Europäische Gerichtshof für Menschenrechte in: *Guja vs. Moldova* (2008), Grand Chamber, Application no. 14277/04; *Cumpana and Mazare vs. Romania* (2004), Grand Chamber, Apllication no. 33348/96, als auch die Interamerikanische Kommission für Menschenrechte in: *Victor Manuel Oropeza vs. Mexico,* case 11.740, report no. 130/99, § 57) befassten sich vermehrt mit der Thematik. S. auch Boersma, S. 178 ff.; ICHRP (2009), S. 63 ff.; Sunga/Bottigliero, S. 30 f.; Terracino (ICHRP), S. 23; Special Rapporteur on the Promotion and Protection on the Right to Freedom of Opinion and Expression, *„The Right to Freedom of Opinion and Expression: Addendum: Summary of Cases Transmitted to Governments and Replies Received"*, UN Doc. E/CN.4/2005/64/Add.1, 29.03.2005.

282 Ausschuss für wirtschaftliche, soziale und kulturelle Rechte, UN Doc. E/1998/22, § 346.

283 Menschenrechtsausschuss, Annual Report, UN Doc. A/50/40 Vol. I, 1995, § 86.

In diesem Zusammenhang ist die restriktive Gesetzgebung in vielen Ländern beachtenswert, die bereits rein rechtlich das Einbringen von Korruptionsvorwürfen gegenüber Beamten stark einschränkt. Während Rechtskreise des Civil Law Beamte per se zu einem gewissen Grad vor Kritik schützen, ist die straffreie Berichterstattung über Beamtenkorruption nach dem Common Law nur möglich, wenn die eingebrachten Vorwürfe bewiesen werden können.[284]

Eine andere Dimension nehmen solche Fälle an, in denen Menschen für die Aufdeckung von Korruption mit ihrem Leben bezahlen. Eine Studie der Organisation „Committee to Protect Journalists" (CPJ) ergab, dass in den Jahren zwischen 1992 und 2009 über 730 Journalisten umgebracht wurden. 20 % mussten sterben, weil sie korrupte Machenschaften aufgedeckt hatten.[285] Ein konkreter Fall in diesem Kontext, der weltweit Aufmerksamkeit erregte, ist der von Sergei Magnitsky. Der russische Staatsbürger sagte in einem von ihm eingeleiteten behördlichen Untersuchungsverfahren als Zeuge aus und beschuldigte Mitarbeiter des russischen Innenministeriums der Korruption.[286] Kurze Zeit später wurde Magnitsky in einem anderen Fall angeklagt und kam ins Gefängnis, wo er nach 358 Tagen am 16.11.2009 starb. Leitender Ermittler in dem Fall war der Beamte, den Magnitsky der Veruntreuung von US$ 230 Mio. beschuldigt hatte.[287] Eine zu einem späteren Zeitpunkt von Präsident Medvedev eingesetzte Kommission zur unabhängigen Untersuchung des Falles[288] kam zu dem Ergebnis, dass Sergei Magnitsky während seiner Haft sowohl der Zugang zu einem Gericht als auch zu medizinischer Versorgung verwehrt wurde.[289] Am letzten Tag seines Lebens wurde er von acht Gefängnisbeamten mit Gummiknüppeln geschlagen. Den Ärzten wurde es verboten, seine Zelle zu betreten, bis er tot war.[290] Selbst achtzehn Monate nach diesen Geschehnissen war gegen keinen einzigen der zuständigen Beamten Klage erhoben worden. Die Klage gegen den Gefängnisarzt wurde fallen gelassen.[291] Magnitskys Recht auf Leben, das Recht auf persönliche Sicherheit und Freiheit, das Recht einer würdevollen Behandlung in Haft und das Verbot der Folter wurden unterhöhlt, weil er es wagte, dem russischen Staat Korruption vorzuwerfen.

Während Magnitsky in Russland selbst nach seinem Tod keine Gerechtigkeit widerfuhr, reagierten die Vereinigten Staaten im Jahre 2012 mit dem *Sergei Magnitsky Rule of Law Accountability Act*. Dieser besagt, dass alle in den Fall verwickelten Personen zu identifizieren sind, ihnen die Einreise zu verweigern ist und jegliche in den USA befindlichen oder unter der Kontrolle eines US-Bürgers stehenden

---

284 Bzgl. gesetzlicher Einschränkungen s. TI Global Corruption Report (2007), S. 111.
285 Studie CPJ, abrufbar unter: http://cpj.org/killed/2008/.
286 Vgl. http://de.wikipedia.org/wiki/Sergei_Leonidowitsch_Magnitski.
287 Ibid.
288 Presidential Council on Civil Society and Human Rights.
289 Vgl. Sergei Magnitsky Rule of Law Accountability Act, § 8.
290 Ibid.
291 Ibid.

Guthaben dieser Personen einzufrieren sind.[292] Das Europaparlament ruft die EU auf, dem positiven Beispiel der USA zu folgen und gleichartige Gesetze zu erlassen, die als Rahmenbedingungen zur Verknüpfung der Korruption mit Menschenrechtsverletzungen dienen.[293] Darüber hinaus verlangt das Europaparlament weitere Menschenrechtsverletzungen gegen Whistleblower, Journalisten und Menschenrechtsaktivisten, die korrupte Akte offenlegen, zukünftig strikter zu sanktionieren und Schritte einzuleiten, um die Einschüchterung und Abschreckung zu stoppen, denen Antikorruptionsverfechter häufig ausgesetzt sind.[294]

7. Unzulänglichkeit von Ressourcen

Ein letzter Aspekt der Beeinträchtigung der Menschenrechte durch Bestechung bezieht sich auf die Verknappung oder völlige Unzulänglichkeit natürlicher Ressourcen. Insbesondere im Bereich des Wasser- und des Bodenrechts können Bestechungshandlungen dazu führen, dass private Unternehmer und staatliche Behörden Verträge schließen, in denen Belange der Bevölkerung und der Umwelt gänzlich unberücksichtigt bleiben.[295] Menschen kann der Zugang zu sauberem Trinkwasser, zu ausreichender Nahrung[296] oder zu ihrem Lebensraum durch derartige Übereinkünfte entzogen werden. All diese Aspekte stehen unter menschenrechtlichem Schutz.[297] Global betrachtet geht man davon aus, dass circa eine Milliarde Menschen keinen Zugang zu elementarer Wasserversorgung haben.[298] Mehreren Milliarden Menschen ist der Zugang zu angemessenen sanitären Einrichtungen verwehrt.[299] 98 % der Todesfälle in Entwicklungsländern resultiert zumindest indirekt aus unreinem Wasser.[300]

---

292 Sergei Magnitsky Rule of Law Accountability Act of 2012, 22 USC 5811 note, abrufbar unter: https://www.govtrack.us/congress/bills/112/s1039/text.

293 Report on corruption in the public and private sectors: the impact on human rights in third countries, A7–0250/2013, 19.08.2013, § 3 S. 9 f.

294 Der Rat wird aufgefordert, eine Liste mit den in den Magnitsky Fall involvierten Personen zu erstellen, die als Grundlage für gezielte Sanktionen dienen soll. Die Kommission soll einen Aktionsplan erstellen, um das Vorgehen gegen gleichartige Fälle zu skizzieren, Ibid.

295 So beispielsweise im Rahmen des Minenprojekts „Minas Conga“ im Norden von Peru, das dazu führt, das Wasserspeicher austrocknen, die für indigene, dort ansässige Völker lebensnotwendig sind. Vgl. Rose-Ackermann (1999), S. 19, 33. Für weitere Ausführungen der Beeinträchtigung indigener Völker durch Korruption s. Chene (U4).

296 Sofern die Menschen vertrieben werden und nicht mehr in der Lage sind, das Land zu nutzen, um Nahrungsmittel anzubauen, die sie benötigen.

297 Art. 1 II IPbürgR/ IPwirtR, Art. 11 I IPwirtR.

298 Allg. Bemerkung Nr. 15 zu Art. 11/12 IPwirtR, UN Doc. CESCR E/C.12/2002/11, § 1.

299 Ibid.

300 Vgl. http://www.2aid.org/wasser/.

„Das Menschenrecht auf Wasser gibt jedem das Recht auf unbedenkliches, zugängliches und erschwingliches Wasser in ausreichender Menge für den persönlichen und häuslichen Gebrauch. Eine angemessene Menge unbedenkliches Wasser ist notwendig, um das Sterben durch Dehydration zu verhindern, das Risiko von Krankheiten im Zusammenhang mit Wasser zu reduzieren und um den Wasserkonsum, das Kochen sowie die persönliche und häusliche Hygiene sicherzustellen."[301]

Untersuchungen zufolge ist die Ursache des fehlenden Zugangs zu sauberem Trinkwasser in vielen Fällen nicht der Mangel an natürlichen Ressourcen, sondern Korruption.[302] Die folgenden Beispiele stellen lediglich einen Ausschnitt der Praktiken dar, die eingesetzt werden, um einen privilegierten Zugang zu vorhandenen Wasserressourcen zu erhalten. Eine Art und Weise, einen diskriminierungsfreien Zugang zu Wasser zu verhindern, ist es, den Anschluss an die Wasserversorgung von der Zahlung von Bestechungsgeldern abhängig zu machen.[303] In vielen Ländern üblich ist die Bestechung der Inspektoren, die für das Ablesen des Wasserverbrauches zuständig sind.[304] Im Gegenzug für den erlangten Vorteil geben diese einen falschen Wert für die Kostenberechnung an. In Indien gaben 41 % der Befragten an, diese Praxis zu nutzen, um hohe Wasserrechnungen zu umgehen.[305] Mit sinkenden Kosten für den Einzelhaushalt nehmen auch die Einnahmen des Staates im Wassersektor ab. Langfristig führt dies zu geringen Investitionen in die Erhaltung und den Ausbau der Wasserversorgung. Insbesondere ärmere Teile der Bevölkerung, die in der Landwirtschaft besonders auf den Zugang zu Wasser angewiesen sind, können aufgrund fehlender Investitionen vollkommen von der Wasserversorgung abgeschnitten werden. Ein weiteres, durchaus bekanntes Problem sind durch Bestechungsgelder erkaufte Lizenzen. Exzessive Wasserableitungsvorgänge durch Privatunternehmen führen dazu, dass die Wasserversorgung der Bevölkerung an knappe Vorräte gebunden ist. Ein weiteres Problem ist die Verschmutzung von Gewässern. Die durch Korruption erlangte Erlaubnis zur Einleitung von Abwässern in saubere Flüsse und Seen verhindert den Zugang zu sauberem Wasser und kann zu Gesundheitsschädigungen der

301 Allg. Bemerkung Nr. 15 zu Art. 11/12 IPwirtR, UN Doc. CESCR E/C.12/2002/11, § 2.

302 Stalgren, SIWI, S. 3; World Water Assessment Programme, S. 9.

303 Die Gefahr eines diskriminierenden Zugangs zur Wasserversorgung wird vom Ausschuss für wirtschaftliche, soziale und kulturelle Recht aufgegriffen. „Zudem soll sichergestellt werden, dass benachteiligte und ausgegrenzte Landwirte/innen gleichberechtigten Zugang zu Wasser, Wasserverteilungssystemen, zu nachhaltiger Regennutzung und Bewässerungstechnologien haben." Art. 1 II IPwirtR wird aufgeführt, um einen „angemessenen Zugang zu Wasser für die Landwirtschaft und den Lebensunterhalt indigener Völker" sicherzustellen, Allg. Bemerkung Nr. 15 zu Art. 11/12 IPwirtR, UN Doc. CESCR E/C.12/2002/11, § 7.

304 Terracino, ICI IRP, S. 38.

305 Stalgren, SIWI, S. 7.

Bevölkerung führen. Derartige Praktiken treten mit dem Recht auf das Höchstmaß an Gesundheit in Widerspruch.[306]

In Subsahara-Afrika verwenden die Menschen jedes Jahr circa 40 Milliarden Arbeitsstunden zur Wasserbeschaffung.[307] Frauen und Kinder schleppen pro Tag drei Stunden lang 40 Liter Wasser.[308] Diese Zahlen ermöglichen Rückschlüsse auf die Dimension der dort vorherrschenden mangelnden Wasserversorgung. Eine defizitäre Wasserversorgung hat weitere Folgen. Die schweren Lasten führen insbesondere bei Kindern zu frühen Gesundheitsschädigungen. Frauen werden auf den Wegen zu entfernten Brunnen Opfer sexueller Gewalt und Missbrauch.[309] Schließlich fehlt die Zeit, die notwendig ist, um Wasser zu holen, um sie in Bildung zu investieren. Dies führt dazu, dass neben dem Recht auf Wasser das Recht auf ein Höchstmaß an Gesundheit, das Recht auf Freiheit und Sicherheit, das Recht auf Bildung sowie das Recht auf Würde unterhöhlt wird. Der Zugang zu Wasser kann für naturnahe Stämme Grundlage für die Verwirklichung ihrer Selbstbestimmung sowie für das Ausüben ihrer kulturellen Bräuche sein.[310]

Ein fehlender Zugang zu Ressourcen kann für die Bevölkerung auch aus der Realisierung von Großprojekten resultieren. Die Expansionsversuche der Ölindustrie in Nigeria verdeutlichen dies besonders. Lokale Gemeinschaften wurden von der Regierung gezwungen, ihr Land zu verlassen, damit Betriebsstätten gebaut und die für die Bohrungen notwendigen Leitungen verlegt werden können. Private Unternehmen hatten der Regierung Bestechungsgelder geboten, damit das Militär den aufkommenden Protesten der Bevölkerung ein schnelles Ende bereitet. Vorwürfe kursierten, dass die Unternehmen versucht hatten, Mitglieder der lokalen Gemeinschaft zu bestechen, um deren friedvolle Proteste zu spalten.[311] Mehr als 2.000 Bürger verloren bei den Auseinandersetzungen mit dem Militär ihr Leben. Die überlebenden Aktivisten wurden Jahre später zur Todesstrafe verurteilt. Falschaussagen von Politikern, die von der Ölindustrie profitiert hatten, ermöglichten das Zustandekommen der Urteile. Wie zurecht festgestellt, können Großinvestitionen

---

306 Vgl. Jayawickrama; Report on Adverse Effects of the Illicit Movement and Dumping of Toxic and Dangerous Products and Waste on the Enjoyment of Human Rights, UN Doc. E/CN.4/2001/55, 19.01.2001, S. 17.

307 http://www.2aid.org/wasser/.

308 Ibid.

309 Ibid.

310 Vgl. Ausführungen in Bezug auf korrupte Praktiken der Holzindustrie im Südpazifik. Aufgrund von Waldrodungen mussten Menschen ihren Lebensraum aufgeben, Larmour, in Pacific Studies Vol.20/3 (1997) S. 6 f. Die Bedeutung von Wasser für die Ausübung kultureller Praktiken wird auch vom Ausschuss für wirtschaftliche, soziale und kulturelle Rechte vermerkt, Allg. Bemerkung Nr. 15 zu Art. 11/12 IPwirtR, UN Doc. CESCR E/C.12/2002/11, § 6.

311 Vgl. Anukansai, in NACC Journal (2007), S. 11 f.; Bericht von Shah (03.07.2004), abrufbar unter: http://www.globalissues.org/article/86/nigeria-and-oil. S. auch Andvig/Fjeldstadt, S. 24.

zwar zu einem Anstieg der wirtschaftlichen Entwicklung eines Landes führen,[312] die positiven Folgen sind jedoch in den meisten Fällen nur für einzelne spürbar. Die Mehrzahl der Betroffenen leidet unter derartigen Vorgehensweisen und wird von wirtschaftlichen Gewinnen exkludiert.

Große Entwicklungsprojekte wie der Bau von Dämmen, Straßen oder Fabrikanlagen stellen häufig ein großes Potenzial für korrupte Praktiken dar.[313] Die Geldsummen sind enorm, die Transparenz und somit die Kontrolle meist gering. Ein bekanntes Beispiel ist das *Highlands Water Project* in Lesotho. Das Talsperrenprojekt regelt den weltweit größten Wassertransfer, um die Stadt Johannesburg mit zusätzlichem Wasser zu versorgen. Aufmerksamkeit erregte der Bau jedoch nicht nur aufgrund seiner architektonischen Dimension. Korruptionsskandale führten zur öffentlichen Wahrnehmung des Projektes über die Landesgrenzen hinaus. Der Vorsitzende der zuständigen Entwicklungsbehörde hatte von mehreren Firmen jahrelang Bestechungsgelder bezogen, um diesen im Gegenzug besonders günstige Vertragskonditionen zu gewähren.[314] Durch die von der Staatsanwaltschaft in Lesotho erfolgreichen Ermittlungen gegen die Verantwortlichen auf staatlicher sowie privater Seite setzte ein kleines, nicht besonders wohlhabendes afrikanisches Land ein Exempel für ein aktives Vorgehen gegen Korruption.[315] Die Menschen, die zwangsweise umgesiedelt wurden und ihr Land verloren haben, warten jedoch bis heute darauf, dass ihnen die Regierung den versprochenen Lebensstandard gewährt.[316]

Auf globaler Ebene wird vermutet, dass im letzten Jahrzehnt insgesamt circa 90 Millionen Menschen ihre Heimat verlassen mussten, damit derartige Großprojekte realisiert werden können.[317] Korruption begünstigt diejenigen, die willig und fähig sind, ihre Interessen durch die Gewährung unrechtmäßiger Vorteile zu realisieren. In den wenigsten Fällen sind dies die Ureinwohner der Gebiete.

Eine weitere Form der Unzulänglichkeit von Ressourcen liegt in der im Zusammenhang mit den Straßensperren bereits angesprochenen indirekten Verhinderung des Zugangs. Menschen hören auf, das ihnen zustehende Land zu bewirtschaften, da die Kosten, die sie zahlen müssen, um das Grundstück zu erreichen und um die Güter zu verkaufen, den Ertrag bei Weitem übersteigen.[318] Wenn selbst die Bevölkerung ihre wirtschaftliche Betätigung einschränkt, da die Erträge gegenüber den zu zahlenden Bestechungsgeldern nicht deutlich überwiegen, ist verständlich, dass auch ausländische Investoren aufgrund der hohen, durch Korruption verursachten Zusatzkosten vor Investitionen in solchen Ländern zurückschrecken.

312 Vgl. Khan, in Tungodden/Stern/Kolstad.
313 Vgl. Diokni, in HRCA (1995); Alatas, S. 94.
314 Stalgren, SIWI, S. 8.
315 TI, Global Corruption Report (2007), S. 89 f.
316 Ibid.
317 Brown, S. 124.
318 Nissen, S. 69 f.

B. Menschenrechtsbeeinträchtigung durch Veruntreuung/ Unterschlagung

Ein Amtsträger verwirklicht das Delikt der Veruntreuung/Unterschlagung, wenn er etwas, was ihm aufgrund seiner Stellung anvertraut wurde, unrechtmäßig verwendet, um daraus für sich oder eine andere Person einen Vorteil zu ziehen. Für Fragen der Menschenrechtsverletzung relevante Konstellationen beziehen sich vor allem auf die Entwendung staatlicher Gelder oder staatlich finanzierter Güter, um diese für private, offiziell nicht vorgesehene Zwecke zu nutzen. Das aus der Entwendung der Gelder und Materialien resultierende Defizit kann sich auf die Umsetzung sozialer Programme auswirken, die der Förderung der Menschenrechte dienen. Der Ausschuss für wirtschaftliche, soziale und kulturelle Rechte thematisiert die Problematik, ohne auf die Beeinträchtigung konkreter Rechte einzugehen.[319]

> *"The Committee notes with concern that a large proportion of the resources necessary to finance social programmes is diverted by corruption."*[320]

Die jüngsten Untersuchungen zu den weitläufigen Folgen von Korruption in den Mitgliedsstaaten der EU zeigen erneut deutlich auf, dass Korruption sich nicht auf Länder mit einem niedrigen Entwicklungsstatus beschränkt.[321] Auch für die EU gilt, dass eine geringe Korruptionskontrolle in der Regel mit geringeren Steuereinträgen und einem höheren Haushaltsdefizit einhergeht.[322] Dies hat zur Folge, dass die Kürzung der Ausgaben im sozialen Sektor umso größer sind, je vorherrschender die Korruptionsproblematik ist.[323] Investitionen in soziale Institutionen, Programme und Einrichtungen, die dem Bürger zugutekommen, erweisen sich als unrentabel für korrupte Praktiken und werden aus diesem Grund vermieden. Staatliche Gelder fließen stattdessen in unübersichtliche Großprojekte, die eine Bevorzugung präferierter Auftragnehmer sowie die Veruntreuung/Unterschlagung von Geldern erlauben.[324] Langfristig führen derartige Praktiken dazu, dass die soziale Schere immer weiter auseinanderklafft.

---

319 UN Doc. E/C.12/1/Add.83, § 11.

320 UN Doc. E/C.12/1/Add.20, § 10. Auch in anderen Bemerkungen in Bezug auf die Auswirkungen korrupter Handlungen auf die Menschenrechte geht der Ausschuss für wirtschaftliche, soziale und kulturelle Rechte nur sehr selten auf einzelne Rechte und deren konkrete Beeinträchtigung/Verletzung ein.

321 Mungiu-Pippidi, EU Policy Paper. Anhand der Gegenüberstellung des Indikators der Korruptionskontrolle (Weltbank) mit unterschiedlichen Aspekten des Bruttoinlandsproduktes unterschiedlicher Länder wurden Korrelationen untersucht.

322 Je geringer die Kontrolle, desto vorherrschender ist Korruption. Die Messwerte reichen von 0–10, Ibid., S. 14 f.

323 Ders., S. 11 f.

324 Ders., S. 10 f.; Die gleiche Erkenntnis gilt für die internationale Ebene, da generell gilt, dass je umfangreicher die geplante Maßnahme ausfällt, desto schwieriger ist es deren genauen Preis festzulegen und umso geringer ist die Wahrscheinlichkeit,

Zwar fehlt es an vergleichbar detaillierten Studien für andere Regionen, die gewonnenen Erkenntnisse wurden jedoch für Einzelstaaten außerhalb der EU bereits vermehrt nachgewiesen.[325] Inwiefern die Unterschlagung/Veruntreuung zu einer Beeinträchtigung der Menschenrechte führt, wird anhand der folgenden Ausführungen dargestellt.

1. Einschränkungen im Rahmen öffentlicher Einrichtungen

Öffentliche Einrichtungen können den Bedürfnissen des Bürgers nur dienen, wenn sie in angemessener Anzahl vorhanden sind, die Zugänglichkeit und Funktionsfähigkeit gewahrt ist und die jeweils ausgeübte Tätigkeit ein gewisses Qualitätsniveau nicht unterschreitet. Die Bereitstellung und Gewährung aller, für eine funktionsfähige Institution maßgeblichen Aspekte kann durch das Delikt der Veruntreuung/Unterschlagung untergraben werden.

Der Verlust staatlicher Ressourcen, sei es in Form von Geld oder von Materialien, kann durch zwei Ausformungen der Veruntreuung/Unterschlagung realisiert werden. Eine Art und Weise, Ressourcen zu veruntreuen/unterschlagen, ist das Einkassieren dieser in die private Tasche. Grundsätzlich vorhandene Gelder erreichen ihren ursprünglichen Verwendungszweck nie, da sie auf dem Weg durch den zuständigen Amtsträger abgezweigt werden. Die zweite Form der unrechtmäßigen Verwendung besteht in der Tätigung unnötiger Ausgaben, die es dem Beamten erlauben, einen Teil der Gelder für sich zu behalten. Ein Beispiel für eine sogenannte verschleierte Veruntreuung/Unterschlagung ist das Tätigen von Investitionen in Einrichtungen, die nie bestanden haben oder bereits seit Langem aufgelöst wurden. Der Amtsträger kann alle Gelder, die offiziell in eine solche Geisterinstitution fließen, in die private Tasche wirtschaften. Breite Zuständigkeiten für eine Vielzahl von Institutionen erschweren die Kontrolle und erleichtern ein derartig korruptes Vorgehen. Presseaussagen zufolge existieren allein in Pakistan bis zu 8.000 Geisterschulen,

---

dass Defizite auffallen, Shleifer/Vishny, S. 615, die sich insb. auf Entwicklungsländer beziehen. Sehr einprägsam in diesem Zusammenhang ist eine Äußerung des ehemalige Finanzministers Nigerias in Bezug auf das Stahlwerk Ajaokuta: „We have spent over $ 4.5 billion on the Ajakuta Steel Mill project, but I doubt whether such a colossal amount of money could not produce three steel mills in Germany or Russia", in Time Magazine, 22.6.1998 „The Cancer of Corruption", S. 25–31 (26), zitiert aus Dowell-Jones, S. 82

325 Mauro, in Elliott, S. 265; Ders. in, Quarterly Journ. of Econom., 3 (1995), S. 687, 701: „strongly negative correlations not only between corruption and economic growth, but also between corruption and political stability"; Dowell-Jones, S. 82; Rose-Ackermann (1999), S. 3: „cross-country empirical work has confirmed the negative impact of corruption on growth and productivity. Even when corruption and economic growth coexist, payoffs introduce costs and distortions"; Shleifer/Vishny, in Quarterly Journ. of Econom., 108 (1993), S. 599, 615; Tanzi, IMF Staff Papers, S. 583; Da Silva/Garcia/Bandeira; World Bank, S. 18 ff.

die durch staatliche Mittel „finanziert" werden.[326] Die unrechtmäßige Verwendung von Ressourcen kann sich bei beiden Formen der Deliktsverwirklichung auf den Gesamtbetrag beziehen oder auf einen Teilbetrag begrenzt sein.

Die Veruntreuung/Unterschlagung öffentlicher Ressourcen kann in allen staatlichen Bereichen stattfinden und sich über die zentrale Ebene der Ministerien bis zu regionalen und lokalen Behörden ziehen. In Kambodscha „verschwindet" zwischen fünf und zehn Prozent des Budgets für das Gesundheitswesen bereits auf der ersten Stufe des Verteilungsprozesses zwischen dem Finanz- und dem Gesundheitsminister.[327] In Ghana kamen lediglich 20 % der staatlichen Mittel bei den medizinischen Einrichtungen vor Ort an, da ein Großteil der Gelder im Rahmen der Zuweisung zwischen zentralen und lokalen Ministerien zu privaten Zwecken unrechtmäßig verwendet wurde.[328] Untersuchungen in Uganda und Tansania weisen darauf hin, dass lokale Beamte bis zu 41 % der von zentralen Stellen zugeteilten Ressourcen veruntreuen.[329] Eine in Thailand vorgenommene Studie zeigt, dass die Institutionen zum Teil nur 13 % der für das Schulwesen vorgesehenen Gelder auch erreichen.[330]

Um im Folgenden zwischen den aus der Veruntreuung/Unterschlagung resultierenden, unterschiedlichen Formen der Menschenrechtsbeeinträchtigung differenzieren zu können, erfolgt ein Rückgriff auf eine Kategorisierung, die zunächst für das Recht auf Bildung konzipiert wurde.[331] Die Spezialberichterstatterin für das Recht auf Bildung sah die Verfügbarkeit, die Zugänglichkeit, die Annehmbarkeit und die Adaptierbarkeit als die zentralen, von staatlicher Seite umzusetzenden Aspekte des Schutzgehaltes an. Die Veruntreuung/Unterschlagung von Ressourcen betrifft vor allem die Kategorie der Verfügbarkeit, da deren Realisierung in besonderem Maße von staatlichen Investitionen abhängt.[332]

---

326 News International (Pakistan): „Billions sunk in 8.000 ghost schools", 18.07.2012.

327 TI, Global Corruption Report (2006), S. 23.

328 Ibid.

329 Terracino, S. 44, Fn. 268. Dieser bezieht sich auf Studien der Weltbank sowie auf die Seite der NGO U4.

330 Reinikka/ Svensson, S. 686. Die Methoden zur Messung der Korruption variieren. Während Reinikka/Svensson versuchen, die Diskrepanz zu ermitteln, die zwischen den offiziellen Angaben iRd. Ausgaben und den Summen besteht, die tatsächlich bei der Institution ankommen, vergleicht bspw. Olken in seinen Studien zu Korruption im Bauwesen die laut offiziellen Angaben getätigten Ausgaben mit solchen Daten, die Ingenieure ermitteln, um die Kosten eines Projektes zu berechnen. Er kommt zu dem Ergebnis einer Diskrepanz von 25 % der Gesamtkosten, Olken, in JPE 115 (2007), S. 225.

331 S. Allg. Bemerkung Nr. 13 zu Art. 13 IPwirtR, UN Doc. CESCR E/C.12/1999/10, 8.12.1999, Fn. 4. Der Ausschuss hat diese Kategorisierung inzwischen auf weitere Garantien übertragen.

332 Im Gegensatz dazu stellen die Kategorien der Annehmbarkeit und Adaptierbarkeit verstärkt auf die Ausgestaltung der Arbeitsweisen staatlicher Einrichtungen ab. Vgl. bspw. Allg. Bemerkung Nr. 13 zu Art. 13 IPwirtR, UN Doc. CESCR E/C.12/1999/10, § 6c): Annehmbarkeit von Bildung: „Die Form und der Inhalt von

In den „Allgemeinen Bemerkungen des Menschenrechtsausschusses“ finden sich diese Kategorien nicht wieder. Dies erklärt sich aus der Konzeption der bürgerlichen und politischen Rechte, die primär als Abwehrrechte des Bürgers gegen den Staat formuliert wurden. Die Existenz staatlicher Einrichtungen wurde als Grundlage für Eingriffe in die Rechte vorausgesetzt. Die Realität zeigt jedoch, dass Probleme der Verfügbarkeit öffentlicher Institutionen nicht auf die wirtschaftlichen, sozialen und kulturellen Rechte begrenzt sind. Sofern Gerichte oder Haftanstalten nicht in ausreichender Anzahl existieren, ist der Rechtsgehalt von Artikel 14 oder Artikel 10 IPbürgR[333] beeinträchtigt. Es ist daher davon auszugehen, dass die Vertragsparteien des IPbürgR hinsichtlich der Rechte, die einen Bezug zu öffentlichen Einrichtungen aufweisen, auch verpflichtet sind, die Verfügbarkeit dieser zu realisieren. Der Rückgriff auf die Kategorie der Verfügbarkeit dient der Konkretisierung des normativen Schutzgehaltes sowie der daraus ableitbaren staatlichen Verpflichtungen und ist als keine erweiterte Auslegung zu verstehen.

Je nach Ausmaß der aus der Veruntreuung/Unterschlagung entstandenen Verluste ergeben sich unterschiedliche Einschnitte hinsichtlich der Verfügbarkeit staatlicher Institutionen. So kann die Veruntreuung/Unterschlagung dazu führen, dass überhaupt nicht in den Ausbau öffentlicher Einrichtungen investiert wird und es an deren physischer Verfügbarkeit fehlt. Geringe Mittel können auch zu einer eingeschränkten Funktionsfähigkeit oder zu Einbußen in der Qualität führen. Die physische Zugänglichkeit, die Funktionsfähigkeit sowie die Einhaltung eines gewissen Qualitätsstandards stellen unterschiedliche Aspekte der Verfügbarkeit dar. Die Darstellung der Beeinträchtigungen der Menschenrechte durch Veruntreuung/Unterschlagung orientiert sich im Folgenden an diesen drei Defiziten hinsichtlich der Verfügbarkeit öffentlicher Institutionen, die in ihrer Form abgestuft sind.

Bildung, namentlich die Lehrpläne und Lehrmethoden, müssen für die Schüler beziehungsweise die Studenten und gegebenenfalls die Eltern annehmbar sein, d. h. sie müssen relevant, kulturell angemessen und hochwertig sein. Dabei sind die in Art. 13 I festgelegten Bildungsziele sowie die etwaigen vom Staat festgelegten Mindestnormen für die Bildung zu beachten.“ § 6d): Adaptierbarkeit: „Bildung muss flexibel sein, damit sie den Erfordernissen sich verändernder Gesellschaften und Gemeinwesen angepasst werden und den von vielfältigen sozialen und kulturellen Gegebenheiten geprägten Bedürfnissen der Schüler und Studenten entsprechen kann.“
Die Verwirklichung der Kriterien erfordert die Auseinandersetzung mit kulturellen Werten, gesellschaftlichen Aspekten, politischen Veränderungen sowie mit den Fragen nach Struktur, Arbeitsweise und Fokus der institutionsbezogenen Arbeit. Zwar bedarf es auch in dieser Hinsicht Investitionen, diese sind für die Umsetzung jedoch nicht derart maßgeblich wie dies bei den Kategorien der Verfügbarkeit und der Zugänglichkeit der Fall ist.

333 Von der Veruntreuung/Unterschlagung betroffene staatliche Einrichtungen iRd. IPbürgR sind v.a. Gefängnisse (Art. 10) und Gerichte (Art. 14).

a. Physische Verfügbarkeit/Zugänglichkeit

Ein Staat kann das Recht auf Bildung nur achten, wenn Schulen existieren, in denen der Rechtsgehalt der Garantie zum Wohle der Schüler umgesetzt wird. Die Verwirklichung des Rechts, vor einem zuständigen Gericht einen zivilrechtlichen Anspruch geltend machen zu können, ist nur möglich, wenn Gerichte bestehen, die für die Menschen zugänglich sind. Die Gewährleistung der medizinischen Versorgung setzt voraus, dass Krankenhäuser und sonstige medizinische Einrichtungen vorhanden sind, an die sich kranke Menschen wenden können. Nach dem Ausschuss für wirtschaftliche, soziale und kulturelle Rechte setzt die Verfügbarkeit in Bezug auf das Recht auf Bildung und des Rechts auf gesundheitliche Versorgung folgende Punkte voraus:

> „Funktionsfähige Bildungseinrichtungen und -programme müssen im Hoheitsbereich des Vertragsstaates in ausreichendem Maße zur Verfügung stehen."[334]

> „In den Vertragsstaaten müssen funktionierende Einrichtungen der öffentlichen Gesundheitsfürsorge, medizinische Einrichtungen und ärztliche Betreuungsdienste ebenso wie Programme ausreichend verfügbar sein."[335]

Wenn öffentliche Gelder statt in den Ausbau und die Erhaltung staatlicher Einrichtungen in die privaten Taschen der zuständigen Amtsträger fließen, kann die Verfügbarkeit von Institutionen beeinträchtigt sein. Steht lediglich eine begrenzte Anzahl von Einrichtungen zur Verfügung, resultiert dies häufig auch in Einbußen hinsichtlich der physischen Zugänglichkeit. Die „physische Zugänglichkeit" von Gesundheits- und Bildungseinrichtungen setzt Folgendes voraus:

> „Medizinische Einrichtungen und ärztliche Betreuung müssen in sicherer Reichweite für die gesamte Bevölkerung vorhanden sein."[336]

> „Bildung muss in sicherer physischer Reichweite stattfinden, entweder durch Teilnahme am Unterricht an einem in zumutbarer Entfernung gelegenen Ort oder mittels moderner Technologie."[337]

Während ein Rückgriff auf moderne Technologien bei der Vermittlung von Wissen praktikabel sein kann, scheidet dieser für Krankenhäuser, Gerichte oder Gefängnisse aus. Darüber hinaus ist zu bedenken, dass der Einsatz digitaler Technologie selbst im Bereich von Bildung, beispielsweise im Rahmen eines Fernstudiums, insbesondere in Entwicklungsländern den reichen Bevölkerungsschichten vorbehalten bleibt und

---

334 Allg. Bemerkung Nr. 13 zu Art. 13 IPwirtR, UN Doc. CESCR E/C.12/1999/10, 8.12.1999, § 6a).

335 Allg. Bemerkung Nr. 14 zu Art. 12 IPwirtR, UN Doc. CESCR E/C.12/2000/4, 11.08.2000, § 12a).

336 Ibid.

337 Allg. Bemerkung Nr. 14 zu Art. 12 IPwirtR, UN Doc. CESCR E/C.12/2000/4, 11.08.2000, § 12b).

daher keine Alternative für alle Bürger darstellt. Für die Gewährleistung eines diskriminierungsfreien Zugangs zu öffentlichen Institutionen ist die Realisierung der physischen Zugänglichkeit daher unabdingbar.

Fehlende Investitionen in den Bau und die Erhaltung öffentlicher Institutionen führen zu Einschränkungen der physischen Zugänglichkeit. Während in der Stadt vermehrt billige Bauplätze für die Errichtung öffentlicher Institutionen in urbanen Randbereichen präferiert werden, die für viele Menschen nur schwer erreichbar sind,[338] führen Kürzungen in ländlichen Regionen häufig dazu, dass der Ausbau sozialer Strukturen vollkommen ausbleibt. Das Kriterium der Zugänglichkeit an einem „in zumutbarer Entfernung gelegenen Ort"[339] ist ausgeschlossen, wenn Tage oder sogar Wochen notwendig sind, um Schulen oder Krankenhäuser zu erreichen. Der mit der fehlenden physischen Zugänglichkeit einhergehende Zeitverlust kann dazu führen, dass Menschen auf das Aufsuchen einer öffentlichen Einrichtung verzichten. Kinder werden nicht in die Schule geschickt und Krankenhäuser nicht aufgesucht, obwohl dies notwendig wäre. Die Bezugnahme auf eine „sichere physische Reichweite" verdeutlicht, dass die Zugänglichkeit neben der Zeit von einer weiteren Dimension abhängt. Weite Märsche zu Bildungseinrichtungen oder Krankenhäusern bergen insbesondere für Kinder und Frauen die Gefahr von Überfällen und Missbrauch. Neben dem Recht auf Bildung/Gesundheit kann auch das Recht auf persönliche Sicherheit betroffen sein.

b. Funktionsfähigkeit

Eine Schule, die zwar gebaut wurde, jedoch ohne Lehrpersonal, Schulbücher und Schulbänke auskommen muss, ist nicht funktionsfähig.[340] Das Gleiche gilt für ein Gericht, das so unterbesetzt ist, dass Fälle jahrelang nicht verhandelt werden können[341], oder für Krankenhäuser, die nicht mit ausreichenden Betten, Medikamenten, medizinischen Apparaturen und Ärzten ausgestattet sind.[342] Es bedarf nicht lediglich der Existenz von Institutionen. Um funktionsfähig zu sein, müssen diese mit den

338 So bspw. in einem Fall in Siem Reap, wo ein Krankenhaus im Zentrum nahe eine Touristenattraktion abgerissen werden sollte und in schwer zugängliche Randbereiche der Stadt verlagert werden sollte, TI Global Corruption Report (2006), S. 23.

339 Allg. Bemerkung Nr. 13 zu Art. 13 IPwirtR, UN Doc. CESCR E/C.12/1999/10, 8.12.1999, § 6b) ii).

340 S. diesbzgl. UN Doc. CRC/C/BEN/Co/2, § 17; UN Doc. CRC/C/COG/CO/1, § 14; UN Doc. CRC/C/BRG/CO/2, § 16–17; UN Doc. CRC/C/COG/CO/1, § 19.

341 Art. 14 III c) IPbürgR normiert das Recht, dass ein Urteil gegen den Angeklagten ohne unangemessene Verzögerung ergehen muss. Dies gilt nicht nur für das Urteil, sondern für alle Stadien eines Prozesses, Allg. Bemerkung Nr. 13 (1984), § 10.

342 Das Komitee für das Recht des Kindes sprach in mehreren seiner Statements die negativen Auswirkungen von Korruption auf die vorhandenen Ressourcen für die medizinische Versorgung von Kindern an. UN Doc. CRC/C/KEN/Co/2, § 48(g); UN Doc. CRC/C/BEN/Co/2, § 17; UN Doc. CRC/C/COG/CO/1, § 14.

angemessenen personellen und materiellen Ressourcen ausgestattet sein. In Bezug auf das Recht auf Bildung gemäß Artikel 13 IPwirtR führt der Ausschuss für wirtschaftliche, soziale und kulturelle Rechte aus:

> „So benötigen wohl alle Einrichtungen und Programm Gebäude oder sonstigen Schutz vor den Elementen, sanitäre Einrichtungen für beide Geschlechter, hygienisches Trinkwasser, ausgebildete Lehrer, die innerhalb des Landes konkurrenzfähige Gehälter beziehen, Lehrmaterialien und so weiter, während einige Einrichtungen und Programme darüber hinaus beispielsweise Bibliotheken, Computereinrichtungen und Informationstechnik benötigen."[343]

In ähnlicher Weise werden die Maßstäbe für die Verwirklichung des Rechts auf ein Höchstmaß an Gesundheit durch den Ausschuss konkretisiert:

> „Sie (die konkrete Beschaffenheit der medizinischen Einrichtungen und Faktoren) werden die zugrunde liegenden Parameter der Gesundheit wie sicheres und sauberes Trinkwasser und adäquate Sanitäreinrichtungen, Krankenhäuser, Kliniken und andere gesundheitsbezogene Gebäude, geschultes medizinisches und anderes Personal, das ein im Inland wettbewerbsfähiges Gehalt bezieht, und unentbehrliche Arzneimittel, wie sie von den Aktionsprogramm über unentbehrliche Arzneimittel der WHO definiert sind, beinhalten."[344]

Die Kriterien gehen weit über die bloße Errichtung von Gebäuden hinaus. Zur Verwirklichung der Rechte muss ein Umfeld geschaffen werden, das den konkreten Bedürfnissen der Menschen gerecht wird.[345] Die Zahlung eines „im Inland wettbewerbsfähigen Gehalts" ist ein Aspekt, der durch die Unterschlagung/Veruntreuung staatlicher Ressourcen häufig maßgeblich beeinträchtigt wird. Öffentliche Arbeitgeber sind aufgrund von Defiziten in der Kasse nicht in der Lage, die vereinbarten Gehälter zu bezahlen. Der daraus resultierende Frust der Angestellten kann zu weiteren Einbußen hinsichtlich der Funktionsfähigkeit einer Institution führen. Der Übergang zu Qualitätseinbußen ist in dieser Hinsicht fließend.[346] Nicht nur das Recht auf ein Höchstmaß an Gesundheit, sondern auch das in Artikel 7a) i) IPwirtR normierte Recht auf einen angemessenen Lohn ist in diesen Fällen beeinträchtigt.

---

343 Allg. Bemerkung Nr. 13 zu Art. 13 IPwirtR, UN Doc. CESCR E/C.12/1999/10, 8.12.1999, § 6a).

344 Allg. Bemerkung Nr. 14 zu Art. 12 IPwirtR, UN Doc. CESCR E/C.12/2000/4, § 12a).

345 Über den Verweis auf konkrete Listen der WHO, die eine Auflistung unentbehrlicher Arzneimittel enthalten, werden die zum Teil sehr vage gehaltenen Staatenverpflichtungen spezifiziert. WHO Drug Information, Vol. 13, Nr. 4 (1999), in Allg. Bemerkung Nr. 14 zu Art. 12 IPwirtR, UN Doc. CESCR E/C.12/2000/4, § 12a). Je konkreter die Vorgaben, desto schwieriger ist es für korrupte Täter diese zu umgehen und desto einfacher können Kontrollen durchgeführt werden.

346 Die Motivation und das Engagement, täglich gute Arbeit zu leisten, sinken bei ausbleibender Bezahlung. S. Berichte von Ärzten und Krankenschwestern aus Nigeria, TI Global Corruption Report (2006), S. 31.

Eine eingeschränkte Verfügbarkeit von geschultem Personal in öffentlichen Einrichtungen kann auch aus der Veruntreuung/Unterschlagung staatlicher Gelder durch die Angestellten resultieren. Die Ressourcen gehen in diesem Fall verloren, indem sie nach der Auszahlung nicht für den vorhergesehenen Zweck genutzt werden. Eine Praxis, die sich insbesondere in Bildungs- und Gesundheitsinstitutionen etabliert hat, ist das Kassieren von Gehältern trotz ausbleibender Anwesenheit bei der Arbeit. Forschungsprojekte in Bangladesch, Ecuador, Indien, Indonesien, Peru und Uganda haben ergeben, dass 35 % der Angestellten im Gesundheitswesen nicht zur Arbeit erschienen sind, obwohl sie bezahlt werden.[347] In kleinen Kliniken in ländlichen Regionen in Bangladesch lag der prozentuale Wert der Abwesenheit eines Doktors bei 74 %.[348] Fehlende Kontrollen ermöglichen es den Beamten, ein Schattendasein an ihrem Arbeitsplatz zu führen.[349] In dörflichen Regionen in Kamerun erscheinen Lehrer im Schnitt drei Tage im Monat nicht zur Arbeit. Diese Unterrichtszeit geht letztendlich den Schülern verloren.[350]

Eine andere Form der Veruntreuung/Unterschlagung öffentlicher Ressourcen durch die Angestellten wird verwirklicht, wenn diese zur Arbeit erscheinen, ihre offiziellen Arbeitszeiten jedoch nutzen, um private Leistungen anzubieten. Vor allem im Bereich der medizinischen Versorgung wird die bezahlte Arbeitszeit sowie die vorhandenen Geräte und Medikamente der öffentlichen Einrichtung genutzt, um Patienten auf private Kosten zu behandeln.[351] Während die Ausgaben völlig zulasten des Staates gehen, werden die Behandlungskosten privat abgerechnet. Selbst die Mietkosten für eine Praxis werden eingespart, wenn Ärzte die Untersuchungsräume des Krankenhauses nutzen. Den Menschen, die sich eine private Behandlung nicht leisten können, ist die diskriminierungsfreie Zugänglichkeit zu medizinischer Versorgung verwehrt. Die Funktionsfähigkeit öffentlicher Krankenhäuser wird unter derartigen Umständen nur für einen ausgewählten Patientenkreis gewährleistet.

Die unrechtmäßige Verwendung öffentlicher Ressourcen zur privaten Bereicherung ist schließlich auch möglich, indem Materialien beschafft werden, die für den regulären Bedarf nicht vorgesehen sind. Dies ist insbesondere beim Kauf von Medikamenten der Fall, die nur in Ausnahmefällen genutzt werden und daher nicht den üblichen Kontrollen unterliegen.[352] Der Preis, den ein korrupter Amtsträger für die Medikamente bezahlt, übersteigt den Wert dieser bei Weitem, da die unterschlagene/veruntreute Summe miteingerechnet werden muss.

---

347 Chaudhury et al., in Journ. Econ. Perspectives 20 (1).

348 Hammer/Chaudhury, in WB Econ. Rev. Vol.18, S. 423 ff.

349 Die mangelnde Anwesenheit am Arbeitsplatz trotz vertraglichen Verpflichtungen, die dies untersagen, stellt letztlich auch einen Fall der Missachtung von Normen dar. Diese Konstellation wurde bereits im Rahmen der Bestechungshandlungen erörtert.

350 Bzgl. der Berechnung der Fehlzeiten s. TI Global Corruption Report (2013), S. 76.

351 Bzgl. dieser Problematik: Ensor/Duran-Moreno in Saltmann/Busse/Mossiales, S. 110.

352 Vgl. UN Doc. HR/POL/GG/SEM/2006/BP.1, S. 6, § 14.

Die Veruntreuung/Unterschlagung Angestellte öffentlicher Einrichtungen begrenzt sich nicht auf Ressourcen pekuniärer Art. Einbußen der Funktionsfähigkeit können auch aus dem Verlust von Materialien resultieren. Ärzte und Krankenschwestern, die staatlich finanzierte oder subventionierte Medikamente privat verkaufen, tragen durch die Verwirklichung des Delikts der Veruntreuung/Unterschlagung maßgeblich zu Defiziten in der Patientenversorgung bei. In Großbritannien belaufen sich die geschätzten Summen entwendeter Materialien in Krankenhäusern jährlich auf mehr als 17 Millionen Pfund.[353] In einem andalusischen Krankenhaus führte die Unterschlagung von Nahrungsmitteln zu Pro-Kopf-Ausgaben, die höher waren als die eines Menüs in einem gehobenen Restaurant.[354] Derartigen Praktiken existieren auch im Bildungsbereich. Lehrer veruntreuen/unterschlagen Schulbücher, die den Schülern kostenfrei zugänglich sein sollten, um sie zu privatem Nutzen zu verkaufen.

Während Angestellte im öffentlichen Dienst darunter leiden, dass Ressourcen auf höchster Ebene veruntreut/unterschlagen werden und in den Institutionen deshalb nicht zur Verfügung stehen, trägt die unrechtmäßige Verwendung von Materialien durch die Arbeitnehmer selbst maßgeblich zu einer Beeinträchtigung der Rechtsverwirklichung gegenüber dem Bürger bei.

Gerichte, Gefängnisse und Polizeistationen sind in gleicher Weise wie Krankenhäuser und Schulen auf öffentliche Ressourcen angewiesen. So verweist der Menschenrechtsausschuss in seiner Allgemeinen Bemerkung zu Artikel 10 IPbürgR auf die Mindestgrundsätze für die Behandlung von Gefangenen, die detaillierte Kriterien bezüglich der Ausstattung von Haftzellen und der Versorgung der Inhaftierten erläutern. Dort steht:

> „Jeder Gefangene ist von der Verwaltung zu den üblichen Zeiten mit vollwertiger, gesundheitsfördernder und kräftigender Verpflegung zu versorgen, die bekömmlich ist und angemessen zubereitet und ausgegeben wird. Jedem Gefangenen muß [sic] Trinkwasser zur Verfügung stehen, wann immer er es benötigt."[355]

In einer Individualbeschwerde vor dem Menschenrechtsausschuss wurde die mangelnde Funktionsfähigkeit einer Polizeistation geltend gemacht, die nach Ansicht der Beschwerdeführer auf die Unterschlagung der vorgesehenen Gelder zurückzuführen sei.[356] Zwei Brüder, die zehn Tage von der Polizei festgehalten wurden, erhielten in den ersten fünf Tagen der Inhaftierung keine und während der zweiten Hälfte eine lediglich unzureichende Versorgung mit Wasser und Essen.[357]

---

353 Ensor/Duran-Moreno in Saltmann/Busse/Mossiales, S. 109.
354 Ibid; es handelt sich um das Uni-Krankenhaus Virgen del Rocio (1994).
355 Mindestgrds. Für die Behandlung von Gefangenen (1975), § 20.
356 *Michael and Brian Hill vs. Spain*, Mitteilung Nr. 526/1993, UN Doc. CCPR/C/59/D/526/1993.
357 A.a.O. § 2.7 und 10.4. Das Menschenrechtskomitee bestätigte eine Verletzung des Rechts auf eine würdevolle Behandlung während der Zeit des Freiheitsentzuges

c. *Qualität*

Der Übergang zwischen Beeinträchtigung der Funktionsfähigkeit und Einbußen der Qualität ist in vieler Hinsicht fließend. Je nach Ausmaß der durch die Veruntreuung/Unterschlagung entstandenen Verluste ist es möglich, die Funktionsfähigkeit einer öffentlichen Einrichtung noch aufrechtzuerhalten, jedoch unter Einschnitten der Qualität. Der Befund einer minderwertigen Qualität kann sich auf Personal, Materialien oder die Arbeitsweise einer öffentlichen Institution beziehen. So führt der Ausschuss für wirtschaftliche, soziale und kulturelle Rechte beispielsweise unter den Kategorien gesetzlicher Schutz, Verfügbarkeit von Dienstleistungen, Material, Einrichtungen und Infrastruktur, Bezahlbarkeit, Bewohnbarkeit, Zugänglichkeit, Standort und kulturelle Angemessenheit Kriterien auf, die ein Staat bei der Umsetzung des Rechts auf eine angemessene Unterkunft beachten muss. Alle Aspekte beziehen sich letztendlich auf die Qualität der Unterbringung und können durch die Veruntreuung/Unterschlagung von Ressourcen beeinträchtigt werden.

Die folgenden Beispiele sind auf die Qualität von Materialien fokussiert. Einschränkungen durch die Veruntreuung/Unterschlagung ergeben sich insbesondere aus deren Minderwertigkeit oder Unbrauchbarkeit für den vorgesehenen Zweck. Im Rahmen des Rechts auf ein Höchstmaß an Gesundheit werden zur Wahrung der Qualität folgende Aspekte als unerlässlich betrachtet:

> „Dies (die Qualität) erfordert unter anderem geschultes medizinisches Personal, wissenschaftlich zugelassene und nicht veraltete Medikamente und Krankenhauseinrichtungen, sicheres Trinkwasser und adäquate Sanitäreinrichtungen."[358]

Ein Amtsträger, der statt geprüfter Medizin solche kauft, die auf dem Schwarzmarkt für die Hälfte angeboten wird, da sie kein Kontrollverfahren durchlaufen hat, verwendet ihm anvertraute Gelder unrechtmäßig und beeinträchtigt das Recht auf Gesundheit. Die Umsetzung der Menschenrechte, die einen Bezug zu öffentlichen Einrichtungen aufweisen, setzt grundsätzlich voraus, dass die verwendeten Materialien gewissen Ansprüchen genügen. Werden diese missachtet, kann dies zu einer Rechtsbeeinträchtigung führen, wie anhand des Beispiels für das Recht auf Gesundheit dargestellt. Je konkreter die Vorgaben hinsichtlich der Qualität ausgestaltet sind, desto einfacher ist es festzustellen, ob der Staat diesen nachkommt.

Das Einhalten gewisser Qualitätsstandards ist auch dann von elementarer Bedeutung, wenn der Staat verpflichtet ist, der Bevölkerung gewisse Güter zur Verfügung zu stellen. Dies ergibt sich insbesondere in Bezug auf das Recht auf eine angemessene Nahrung, durch das nicht nur Hunger gemindert, sondern auch der Eintritt sowie die Ausbreitung von Krankheit vermieden werden soll. Nach Ansicht des Ausschusses fällt „die Verfügbarkeit von Nahrungsmitteln, die keine schädlichen Stoffe enthalten (...) in ausreichender Menge und Qualität, um die individuellen

nach Artikel 10 IPbürgR ohne jedoch weiter auf die Ursachen der mangelnden Versorgung einzugehen, A.a.O., § 13.

358 Allg. Bemerkung Nr. 14 zu Art. 12 IPwirtR, UN Doc. CESCR E/C.12/2000/4, § 12d).

Ernährungsbedürfnisse zu befriedigen" unter den Wesensgehalt des Rechts. Er führt weiter aus:

> „Mit der Formulierung, die keine schädlichen Stoffe enthalten, werden Forderungen an die Lebensmittelsicherheit gestellt, zu der es einer Reihe von Schutzmaßnahmen des öffentlichen wie auch des privaten Sektors bedarf, um die Verunreinigung von Lebensmitteln durch Verfälschung, schlechte Umwelthygiene oder unsachgemäße Handhabung auf verschiedenen Stufen der Lebensmittelherstellungskette zu verhindern (...)."[359]

Beamte aus Bangladesch, die mit der Aufgabe betraut wurden, Nahrungsmittelreserven für Notfälle aus den Beständen lokaler Bauern anzulegen, hielten es für wichtiger, private Vorteile zu erlangen, als die genannten Kriterien zu beachten. Verfälschte Angaben der Ausgaben ermöglichte es den Amtsträgern, den Großteil der Gelder zu veruntreuen/unterschlagen. Lediglich ein Bruchteil wurde in den Import minderwertiger Nahrungsmittel aus Indien investiert.[360] Die schlechte Qualität der Lebensmittel, die unter keinerlei Schutzmaßnahmen zur Lebensmittelsicherheit produziert worden waren, führte zu enormen Gesundheitsproblemen bei einem Großteil der Bevölkerung. Nicht nur das Recht auf angemessene Nahrung, auch das Recht eines jeden auf das für ihn erreichbare Höchstmaß an Gesundheit wurden durch die korrupte Vorgehensweise beeinträchtigt.

Ein weiteres Fallbeispiel, in dem die Veruntreuung/Unterschlagung von Ressourcen zu einer minderwertigen Qualität von Materialien führt und dadurch menschenrechtliche Garantien beeinträchtigt, stammt aus der Türkei. Ein Beamter aus dem türkischen Bildungsministerium hatte sich in Absprache mit einem Bauunternehmer für die Verwendung minderwertiger Materialien beim Bau einer Schule entschieden. Die Einsparungen, die durch die Verwendung der billigeren Stoffe möglich waren, wurden von dem Amtsträger veruntreut/unterschlagen und die Gewinne mit dem Bauunternehmer geteilt. Das Gebäude stürzte aufgrund der fehlenden Tragfähigkeit des Baumaterials ein. 84 Kinder kamen dabei ums Leben.[361] Sowohl das Recht auf Bildung als auch das Recht auf Leben, das den Staat verpflichtet, „kriminelle Handlungen, die zur Beraubung des Lebens führen, zu verhüten und zu verhindern"[362], sind unter diesen Umständen beeinträchtigt. Korrupte Transaktionen im Bauwesen stellen ein weltweites Problem dar. Es sind entweder die durch Bestechung verlorenen Gelder, die ein Unternehmen durch die Verwendung billiger Materialien versucht einzusparen,[363] oder die Unterschlagung/Veruntreuung der Ressourcen durch zuständige Beamte, die dazu führen, dass Waren minderwertiger Qualität genutzt werden, um Defizite auszugleichen.

---

359 Allg. Bemerkung Nr. 12 zu Art. 11 IPwirtR, UN Doc. E/C.12/1999/5, § 10.

360 Fallbsp. aus Bangladesch aus dem Bericht des Special Rapporteurs zum Recht auf Nahrung, UN Doc. E/CN.4/2004/10/Add.1, § 43. Der Fall wurde unter dem Titel „*Violations of the Right to Food*" erläutert.

361 *Report on the Right to Education*, UN Doc. E/CN.4/2004/45, 15.01.2004, § 51.

362 Allg. Bemerkung Nr. 6 zu Art. 6 IPbürgR, § 3.

363 Vgl. Davis, in Columb. Law Rev. 55 (1955), S. 58.

2. Einschränkungen im Rahmen sonstiger bürgerzentrierter Einrichtungen

Die Bereitstellung von Ressourcen kann auch im Rahmen solcher Menschenrechte notwendig sein, deren Schutzgehalt nicht primär an die Arbeit einer staatlichen Institution gekoppelt ist. Die Südafrikanische Menschenrechtskommission sah Korruption als eines der maßgeblichen Hindernisse zur Verwirklichung des Rechts auf einen angemessenen Lebensstandard an.[364] Im Folgenden wird anhand der Auswirkungen der Veruntreuung/Unterschlagung staatlicher Gelder auf ein funktionierendes Sozialversicherungssystem (a) sowie auf die Versorgung besonders benachteiligter Bevölkerungsschichten in Notsituationen (b) dargelegt, wie die Verwirklichung des Korruptionsdeliktes die Verwirklichung von Rechten behindern kann.

a. Soziale Sicherheit

Artikel 9 IPwirtR normiert das Recht eines jeden auf soziale Sicherheit. Der Begriff der „sozialen Sicherheit" ist weit zu verstehen und umfasst sowohl Sozialversicherungssysteme, die primär durch Beiträge der Bürger selbst gedeckt werden, als auch sozialrechtliche Unterstützungsleistungen an Bürger, die nicht in der Lage sind, soziale Absicherungen selbst zu finanzieren.[365]

> „All persons should be covered by the social security system, especially individuals belonging to the most disadvantaged and marginalized groups, without discrimination (...). In order to ensure universal coverage, non-contributory schemes will be necessary."[366]

Zur Konkretisierung des normativen Inhaltes von Artikel 9 IPwirtR verweist der Ausschuss auf das ILO Abkommen *Minimum Standards of Social Security*.[367] In diesem werden neun Bereiche genannt, die abgedeckt sein müssen, damit ein Minimalstandard sozialer Sicherheit gewährleistet ist.[368] Circa 80 Prozent der Weltbevölkerung kann von keinem System der sozialen Sicherheit profitieren. 20 dieser 80 Prozent

---

364 Die Veruntreuung/Unterschlagung sei Grund für Ressourcendefizite innerhalb der zuständigen Behörde und der damit einhergehenden Erschwernis, in angemessene und qualitative Unterbringungen und in den Ausbau von Infrastruktur zu investieren, South African Human Rights Commission, S. 36 f.

365 Scheinin, in Eide/Krause/Rosas, S. 211 f.

366 Allg. Bemerkung Nr. 19 zu Art. 9 IPwirtR, UN Doc. E/C.12/GC/19, § 23, offizielle Übersetzung liegt noch nicht vor.

367 Allg. Bemerkung Nr. 19 zu Art. 9 IPwirtR, UN Doc. E/C.12/GC/19, § 12 ff. ILO Convention on Social Security Minimum Standards, Konvention 1952 (Nr. 102). Das Abkommen ist abgedruckt in ILO, Conventions and Recommendations, S. 533–553.

368 Die Bereiche sind: Gesundheit, Arbeitslosigkeit, Krankheit, Alter, Familie, Schwangerschaft, Arbeitsunfähigkeit, Dienstausfall sowie die Hinterbliebenenversicherung.

leben in extremer Armut.[369] Bereits unabhängig von Korruption stellt die Verwirklichung des Rechtes auf soziale Sicherheit für viele Staaten ein großes Problem dar. Die Veruntreuung/Unterschlagung stellt ein zusätzliches Hindernis dar.[370] Defizite in staatlichen Fonds schränken insbesondere die Versicherungssysteme in ihrer Operabilität ein, die nicht durch eine Beitragszahlung der Versicherungsnehmer finanziert sind.

b. Hilfsgüter

Besonders erschütternde Konsequenzen folgen aus der Veruntreuung/Unterschlagung von Ressourcen im Kontext von Naturkatastrophen oder Bürgerkriegssituationen, wenn Hilfsgüter für primär Betroffene unrechtmäßig für private Zwecke verwendet werden.[371] Die korrupte Verwendung von Gütern, die besonders benachteiligten Gruppen zur Verfügung gestellt werden sollen, ist jedoch nicht auf den humanitären Kontext begrenzt. Die Wirkung von Programmen zur Unterstützung Marginalisierter wird häufig durch Korruption beeinträchtigt. Beispiele weisen häufig einen Bezug zum Recht auf Nahrung auf. Nur unter sehr eingeschränkten Bedingungen ist der Staat gemäß Artikel 11 IPwirtR verpflichtet, Bürgern Nahrungsmittel bereitzustellen.

> „Wenn Einzelpersonen oder eine Gruppe aus Gründen, auf die sie keinen Einfluss hat, nicht in der Lage ist, das Recht auf eine angemessene Nahrung mit den ihr zur Verfügung stehenden Mitteln wahrzunehmen, (haben die Staaten) die Pflicht zur unmittelbaren Gewährleistung dieses Rechts (des Rechts auf Nahrung)."[372]

Das Recht auf Nahrung wird unterhöhlt, wenn Nahrungsmittelbestände veruntreut/unterschlagen werden, die den Bevölkerungsgruppen zugutekommen sollen, die auf eine staatliche Unterstützung angewiesen sind. Der Spezialberichterstatter zum Recht auf Nahrung befasste sich intensiv mit der Veruntreuung/Unterschlagung von Nahrungsmittelbeständen durch lokale Beamte.[373] Ein prägnantes Beispiel für

369 Allg. Bemerkung Nr. 19 zu Art. 9 IPwirtR, 4.2.2008, UN Doc. E/C.12/GC/19, § 7.

370 Bzgl. eines konkreten Falles s. Saltmann/Busse/Mossialos, S. 110. Mit der Veruntreuung öffentlicher Gelder im Rahmen sozialer Versicherungssysteme befasste sich auch der Ausschuss für wirtschaftliche, kulturelle und soziale Rechte in Bezug auf die Situation im Yemen und in Sri Lanka – UN Doc. E/C.12/YEM/CO/2, § 16; UN Doc. E/C.12/LKA/CO/2-4, § 23.

371 Für eine detaillierte Studie über die Wahrnehmung und die Gefahren von Korruption in Situationen humanitärer Unterstützung, s. Savage/Jackollie/Kumeh/Dorbor, HPG (April 2007) für den speziellen Fall Libyens sowie Savage/Delesgues/Martin/Ulfat, HPG (Juli 2007) für die Konstellation in Afghanistan.

372 Allg. Bemerkung Nr. 12 zu Art. 11 IPwirtR, UN Doc. E/C.12/1999/5, § 15.

373 Bspw. in Bezug auf Niger, UN Doc. E/CN.4/2002/58/Add.1, § 52, in Bezug auf Indien, UN Doc. E/Cn.4/2006/44/Add.2, 20.3.2006, § 32; Cheriyan, UNI-WIDER Research Paper 2006/132, S. 11.

ein von Korruption unterhöhltes staatliches System der Nahrungsverteilung ist das *Public Food Distribution Scheme* in Indien. Das Programm wurde konzipiert, um die Verteilung der Lebensmittel transparenter zu gestalten. Das Resultat war eine Verschärfung der bereits im Vorfeld existenten Probleme. Sowohl der Transport als auch die Verteilung der Güter wurde durch die Veruntreuung/Unterschlagung untergraben. Mafiaähnlich organisierte private Gruppen sowie staatlich autorisierte Händler werden für den Verlust der Güter verantwortlich gemacht.[374]

Korruption untergräbt auch staatlich finanzierte Programme zur Unterstützung der medizinischen Versorgung. Studien in verschiedenen Ländern kommen zu dem Schluss, dass bis zu einem Viertel der zur Verfügung gestellten Medizin aufgrund korrupter Akte potenziell verloren gehen kann.[375] Der Wert der Einbußen würde unter diesen Umständen bei circa 12,5 Milliarden US$ liegen.[376]

3. Manipulation der öffentlichen Meinung

Artikel 25 c) IPbürgR normiert das Recht auf gleichen Zugang zu öffentlichen Ämtern. Durch die Formulierung „gleichen Zugang" enthält das die politische Partizipation sichernde Recht zugleich eine Ausformung des Diskriminierungsverbotes.

> „Um den Zugang unter allgemeinen Gesichtspunkten sicherzustellen, sollten die Kriterien und Verfahren der Ernennung, Beförderung, Entlassung und Abberufung objektiv und sachgerecht sein. Förderungsmaßnahmen können in gewissen Fällen, in denen dies angemessen erscheint, ergriffen werden, um sicherzustellen, dass alle Staatsbürger in gleicher Weise Zugang zu öffentlichen Ämtern haben. (...) Es ist insbesondere darauf zu achten, dass niemand bei der Wahrnehmung seiner Rechte gem. Art. 25 c) aufgrund der in Artikel 2 I genannten Gründe diskriminiert wird."[377]

Man spricht von „politischer Korruption", wenn Politiker oder Personen, die für ein politisches Amt kandidieren, öffentliche Gelder nutzen, um das politische Geschehen zu beeinflussen. Ein Beispiel für die Veruntreuung/Unterschlagung öffentlicher Gelder in diesem Kontext ist deren rechtswidrige Nutzung zur Sicherung von Wählerstimmen. Da ein manipulierter Wahlkampf nicht durch staatliche Gelder finanziert werden darf, müssen die dafür verwendeten Gelder zweckentfremdet werden.[378] Das in Artikel 25 c) IPbürgR normierte Recht auf gleichen Zugang zu öffentlichen Ämtern läuft leer, wenn manche Kandidaten staatliche Ressourcen

---

374 Informationen zur Korruptionsproblematik in Bezug auf das *Public Food Distribution Scheme* sind auf www.righttofoodindia.org abrufbar.

375 UN News Service, 30.10.2006, abrufbar unter: http://www.un.org/apps/news/story.asp?NewsID=20417&Cr=health&Cr1=.

376 Terracino, ICHRP, S. 41.

377 Allg. Bemerkung Nr. 25 zu Art. 25 IPbürgR, § 23.

378 Allg. Bemerkung Nr. 25 zu Art. 25 IPbürgR, § 19, der von einer „sachgerechten Beschränkung der Mittel (spricht), die für den Wahlkampf aufgewendet werden dürfen." Diese kann dann angebracht sein, wenn es sichergestellt werden soll,

unrechtmäßig nutzen, um die Meinung der Wähler zu manipulieren.[379] Neben dem Stimmenkauf existieren auch subversivere Formen der unrechtmäßigen Beeinflussung von Wahlen. Eine Möglichkeit ist die Förderung solcher Projekte im Wahlkampf, die zwar hohe Kosten verursachen, jedoch von einem Großteil der Bevölkerung befürwortet werden. Eine an objektiven Kriterien bemessene Entscheidung über die Finanzierung solcher Projekte müsste negativ ausfallen. Sofern trotzdem Investitionen getätigt werden, dienen diese lediglich der Absicherung von Wählerstimmen und sind aus diesem Grund unrechtmäßig.

Es ist zu beachten, dass gemäß Artikel 17 UNCAC nur ein Amtsträger das Korruptionsdelikt der Veruntreuung/Unterschlagung verwirklichen kann. Wie in Kapitel II C.1.a) dargelegt, sind Personen, die für ein öffentliches Amt kandidieren, vom Amtsträgerbegriff nicht erfasst. Eine Verwirklichung der Veruntreuung/Unterschlagung durch Private ist ausgeschlossen. Insbesondere im Fall der Manipulation des gleichen Zugangs zu öffentlichen Ämtern muss daher unterschieden werden, welche Position die Person, die öffentliche Gelder zweckentfremdet, vor ihrer Kandidatur bekleidet. Sofern die Verwirklichung der Veruntreuung/Unterschlagung aufgrund der fehlenden Amtsträgerschaft ausgeschlossen ist, kann auch keine Verletzung von Artikel 25 c) IPbürgR durch Korruption vorliegen.

4. Unrechtmäßige Informationsweitergabe

Die Veruntreuung/Unterschlagung kann auch durch die unrechtmäßige Verwendung immaterieller Gegenstände realisiert werden, sofern diese für die jeweilige Person einen Wert aufweisen. Insbesondere die missbräuchliche Nutzung von Informationen ist ein relevanter Aspekt, wenn es um die Auswirkungen des Deliktes auf die Menschenrechte geht. Der Schutz von Informationen ist in mehreren Menschenrechten verankert. Artikel 17 IPbürgR normiert Ge- und Verbote in Bezug auf Informationen des Privatlebens ist. Der Menschenrechtsausschuss konkretisiert dies folgendermaßen:

> „Die Einhaltung von Art. 17 verlangt, dass die Unversehrtheit und der vertrauliche Charakter des Schriftverkehrs rechtlich und faktisch gewährleistet werden muss. Die Korrespondenz muss dem Adressaten, ohne abgefangen zu werden, ungeöffnet und ohne andere Art der Kenntnisnahme ihres Inhaltes ausgehändigt werden."[380]

> „Der Staat muss wirksame Maßnahmen treffen, um zu gewährleisten, dass solche (gespeicherte) Daten nicht in die Hände von Personen geraten, welche zu deren Empfang, Bearbeitung und Auswertung nicht gesetzlich ermächtigt sind, und dass sie niemals zu Zwecken verwendet werden, die mit dem Pakt unvereinbar sind."[381]

---

dass der „demokratische Prozess nicht durch unverhältnismäßige Aufwendungen zugunsten eines Kandidaten oder einer Partei verfälscht wird."

379 Vgl. FAZ Artikel „Regionalpolitik mit Hilfe der Mafia", Jörg Bremer, 13.10.2012.

380 Allg. Bemerkung Nr. 16 zu Art. 17 IPbürgR, § 8.

381 Ibid, § 10.

Die Kenntnis personenbezogener Informationen kann für den Staat wie auch für gewisse Privatpersonen sehr wertvoll sein. Die Gefahr der unrechtmäßigen Weitergabe von Informationen durch den Staat besteht insbesondere im Fall des wirtschaftlichen Nutzens von Daten. Ein Pharmaunternehmen hat beispielsweise ein großes Interesse an Informationen über das Patientenverhalten hinsichtlich der Einnahme von Medikamenten. Sind diese Daten auf legalem Weg nicht zugänglich, ist es durchaus vorstellbar, dass ein Privatunternehmen einem Amtsträger Anreize setzt, die diesen zur unrechtmäßigen Weitergabe veranlassen. Das gemäß Artikel 17 IPbürgR normierte Recht auf den Schutz der Privatsphäre wird durch die Verwirklichung der Veruntreuung/Unterschlagung unterhöhlt.

Auch Polizisten haben Zugriff auf personenbezogene Daten, der genutzt werden kann, um unrechtmäßig Druck auf Menschen auszuüben.[382] In einer derartigen Konstellation ist eine Beeinträchtigung von Artikel 17 I IPbürgR durch die Veruntreuung/Unterschlagung sowie ein Einschnitt in Artikel 9 I IPbürgR durch die Verwirklichung des Bestechungsdeliktes möglich.

Ein weiteres Recht, das vor der Weitergabe von Informationen schützt, ist die in Artikel 25b) IPbürgR verankerte Garantie einer geheimen Wahl. Das Kennzeichnen von Wahlzetteln, um die Identität der Wähler festzustellen, verstößt gegen Artikel 25b) IPbürgR. Leitet der handelnde Amtsträger die gewonnenen Informationen zu seinem eigenen Vorteil oder den einer anderen Person unrechtmäßig weiter, verwirklicht er das Delikt der Veruntreuung/Unterschlagung und verwehrt den betroffenen Bürger eine grundlegende Form der politischen Teilhabe. Die Kenntnis über das Wahlverhalten einzelner Personen kann weitreichendere Folgen mit sich bringen. Druck, die Aussprache von Kündigungen oder ähnliche Attacken sind zu befürchten, wenn ein Bürger den Erwartungen, die an sein Wahlverhalten gestellt werden, nicht nachkommt.

Die Veruntreuung/Unterschlagung von Informationen ist auch durch deren Unterdrückung möglich. Die Tatbestandsmerkmale des Delikts sind verwirklicht, wenn dem Amtsträger die Informationen aufgrund seiner Stellung anvertraut wurden und ein rechtmäßiges Verhalten die Veröffentlichung dieser vorschreibt. Ein Beispiel für eine derartige Konstellation ist das Zurückhalten solcher Informationen, die eine Relevanz für die Allgemeinheit aufweisen. Eine Beeinträchtigung von Menschenrechten ist unter diesen Umständen gegeben, wenn die Achtung und Verwirklichung der Garantie die Wahrung eines transparenten Informationsflusses zwischen staatlichen Hoheitsträgern und der Gesellschaft voraussetzt. Eine Unterdrückung von Informationen kann sowohl die Informations-, die Presse-, die Medienfreiheit als auch das Recht auf politische Partizipation beeinträchtigen. Letzteres setzt voraus, dass der Bürger eine informierte Entscheidung bei der Ausübung seines Wahlrechts treffen kann.

382 S. Ausführungen in Kapitel III A. 6a).

„Der freie Austausch von Informationen und Anschauungen über öffentliche und politische Fragen (...) ist für die uneingeschränkte Ausübung der in Art. 25 garantierten Rechte von entscheidender Bedeutung. Dies bedingt eine freie Presse und andere freie Informationsorgane, welche in der Lage sind, alle politischen Fragen ohne Zensur und Einschränkungen zu kommentieren und die Öffentlichkeit zu informieren."[383]

Unterschlägt ein Amtsträger Informationen, die im Rahmen von Wahlen Relevanz aufweisen, beeinträchtigt der korrupte Akt die Verwirklichung des Rechts auf politische Partizipation.

Das Recht, informiert zu werden, kann auch in solchen Rechten impliziert sein, die nicht direkt auf die Weitergabe von Informationen Bezug nehmen. Ein Aspekt des Rechts auf Gesundheit ist beispielsweise das Recht, selbst über Eingriffe und Behandlungsmethoden entscheiden zu können. Eine Entscheidung unter Einbeziehung der Alternativen, Risiken und Chancen setzt voraus, dass der Arzt den Patienten in angemessener Weise aufklärt.

„(Das Recht auf Gesundheit) beinhaltet das Recht, Informationen und Ideen im Hinblick auf Gesundheitsprobleme zu suchen, zu erhalten und weiterzugeben. Die Zugänglichkeit von Informationen sollte jedoch das Recht, dass persönliche Gesundheitsdaten mit Vertraulichkeit behandelt werden müssen, nicht beeinträchtigen."[384]

Die zitierte Allgemeine Bemerkung spiegelt das Spannungsverhältnis zwischen dem Recht, Informationen zu erhalten und dem Recht, diese vertraulich behandelt zu wissen, wider. Ein Arzt ist verpflichtet, beide Aspekte des Rechts auf Gesundheit zu achten und zu schützen. Eine bewusste Unterdrückung von Informationen widerspricht dem Rechtsschutz in gleicher Weise wie eine Weitergabe vertraulicher Daten. Der Tatbestand der Veruntreuung/Unterschlagung ist verwirklicht, wenn eine der beiden Formen genutzt wird, um Vorteile zu erlangen. Ein Beispiel ist das Verschreiben einer längeren, aufwendigeren oder komplexeren Behandlung als nötig. Willigt der Patient in eine solche ein, ohne umfassend aufgeklärt worden zu sein, kann der Arzt Mehrkosten verlangen, die für die Genesung des Patienten nicht erforderlich sind.

Die unrechtmäßige Informationsweitergabe beziehungsweise deren unrechtmäßiges Unterlassen kann schließlich auch zu Diskriminierungen führen. Polizeibeamte, die Angeklagte oder Verdächtige aufgrund eines erlangten Vorteils schützen, indem sie interne Informationen nach außen weiterleiten oder solche bewusst unterdrücken, handeln korrupt und verletzen das Gebot einer diskriminierungsfreien Aufgabenwahrnehmung. Eine weitere Konstellation ist die Angabe überhöhter Bedürfnisse bei Anträgen für Fördergelder. Führt die Weitergabe der

383 Allg. Bemerkung Nr. 25 zu Art. 25 IPbürgR, § 25.

384 Allg. Bemerkung Nr. 14 zu Art. 12 IPwirtR, UN Doc. CESCR E/C.12/2000/4, § 12b) iv).

manipulierten Daten zu erhöhten Zuschüssen, liegt eine Diskriminierung der Institutionen vor, die sich rechtmäßig verhalten haben.[385]

Es ist zu beachten, dass der Tatbestand der Veruntreuung/Unterschlagung nur verwirklicht ist, wenn die unrechtmäßig abgefangenen, eingesehenen, weitergeleiteten oder unterdrückten Daten dem handelnden Amtsträger aufgrund seiner Stellung anvertraut wurden. Nicht jede Information, die ein Amtsträger unrechtmäßig verwendet, erfüllt diese Anforderung. Sofern es an diesem Tatbestandsmerkmal fehlt, ist eine Veruntreuung/Unterschlagung ausgeschlossen.

5. Verlust persönlicher/sonstiger Gegenstände

Die Veruntreuung/Unterschlagung persönlicher Wertgegenstände findet häufig in Gefängnissen statt. Personen, die festgenommen wurden, müssen jegliche persönlichen Wertgegenstände abgeben, bevor sie in die Haftzelle kommen. Die Beamten sind verpflichtet, die persönlichen Objekte aufzubewahren und sie dem Häftling im Fall seiner Entlassung wieder auszuhändigen. Diese Pflicht wird missachtet, wenn Beamte die Gegenständige veruntreuen/unterschlagen. Sie verletzten in dieser Konstellation nicht lediglich interne Vorschriften, sondern auch das einschlägige Strafgesetz. Besonders leicht realisierbar ist die Unterschlagung gestohlener Güter. Da dem Inhaftierten kein rechtmäßiger Anspruch auf die Gegenstände zusteht, ist die Geltendmachung eines Verlustes sehr unwahrscheinlich.

Die Ausführungen des Kapitels zeigen die Vielfältigkeit der Konsequenzen, die sich für Bürger aus der Verwirklichung der Bestechung und der Veruntreuung/Unterschlagung ergeben können. Um die alltäglichen Einbußen von Korruption greifbar zu machen, bedarf es keiner juristischen Differenzierung zwischen einer Beeinträchtigung und einer Verletzung von Menschenrechten. Die Verwirklichung der Veruntreuung/Unterschlagung und der Bestechung reduziert insbesondere die Verfügbarkeit sowie die Qualität öffentlicher Einrichtungen. Von korrupten Akteuren dominierte oder aufgrund von Korruption nicht vorhandene Justiz, Bildungs- und Gesundheitseinrichtungen sind zentrale Beispiele des Kapitels. Die Ausführungen verdeutlichten jedoch auch, dass eine genaue Prüfung des Umfangs des Menschenrechtsschutzes notwendig ist, bevor von einer beeinträchtigenden Wirkung der Korruption auf Menschenrechte gesprochen werden kann. Nicht jede Handlung, die auf den ersten Blick wie ein Einschnitt in eine Rechtsgarantie erscheint, ist vom Gehalt der jeweiligen Norm gedeckt. Einschränkungen hinsichtlich einer Beeinträchtigung der Menschenrechte durch Korruption können sich darüber hinaus auch aus dem Tatbestand der Korruptionsdelikte ergeben. Diese wurden anhand der Ausführungen zum Begriff des Amtsträgers und der Voraussetzung des Anvertrautseins deutlich.

---

385 Vgl. U4 4, 2006, S. 38. Die auf diese Praxis hinsichtlich der Fördergelder im schulischen Bereich eingehen. Durch überhöhte Angaben hinsichtlich der Zahl der Schüler, die eine Schule besuchen, werden höhere Fördergelder bewilligt, die leicht unrechtmäßig verwendet werden können.

Kapitel IV

Durch die Unterzeichnung und Ratifikation der Menschenrechtsverträge haben sich die Vertragsparteien verpflichtet, die normierten Rechte zu achten, zu schützen und zu verwirklichen. Zur Auslegung der konkreten Verpflichtungen muss neben der die Umsetzungpflicht statuierenden Generalklausel der normative Inhalt der einzelnen Rechtsgarantien betrachtet werden. Das Zusammenspiel allgemeiner und konkreter Vorgaben spiegelt die vertraglichen Verpflichtungen wider. Während sich die Staaten im Rahmen der bürgerlichen und politischen Menschenrechte teilweise auf sehr konkrete Normierungen einigen konnten, fallen diese bei wirtschaftlichen, kulturellen und sozialen Rechten schwächer aus.

A. Die Pflichtentrias

Der Grundansatz der staatlichen Verantwortung zur Achtung, zum Schutz und zur Verwirklichung der Menschenrechte findet für beide Menschenrechtspakte Anwendung.[386] Ungeachtet konkreter Umschreibungen der Garantien in den Verträgen ist heute anerkannt, dass sowohl bürgerliche und politische als auch wirtschaftliche, soziale und kulturelle Rechte Handlungs- und Unterlassungspflichten begründen.[387]

1. Pflicht zur Achtung der Menschenrechte (duty to respect)

Die Pflicht zur Achtung der Menschenrechte bezieht sich auf ein Unterlassensgebot, aus dem sich ein Abwehranspruch des Bürgers gegen den Staat herleiten lässt. Unterlassungspflichten werden als negative Pflichten bezeichnet.[388] Dem Staat ist es untersagt, auf direkte oder indirekte Weise in die Rechte oder die Form ihrer Ausübung einzugreifen. Der Erlass von Gesetzen, Verwaltungsvorschriften oder sonstigen Anordnungen sowie die Durchführung von Maßnahmen oder Programmen, die mit den normierten Rechten konfligieren, sind verboten. Die Inhaber der Rechte, ihre Freiheiten, ihre Autonomie und ihre Ressourcen sind zu respektieren.[389]

Zur Erfüllung öffentlicher Aufgaben kann es jedoch notwendig sein, Menschenrechte zu beschränken. Nur wenige der Rechte gelten absolut.[390] Die meisten Rechte

386 Die Bezeichnung folgt im Anschluss an den Oxforder Politikwissenschaftler Henry Shue, S. 35 ff., wobei er zu Beginn noch eine abweichende Terminologie verwendete, zitiert aus Peters, in Starck, S. 100.

387 Vgl. Allg. Bemerkung Nr. 3 zu Art. 2 IPbürgR, § 1; Allg. Bemerkung zu Art. 2 IPwirtR, CESCR E/1991/23, § 2.

388 Kälin/Künzli, S. 111.

389 Drzewicki, in Hanski/ Suksi, S. 31, s. Ssenyonjo, S. 23, Fn. 149.

390 Bspw. das Folterverbot, Art. 7 IPbürgR.

sind aus qualifizierten Gründen einschränkbar.[391] Der Umfang der Beschränkungsmöglichkeiten ergibt sich entweder aus der jeweiligen Garantie oder wird in einer Generalklausel geregelt.[392] Sofern ein Eingriff von einer normierten Beschränkung gedeckt ist, entfällt dessen Rechtswidrigkeit und eine Verletzung ist abzulehnen.

2. Pflicht zum Schutz der Menschenrechte (duty to protect)

Die Pflicht, die Menschenrechte zu schützen, verlangt von den Staaten die ihrer Hoheitsgewalt unterstehenden Individuen vor Eingriffen Dritter, nicht staatlicher Akteure[393] sowie vor Gefahren, die von der Natur oder von Menschen erbauten Anlagen ausgehen, zu schützen.[394] Es handelt sich um eine positive Verpflichtung. Aktive Maßnahmen zur Erfüllung der Pflicht sind notwendig. Der Staat muss ein Umfeld schaffen und die Aufrechterhaltung eines solchen sicherstellen, in dem es Individuen und Gruppen mittels der effektiven Zusammenwirkung von Gesetzen, Regulierungen und anderen Maßnahmen ermöglicht wird, ihre Rechte und Freiheiten ungehindert auszuüben.[395] Eingriffen soll in erster Linie präventiv vorgebeugt werden.[396] Sofern es zu einer Verletzung der Rechte kommt, wirken die Schutzpflichten kurativ.[397]

Rechtliche wie auch faktische Maßnahmen sind möglich, um der Pflicht zum Schutz der Rechte nachzukommen.[398] Die Pflicht zum Schutz der Menschenrechte ist nur einschlägig, wenn der Staat von der Beeinträchtigung weiß oder bei genügender Sorgfalt hätte wissen können. Ferner muss faktisch wie rechtlich die Möglichkeit bestehen, diese zu verhindern.[399]

---

391 Kälin/Künzli, S. 114.

392 Bspw. Art. 4 IPwirtR, der Staat darf die Ausübung der Rechte „nur solchen Einschränkungen unterwerfen, die gesetzlich vorgesehen und mit der Natur dieser Rechte vereinbar sind und deren ausschließlicher Zweck es ist, das allgmeine Wohl in einer demokratischen Gesellschaft zu fördern“.

393 Nicht staatliche Akteure sind Parteien, die auf dem jeweiligen Staatsgebiet keine Hoheitsgewalt ausüben.

394 Kälin/Künzli, S. 111.

395 Ssenyonjo, S. 24; Mégret, in Moeckli et al., S. 124–149 (131).

396 Kälin/Künzli, S. 111.

397 Ibid.

398 In dieser Hinsicht ist bspw. eine funktionierende Polizei, der Erlass notwendiger Gesetze sowie das Etablieren und Unterhalten von Ermittlungs- und Durchsetzungsinstanzen von primärer Relevanz, um die Rechte in der Praxis gegenüber Dritten durchsetzen zu können. Man spricht hier von einer indirekten Horizontalwirkung der Menschenrechte, Mégret, in Moeckli et al., S. 131. Eine direkte Anwendung der Menschenrechte zwischen Privaten ist zu verneinen.

399 Kälin/Künzli, S. 111.

3. Pflicht zur Verwirklichung der Menschenrechte (duty to fulfil)

Die Pflicht zur Verwirklichung der Menschenrechte erfordert die Annahme angemessener legislativer, administrativer, finanzieller, juristischer und sonstiger fördernder Maßnahmen und Strategien, um die rechtliche, institutionelle und verfahrensmäßige Gewährleistung der Rechte, insbesondere gegenüber den Menschen sicherzustellen, die nicht in der Lage sind, diese mittels den ihnen zur Verfügung stehenden Möglichkeiten abzusichern.[400] Die Verwirklichungspflicht wird in die Pflicht zur Erleichterung, zur Förderung und zur Bereitstellung der Menschenrechte unterteilt.[401]

a. Die Pflicht zur Erleichterung

Die Pflicht zur Erleichterung bezieht sich auf den Zugang zu Menschenrechten. Dieser soll geebnet werden, um Individuen in die Lage zu versetzen, die normierten Rechte für sich in Anspruch nehmen zu können. Der effektivste Schritt, der Verpflichtung nachzukommen, ist die Umsetzung der internationalen Garantien in das nationale Recht.[402] Zusätzlich ist es notwendig, eine angemessene Funktionsfähigkeit, eine hinreichende Ausstattung und den freien Zugang zu den Systemen zu gewährleisten, die zur Sicherung der Rechte etabliert wurden.[403]

b. Die Pflicht zur Förderung

Die Pflicht zur Förderung der Menschenrechte verlangt nach Maßnahmen, die eine Etablierung, Beibehaltung und Realisierung der Rechte sichern.[404] Im Rahmen der wirtschaftlichen, kulturellen und sozialen Rechte lässt sich verallgemeinernd die Förderung einer angemessenen Bildung und die Stärkung eines Bewusstseins für die Existenz und den Inhalt der Rechte anführen, durch die der Pflicht zur Förderung der Menschenrechte Rechnung getragen werden kann.[405]

c. Die Pflicht zur Gewährleistung

Die Gewährleistungspflicht erfordert, dass Staaten unterstützend tätig werden, wenn Individuen oder Gruppen selbst nicht in der Lage sind, ihre Rechte zu realisieren.[406] In den meisten Fällen handelt es sich um Randgruppen der Gesellschaft, die auf eine besonders intensive staatliche Unterstützung angewiesen sind. Aus der

---

400 Eide, in Symonides S. 127.
401 Ders., S. 128–155. Nowak unterteilt in die Pflicht, Dienstleistungen bereitzustellen, und die Gewährleistung zu erleichtern, S. 38 Rn. 19.
402 Ausführlicher diesbzgl. s. 3.a) (iii).
403 Vgl. Allg. Bemerkung Nr. 19, § 48.
404 Kälin/Künzli, S. 111.
405 Ssenyonjo, S. 25.
406 Ders., S. 25.

Gewährleistungspflicht kann ein Leistungsanspruch gegenüber dem Staat erwachsen. Der Umfang der Verpflichtung hängt jedoch wesentlich von den Kapazitäten des Staates zur Gewährung der Leistung ab.

4. Verbot der Diskriminierung

Als transversale Verpflichtung gilt auf allen Ebenen das Diskriminierungsverbot, welches als Generalklausel in den Menschenrechtsverträgen normiert ist.[407] Freiheitsrechte ohne sachliche Gründe derart einzuschränken, dass Menschen diskriminiert werden, ist ebenso unzulässig wie die Versagung von Schutz auf eine diskriminierende Weise.[408]

B. Die Generalklauseln der Menschenrechtsverträge

Während der Ansatz der dreigeteilten Staatenverpflichtung für alle Menschenrechte gilt, unterscheidet sich die konkrete Ausgestaltung der Pflichten je nach Vertrag. Artikel 2 I IPbürgR sowie Artikel 2 II IPwirtR geben Aufschluss über die staatlichen Pflichten zur Umsetzung der Menschenrechte. Reicht der Wortlaut des Vertragstextes nicht aus, um die Obliegenheiten der Staaten zu konkretisieren, bedarf es einer Vertragsauslegung. Die Besonderheiten der Auslegung von Menschenrechtsverträgen werden kurz erläutert, bevor der Inhalt der Generalklauseln näher betrachtet wird.

1. Auslegung von Menschenrechtsverträgen

Die Auslegung schriftlich verfasster Vertragstexte richtet sich im internationalen Recht nach den Normen der Wiener Vertragsrechtskonvention (WVK).[409] Gemäß Artikel 31 I WVK gilt, dass

> „ein Vertrag (...) nach Treu und Glauben in Übereinstimmung mit der gewöhnlichen, seinen Bestimmungen in ihrem Zusammenhang zukommenden Bedeutung und im Lichte seines Zieles und Zweckes auszulegen (ist)."

Das Verständnis der gewöhnlichen Bedeutung des Vertrages ergibt sich aus dem Vertragstext selbst sowie aus der Präambel und den Anlagen.[410] Die Regeln der WVK

---

407 Kälin/Künzli, S. 112. Das Verbot der Diskriminierung ist untrennbarer Bestandteil der Grundverpflichtungen der Staaten aus den Menschenrechten und findet seine Grundlage in Art. 3 UN Charta.

408 Vgl. Allg. Bemerkung Nr. 4 zu Art. 3 IPbürgR, § 2.

409 Anwendungsbereich der WVK gem. Art. 1, Art. 2 Ia). Die Anwendbarkeit der WVK auf den IPbürgR wurde durch den Menschenrechtsausschuss in *Alberta Union vs. Canada* ausdrücklich bestätigt, Nowak S. XXVI, Rn. 17. Dies kann auch für den IPwirtR angenommen werden.

410 Art. 31 II WVK. Vergleichend können gemäß Art. 31 III c) WVK andere Verträge herangezogen werden. Subsidiär treten nach Art. 32 WVK die vorbereitenden Arbeiten (*travaux préparatoires*) sowie die Umstände des Vertragsschlusses hinzu.

wurden primär für zwischenstaatliche Verträge konzipiert, die zur Begründung wechselseitiger Verpflichtungen abgeschlossen werden.[411] Im Rahmen dieser sind beide Vertragsparteien verpflichtet, die schutzwürdigen Interessen der Gegenseite zu berücksichtigen. Zwischenstaatlichen Verträgen, die auf die Erlangung souveränitätserweiternder Vorteile abzielen, wird aus diesem Grund eine „subjektive Auslegung", angelehnt an die Belange der Vertragsparteien, zugrunde gelegt.[412]

Unter Berücksichtigung des Ziels und Zwecks menschenrechtlicher Verträge muss anhand einer „objektiven Auslegung" ermittelt werden, wozu die Staaten sich verpflichtet haben.[413] Nicht die Interessen der Vertragsparteien stehen im Vordergrund, sondern der menschenrechtliche Individualschutz als objektiver Ausgangspunkt für die Vertragsauslegung. Die Grundannahme einer hohen Gewichtung der Individualinteressen ist Voraussetzung dafür, dass der Schutzauftrag des Staates gegenüber den Bürgern nicht leerläuft.[414] Da keine fixe Regel existiert, die normiert, wie Staats- und Individualinteressen miteinander in Einklang zu bringen sind, muss dies anhand des Einzelfalls ermittelt werden.[415]

Eine weitere Besonderheit, die sich speziell auf die Auslegung der Internationalen Menschenrechtspakte bezieht, ist die Bedeutung der Allgemeinen Bemerkungen.[416] Erkenntnisse, gewonnen aus den Staatenberichten und den konkreten Ereignissen in einzelnen Ländern,[417] werden von Experten[418] in Allgemeinen Stellungnahmen zusammengefasst, um den normativen Gehalt der Artikel auf einer generellen Ebene herauszuarbeiten. Trotz der allgemein anerkannten rechtlichen Unverbindlichkeit der Allgemeinen Bemerkungen wird diesen als Äußerungen anerkannter und unabhängiger Experten durchaus eine rechtliche Wirkung zugesprochen[419] –zumindest

---

411 Vgl. Stahl, S. 55.

412 Die Auslegung orientiert sich an den staatlichen Interessen der Vertragsparteien. Die Begriffe der „subjektiven" und „objektiven Auslegung" finden sich bspw. bei Wiesbrock, S. 11, zitiert aus Stahl, S. 55 Fn. 198.

413 Vgl. Ibid.

414 Herdegen, in Wolfrum (MPEPIL), § 44. Stahl, S. 55 ff. S. auch Wiesbrock, S. 10 f.; Bernhardt, in Matscher/Petzold, S. 66 (für den europäischen Raum).

415 Stahl, S. 56.

416 Die Rechtsgrundlage für die Allg. Bemerkungen des Menschenrechtsausschusses ist Art. 40 IV IPbürgR. Die Rechtsgrundlage der Allg. Bemerkungen des Ausschusses für wirtschaftliche, soziale und kulturelle Rechte findet sich nicht in dem IPwirtR selbst, sondern basiert auf einer Einladung des ECOSOC, die sich auf die Verfahrensregel Nr. 65 bezieht, Stoll, in Wolfrum (MPEPIL), § 33.

417 Häufig stellen die Allgemeinen Bemerkungen eine Reaktion des Vertragsorgans auf konkrete Vorkommnisse dar. So war bspw. die Mitteilung Nordkoreas den IPbürgR zu kündigen, der Auslöser für den Menschenrechtsausschuss, die Allg. Bemerkung Nr. 26 (1997) bzgl. der Kontinuität von Verpflichtungen zu erlassen.

418 Diese tagen in Ausschüssen, dem Menschenrechtsausschuss (IPbürgR) und dem Ausschuss für wirtschaftliche, soziale und kulturelle Rechte (IPwirtR).

419 Vgl. Keller/Grove, in Keller/Ulfstein, S. 129; Nowak, S. XXVII, Rn. 21; Deutsches Institut für Menschenrechte, S. 29. Manche Autoren vertreten die Auffassung,

in dem Ausmaß, wie sie die Bestimmungen des Übereinkommens interpretieren und sich mit den Verpflichtungen der Vertragsstaaten befassen.[420] Fraglich ist, inwiefern die Allgemeinen Bemerkungen nach den Regelungen der WVK eine legitime Erkenntnisquelle darstellen, die zur unterstützenden Vertragsauslegung herangezogen werden dürfen. Eine eindeutige Subsumtion unter Artikel 31f. WVK gestaltet sich problematisch. Es wird jedoch diskutiert, inwiefern die Allgemeinen Bemerkungen eine „spätere Übung" gemäß Artikel 31 III b) WVK darstellen könnten.[421]

Die Völkerrechtskommision (International Law Association, ILA) hat die Anwendung von Artikel 31 III b) WVK auf die Abschließenden Bemerkungen des Menschenrechtsausschusses überprüft und diese mit dem Argument bejaht, der Begriff „Praxis" könne als über die Staatenpraxis hinausgehend verstanden werden. Zur Begründung wurden die Besonderheiten menschenrechtlicher Verträge herangezogen. Da der Schutz der Bürger im Fokus steht, sei die Einbeziehung der Arbeit der Vertragsorgane gerechtfertigt.[422] Mangels derartig konkreter Stellungnahmen für die Allgemeinen Bemerkungen stellt sich die Frage, ob die für die Abschließenden Bemerkungen bestätigte Subsumtion unter Artikel 31 III b) WVK auf die Allgemeinen Bemerkungen übertragen werden kann. Dies ist anhand des Wortlautes sowie dem Ziel und Zweck der Regelung festzumachen. Artikel 31 III b) WVK spricht von einer „Übung (...) aus der die Übereinstimmung (...) über seine (die des Vertrages) Auslegung hervorgeht". Sofern man als „Übung" die Arbeit der Vertragsorgane versteht, ist entscheidend, welche Bedeutung diese für die Vertragsauslegung hat. Im Gegensatz zu den Abschließenden Bemerkungen, die auf

---

dass den Allg. Bemerkungen des Ausschusses für wirtschaftliche, soziale und kulturelle Rechte eine stärkere rechtliche Bedeutung zukommt, vgl.: Craven, S. 91; Sepúlveda, S. 42.

420 Spenlé, S. 222; vgl. auch: Schäfer, S. 21; Tomuschat, in Wolfrum, S. 557; Ders., in Beyerlin et al., S. 624.

421 So bspw. Beiter, S. 365, der auf die Einflussnahme der Staaten auf den Inhalt der Allgemeinen Bemerkungen abstellt. Dies überzeugt nur begrenzt. Einerseits kann höchstens von einer indirekten Beteiligung der Staaten in Bezug auf die Formulierung der Allgemeinen Bemerkungen gesprochen werden, wenn man auf die Erkenntnis aus den Staatenberichten abstellt, aus denen sich die Allgemeinen Bemerkungen zum Teil entwickeln. Diese präferieren eine allgemeine Darstellung, die gerade nicht das Verhalten der einzelnen Staaten widerspiegelt, sondern die Ansicht der Experten. Die Allgemeinen Bemerkungen sollen über das jeweilige Einzelstaatsinteresse hinausreichen und sprechen sich daher teilweise sehr deutlich gegen die staatliche Herangehensweise aus. Andererseits kommt die Anregung, Allg. Bemerkungen zu verfassen, in der Regel aus den Reihen des Vertragsorgans selbst und nicht vonseiten der Staaten, vgl. Deutsches Institut für Menschenrechte, S. 29.

422 Aufgrund einer fehlenden Einschränkung auf die Praxis der Vertragsstaaten nach dem Wortlaut von Art. 31 III b) WVK wird die Ausdehnung auf die Praxis anderer Akteure zum Teil auch generell bejaht, s. Dörr, in Dörr/Schmalenbach, S. 558 Rn. 84.

spezifische Situationen in einem Staat eingehen und daher keine generelle Bedeutung hinsichtlich der Vertragsauslegung aufweisen, vermögen die Allgemeinen Bemerkungen dies auszugleichen, indem sie durch die von Einzelfällen losgelöste Betrachtungsweise für alle Vertragsparteien Anwendung finden. Die Allgemeinen Bemerkungen sind das stärkste Instrument der Vertragsorgane zur Konkretisierung der Verträge. Die Subsumtion unter Artikel 31 IIIb) WVK ist daher auf die Allgemeinen Bemerkungen übertragbar. Folgt man dieser Argumentation nicht, ist die Verpflichtung zur Berücksichtigung der Allgemeinen Bemerkungen aus dem Grundsatz von Treu und Glauben ableitbar.[423] Die Allgemeinen Bemerkungen stellen das Resultat des Organs dar, das von den Staaten eingesetzt wurde, um den Vertrag zu interpretieren und die Befolgung von diesem zu überprüfen.[424]

„Die Argumentationslast dessen, der die Interpretation der ja gerade zur Durchsetzung der Vertragswerke geschaffenen Ausschüsse nicht folgen will, ist evident.“[425]

Den Allgemeinen Bemerkungen ist die rechtliche Bedeutung als autoritative/authentische Interpretation[426] des Vertrages daher nicht abzusprechen.[427]

Zwei weitere Besonderheiten im Rahmen der Auslegung von Menschenrechtsverträgen sind die dynamische Auslegung und das Kriterium des *effet utile.* Aus dem Grundsatz der dynamischen Auslegung folgt, dass die Menschenrechtsverträge „im Lichte der heutigen Verhältnisse“[428] zu interpretieren sind. Gesellschaftliche Weiterentwicklungen sowie Fortschritte in Wissenschaft und Technik sind bei der

---

423 Art. 26 WVK: „Ist ein Vertrag in Kraft, so bindet er die Vertragsparteien und ist von ihnen nach Treu und Glauben zu erfüllen.“ Was nach Treu und Glauben gefordert wird, ergibt sich aus den Allgemeinen Bemerkungen.

424 Die Aufforderung zur Respektierung der einheitlichen Standards, die mittels der Allgemeinen Bemerkungen festgelgt werden, erfolgte auch durch die Generalversammlung, UN Doc. A/RES/48/119 (1993).

425 Tomuschat, S. 157; Klein, in Ipsen/Schmidt-Jortzig, S. 309, s. Deutsches Institut für Menschenrechte, S. 29.

426 Dörr/Schmalenbach, S. 555. Als authentische Interpretation wird die Auslegung durch die Vertragsparteien selbst oder durch ein Organ, welches verbindlich zur Auslegung ermächtigt wurde, bezeichnet. In gleicher Weise auch Nacimiento, S. 11; Bernhardt, in EPIL (7) S. 325; Castaneda, S. 122 f. Anderer Ansicht ist Fastenrath, S. 194 ff. Dieser sieht als authentische Interpretation nur die durch Vertragsparteien vorgenommene Auslegung an, während die durch ein ausdrücklich ermächtigtes Organ vorgenommene Auslegung als autoritative Interpretation bezeichnet wird. Von einer autoritativen Interpretation in Bezug auf die Allgemeinen Bemerkungen sprechen auch Keller/Grover, in Keller/Ulfstein, S. 132 f.

427 Zum Teil wird auf die authentische/autoritative Interpretation der Allgemeinen Bemerkungen abgestellt, um die rechtliche Bedeutung dieser zu erklären, s. Keller/Grover, in Keller/Ulfstein, S. 128 ff.

428 EGMR *Airey vs. Irland,* Serie A 32 (1979), § 26; EGMR *Johnston u. a. vs. Irland,* Serie A 112 (1986), § 53; Wiesbrock, S. 13; Bernhardt, S. 69; Verdross/Simma, S. 499; Mahoney in HRLJ 11 (1990), S. 65; s. Stahl, S. 59 Fn. 220.

Vertragsinterpretation zu berücksichtigen. Das Kriterium des *effet utile* besagt, dass der Maßstab der Auslegung das Ziel ist, dem in der Norm enthaltenen Recht zu praktischer Wirksamkeit zu verhelfen, damit dieses nicht nur theoretisch und illusorisch existiert.[429] Die Auslegung der Menschenrechte muss folglich unter Berücksichtigung der tatsächlichen Gegebenheiten erfolgen, um eine realitätsferne Interpretation zu vermeiden.

2. Internationaler Pakt über bürgerliche und politische Rechte

Der Internationale Pakt bürgerlicher und politischer Rechte normiert die Garantien der ersten Generation der Menschenrechte, die das Individuum in Form von Abwehrrechten gegen staatliche Willkür und Rechtsverletzungen schützen.[430] Der Pakt trat 1976, zehn Jahre nach seinem Erlass, in Kraft.[431] Teil I des Paktes normiert das Recht der Völker auf Selbstbestimmung. In Teil III sind die zu schützenden Individualrechte festgehalten. Teil II setzt sich aus Generalklauseln zusammen, die allgemein für das gesamte Vertragswerk gültig sind. Von besonderer Relevanz für diese Arbeit ist Artikel 2 II IPbürgR, der die auf nationaler Ebene notwendigen Implementierungsmaßnahmen konkretisiert.

> „Jeder Vertragsstaat verpflichtet sich, im Einklang mit seinem verfassungsmäßigen Verfahren und mit den Bestimmungen dieses Paktes die erforderlichen Schritte zu unternehmen, um die gesetzgeberischen oder sonstigen Vorkehrungen zu treffen, die notwendig sind, um den in diesem Pakt anerkannten Rechten Wirksamkeit zu verleihen, soweit solche Vorkehrungen nicht bereits getroffen worden sind."

a. Ergebnis- oder verhaltensbezogene Pflicht

Die in Artikel 2 II IPbürgR gewählte Formulierung „erforderlichen Schritte vorzunehmen, um die gesetzgeberischen oder sonstige Vorkehrungen zu treffen", weist durch die Nennung „sonstige Vorkehrungen" darauf hin, dass den Staaten hinsichtlich der Umsetzung der Rechte lediglich ein Rahmen vorgegeben wird. Die einzelnen Rechte enthalten meistens keine Vorgaben, wie die Verwirklichung zu realisieren ist.[432] Die Berücksichtigung der verschiedenen Rechtssysteme der Einzelstaaten, die sich in der Umsetzung internationaler Verpflichtungen durchaus unterscheiden, erfordert eine verhaltensneutrale Pflicht der Staaten.[433] Soweit eine effektive

---

429 Vgl. Kälin, in Walter et al., S. 534; Wiesbrock, S. 12; Malinverni, in Walter et al., S. 548; Nowak, Art. 2 Rn. 62 f., s. Stahl, S. 57 Fn. 208.

430 Stein/v. Buttlar, S. 361 Rn. 1002.

431 Gem. Art. 9 I IPbürgR, nach Hinterlegung der 10. Ratifikations- oder Beitrittsurkunde.

432 Das explizite Abstellen auf die Notwendigkeit einer legislativen Maßnahme wie bspw. in Art. 6 I, Art. 14 V, VI, Art. 20 I IPbürgR ist die Ausnahme.

433 Von Relevanz ist insbesondere die Differenzierung zwischen einer monistischen und dualistischen Auffassung in Bezug auf die Stellung des Völkerrechts im

Umsetzung der normierten Rechte gewährleistet ist und diese mit Ziel und Zweck des Vertrages nicht in Widerspruch tritt, können die Vertragsparteien den Weg der Implementierung frei wählen.[434]

b. Sofortige oder progressive Umsetzungspflicht

Eine sofortige Umsetzungspflicht verlangt von den Staaten, die normierten Rechte im Moment der Vertragsratifikation bereits umgesetzt zu haben. Eine progressive Umsetzungspflicht gesteht den Vertragsparteien je nach vorhandenen Ressourcen einen gewissen Spielraum im Rahmen der Rechtsverwirklichung zu. Die in Artikel 2 II und Artikel 40 I IPbürgR gewählten Formulierungen, „erforderliche(n) Schritte(n)" und „erzielte(n) Fortschritte" sprechen gegen eine sofortige Umsetzungspflicht des IPbürgR, da im Falle dieser keine weiteren Schritte notwendig wären und ein Fortschritt nicht zu verzeichnen ist.[435] Die herrschende Meinung legt den Wortlaut in Artikel 40 I IPbürgR jedoch derart aus, dass die Fortschritte sich nicht auf die zu realisierenden Maßnahmen, sondern auf die Ergebnisse der Maßnahmen beziehen.[436] Diese Ansicht wird durch den Menschenrechtsausschusses bestätigt[437] und vom 3. Ausschuss der Generalversammlung befürwortet.[438] Diese Auslegung entspricht letztlich auch der generellen Regel im internationalen Recht, die von den Staaten

---

nationalen Kontext. Für eine Erklärung der Unterschiede zwischen den beiden Konzepten, s. Kimminich/Hobe, S. 214 ff; Bleckmann, S. 145ff.

434 Vgl. ILC Kommentar bezogen auf Art. 2 II IPbürgR: „There can be no doubt that (in the case of Art. 2 (2) of the Convenant) legislative means are expressly indicated at the international level as being most normal and appropriate for achieving the purpose of the Convenant in question, though recourses to such means is not specifically or exclusively required. The State is free to employ some other means if it so desires, provided that those means also enable it to achieve in concrete full realization of the individual rights provides for by the Convenant". ILC Report, 29. Sitzung, ILCYB 1977, Vol 2, Part 2, S. 21. Gleicher Meinung ist O'Flaherty in HRQ 16 (1944), S. 543, s. Seibert-Fohr in Max Planck UNYB 5 (2001), S. 403.

435 Jhabvala, in HRQ 6 (1984), S. 96, 100 f., s. Seibert-Fohr, Max Planck UNYB 5 (2001), S. 407.

436 Ibid. So auch: Schwelb, in Cassin S. 308; Tomuschat, in Zeitschrift für die Vereinten Nationen 26 (1987), S. 4; Humphrey, in HRQ 6 (1984), S. 539; Nowak, S. 59 Rn. 56.

437 Die Feststellung einer Menschenrechtsverletzung basiert auf der Prämisse, dass die Regelungen des Vertrags unmittelbar anwendbar sind und den Staat in diesem Rahmen verpflichten. Vgl. diesbzgl. Statement in *Broeks vs. The Netherlands,* Mitteilung Nr. 172/1984 (1987), in Selected Decisions of the Human Rights Committee (HRCee) under the Optional Protocol, Vol.2. Doc. CCPR/C/OP/2, S. 196 (199–200), s. Seibert-Fohr in UNYB 5 (2001), S. 411.

438 Im Gegensatz zu wirtschaftlichen, sozialen und kulturellen Rechten erlaube die Implementierung der bürgerlichen und politischen Rechte keine Aufschiebung, sondern erfordere eine Etablierung einer sofortigen Verpflichtung, UN Doc. A/C.3/SR.1181 in GAOR XVII Agenda item 43, 237 para. 23; UN Doc. A/C.3/SR.1257 in GAOR XVIII Agenda item 48, 238, para. 12; UN Doc. A/C.3/SR.1427 in GAOR XXI,

die Konformität des nationalen Rechts mit internationalen Verträgen zum Zeitpunkt der Ratifikation verlangt.[439] Darüber hinaus lässt die Normierung eines Beschwerdeverfahrens gemäß Artikel 2 III IPbürgR darauf schließen, dass zumindest manche Rechte sofort umzusetzen sind, da nur die Möglichkeit deren potenzieller Verletzung ein solches Verfahren sinnvoll erscheinen lässt.[440]

c. Gewährleistung der innerstaatlichen Wirksamkeit des Paktes

Gemäß Artikel 27 WVK bietet das innerstaatliche Recht keine Rechtfertigungsgrundlage für dessen fehlende Konformität mit internationalen Verpflichtungen. Da das Völkerrecht keine allgemeine Regel zum Verhältnis zwischen nationalem und internationalem Recht enthält, ist die Ausgestaltung den nationalen Rechtsordnungen überlassen.[441] Im Rahmen dieser stehen sich monistische Strukturen, die per se eine unmittelbare Anwendung völkerrechtlicher Normen im nationalen Kontext implizieren, und dualistische Auffassungen gegenüber, die einen Hoheitsakt voraussetzen, um völkerrechtliche Regeln auf nationaler Ebene umzusetzen und zu vollziehen.[442]

i. Umsetzung des Vertrages in nationales Recht

Traditionell werden internationale Verpflichtungen nicht *eo ipso* in nationales Recht umgewandelt.[443] Vielmehr bedarf es nationaler Gesetze, damit ein internationaler Vertrag auf nationaler Ebene Geltung erlangt.[444] Den Staaten steht es grundsätzlich frei, ob sie einen internationalen Vertrag in nationales Recht transformieren, den

Agenda item 62, para. 2. Anderer Meinung waren jedoch die Staatenvertreter aus China, der Ukraine und dem Irak.

439 Nowak, S. 62 Rn. 60.

440 Seibert-Fohr in UNYB 5 (2001), S. 406.

441 Für eine Übersicht der verschiedenen Möglichkeiten die Einhaltung des internationalen Rechts auf nationaler Ebene abzusichern s. Cassese, in RdC 185 (1985), S. 394 ff.

442 Während sich die Extrempositionen des Monimsus und Dualismus früher gegenüberstanden, werden heute nur noch gemäßigte Varianten vertreten, Stein/v. Buttlar, S. 55 Rn. 175; Für eine detaillierte Erörterung der folgenden Aspekte unter Bezugnahme auf die vorbereitenden Arbeiten zum IPbürgR, s. Seibert-Fohr, Max Planck UNYB 5 (2001), S. 416.

443 Buergenthal, in RdC 235 (1992), S. 317, 319 ff. Selbst eine internationale Verpflichtung der direkten Anwendbarkeit eines Vertrages impliziert im Grunde nicht, dass dieser als Rechtsquelle im nationalen Recht herangezogen werden kann, Seibert-Fohr, Max Planck UNYB 5 (2001), S. 417.

444 Vgl. den Wortlaut von Artikel 2 II IPbürgR: „(..) die erforderlichen Schritte zu unternehmen, um die gesetzgeberischen oder sonstigen Vorkehrungen zu treffen, die notwendig sind, um den (..) Rechten Wirksamkeit zu verleihen.“, UN Doc. E/CN.4/AC.1/SR.33, S. 4; UN Doc. E/CN.4/AC.1/SR.43, S. 2.

Vertrag in das nationale Recht aufnehmen oder die Umsetzung der normierten Rechte anderweitig gewährleisten.[445]

Hinsichtlich der Umsetzung der Menschenrechtsverträge in nationales Recht stellt sich vor allem die Frage, ob eine unmittelbare Anwendbarkeit der Normen im nationalen Recht gewährleistet werden muss. Der Menschenrechtsausschuss spricht sich immer deutlicher für eine solche aus und rügt Staaten offensiv, die dieser Position nicht entsprechen.[446] Zwar kommen immer mehr Staaten den klaren Empfehlungen des Ausschusses nach,[447] allerdings ist dies nicht zwingend erforderlich. Die Entscheidung, wie Völkerrecht im Landesrecht implementiert wird, liegt unumstritten bei den Vertragsstaaten.

ii. Direkte Berufung auf Vertragsnorm vor Gericht

Die Frage nach der direkten Berufung auf die Normen des Paktes vor Gericht hängt eng mit der Form der Umsetzung zusammen, für die sich der Staat entschieden hat. Da eine unmittelbare Anwendbarkeit der Normen zwar wünschenswert, jedoch nicht verpflichtend ist, muss der Staat auch eine direkte Berufung auf die Normen nicht zwingend ermöglichen.[448] Sofern der effektive Rechtsschutz durch die Berufung auf verfassungsrechtliche Normen gewahrt werden kann, die den Inhalt des Paktes im nationalen Recht widerspiegeln, verletzt ein Staat seine Verpflichtung nicht, die Justiziabilität der normierten Garantien zu ermöglichen.[449]

---

445 Staberock, in Wolfrum (MPEPIL), § 14 ff.

446 Die Aussagen des Menschenrechtsausschusses haben sich diesbezüglich stark gewandelt. Während dieser es früher nicht als seine Kompetenz ansah, sich zu Fragen der Umsetzung zu äußern (Beschwerde Nr. 418/1990 (1993), UN Doc. A/49/40, S. 118) spricht er sich heute immer deutlicher für bestimmte Umsetzungsmaßnahmen aus. Bspw. in: Abschließende Bemerkung zu Gabon, UN Doc. CCPR/C/79/Add.71, § 18; Abschließende Bemerkung zu Dänemark, UN Doc. CCPR/C/79/Add.68, § 17, zitiert aus Seibert-Fohr in Max Planck UNYB 5 (2001), S. 434 f. Fn. 178, 182, dort auch weitere Nachweise.

447 Staaten, in denen eine direkte Berufung auf den Vertrag vor nationalen Gerichten möglich ist: bspw. Frankreich (Art. 55 der Verfassung vom 04.06.1958), Finnland (Inkorporierung des Vertrags in nationales Recht – s. *Sara et al. vs. Finnland*, Comment No. 431/1990 (1994), Doc. CCPR/C/50/D/431/1990, Abs. 4.7.), Tschechische Republik (Art. 10 der Verfassung, Art. 36 der Charta Fundamentaler Rechte und Freiheiten) und Libyen (s. abschließende Bemerkungen zu Libyen 1998, Doc./ CCPR/C//)/Add.101, Abs. 11), zitiert aus Seibert-Fohr in Max Planck UNYB 5 (2001), S. 438; s. auch Staberock, in Wolfrum (MPEPIL), § 18b).

448 Zum Begriff der „unmittelbaren Anwendbarkeit" völkerrechtlicher Verträge s. Bleckmann, S. 145. Ausführlich zur Durchsetzung internationaler Menschenrechte durch Gerichte auf nationaler Ebene, Alam, in NILR (2006), S. 405 ff.

449 Vgl. Ssenyonjo, S. 151; Kälin/Künzli, S. 113; Ramcharan, S. 18.

d. Rang des Vertrages im nationalen Recht

Der Vertragstext schweigt zur Frage nach dem Rang des Vertrages.[450] Eine Argumentation anhand des effektiven Schutzes der normierten Rechte spricht für einen möglichst hohen Rang des Vertrages im nationalen Recht. In der Praxis ist der Pakt in der Mehrzahl der Länder über dem ordentlichen Recht angesiedelt.[451] Die Tatsache, dass diesbezüglich durchaus Unterschiede bestehen, zeigt jedoch, dass es auch hier im Ermessen der Staaten liegt, welchen Rang sie dem Vertrag einräumen.[452]

e. Umsetzungsmaßnahmen

Um den Schutz und die Verwirklichung der Rechte zu gewährleisten, muss der Staat aktiv Maßnahmen ergreifen. Artikel 2 II IPbürgR spricht von zu treffenden „gesetzgeberischen und sonstigen Vorkehrungen".

i. Gesetzgeberische Schritte

Manche Artikel des IPbürgR verlangen explizit einen Schutz durch Gesetz.[453] Andere Garantien erfordern konkrete gesetzgeberische Handlungen.[454] Auch hinsichtlich der Normen, bei denen der Vertragstext nicht auf gesetzgeberische Schritte verweist, wurde deren Notwendigkeit vom Ausschuss hervorgehoben.[455] Die häufige Bezugnahme auf gesetzliche Regelungen verdeutlicht die Bedeutung, die dem Recht im Rahmen der Verwirklichung der Menschenrechte zugesprochen wird. Diese geht mit dem hohen Rang der Rechtsstaatlichkeit und der daraus resultierenden Vermeidung von Willkür einher.[456]

---

450 Dieser ist im Fall eines Normkonfliktes relevant.

451 Studie zu 107 Staaten, in Harland, in HRQ 22 (2000), S. 199 f. S. bzgl. der Auflistung der einzelnen Staaten: Nowak, S. 58 f. Rn. 55.

452 Staberock, in Wolfrum (MPEPIL), § 20 f.

453 Bspw. Art. 6 I 2 IPbürgR: „Dieses Recht (das Recht auf Leben) ist gesetzlich zu schützen." Ähnliche Formulierungen in Art. 17 II IPbürgR und Art. 8 I, Art. 26 und Art. 20 IPbürgR – wobei die letzten drei Artikel einen Schutz mittels gesetzliche Verbote fordern.

454 Bspw. Art. 9 V und Art. 14 V, VI IPbürgR.

455 Allg. Bemerkung Nr. 25 zu Art. 25 (1996), Doc. CCPR/C/21/Rev.1/Add.7, § 5, in der die Staaten aufgefordert werden, per Gesetz oder in der Verfassung zu normieren, welche Möglichkeiten die Bürger nutzen können, um an der Gestaltung der öffentlichen Angelegenheiten unmittelbar oder mittelbar teilnehmen zu können. Das Recht, zu wählen und gewählt zu werden, soll im nationalen Kontext gesetzlich garantiert werden (§ 9) und restriktive Eingriffe in das Wahlrecht oder Registrierungsmöglichkeiten sollen durch das Strafrecht verboten werden (§ 11).

456 Seibert-Fohr, in Max Planck UNYB 5 (2001), S. 456; Staberock, in Wolfrum (MPEPIL), §§ 22 ff.

ii. Sonstige Vorkehrungen

Da ein Tätigwerden der Legislativen nicht ausreicht, um einen effektiven Schutz der Menschenrechte zu garantieren, ist dies die Aufgabe aller staatlichen Gewalten. Ein Katalog sonstiger Maßnahmen zeigt, wie vielfältig sich der Menschenrechtsschutz ausgestalten kann.[457]

Gesetzesvollzug: Um den normierten Rechten in der Praxis Wirkung beizumessen, bedarf es vor allem einer effektiv und effizient arbeitenden Polizei.[458]

Institutionelle Schutzmechanismen: Eine unabhängige Justiz[459] und eine freie Presse[460] können Hindernissen bei der Realisierung der Rechte entgegenwirken sowie zum Schutz und zur Gewährleistung dieser beitragen.

Prozessuale Schutzmechanismen: Staatliche Prozesse müssen derart ausgestaltet sein, dass Rechtsverletzungen bereits im Vorfeld verhindert werden können. Die Wahrung der Transparenz ist ein Mechanismus, um missbräuchliches Handeln in Prozessen einzuschränken.[461]

Beobachtungs- und Kontrollmechanismen: Um Hindernisse bei der Verwirklichung der Rechte erfolgreich zu überwinden, müssen diese untersucht werden.[462] Der Menschenrechtsausschuss fordert die Staaten auf, eine Institution zu etablieren, die sich der Aufgabe annimmt, nationale Gesetze auf die Konformität mit dem Menschenrechtspakt hin zu überprüfen.[463] Der Einsatz neutraler Wahlbeobachter wird empfohlen, um Unregelmäßigkeiten bei Wahlen aufzudecken und zu verhindern.[464] Gerichte wie auch die Zivilgesellschaft spielen, wenn auch auf eine sehr unterschiedliche Weise, für die Kontrolle staatlicher Handlungen eine wichtige Rolle.

Kontextabhängige Maßnahmen: Der Menschenrechtsausschuss hat für jedes Recht konkrete Schutzmaßnahmen formuliert.[465] Neben Vorkehrungen im sozialen und kulturellen Bereich sind zum Teil auch wirtschaftliche Handlungen erforderlich, um Individuen die Ausübung ihrer Rechte zu ermöglichen.[466]

---

457 Ibid. bzgl. weiterer Ausführungen.

458 Tomuschat, in Zeitschrift für die Vereinten Nationen 26 (1987), S. 53.

459 Vgl. Art. 9 und 14 IPbürgR; Graefrath, S. 66, s. Seibert-Fohr, in Max Planck UNYB 5 (2001), S. 458.

460 Allg. Bemerkung Nr. 25 zu Art. 25 IPbürgR (1996), Doc. CCPR/C/21/Rev.1/Add.7, § 25.

461 Vgl. Allg. Bemerkung Nr. 20 zu Art. 7 IPbürgR (1992), § 11.

462 Schlachter, in Henkin S. 319, s. Seibert-Fohr, in Max Planck UNYB 5 (2001), S. 458.

463 Allg. Bemerkung Nr. 4 zu Art. 3 (1981), § 4. Das Fehlen einer solchen Institution wurden vom Menschenrechtsausschuss in den Abschlussbemerkungen zu Simbabwe kritisiert – HRC Report in GAOR, Suppl. Nr. 40, UN Doc. A/53/40, Vol. I, H, § 211, s. Seibert-Fohr, in Max Planck UNYB 5 (2001), S. 461.

464 Allg. Bemerkung Nr. 25 zu Art. 25 IPbürgR (1996), § 20.

465 So können Trainings- und Bildungsmaßnahmen sowie Hilfestellung bei der Rückführung in den Beruf zur Rehabilitierung von Gefangenen notwendig sein, Allg. Bemerkung Nr. 21 zu Art. 10 IPbürgR (1992), § 11.

466 S. bspw. Allg. Bemerkung Nr. 25 zu Art. 25 IPbürgR (1996), § 12: „(…) Hindernisse, wie Einschränkungen der Bewegungsfreiheit, Sprachbarrieren, Analphabetismus und Armut müssen überwunden werden."

Information und Bildung: Der Ausschuss hat vermehrt verdeutlicht, wie essenziell die Kenntnis der Menschen über ihre Ansprüche ist.[467] Die Menschenrechte sollen in Schullehrpläne einbezogen sowie in möglichst viele Sprachen übersetzt werden.[468] Bildung ist essenziell, um Verhaltensweisen und Einstellungen reflektieren zu können.[469] Die Sensibilisierung von Beamten für menschenrechtliche Themen ist in diesem Zusammenhang von großer Bedeutung, damit diese ein Bewusstsein für kritische Fälle entwickeln und entsprechend reagieren können.[470]

3. Internationaler Pakt über wirtschaftliche, soziale und kulturelle Rechte

Wie der Internationale Pakt über bürgerliche und politische Rechte wurde auch der Internationale Pakt über wirtschaftliche, soziale und kulturelle Rechte 1966 erlassen und trat 1976 in Kraft.[471] Seit Mai 2013 eröffnet das Zusatzprotokoll des IPwirtR die Möglichkeit eines Individualbeschwerdeverfahrens vor dem Ausschuss für wirtschaftliche, soziale und kulturelle Rechte.[472] Die Artikel 2 II IPbürgR entsprechende Norm findet sich in Artikel 2 I IPwirtR.[473]

> „Jeder Vertragsstaat verpflichtet sich, einzeln und durch internationale Hilfe und Zusammenarbeit, insbesondere wirtschaftlicher und technischer Art, unter Ausschöpfung aller seiner Möglichkeiten Maßnahmen zu treffen, um nach und nach mit allen

---

467 Allg. Bemerkung Nr. 3 zu Art. 2 IPbürgR (1981), § 2.

468 Ibid.; Abschließende Bemerkungen zu Nepal, UN Doc. CCPR/C/79/Add.42, § 12; Kommentare zu Spanien, in denen die Kommission die Abhaltung von Informationskampagnen empfahl, UN Doc. CCPR/C/79/Add.61, § 16, s. Seibert-Fohr, in Max Planck UNYB 5 (2001), S. 465. Tomuschat fordert in diesem Zusammenhang auch die Veröffentlichung der Staatenberichte, Tomuschat, in Canadian Human Rights Yearbook 1984–1985, S. 60.

469 Vgl. Abschließende Bemerkung zu Nepal, UN Doc. CCPR/C/79/Add.42, § 13; Abschließenden Bemerkung zu Marokko, UN Doc. CCPR/C/79/Add.44, § B4; Abschließende Bemerkung zu Mauritius, UN Doc. CCPR/C/797Add.60, § 23, s. Seibert-Fohr, in Max Planck UNYB 5 (2001), S. 465.

470 Kommentare zu Brasilien, UN Doc. CCPR/C/79/Add.66, § 19, s. Ibid.

471 160 Staaten haben den Vertrag ratifiziert. In 70 Ländern, die Vertragspartei sind, steht die Ratifikation noch aus.
Ratifikationsstatus abrufbar unter: http://treaties.un.org/Pages/ViewDetails.aspx?src=TREATY&mtdsg_no=IV-3&chapter=4&lang=en.

472 Das Zusatzprotokoll ist am 5.5.2013 in Kraft getreten. Fälle liegen zum jetzigen Zeitpunkt (Stand Juni 2013) noch nicht vor. 43 Staaten haben das Protokoll unterschrieben, zehn bereits auch ratifiziert. Ratifikationsstatus abrufbar unter: http://treaties.un.org/Pages/ViewDetails.aspx?src=TREATY&mtdsg_no=IV-3-a&chapter=4&lang=en.

473 Bereits iRd. IPbürgR angesprochene Punkte, die übertragbar sind, werden nicht erneut thematisiert.

> geeigneten Mitteln, vor allem durch gesetzgeberische Maßnahmen, die volle Verwirklichung der in diesem Pakt anerkannten Rechte zu erreichen."

Von primärer Bedeutung für die Abgrenzung der staatlichen Verpflichtungen zwischen den beiden Verträgen ist der Wortlaut „unter Ausschöpfung aller seiner Möglichkeiten Maßnahmen zu treffen, um nach und nach (...) die volle Verwirklichung zu erreichen". Die Formulierung lässt den Eindruck zu, dass den Staaten ein enormer Freiraum bei der Wahl der Umsetzungsmaßnahmen gewährt wird.[474] Trotz gewisser Grenzen hinsichtlich der Umsetzung der normierten Rechte ist der Handlungsspielraum der Staaten im Vergleich zum IPbürgR im Rahmen des IPwirtR durchaus weiter.

a. Ergebnis- oder verhaltensbezogene Pflicht

Die in Bezug auf Artikel 2 II IPbürgR aufgeführten Argumente für eine ergebnisbezogene Pflicht können auf den IPwirtR übertragen werden. Sofern eine verhaltensbezogene Pflicht nicht explizit normiert wurde,[475] ist die Verpflichtung zur Verwirklichung der Rechte primär ergebnisbezogen.

b. Sofortige oder progressive Umsetzungspflicht

> „Obgleich der Pakt insbesondere eine schrittweise Umsetzung vorsieht und wirtschaftliche Zwangslagen anerkennt, enthält er jedoch auch Verpflichtungen mit sofortiger Wirkung."[476]

Die zitierte Allgemeine Bemerkung führt das Diskriminierungsverbot sowie die Pflicht „Maßnahmen zu treffen" als Obliegenheiten auf, die eine sofortige Umsetzung verlangen.[477] Das fehlende Nachkommen dieser kann nicht durch soziale, kulturelle oder wirtschaftliche Umstände des Staates gerechtfertigt werden.[478] Die Staaten

---

474 „Indeed it has been read by some as giving States an almost total freedom of choice and action as to how the rights should be implemented." Craven, in Burchill/Harris/Owers, S. 5.

475 Art. 6 II IPwirtR, zur vollen Verwirklichung des Rechts auf Arbeit gehört „fachliche und berufliche Beratung, Ausbildungsprogramme sowie die Festlegung von Grundsätzen und Verfahren zur Erzielung einer stetigen wirtschaftlichen, sozialen und kulturellen Entwicklung und einer produktiven Vollbeschäftigung (...)".

476 Allg. Bemerkung Nr. 3 zu Art. 2 IPwirtR, UN Doc. CESCR E/1991/23, § 1.

477 Ibid, § 1, 2. Teilweise wird die Pflicht, den Kerninhalt der Rechte zu gewähren, als eine sofortige Pflicht verstanden, Ssenyonjo, S. 60.

478 Abschließenden Bemerkung zum Irak. Trotz den erschwerten Bedingungen aufgrund der Sanktionen und Blockaden vertrat der Ausschuss die Auffassung, dass die Pflicht zur Ausschöpfung aller Möglichkeiten in keiner Weise eingeschränkt sei: „the (Iraqui) Government take all necessary measures, to the maximum extent of its available resources, to address the needs of the population (...)." UN Doc. E/1998/22 (20.06.1998), §§ 253, 281.

sind nach der Ratifikation verpflichtet, gezielt konkrete, wohlüberlegte Schritte zu ergreifen, die sich steigernd, nach und nach zu einer vollen Verwirklichung der Rechte führen.[479] Des Weiteren impliziert die progressive Umsetzungspflicht das Verbot des Rückschritts. Alle Möglichkeiten sollen fortlaufend ausgeschöpft und kein Regress bewusst in Kauf genommen oder herbeigeführt werden.[480] Liegt ein solcher dennoch vor, werden hohe Anforderungen an den Staat gestellt, um die Rechtmäßigkeit von diesem zu begründen. Ausnahmen sind nur unter sehr strengen Voraussetzungen, wie beispielsweise einer Naturkatastrophe, denkbar. Auch dieses Verbot gilt unmittelbar.

c. Rang des Vertrags/Umsetzungspflicht auf nationaler Ebene

Wie der IPbürgR schweigt auch der IPwirtR sowohl über den Rang des Vertrages im nationalen Recht wie auch über die Umsetzung des Rechtsschutzes auf nationaler Ebene. Der Ausschuss für wirtschaftliche, soziale und kulturelle Rechte befürwortet zwar die Inkorporation des Vertrages in das nationale Recht,[481] die Empfehlungen und Kommentare blieben in ihrer Deutlichkeit jedoch hinter denen des Menschenrechtsausschusses zurück. Letztendlich ist es den Staaten auch im Rahmen des IPwirtR freigestellt, ob sie dem Pakt auf nationaler Ebene automatisch Geltung zusprechen oder den Inhalt auf dem Weg der Gesetzgebung in Landesrecht transformieren.[482]

d. Umsetzungsmaßnahmen

i. Gesetzgeberische Schritte

Die Pflicht, gesetzgeberische Schritte zu erlassen, bezieht sich gleichermaßen auf den Erlass neuer Gesetze als auch auf die Pflicht, bereits existierende Gesetze auf ihre Konsistenz mit dem Vertrag zu überprüfen und gegebenenfalls zu ändern.[483] Der Ausschuss verdeutlichte die Priorität der gesetztgeberischen Maßnahmen, indem

479 Allg. Bemerkung Nr. 3 zu Art. 2 IPwirtR, UN Doc. CESCR E/1991/23, § 2; Limburg Prinzip Nr. 21.

480 Allg. Bemerkung Nr. 3 Abs. 9; Vgl.: Interamerikanische Menschenrechtskommission, 2. Bericht zur Menschenrechtslage in Peru, OEA/Ser.L/V/II.106, Doc.59 rev (2000), Kap. VI Abs. 11.

481 Vgl.: Abschließende Beobachtungen zum Vereinigten Königreich: UN Doc. E/C.12/1/Add.79 (5.6.2002), § 24; Irland, UN Doc. E/C.12/1/Add.77 (17.5.2002), § 23; Tschechische Republik, UN Doc. E/C.12/1/Add.76 (05.06.2002), § 25; Trinidad und Tobago UN Doc. E/C.12/1/Add.80 (17.05.2002), § 32, für weitere Hinweise s. Ssenyonjo, S. 55.

482 Vgl. Kälin/Künzli, S. 204.

483 Vgl. Abschließende Beobachtungen zu Zypern, UN Doc. E/C.12/1/Add.28 (4.12.1998), § 26, s. Ssenyonjo, S. 54.

er sich nicht nur explizit für deren Notwendigkeit aussprach,[484] sondern teilweise auch deren Inhalt konkretisierte.[485]

ii. Sonstige Maßnahmen nicht gesetzgeberischer Art

> „Zu den Maßnahmen, die zusätzlich zur Gesetzgebung als angemessen angesehen werden könnten, gehört die Schaffung von Rechtsbehelfen (...). Sonstige Maßnahmen, die (...) ebenfalls als ‚geeignet' angesehen werden können, schließen, ohne darauf beschränkt zu sein, administrative, finanzielle, Bildungs- und soziale Maßnahmen ein."[486]

Wie im Rahmen des IPbürgR ist auch bei den Umsetzungsmaßnahmen des IPwirtR das „Entweder-oder" zwischen gesetzgeberischen und sonstigen Maßnahmen hinfällig geworden. Trotz der primären Notwendigkeit gesetzgeberischer Maßnahmen bedürfen diese ergänzend weiterer Schritte, um die volle Verwirklichung der Rechte gewährleisten zu können. Soweit der Vertrag keine Maßnahmen vorschreibt, liegt es im Ermessen des Staates über deren Geeignetheit zu entscheiden, sofern sie für die Bürger zugänglich, bezahlbar und effektiv sind sowie zeitnah Wirkung zeigen.[487]

e. Pflicht, „unter Ausschöpfung aller Möglichkeiten" Maßnahmen zu treffen

Bis heute ist ungeklärt, was genau die Pflicht zur Ausschöpfung aller Möglichkeiten von staatlicher Seite verlangt.[488] Die weite Formulierung des Artikels 2 I IPwirtR wurde bewusst gewählt, um die Berücksichtigung der vorhandenen Kapazitäten auf nationaler Ebene hervorzuheben.[489] Es stellt sich jedoch die Frage, welche Maßstäbe

---

484 Allg. Bemerkung Nr. 3 zu Art. 2 IPwirtR, § 3: Der Ausschuss erkennt an, dass häufig Gesetzgebung wünschenswert und in manchen Fällen sogar unerlässlich sein kann.

485 Bsp. Allg. Bemerkung Nr. 15 zu Art. 11/12, § 50. Die zu erreichenden Ziele, ein Zeitrahmen zur Erreichung dieser, die zu ergreifenden Maßnahmen, die geplante Zusammenarbeit mit Akteuren der Zivilgesellschaft, dem privaten Sektor und Internationalen Organisationen, die jeweils verantwortlichen staatlichen Institutionen, nationale Überwachungsmechanismen sowie Rechtsschutzmöglichkeiten sollen in allen Gesetzen zur Umsetzung substanzieller Rechte des IPwirtR enthalten sein, Ssenyonjo, S. 56.

486 Allg. Bemerkung Nr. 3, zu Art. 2 IPwirtR, § 5, 7.

487 Allg. Bemerkung Nr. 9, § 9.

488 Zum Teil wird gefordert, dass der Wortlaut danach verlangt, dem Menschenrechtsschutz die höchste Priorität beizumessen, Roberston in HRQ 16 (1994), S. 700. Einer solchen Auslegung würden die Vertragsparteien jedoch nicht zustimmen.

489 Vgl. Ders., S. 62.

zur Überprüfung herangezogen werden.[490] Da dies insbesondere im Kontext der normativen Bewertung der Veruntreuung/Unterschlagung relevant wird, kann an dieser Stelle auf Kapitel V.D.1. verwiesen werden, das sich ausführlich mit den verschiedenen Maßstäben und Kriterien zur Feststellung einer Rechtsverletzung auseinandersetzt.

490 Die Frage der Kontrolle beschäftigt u. a. Chapman, in HRQ 18 (1996), S. 31; Chapman/Russell, S. 5, Ssenyonjo, S. 62.

Kapitel V

Das folgende Kapitel untersucht, inwiefern die in Kapitel III dargestellten Konstellationen eine Menschenrechtsverletzung begründen und widmet sich somit der primären Fragestellung der Dissertation. Zunächst erfolgt eine Darstellung der allgemeinen Voraussetzungen einer rechtswidrigen Pflichtverletzung im Völkerrecht (A). Anschließend wird auf theoretischer Ebene erörtert, wann ein korrupter Akt eine Menschenrechtsverletzung begründen kann (B), um darauf aufbauend die Bestechung (C), die Veruntreuung/Unterschlagung (D) und sonstige Korruptionsdelikte (E) auf ihren menschenrechtsverletzenden Charakter hin zu überprüfen.

A. Die rechtswidrige Pflichtverletzung im Völkerrecht

Während im nationalen Recht grundsätzlich aus einem Gesetz hervorgeht, welche Rechte und Pflichten existieren und wie diese verletzt werden können, sind diese Aspekte im Völkerrecht separat geregelt. Die Primärrechtsquellen statuieren die vertraglichen Verpflichtungen. Wann eine Verletzung dieser vorliegt, regelt das Sekundärrecht. Zur Prüfung einer Verletzung von Menschenrechten müssen daher neben den Menschenrechtsverträgen auch die Artikel der Völkerrechtskommission über die Verantwortlichkeit der Staaten für völkerrechtswidriges Handeln betrachtet werden, die das allgemeine Konzept einer völkerrechtswidrigen Pflichtverletzung normieren.[491]

In dem endgültigen Text wurde bewusst auf die Differenzierung zwischen *obligation of result* und *obligation of conduct* verzichtet. In den Kommentaren zu den ILC Artikeln wird dies damit begründet, dass es nicht die Funktion dieser Normen sei, den Geltungsbereich und den Inhalt internationaler Verpflichtungen festzulegen. Man beschränkte sich darauf, die Kriterien einer Pflichtverletzung wie folgt zu definieren:

> **Art. 2** Elemente der völkerrechtswidrigen Handlung eines Staates
> Eine völkerrechtswidrige Handlung eines Staates liegt vor, wenn ein Verhalten in Form eines Tuns oder Unterlassens
> – dem Staat nach dem Völkerrecht zurechenbar ist und
> – eine Verletzung einer völkerrechtlichen Verpflichtung des Staates darstellt.

491 Im Folgenden: ILC Artikel. Die Artikel wurden 2001 von der Generalversammlung als Anlage der Resolution Nr. 56/83 (12.12.2001) verabschiedet und waren daher zunächst nicht rechtlich bindend. Heutzutage ist die Verbindlichkeit jedoch aus dem Status der Resolution als Völkergewohnheitsrecht ableitbar, der für die meisten der Artikel anerkannt ist, Stein/v. Buttlar, S. 400; Schweisfurth, S. 229 f. Rn. 18; Doehring, S. 363 Rn. 830.

> **Art. 12** Vorliegen der Verletzung einer völkerrechtlichen Verpflichtung
> Eine Verletzung einer völkerrechtlichen Verpflichtung seitens eines Staates liegt vor, wenn eine Handlung dieses Staates nicht im Einklang mit dem steht, was die Verpflichtung, unabhängig von ihrem Ursprung oder ihrem Wesen, von ihm verlangt.

Das Zusammenspiel beider Normen ergibt, dass ein Staat seine Verhaltenspflicht verletzt, wenn das realisierte, zurechenbare Verhalten mit der eingegangenen Verpflichtung nicht konform ist. Wann dies der Fall ist, ergibt sich aus dem Inhalt der jeweiligen Verpflichtung. In diesem Zusammenhang ist darauf hinzuweisen, dass die Bezugnahme auf ergebnis- und verhaltensbezogene Verpflichtungen nicht bereits zu Beginn der Vertragsverhandlungen ausgeschlossen wurde. Im Gegensatz zu der engültigen Version der ILC Artikel enthielt der erste Entwurf eine durchaus komplexere Darstellung der unterschiedlichen Pflichtverletzungen. Die ursprünglichen Artikel 20 und Artikel 21 ILC lauteten wie folgt:[492]

> "There is a breach by a State of an international obligation requiring it *to adopt a particular course of conduct* when the conduct of that State is not in conformity with that required of it by that obligation."

> "There is a breach by a State of an international obligation requiring it *to achieve, by means of its own choice, a specified result* if, by the conduct adopted, the State does not achieve the result required of it by that obligation."

Die Normen des Entwurfs spiegeln wider, was bereits aus den staatlichen Verpflichtungen zur Umsetzung der Menschenrechte ersichtlich wurde. Internationale Verpflichtungen können durch das Verhalten eines Staates (*conduct*) und/oder das Endergebnis des Verhaltens (*result*) erfüllt beziehungsweise gebrochen werden.[493] Trotz der fehlenden Bezugnahme auf diese Differenzierung in dem endgültigen Text ist die Zuordnung der Verpflichtungsart in eine der Kategorien das maßgebliche Kriterium zur Feststellung einer Pflichtverletzung geblieben. Im Fall einer ergebnisbezogenen Pflicht obliegt es dem Staat, eine faktische Situation zu verwirklichen, die entweder unterbindenden oder anordnenden Charakter aufweist.[494] Zwar ist es den Staaten freigestellt, den Weg zur Erreichung des Resultats frei zu wählen. Dies schließt jedoch nicht aus, dass die Vorgehensweise in Bezug auf Effizienz und Angemessenheit von dem zuständigen Organ hinterfragt wird.[495] Die Feststellung einer Verletzung erfolgt letztlich anhand eines Vergleichs der faktischen Situation mit dem zu erzielenden Resultat.[496] Liegt keine Übereinstimmung vor,

---

492 UN Doc. A/CN.4/SER.a/1996. Diskussion bzgl. der Streichung s. Report of the ILC in GAOR 54. Session, Suppl.10, UN Doc. A/54/10, Abs. 132–186.

493 Ssenjonyo, S. 22; Seibert-Fohr, in Max Planck UNYB 5 (2001), S. 401 f.

494 Wolfrum, in Arsanjani et al., S. 369.

495 Vgl. Allgemeinen Bemerkungen, die trotz primär ergebnisbezogener Pflichten den Staaten immer genauere Anforderungen hinsichtlich der Vorgehensweise vorlegen.

496 Wolfrum, in Arsanjani et al., S. 371.

hat der Staat seine Pflicht verletzt. Die Beurteilung einer Verletzung verhaltensbezogener Verpflichtungen verlangt auch nach einem Vergleich, der sich auf eine Gegenüberstellung des staatlichen Verhaltens mit dem Verhalten bezieht, das von der jeweiligen Norm vorgeschrieben wird.[497] Stimmt das faktische Tun/Unterlassen nicht mit den normierten Parametern überein, liegt eine Pflichtverletzung vor. Ist die Verletzung einer völkerrechtlichen Pflicht objektiv gegeben, bedarf es keines subjektiven Tatbestandsmerkmals.[498]

B. Der korrupte Akt als Menschenrechtsverletzung

Um Antworten auf die Frage zu finden, ob und wann Korruption eine Menschenrechtsverletzung begründen kann, gilt es im Folgenden die in den vorherigen Kapiteln beleuchteten Aspekte zusammenzuführen und konkrete Fallkonstellationen auf das Potenzial einer Verletzung menschenrechtlicher Garantien hin zu untersuchen.

Eine Pflichtverletzung nach den ILC Artikeln zur Staatenverantwortlichkeit setzt im Rahmen der Menschenrechtsverträge einen staatlich zurechenbaren Akt voraus, der in den Schutzbereich eines Menschenrechtes eingreift,[499] ohne dass dies gerechtfertigt werden könnte.[500]

Es bedarf folglich eines Eingriffes, der Zurechenbarkeit des Eingriffes und einer fehlenden Rechtfertigung. Welche Voraussetzungen an den Eingriff, die Zurechenbarkeit und die Rechtfertigung im Fall einer durch Korruption begründeten Menschenrechtsverletzung gestellt werden, wird zunächst auf abstrakter Ebene analysiert, um die gewonnene Erkenntnis auf konkrete Konstellationen anzuwenden.

1. Eingriff

Der Eingriff stellt die in den ILC Artikeln zur Staatenverantwortlichkeit präzisierte Pflichtverletzung dar. Diese kann sich sowohl durch ein Tun als auch durch ein Unterlassen realisieren. Da ein korrupter Akt ein aktives Handeln voraussetzt, kommen im Folgenden nur Pflichtverletzungen durch ein Verhalten in Form eines Tuns in Betracht. Zwar könnte man auch darüber nachdenken, inwiefern ein Unterlassen in Form des Untätigbleibens seitens des Staates hinsichtlich der Vornahme effektiver Antikorruptionsmaßnahmen einen Eingriff in Menschenrechte darstellt, allerdings wäre dies eine völlig neue Fragestellung, die in der vorliegenden Arbeit

497 Wolfrum, in Arsanjani et al., S. 375.

498 Interrights, Handbook, S. 106, unter Verweis auf *Broeks vs. the Netherlands,* Beschwerde Nr. 172/1984, ICCPR; *Simunek vs. Czech Republic*, Beschwerde Nr. 516/1992, ICCPR; EGMR *Hugh Jordan vs. the United Kingdom*, Beschwerde Nr. 24746/94, 4.5.2011.

499 Der Eingriff in den Schutzbereich kann sowohl durch Tun als auch durch Unterlassen verwirklicht werden.

500 Es ist irrelevant, ob ein vorsätzliches Handeln bejaht werden kann, vgl. *Broeks vs. the Netherlands*, Beschwerde Nr. 172/1984, U.N. Doc. CCPR/C/OP/2 at 196 (1990).

nicht behandelt wird. Die Begründung eines Eingriffs in Menschenrechte aufgrund einer unzureichenden Antikorruptionsstrategie müsste sich darauf stützen, dass der Staat seiner Pflicht nicht nachkommt, alle Hindernisse auszuräumen, die einer effektiven Umsetzung der Menschenrechte im Weg stehen. Es ginge nicht mehr um die juristische Einordnung des einzelnen korrupten Akts als potenzielle Menschenrechtsverletzung, sondern um die Bewertung der primär politisch geprägten Antikorruptionsagenda eines Staates. Dies ist, wie bereits zu Beginn der Arbeit geschildert, nicht der Fokus. Vielmehr wird die Verwirklichung eines korrupten Deliktes im Einzelfall als potenzieller Eingriff in die Menschenrechte untersucht. Der Maßstab, ob ein Eingriff und folglich eine Pflichtverletzung vorliegt, orientiert sich, wie in Kapitel V.A. dargestellt, primär daran, ob den Staaten eine ergebnis- oder verhaltensbezogene Pflicht auferlegt wurde. Die Menschenrechtspakte normieren ergebnisbezogene Verpflichtungen.[501] Der Staat verletzt seine Pflicht, wenn das faktische Tun – der korrupte Akt – mit dem zu erzielenden Ergebnis – die Achtung, der Schutz und die Verwirklichung des jeweiligen Rechts – nicht in Einklang steht. Fraglich ist, welche Voraussetzungen an einen Eingriff gestellt werden.

Im Gegensatz zur deutschen Grundrechtsdogmatik, für die genaue Kriterien existieren, wann ein Eingriff vorliegt, fehlen diese auf internationaler Ebene. Vergleicht man jedoch die auf nationaler, verfassungsrechtlicher Ebene geforderten Kriterien mit dem Prüfungsmaßstab des Menschenrechtsausschusses im Fall einer Individualbeschwerde, dann lassen sich durchaus Ähnlichkeiten erkennen. Die Prüfung einer Grundrechtsverletzung orientiert sich an den Punkten a) Akt öffentlicher Gewalt, b) sich belastend auswirken und c) ausreichend enger Zusammenhang zwischen a) und b). Die für die Zulässigkeit einer Individualbeschwerde vorausgesetzten Aspekte ermöglichen Rückschlüsse darauf, dass angelehnt an a) und b) auch auf Ebene des internationalen Menschenrechtsschutzes gefordert wird, dass der als Eingriff geltend gemachte Akt durch den jeweiligen Vertragsstaat vorgenommen beziehungsweise unterlassen worden sein muss und nur ein „Opfer", folglich eine durch den Eingriff betroffene Person, berechtigt ist, eine Mitteilung einzureichen.[502] Artikel 4 ZP IPwirtR geht über das Erfordernis der im Rahmen des ZP IPbürgR geforderten Betroffenheit hinaus und erklärt solche Mitteilungen für unzulässig, „(...) die keine klare Benachteiligung erkennen lassen".

Das Erfordernis des ausreichend engen Zusammenhangs zwischen dem öffentlichen Akt und der Betroffenheit des Beschwerdeführers ist in keinem der beiden ZP explizit enthalten. Allerdings weist die Rechtsprechung des Menschenrechtsausschusses

---

501 Siehe Kapitel IV.2./3.a).

502 Art. 1 ZP IPbürgR: „Opfer einer Verletzung eines in dem Pakt niedergelegten Rechtes durch diesen Vertragsstaat." Der gleiche Wortlaut findet sich in Art. 2 ZP IPwirtR. Der Ausschuss konkretisiert das Kriterium in *Aumeeruddy-Cziffra et al. vs. Mauritius*: „A person can only claim to be a victim in the sense of article 1 of the Optional Protocol if he or she is actually affected. It is a matter of degree how concretely this requirement should be taken.", Mitteilung Nr. 35/1978, HRC 1981 Report, Annex XIII, § 9.2.

darauf hin, dass ein kausaler Zusammenhang auch auf internationaler Ebene verlangt wird.[503] Fraglich ist, welche genauen Anforderungen an das Kausalitätskriterium auf völkerrechtlicher Ebene gestellt werden. Ausgangspunkt für die Kausalitätsermittlung ist fächerübergreifend die Äquivalenztheorie in Gestalt der Conditio-sine-qua-non-Formel.[504] Die unendliche Kette möglicher Ursachen eines Erfolges nach der Äquivalenztheorie macht spezifische zurechnungs- und haftungsbegrenzende Kriterien erforderlich.[505] Während im öffentlichen Recht lange versucht wurde, eine Haftungsbeschränkung an strikt formalen Kriterien festzumachen, hat sich gezeigt, dass eine derartige Herangehensweise den Schutz des Bürgers nicht hinreichend gewährleisten kann. Ein Grundrechtseingriff ist daher nicht mehr auf finale, unmittelbare Eingriffe begrenzt, sondern kann durch jedes staatliche Handeln begründet werden, das dem Einzelnen ein Verhalten, das in den Schutzbereich eines Grundrechts fällt, unmöglich macht, sei es auch unbeabsichtigt, mittelbar und/oder faktisch-informal.[506] Die Formel wirft die Frage nach verantwortungsbeschränkenden Zurechnungskriterien allerdings neu auf, ohne sie zu beantworten.[507]

Die Festlegung von Zurechnungskriterien ergibt sich letztlich aus den Anforderungen, die an die Qualität einer Verletzung gestellt werden. Die Frage, unter welchen Voraussetzungen von einem Eingriff gesprochen werden kann, ist daher ebenfalls eine Frage der Zurechnung.[508] Wann ein Eingriff vorliegt, ergibt sich maßgeblich aus dem subjektivrechtlichen Gehalt eines Grundrechts, dem Schutzbereich der Norm.[509] Da die Norm selbst die Vielzahl auftretender Beeinträchtigungen nicht ausdrücklich regeln kann, ist für die Frage der Zurechnung auf den Schutzzweck dieser abzustellen.[510] Aspekte wie die Grundrechtsbezogenheit der Beeinträchtigung, die Dichte der Erfolgsbeziehung und die Intensität der Gefährdung dienen in diesem Zusammenhang der Klärung, ob der Schutzbereich eines Grundrechts im konkreten Einzelfall beeinträchtigt ist.[511] Die Qualität eines Eingriffes hängt folglich

---

503 So lehnte der Menschenrechtsausschuss beispielsweise in *A.H. vs. Trinidad and Tobago* sowie in *Beydon et al. vs. France* die Zulässigkeit der Beschwerde ab, weil seiner Ansicht nach nicht ersichtlich war, wie der vonseiten des Beschwerdeführers geltend gemachte Akt öffentlicher Gewalt mit einer Rechtsverletzung von diesem in Zusammenhang stand, s. Möller/de Zayas, S. 90 f.

504 Rönnau/Faust/Fehling, in JuS 2004, S. 118.

505 Nach der Äquivalenztheorie ist Ursache jede Bedingung eines Erfolges, die nicht hinweggedacht werden kann, ohne dass der Erfolg entfiele, BGHSt 1, 332; 2, 24; 7, 114; 31, 98; 33, 332; 39, 197, zitiert aus Fischer, vor § 13 StGB Rn. 21.

506 Pieroth/Schlink, Rn. 252.

507 Rönnau/Faust/Fehling, in JuS 2004, S. 117.

508 Ramsauer, in VerwArch 72 (1981), S. 99.

509 Schmidt-Aßmann, in Maunz/Dürig, Art. 19 IV GG, Rn. 128; s. auch Pieroth/Schlink, Rn. 239 ff.

510 Rönnau/Faust/Fehling, in JuS 2004, S. 117; Ramsauer, in VerwArch 72 (1981), S. 100.

511 Eingehend dazu Ramsauer, in VerwArch 72 (1981), S. 103, der diese Aspekte als Schutzzweckgesichtspunkte bezeichnet; teilw. andere Zurechnungskriterien, Eckhoff, S. 285 ff.

nicht mehr allein von Art und Form der staatlichen Maßnahme ab, sondern wird auch durch deren Effekt und Auswirkung bestimmt.[512] Das Heranziehen wertender Gesichtspunkte mithilfe des Schutzgehaltes der Norm findet auch für die Beurteilung einer Menschenrechtsverletzung auf internationaler Ebene Anwendung.

Die Beurteilung der Kausalität unter zurechnungsbeschränkenden Kriterien weist für die Frage einer potenziellen Menschenrechtsverletzung durch Korruption besondere Relevanz auf. Dies resultiert daraus, dass der korrupte Akt in vielen Fällen zwar maßgeblich beeinflusst, ob ein Eingriff in Menschenrechte stattfindet, jedoch nicht das letzte Glied in der ursächlichen Handlungskette ist. Obwohl mit der Korruption die Einschränkung der Menschenrechte in vielen der Fälle intendiert wird, verursacht die Verwirklichung des strafrechtlichen Deliktes den Eingriff nicht unmittelbar. Da die Unmittelbarkeit kein zwingendes Kriterium mehr für einen Grundrechtseingriff ist, können auch faktisch-mittelbare Grundrechtsbeeinträchtigungen unter gewissen Umständen einen Eingriff darstellen. Dies ist unter anderem der Fall, wenn die Grundrechtsbeeinträchtigung eine objektiv vorhersehbare, typische Nebenfolge des staatlichen Handelns darstellt.[513] Das Konzept der mittelbaren Grundrechtsbeeinträchtigungen dient der Ausdehnung des Grundrechtsschutzes und kommt daher dann zur Anwendung, wenn kein unmittelbarer Eingriff vorliegt.

In den beschriebenen Fällen geht es jedoch nicht um die Differenzierung zwischen einem unmittelbaren und einem mittelbaren Eingriff. In den beschriebenen Fällen liegt ein unmittelbarer Eingriff vor, lediglich nicht durch den korrupten Akt. Der Rückgriff auf einen mittelbaren Eingriff ist daher nicht notwendig. Kann folglich eine maßgebliche, unmittelbar kausale Verletzungshandlung ausgemacht werden, ist der Eingriff an dieser festzumachen. In Fällen, in denen Korruption als „vorgeschalteter Akt" zwar einen Einfluss auf die Verletzungshandlung hat und im Sinne der Äquivalenztheorie auch kausal für diese ist, selbstständig betrachtet jedoch keinen Eingriff begründen würden, liegt lediglich eine Beeinträchtigung des betroffenen Rechtsgutes durch Korruption vor. Ein Eingriff in das jeweilige Menschenrecht durch Korruption ist jedoch, wie sich im folgenden Kapitel zeigen wird, abzulehnen.

2. Zurechenbarkeit

Da Staaten Rechtsgebilde ohne eigene Handlungsfähigkeit sind,[514] setzt ein staatlicher Eingriff ein dem Staat zurechenbares menschliches Handeln voraus.[515] Wann dieses vorliegt, ergibt sich aus den ILC Artikeln. Der Normalfall staatlicher Zurechenbarkeit sind Handlungen oder Unterlassungen durch Staatsorgane, Artikel 4 Nr. 1 ILC Artikel. Sonderfälle ergeben sich, unabhängig von der Frage, inwiefern

512 Rottmann, S. 42.

513 Bzgl. weiteren Konstellationen eines faktisch-mittelbaren Eingriffs s. Epping, S. 164 Rn. 384.

514 Vgl. Strupp, S. 11; Sperdutti, in EPIL Band 4, S. 216.

515 Stahl, S. 123.

rein privates Verhalten dem Staat zurechenbar sein kann,[516] wenn Personen agieren, die nach innerstaatlichem Recht nicht als Organe des Staates eingestuft werden.[517] Darunter fallen Handlungen von *De-facto*-Organen (Artikel 5), Handlungen Privater, die von einem Staat kontrolliert, geleitet (Artikel 8) oder als eigene anerkannt (Artikel 11) werden oder die in Fällen der Abwesenheit oder des Ausfalls staatlicher Stellen (Artikel 9) ausgeübt werden.

Anhand der in Kapitel III dargestellten Konstellationen wird ersichtlich, welche Arten der Zurechnung für die Fragestellung einer Menschenrechtsverletzung durch Korruption von Relevanz sind. Die meisten Beeinträchtigungen resultierten entweder aus dem direkten Kontakt zwischen einem Bürger und einer Behörde oder aus dem korrupten Verhalten von Amtsträgern, die ohne eine Verwicklung des Bürgers in die Deliktsverwirklichung ablaufen. In beiden Konstellationen ist Artikel 4 ILC einschlägig, der alle drei Staatsgewalten umfasst und daher immer Anwendung findet, wenn staatliche Beamte agieren. In Ausnahmefällen können auch Handlungen von *De-facto*-Organen betroffen sein. Dies ist beispielsweise der Fall, wenn der Postverkehr durch ein beliehenes Unternehmen abgewickelt wird.[518] Die Handlung ist dem Staat auch in diesem Fall zurechenbar, Artikel 5 ILC. Konstellationen, in denen die Gewährleistung menschenrechtlicher Garantien an private Träger übertragen wurde, fallen nicht unter Artikel 5 ff. ILC Artikel. In diesen Fällen geht es nicht um Sonderkonstellationen der Zurechenbarkeit, sondern um eine Verschiebung der staatlichen Verpflichtungen. Nicht die Achtungs- und Gewährleistungspflicht ist einschlägig, sondern die Pflicht zum Schutz der Menschenrechte. Diese verpflichtet den Staat lediglich dazu, die Bürger vor Rechtsverletzungen durch Private zu schützen.[519] Da eine umfassende Kontrolle privater Handlungen durch den Staat jedoch nicht praktikabel ist, kann er für diese nicht in gleicher Weise wie für hoheitliches Handeln zur Verantwortung gezogen werden.

Die Zurechnung nach den ILC Artikeln ist gemäß Artikel 7 ILC auch dann gegeben, wenn eine weisungswidrige Handlung vorliegt oder Kompetenzen überschritten werden. Voraussetzung für die Zurechnung von *Ultra-vires*- Handlungen ist jedoch, dass die Person oder das Organ in ihrer Eigenschaft handelt, welches sie zur Ausübung hoheitlicher Gewalt ermächtigt. Der korrupt agierende Amtsträger

---

516 Im Gegensatz zu den in den ILC-Artikeln normierten Fällen, in denen Private handeln und eine Verbindung zum Staat hergestellt werden kann.

517 Dies ist der Fall, wenn die agierenden Personen eine Verbindung zu einem Staat aufweisen, obwohl sie keine Staatsorgane sind.

518 Sofern das Unternehmen zwar in Form des Privatrechts handelt, jedoch zu einem großen Teil in staatlichen Händen ist, wird auch dieses Verhalten dem Staat zugerechnet. So bspw. in *Hertzberg vs. Finnland,* Communication No. 61/1979, § 9.1 – in diesem Fall hielt der Staat 90 % der Anteile des Unternehmens, Nowak, S. 828 Rn. 8. Folglich ist nicht die Form der Handlung, sondern die handelnde Person (natürlich oder juristisch) maßgeblich.

519 Wie bereits dargestellt, erfolgt keine vertiefte Thematisierung in Bezug auf Schutzpflichten, s. Fn. 11.

nutzt seine Position und die ihm anvertraute Macht innerhalb des Staates aus, um Vorteile zu erlangen. Dem Staat ist die Verwirklichung eines Korruptionsdeliktes durch einen Amtsträger, ein Staatsorgan oder eine sonstige, zur Ausübung hoheitlicher Gewalt ermächtigte Person zurechenbar.

3. Rechtfertigung

Die Voraussetzungen zur Rechtfertigung eines Eingriffs müssen gesetzlich normiert sein. In den Menschenrechtspakten sind die Bedingungen zur rechtmäßigen Einschränkung der Rechte sowohl in den Schrankenregelungen einzelner Garantien als auch in Generalklauseln normiert.[520] Neben dem Allgemeinwohl oder dem Schutz der Rechte anderer als anerkannte Gründe zur Begrenzung des Schutzgehaltes kann eine Extremsituation, in der eine volle staatliche Kontrolle nur noch eingeschränkt gewährleistet ist, dazu führen, dass Eingriffe in bestimmte Rechte gerechtfertigt sind.[521] Korruption fällt unter keinen der gesetzlich festgelegten Rechtfertigungsgründe. Der Rechtsübertritt durch den Staat selbst kann eine Menschenrechtsverletzung unter keinen Umständen legitimieren. Da dieser Aspekt keiner weiteren Klärung hinsichtlich der zu untersuchenden Fragestellung bedarf, werden die einzelnen Schrankenregelungen nicht weiter vertieft.

C. Menschenrechtsverletzung durch Bestechung

1. Zahlungen für unentgeltlich zu gewährende Güter/Leistungen

Damit der Staat seiner Verpflichtung, der Bevölkerung gewisse Güter und Leistungen unentgeltlich zugänglich zu machen, nachkommen kann, benötigt er finanzielle Ressourcen. Die in dieser Hinsicht anfallenden Kosten werden zu einem großen Teil durch die Steuereinnahmen der Bürger gedeckt.[522] Die Steuerpflichtigkeit eines Bürgers ist an dessen Einkommen gekoppelt. Einkommensschwache Bürger, deren Einkommen eine rechtlich normierte Grenze nicht überschreitet, sind von der Verpflichtung, Steuern zu zahlen, ausgenommen. Eine zusätzliche finanzielle Belastung armer Bevölkerungsschichten wird somit vermieden. Dies ändert nichts an ihren Rechtsansprüchen.

Die Normierung eines unentgeltlichen Zugangs zu Gütern/Leistungen untersagt die Erhebung von Gebühren, die über die grundsätzliche Steuerpflicht hinausgehen. Dieser Zugang wird als so elementar eingestuft, dass er allen offenstehen soll, auch finanziell bedürftigen Menschen, die keine zusätzlichen Zahlungen aufbringen

520 Vgl. Art. 4 IPbürgR/ IPwirtR sowie die bereits erwähnten Schrankenregelungen.
521 Selbst in Fällen des öffentlichen Notstands gibt es Rechte, die nicht außer Kraft gesetzt werden dürfen, vgl. Art. 4 II IPbürgR.
522 Beiter, S. 490; Special Rapporteur on the Right to Education, UN Doc. E/CN.4/2000/6, § 52.

können. Zwar könnte zur Entlastung einkommensschwacher Bürger auch im Rahmen der Gebührenerhebung an die Einführung von Ausnahmeregelungen gedacht werden. Neben notwendigen finanziellen Investitionen, um eine solche Regelung umzusetzen, würde der damit einhergehende steigende bürokratische Aufwand nach Meinung von Experten allerdings auch die Gefahr willkürlicher Eingriffe erhöhen.[523]

Wie in Kapitel III dargestellt, sind Staaten gemäß Artikel 13 IIa) IPwirtR verpflichtet, einen unentgeltlichen Zugang zu Grundschulunterricht zu gewähren. Fraglich ist, ob der Begriff der Unentgeltlichkeit lediglich direkte Kosten ausschließt oder ob auch indirekte Kosten erfasst sind. Der Ausschuss differenziert in der Allgemeinen Bemerkung zu Artikel 14 IPwirtR zwischen „direkten Kosten", „anderen direkten Kosten" und „indirekten Kosten".

> „Das Wesen dieses Erfordernisses (die Unentgeltlichkeit) ist unmissverständlich. Das Recht ist ausdrücklich so formuliert, dass die Verfügbarkeit der Grundschulbildung ohne Kosten für das Kind, die Eltern beziehungsweise den Vormund oder Pfleger sichergestellt wird. Von der Regierung, den Kommunen oder der Schule erhobene Gebühren sowie sonstige unmittelbare Kosten stellen ein Hemmnis für den Genuss des Rechts dar und können seine Verwirklichung gefährden. Sie haben außerdem eine starke regressive Wirkung. Indirekte Kosten, wie mitunter fälschlich als freiwillige Beiträge dargestellte Pflichtabgaben für die Eltern oder die Pflicht, verhältnismäßig teure Schuluniformen zu tragen, können in dieselbe Kategorie fallen. Andere indirekte Kosten können vorbehaltlich der fallweisen Prüfung durch den Ausschuss zulässig sein."[524]

Während das Kriterium der Unentgeltlichkeit nur gewahrt werden kann, wenn keine „anderen direkten Kosten" anfallen, können „indirekte Kosten" gegebenenfalls als rechtmäßig anerkannt werden.[525] Zwar fehlt es an einer Definition solcher „anderer indirekten Kosten", jedoch bedarf es dieser nicht, um zu dem Schluss zu gelangen, dass der Ausschuss Bestechungsgelder nicht als zulässig erachten würde, die im Zusammenhang mit dem Zugang zu Grundschulunterricht verlangt werden. Nach Aussagen des Spezialberichterstatters[526] sind alle Gebühren, sei es für die Einschreibung, den Besuch der Schule oder die Abnahme von Prüfungen, unrechtmäßig. Dies gilt ebenso für Gebühren, die zwar nicht als Schulgelder deklariert werden, jedoch für den Kauf von Materialien, das Abhalten außerlehrplanmäßiger Veranstaltungen, die Aufbesserung des Gehalts der Lehrer oder die Erhaltung der

---

523 Special Rapporteur on the Right to Education, UN Doc. E/CN.4/1999/49, § 35, der beide Aspekte aufführt, die Ablehnung jedoch mit den erhöhten zusätzlichen Kosten begründet.

524 Allg. Bemerkung Nr. 11 zu Art. 14 IPwirtR, UN Doc. CESCR E/C.12/1999/4, § 7.

525 Abhängig je nach Entwicklungsstand des Landes sowie den Möglichkeiten der Eltern, die anfallenden Kosten zu tragen. Vgl. Beiter, S. 513.

526 Generell zu den Funktionen von Spezialberichterstattern auf Ebene der VN, s. Berger, in Wolfrum (MPEPIL).

Schulgebäude genutzt werden. Schließlich sind alle direkten Ausgaben für Schulbücher, Materialien, Transport, Essen und Schuluniformen inakzeptabel.[527]

Fraglich ist, ob die Erhebung ungerechtfertigter Kosten per se eine Verletzung des Rechts auf unentgeltlichen Grundschulunterricht begründet. Der Ausschuss spricht in der zuerst zitierten Allgemeinen Bemerkung lediglich von einem Hemmnis, das den Genuss der Rechte und seine Verwirklichung gefährden kann. An anderer Stelle wird er etwas deutlicher:

> „Es besteht eine starke Vermutung der Unzulässigkeit aller Maßnahmen, die das Recht auf Bildung sowie sonstige in dem Pakt niedergelegte Rechte beschneiden würden."[528]

> „Verstöße gegen Art. 13 umfassen beispielsweise das Versäumnis, mit Vorrang eine verpflichtende Grundschulbildung einzuführen, die allen unentgeltlich zur Verfügung steht."[529]

Eine eindeutige Aussage bezüglich einer Verletzung fehlt allerdings auch hier. Eine mögliche Erklärung für die sehr allgemein gehaltene Darstellung bietet der historische Kontext, in dem die Allgemeinen Bemerkungen verfasst wurden. Noch lange nach dem Inkrafttreten des IPwirtR war der Rechtscharakter der wirtschaftlichen, sozialen und kulturellen Rechte stark umstritten. Dieses Verständnis hat sich in den letzten Jahren, insbesondere durch das Inkrafttreten des ZP IPwirtR, stark gewandelt. Die rechtliche Verbindlichkeit der wirtschaftlichen, sozialen und kulturellen Rechte wird heute nicht mehr infrage gestellt. Darüber hinaus würde eine allgemeingültige, eindeutige Positionierung des Ausschusses, wann eine Rechtsverletzung vorliegt, diesem ein Eingehen auf den Einzelfall verwehren. Diese Möglichkeit bewahrt er sich durch offene Formulierungen. Der Wortlaut von Artikel 13 IIa) IPwirtR als auch die Allgemeinen Bemerkungen weisen jedoch deutlich darauf hin, dass ein Amtsträger, der zur Gewährung eines ungerechtfertigten Vorteils auffordert, den unentgeltlichen Zugang zu Grundschulunterricht verhindert. Das Recht eines jeden auf kostenlosen Zugang zu Grundschulbildung wird durch den korrupten Akt der passiven Bestechung verletzt.

Die Tatsache, dass der Zugang zu Grundschulunterricht von der Zahlung ungerechtfertigter Vorteile abhängig gemacht wird, kann möglicherweise auch zu einer Verletzung von Artikel 13 IIa) i.V.m. Artikel 2 II IPwirtR führen. Dies wäre der Fall, wenn die Bestechung zu einer ungerechtfertigten Diskriminierung führt. In vielen Staaten, in denen die Familien das Schulgeld nicht für alle Kinder aufbringen können, werden Jungen bevorzugt in die Schule geschickt.[530] Die De-facto-Diskriminierung gegenüber Mädchen basiert jedoch letztlich auf einer Entscheidung der Eltern und wird nur indirekt durch das Verhalten eines Amtsträgers ausgelöst. Wie bereits in Kapitel V.B.1. dargestellt, können jedoch auch faktisch-mittelbare

---

527 Special Rapporteur on the Right to Education, UN Doc. E/CN.4/2004/45, § 26.
528 Allg. Bemerkung Nr. 13 zu Art. 13 IPwirtR, UN Dok. CESCR E/C.12/1999/10, § 45.
529 Ibid, § 59.
530 Vgl.: Alolo, § 81; Seppänen/Virtanen, S. 32, zitiert aus Boersma, S. 249.

Beeinträchtigungen einen Eingriff darstellen, sofern diese objektiv vorhersehbar sind und somit eine typische Nebenfolge des staatlichen Handelns darstellen. Die Tatsache, dass Familien erhöhte Kosten, vor allem wenn diese sowohl in der Summe als auch in der Frequenz unvorhersehbar sind, nur zu einem gewissen Maß stemmen können und dies insbesondere in Entwicklungs- und Schwellenländern zu einer Bevorzugung der Jungen/Männer führt, ist sowohl objektiv vorhersehbar als auch eine typische Nebenfolge. Da ein ausreichender Bezug zur Rechtsverletzung vorliegt, ist eine solche zu bejahen. Die De-facto-Diskriminierung gegenüber Mädchen wurde auch vom Ausschuss für wirtschaftliche, soziale und kulturelle Rechte als eine Verletzung von Artikel 13 IPwirtR eingestuft.[531]

In Kapitel III A.1. wurde eine Vielzahl weiterer Konstellationen dargestellt, in denen der Akt der Bestechung den unentgeltlichen Zugang zu Gütern/Leistungen beeinträchtigt. Für die normative Bewertung macht es keinen Unterschied, in welcher Garantie die Unentgeltlichkeit normiert ist. Sofern sich der Staat zur unentgeltlichen Gewährleistung des Zugangs verpflichtet hat, liegt auch in diesen Fällen eine Verletzung durch Korruption vor, wenn die Gewährung von Vorteilen zur Voraussetzung für die Inanspruchnahme des Rechtes wird. Ob die unentgeltliche Gewährung expliziert festgeschrieben ist oder sich implizit aus dem Inhalt des Rechtsschutzes ergibt, ist für das Vorliegen einer Rechtsverletzung durch Korruption nicht von Bedeutung.

2. Zusätzliche Zahlungen für kostenpflichtige Leistungen

Die Aufforderung zur Vorteilsgewährung kann auch dann zu einer Beeinträchtigung führen, wenn zu bereits offiziell veranschlagten Summen weitere inoffizielle Kosten erhoben werden. Die Frage einer möglichen Rechtsverletzung wird im Folgenden zunächst anhand des normativen Inhaltes des Rechts auf Freizügigkeit (Artikel 12 IPbürgR), des Rechts auf ein Höchstmaß an Gesundheit (Artikel 12 IPwirtR) sowie des Rechts auf Informationsfreiheit (Artikel 19 III IPbürgR) beispielhaft erörtert. Im Anschluss wird auf die Problematik sogenannter Beschleunigungszahlungen eingegangen.

a. *Recht auf Freizügigkeit*

Gemäß Artikel 12 II IPbürgR ist der Heimatstaat eines Individuums verpflichtet, diesem auf Antrag einen Reisepass auszustellen.[532] Eine Verweigerung, Reisedokumente auszustellen, die nicht nach Artikel 12 III IPbürgR gerechtfertigt ist, wurde

531 Allg. Bemerkung Nr. 13 zu Art. 13 IPwirtR, § 59.

532 Allg. Bemerkung Nr. 27 zu Art. 12 IPbürgR, UN Dok. CCPR/C/217Rev.I 7 Add.9, § 9 (2.11.1999). Die Anerkennung der positiven Pflicht des Staates, Reisedokumente auszustellen, war Folge einer Mehrzahl von Fällen, in denen Staatsbürger von Uruguay, dic im Exil lcbtcn, sich gegen die Verweigerung des Heimatstaates, die Dokumente auszustellen, beklagten (die sog. „Passport-Cases"), Nowak, S. 268, Rn. 19.

vom Menschenrechtsausschuss bereits mehrmals als eine Verletzung von Artikel 12 IPbürgR deklariert.[533] Die Bestechung ist offensichtlich unter keinen der aufgeführten Rechtfertigungsgründe subsumierbar und stellt daher eine Verletzung des Rechtes auf Freizügigkeit dar. Da das Aufstellen einer rechtswidrigen Bedingung eine ungerechtfertigte Verweigerung der rechtmäßigen Ausstellung der Dokumente impliziert, begründet die Verwirklichung des Deliktes der passiven Bestechung einen Eingriff in Artikel 12 IPbürgR. Ob die Erkenntnis, dass Bestechungsforderungen, die zusätzlich zu den offiziellen Gebühren verlangt werden, eine Rechtsverletzung darstellen können, allgemeine Gültigkeit aufweist, wird anhand der folgenden Ausführungen untersucht.

b. Recht auf ein Höchstmaß an Gesundheit

Die Definition des Höchstmaßes an Gesundheit variiert je nach Ort und Zeit. Die Entwicklung medizinischer Technologien und neuer Medikamente verändert kontinuierlich den Maßstab, an dem das Höchstmaß an Gesundheit gemessen wird.[534] Darüber hinaus erkennt der Ausschuss für wirtschaftliche, soziale und kulturelle Rechte an, dass die konkrete Beschaffenheit der medizinischen Einrichtungen und ärztlichen Betreuungsdienste von zahlreichen Faktoren, einschließlich dem Entwicklungsstand des Staates, abhängt.[535]

Der Akt der Bestechung schränkt Menschenrechte insbesondere hinsichtlich der wirtschaftlichen Zugangsmöglichkeit ein.[536] Die diskriminierungsfreie wirtschaftliche Zugänglichkeit ist ein Kriterium, das auf alle einen Aspekt der Daseinsvorsorge regulierenden Rechte des IPwirtR Anwendung findet.[537] Die Allgemeinen Bemerkungen des Ausschusses zur wirtschaftlichen Zugänglichkeit von medizinischen Einrichtungen und Nahrung, ein Aspekt des Rechts auf einen angemessenen Lebensstandard nach Artikel 11 IPwirtR, der mit dem Recht auf Gesundheit in engem Zusammenhang steht, bleiben vage.

> „Medizinische Einrichtungen müssen für alle erschwinglich sein."[538]

---

533 *Bwalya vs. Zambia*, Communication No. 314/1988, § 6.5; *Kalenga vs. Zambia*, Communication No. 326/1988, § 6.4, s. Nowak, S. 269, Rn. 21.

534 Vgl. Allg. Bemerkung Nr. 14 zu Art. 12 IPwirtR, UN Doc. CESCR E/C.12/2000/4, § 10: „Seit der Verabschiedung der beiden Internationalen Pakte hat der Begriff der Gesundheit substanzielle Veränderungen durchlaufen und wird umfassender gedeutet."

535 Ders., § 12a).

536 Der Aspekt der Zugangsmöglichkeit wird meistens nochmals in die physische und wirtschaftliche Zugangsmöglichkeit unterteilt.

537 Vgl. die unter Art. 11 IPwirtR in Bezug auf einen angemessenen Lebensstandard normierten Rechte (Ernährung, Trinkwasser und Unterkunft), sowie Art. 12 IPwirtR. bzgl. des Diskriminierungsverbotes s. Allg. Bemerkung Nr. 12 zu Art. 11 IPwirtR, UN Doc. E/C.12/1999/5, § 13.

538 Allg. Bemerkung Nr. 14 zu Art. 12 IPwirtR, UN Doc. E/C.12/2000/4, § 12 b (iii).

„Wirtschaftlicher Zugang bedeutet, dass die mit dem Erwerb von Nahrungsmitteln für eine angemessene Ernährung verbundenen finanziellen Aufwendungen einer Person oder eines Haushalts nicht so hoch sein sollen, dass die Befriedigung anderer grundlegender Bedürfnisse gefährdet oder beeinträchtigt wird."[539]

Es wird weder konkretisiert, ab wann nicht mehr von „erschwinglich" gesprochen werden kann, noch wie sich eine Gefährdung oder Beeinträchtigung grundlegender Bedürfnisse darstellt. Betrachtet man lediglich den Aspekt der wirtschaftlichen Zugänglichkeit ohne eine Bewertung der diskriminierenden Wirkung, ist trotz der Erkenntnis, dass Bestechungsforderungen die wirtschaftliche Zugänglichkeit verhindern können, keine generelle Aussage darüber möglich, ab wann dies in einer Rechtsverletzung resultiert. Neben den Staatenverpflichtungen, gekoppelt an die vorhandenen Ressourcen, muss berücksichtigt werden, in welchen Verhältnissen die Person lebt, die mit der Forderung eines ungerechtfertigten Vorteils konfrontiert wird. Je schlechter die finanzielle Lage der betroffenen Person, desto höher ist die Wahrscheinlichkeit, dass der wirtschaftliche Zugang durch den Bestechungsakt verhindert oder beeinträchtigt wird und eine Menschenrechtsverletzung dementsprechend vorliegt. Einschränkungen der wirtschaftlichen Zugänglichkeit durch Bestechung stellen folglich nicht zwingend eine Rechtsverletzung dar.

Während die wirtschaftliche Zugangsmöglichkeit von der individuellen Situation der betroffenen Person abhängt, sind Diskriminierungen hinsichtlich des Zugangs generell verboten. Fraglich ist, was in diesem Zusammenhang von den Staaten erwartet wird. Stellt bereits der Einzelfall einer Diskriminierung eine Rechtsverletzung dar oder kommt der Staat seinen Verpflichtungen erst dann nicht nach, wenn er es unterlässt, Maßnahmen zu ergreifen, die einer Diskriminierung auf genereller Ebene entgegenwirken? Im Rahmen der beispielhaften Nennung von „Verletzungen" in Bezug auf die Pflicht zur Achtung des Rechts auf Gesundheit führt der Ausschuss für wirtschaftliche, soziale und kulturelle Rechte aus:

„Verletzungen der Achtungspflicht umfassen solche staatliche Handlungen, politische Richtlinien oder Gesetze, die den in Art. 12 des Paktes aufgestellten Normen zuwiderlaufen und die zu körperlichen Schäden, unnötigen Erkrankungen und vermeidbarer Sterblichkeit führen können. Beispiele sind die Verweigerung des Zugangs zu medizinischen Einrichtungen und ärztlicher Betreuung als Resultat von de jure oder de facto Diskriminierung von bestimmten Individuen oder Gruppen (...)."[540]

Voraussetzung einer Rechtsverletzung ist folglich immer das Vorliegen einer Gefahr eines gesundheitlichen Schadens. Liegt eine solche vor, stellt die diskriminierende Verweigerung des Zugangs zu medizinischer Behandlung eine Rechtsverletzung dar. Da Bestechungsforderungen den Zugang zu medizinischen Einrichtungen je nach individueller Lage durchaus vollständig versperren können, ist eine Zugangsverweigerung in diesen Fällen gegeben. Personen, die den Bestechungsforderungen

539 Allg. Bemerkung Nr. 12 zu Art. 11 IPwirtR, UN Doc. E/C.12/1999/5, § 13.
540 Allg. Bemerkung Nr. 14 zu Art. 12 IPwirtR, UN Doc. E/C.12/2000/4, § 50.

nicht nachkommen können oder wollen, werden durch den daraus resultierenden Ausschluss von medizinischer Versorgung de facto diskriminiert.

Die explizite Nennung der Möglichkeit einer Rechtsverletzung sowohl im Rahmen von De-jure- als auch von De-facto-Diskriminierungen lässt darauf schließen, dass die gesetzliche Regulierung von De-jure-Diskriminierungen nicht ausreicht, um den Verpflichtungen zur Achtung des Rechts auf Gesundheit gerecht zu werden. Neben einer Pflichtverletzung durch das Unterlassen von Regelungen auf gesetzlicher Ebene kann auch die De-facto-Diskriminierung im Einzelfall eine Rechtsverletzung darstellen. Diese Wertung kann auf die weiteren, einen Aspekt der Daseinsvorsorge regulierenden Menschenrechte des IPwirtR übertragen werden. Die Frage, inwiefern aufgrund der diskriminierenden Wirkung von Bestechungsakten generell von einer Rechtsverletzung gesprochen werden kann, wird im nächsten Unterpunkt (Kapitel V.3.) ausführlich behandelt.

c. *Recht auf Informationsfreiheit*

Ähnlich wie das in Artikel 12 II IPbürgR normierte Recht auf Freizügigkeit unterliegt auch das Recht auf Informationsfreiheit gemäß Artikel 19 III IPbürgR Einschränkungen. Da die Verwirklichung der passiven Bestechung jedoch nie eine rechtmäßige Rechtfertigung zur Einschränkung der Menschenrechte darstellt, gilt für eine Verletzung der Informationsfreiheit dasselbe wie für das Recht auf Freizügigkeit. Eine Verletzung von Artikel 19 II IPbürgR durch den Akt der Bestechung ist begründet, wenn die Gewährung unrechtmäßiger Vorteile zur Bedingung der Rechtsausübung wird.

d. *Beschleunigungszahlungen*

Der Bestechungsakt kann dazu dienen, Prozesse zu beschleunigen. Diesbezüglich gilt zu unterscheiden, ob der Amtsträger Vorteile annimmt, die er als Bedingung dafür eingefordert hat, dass er einen rechtlichen Prozess in Gang bringt oder ob es sich um Vorteile handelt, die der Bürger aus freien Stücken gewährt, um hinsichtlich des Ablaufs von Prozessen eine privilegierte Stellung zu erlangen.[541] Im letzten Fall liegt eindeutig keine Verletzung der Rechte des Bürgers vor, der dem Amtsträger Vorteile gewährt hat. Mangels eines Anspruches auf eine Bevorzugung fehlt es an einem Eingriff. Da die Frage eines Verstoßes gegen das Diskriminierungsverbot in Kapitel V.3. behandelt wird, ist an dieser Stelle auf die dortigen Ausführungen zu verweisen.

Fraglich ist, wie die zuerst geschilderte Konstellation normativ zu bewerten ist. In dieser Hinsicht muss unterschieden werden, ob der Bürger einen Anspruch darauf hat, dass der Amtsträger sich in einem gewissen Zeitrahmen mit der Sache befasst oder nicht. Sofern kein Anspruch besteht, gewähren die Menschenrechte keinen generellen Schutz vor dem korrupten Agieren eines Amtsträgers. Die Aufforderung

---

541 Die Umgehung von Warteschlangen durch Bestechungszahlungen ist ein in diesem Zusammenhang bekanntes Beispiel.

zur Vorteilsgewährung kann in diesen Konstellationen nur unter dem Aspekt der Diskriminierung eine Menschenrechtsverletzung begründen[542] oder aufgrund einer eingeschränkten Verfügbarkeit von Leistungen, die eine staatliche Institution erbringen muss. Der Fall einer eingeschränkten Verfügbarkeit liegt beispielsweise vor, wenn die Tatsache, dass ein Arzt korrupt agierenden Personen vorrangig versorgt, dazu führt, dass eine medizinische Behandlung der Patienten, die keine Bestechungsgelder bezahlen, ausbleibt. Die Zahlung von Bestechungsgeldern wird so zu einer indirekten Voraussetzung dafür, in den Genuss staatlich zu erbringender Leistungen zu kommen.

Um beurteilen zu können, inwiefern in derartigen Konstellationen eine Verletzung von Menschenrechten durch Korruption vorliegt, ist zwischen den Rechten des IPbürgR und denen des IPwirtR zu differenzieren. Während der Zugang zu Institutionen dem Bürger nach dem IPbürgR grundsätzlich unentgeltlich zu gewährleisten ist, stellt der kostenfreie Zugang im IPwirtR eine Ausnahme dar. Hinsichtlich der Beeinträchtigung solcher Garantien, die den unentgeltlichen Zugang zu Gütern und Leistungen normieren, ist auf V.C.1. zu verweisen. Eine Verletzung dieser Rechte durch Korruption ist gegeben, unabhängig davon, ob die Vorteile zur Beschleunigung von Prozessen oder aus anderen Gründen gewährt werden. Hinsichtlich der Garantien, die keinen kostenfreien Zugang voraussetzen, sind die Staaten verpflichtet, die Erschwinglichkeit des Zugangs zu Leistungen und Güter zu wahren. In dieser Hinsicht kann auf das im Rahmen des Rechts auf Gesundheit Gesagte verwiesen werden (V.C.2.b).

Anders gestaltet sich die normative Bewertung, wenn eine Rechtsgarantie explizit festlegt, dass Prozesse in einem gewissen Zeitrahmen stattfinden müssen. Artikel 14 IIIc) IPbürgR normiert, dass gegen den Angeklagten ohne unangemessene Verzögerung ein Urteil ergehen muss.[543] Das Kriterium „ohne unangemessene Verzögerung" bezieht sich nicht nur auf das Urteil selbst, sondern muss in allen Stadien eines Prozesses gewährleistet werden.[544] Der Angeklagte, der sich einer Bestechungsforderung als Bedingung dafür ausgesetzt sieht, dass ein gerichtliches Verfahren nach den vorgeschriebenen Kriterien abläuft, ist in seinem Recht nach Artikel 14 IIIc) verletzt. Eine Zahlungsaufforderung zur Beschleunigung stellt folglich dann eine Verletzung dar, wenn die Rechtsgarantie gewisse Maßstäbe für den Prozess normiert.

In der Kategorie „zusätzliche Zahlungen für kostenpflichtige Leistungen" kann eine Menschenrechtsverletzung durch Bestechung weder generell bejaht noch verneint werden. Während eine Verletzung des Rechts auf Freizügigkeit und des Rechts auf Informationsfreiheit durch die passive Bestechung bejaht wurde, sind die

---

542 Diesbzgl. s. Kapitel V.3.

543 Die Bezugnahme auf einen zeitlichen Rahmen erfolgt auch in Art. 14 IIIa) IPbürgR, der festlegt, dass der Angeklagte unverzüglich in einer ihm verständlichen Sprache über Art und Grund der gegen ihn erhobenen Anklage zu unterrichten ist.

544 Allg. Bemerkung Nr. 13 zu Art. 14 IPbürgR, § 10.

Einzelumstände der betroffenen Person entscheidend, wenn es um eine Verletzung des Rechts auf Gesundheit oder des Rechts auf einen angemessenen Lebensstandard geht. Für die Bewertung einer Menschenrechtsverletzung durch Korruption im Fall der Beschleunigungszahlungen ist einerseits zu unterscheiden, woran eine Verletzung festgemacht wird, und andererseits, ob ein Anspruch auf unentgeltlichen Zugang oder auf die Vornahme einer Handlung in einem bestimmten Zeitrahmen besteht.

3. Willkürliche Entscheidungen

Sofern Bestechungshandlungen zu einer Bevorzugung der Personen führen, die Vorteile anbieten oder gewähren, bleibt eine Orientierung an objektiven Kriterien aus. Das Verbot der Diskriminierung ist daher in vielen Fällen korrupter Handlungen beeinträchtigt.[545] Während in Kapitel III nur willkürliche Entscheidungen auf justizieller Ebene thematisiert wurden, geht es im Folgenden um jegliche, in den Menschenrechtspakten normierten Aspekte des Verbots der Diskriminierung. Dieses wird auf genereller Ebene in den Generalklauseln aufgegriffen als auch gemäß Artikel 26 IPbürgR normiert. Das Gebot der richterlichen Unparteilichkeit nach Art. 14 I IPbürgR weist einen speziellen Aspekt des Diskriminierungsverbotes auf.

a. Generelles Diskriminierungsverbot – Art. 2 I IPbürgR/2 II IPwirtR

Der Begriff der Diskriminierung ist in keinem der Internationalen Menschenrechtspakte definiert. Eine Definition findet sich allerdings in Artikel 1 des Übereinkommens zur Beseitigung jeder Form der Rassendiskriminierung,[546] auf die der Menschenrechtsausschuss ausdrücklich Bezug nimmt.[547] Diese umschreibt eine diskriminierende Handlung wie folgt:

> „Jede Unterscheidung, Ausschließung, Beschränkung oder Bevorzugung (...)“[548]

Die Liste der Gründe, auf der eine Diskriminierung in Artikel 2 I IPbürgR/2 II IPwirtR beruhen kann, ist nicht abschließend. Jede Form der Diskriminierung, die zum Ziel oder zur Folge hat, dass ein gleichberechtigtes Anerkennen, Genießen oder

545 Keines der in den IP normierten Diskriminierungsverbote ist dahingehend auszulegen, dass die Inanspruchnahme der Rechte und Freiheiten unter gleichen Bedingungen in allen Fällen eine identische Behandlung bedeutet. Sofern sich eine Ungleichbehandlung auf sinnvolle und objektive Kriterien stützt und der verfolgte Zweck im Hinblick auf den Pakt rechtmäßig ist, liegt keine Diskriminierung vor, vgl. Allg. Bemerkung IPbürgR Nr. 18, §§ 8, 13.

546 BGBl. 1969 II S. 961.

547 Allg. Bemerkung zum Gleichheitsprinzip Nr. 18 IPbürgR, § 6.

548 Da sich das Verbot der Diskriminierung im IPwirtR nicht von derjenigen des IPbürgR unterscheidet, ist die Definition auch auf die Gewährleistung der wirtschaftlichen, sozialen und kulturellen Rechte übertragbar. Das Übereinkommen zur Beseitigung jeder Form von Diskriminierung der Frau verzichtet bei der Definition der Diskriminierung auf die Nennung der „Bevorzugung“.

Ausüben von Menschenrechten vereitelt oder beeinträchtigt wird, ist verboten.[549] Die Inanspruchnahme der Rechte und Freiheiten unter gleichen Bedingungen impliziert allerdings keine identische Behandlung aller Fälle.[550] Eine Diskriminierung liegt nur vor, wenn die Ungleichbehandlung nicht auf sinnvolle und objektive Kriterien gestützt und der verfolgte Zweck nicht rechtmäßig ist.[551] Wie bereits erörtert, ist die Rechtfertigung einer auf einem korrupten Akt beruhenden Diskriminierung ausgeschlossen. Weder sind sinnvolle und objektive Kriterien maßgeblich für die ungleiche Behandlung, noch verfolgt diese ein rechtmäßiges Ziel.

Die Verwirklichung der Bestechung führt zumindest in der Folgewirkung in den meisten Fällen zu einer diskriminierenden Wirkung. Selbst wenn diese nicht beabsichtigt war, steht die Gewährung und Annahme eines ungerechtfertigten Vorteils einer gleichen Behandlung aller Personen entgegen. In diesem Zusammenhang ist die frühe Verwirklichung des Tatbestandes der Bestechung zu beachten. Diese liegt bereits vor, wenn der Vorteil eingefordert, jedoch nicht gewährt wurde, oder wenn trotz des Angebots der Vorteilsgewährung eine Annahme ausbleibt.[552] Ein Verstoß gegen das Diskriminierungsverbot ist in diesen Konstellationen nicht zwingend, da die infrage stehende Gegenleistung ausbleiben kann. Ein Eingriff in das Verbot der Diskriminierung setzt voraus, dass ein Amtsträger sich tatsächlich dazu entscheidet, aufgrund des Vorteils (irrelevant, ob er diesen erlangt hat oder nicht) eine ungerechtfertigte Unterscheidung, Ausschließung, Beschränkung oder Bevorzugung vorzunehmen.

Die Verletzung der generellen Diskriminierungsverbote nach Artikel 2 I IPbürgR/2 II IPwirtR setzt immer voraus, dass eine diskriminierende Entscheidung in Bezug auf ein normiertes Rechtsgut vorliegt, da es sich nicht um selbstständige Verbote handelt. Beispielhaft wird das Versammlungsrecht aufgeführt. Die diskriminierungsfreie Ausübung des Versammlungsrechts gemäß Artikel 21 I i.V.m. Artikel 2 I IPbürgR ist verletzt, wenn dieses nur gegenüber solchen Gruppen anerkannt wird, die bereit und in der Lage sind, vor der Veranstaltung einer Versammlung Vorteile an einen Amtsträger zu gewähren. Der Eingriff in das Rechtsgut liegt in dem ungerechtfertigten Verbot gegenüber den Gruppen begründet, die nicht auf die Bestechungsforderungen eingehen. Einschränkungen des Rechts zur Abhaltung friedlicher Versammlungen sind nur gerechtfertigt, wenn sie den Anforderungen des Artikel 21 S. 2 IPbürgR genügen. Die Voraussetzung der Zahlung von Bestechungsgeldern, damit eine Versammlung zugelassen wird, stellt eine ungerechtfertigte Einschränkung dar. Da die Bestechungshandlung ein Verbot impliziert, wenn ihr nicht Folge geleistet wird und daher eine ungerechtfertigte Einschränkung des

549 Vgl. IPbürgR Allg. Bemerkung Nr. 18, 10.11.1989. In anderen Worten sind sowohl Fälle der direkten als auch der indirekten Diskriminierung verboten.

550 Ders., § 8.

551 Ders., § 13.

552 Bestechungsdelikte sind jedoch nicht verwirklicht, wenn der Beamte den Vorteil erhält, die beeinflusste Handlung aber unterlässt.

Rechtsgehalts darstellt, begründet der korrupte Akt in diesem Fall eine Rechtsverletzung. Diese normative Bewertung ist auf Rechte des IPbürgR übertragbar, die primär auf den Schutz von Handlungsfreiheiten abzielen. Der Staat ist über die Pflicht zur Achtung immer zu einer diskriminierungsfreien Verwirklichung des Rechtsschutzes verpflichtet. Das Gleiche gilt für Freiheitsrechte des IPwirtR, wie beispielsweise das Recht gemäß Artikel 8 Ia) IPwirtR zur Bildung von Gewerkschaften.

Die Ausführungen zur diskriminierenden Zugangsverweigerung im Rahmen des Rechts auf Gesundheit haben gezeigt, dass auch die Garantien, bei denen der diskriminierungsfreie Zugang zu staatlichen Leistungen und Gütern im Vordergrund steht, durch den Akt der Bestechung verletzt werden können.[553]

Fraglich ist, inwiefern die aufgrund der Verwirklichung eines Bestechungsdeliktes entstandene Gefahr einer Diskriminierung eine Menschenrechtsverletzung begründen kann.[554] Unter gewissen Umständen kann auch eine Gefährdung der Menschenrechte eine Verletzung darstellen. Dies stellt jedoch die Ausnahme, nicht die Regel dar. Da letztendlich an die Gefahr gewisse Voraussetzungen geknüpft werden, damit diese als Verletzung angesehen wird und nicht an die Umstände, die zu dieser geführt haben, kann nur anhand des Einzelfalls entschieden werden, ob eine Rechtsverletzung vorliegt.

b. Autonomes Diskriminierungsverbot – Art. 26 IPbürgR

Das in Artikel 26 IPbürgR normierte Recht auf gleichen Schutz vor dem Gesetz und durch das Gesetz kann ohne den Bezug auf eine normierte Rechtsgarantie verletzt sein. Es übernimmt daher nicht die bereits in Artikel 2 IPbürgR gewährte Garantie.

Artikel 26 IPbürgR untersagt jede rechtliche und faktische Diskriminierung in jedem durch die öffentliche Gewalt geregelten und geschützten Bereich.[555] Um zu analysieren, inwiefern eine Bestechungshandlung eine Verletzung der in Artikel 26 IPbürgR normierten Ansprüche begründen kann, ist zwischen dem Recht auf gleichen Schutz vor dem Gesetz und dem Recht auf gleichen Schutz durch das Gesetz zu unterschieden. Während sich das Recht auf gleichen Schutz vor dem Gesetz auf Handlungen oder Unterlassungen der ausführenden Gewalt bezieht, ist die Legislative Adressat des Rechts auf gleichen Schutz durch das Gesetz.

---

553 S. Kapitel V.C.2.b).

554 Die Problematik der vorgelagerten Verwirklichung des Bestechungsdeliktes in Bezug auf eine mögliche Menschenrechtsverletzung wird in den meisten Fällen verkannt. „By definition, corruption has both a discriminatory purpose and a discriminatory effect.", ICHRP (2009), S. 32; „There is a violation of the rights in question because equal cases are treated in a different manner and the difference in treatment results from a bribe, which is certainly not an objective and reasonable justification. (...) Inequality and discrimination are almost a necessary consequence of corruption.", Terracino (ICHRP), S. 11, 13. Der diskriminierende Effekt korrupter Handlungen wird häufig als ausschlaggebendes Argument für eine Menschenrechtsverletzung aufgeführt.

555 Allg. Bemerkung Nr. 18 zu Art. 2 I/Art. 26 IPbürgR, § 12.

Unter Berücksichtigung der Tatsache, dass Artikel 26 IPbürgR ein unabhängiges Recht auf Gleichheit darstellt, kann in Bezug auf eine Verletzung des Rechts auf gleichen Schutz vor dem Gesetz durch Korruption auf die Ausführungen unter a) verwiesen werden. Handlungen der Exekutive und der Judikative, die von Bestechungsdelikten beeinflusst wurden und aus diesem Grund die korrupt agierende Person bevorzugen, verstoßen gegen das Recht auf gleichen Schutz vor dem Gesetz. Anders gestalten sich die Fälle, in denen das Recht auf gleichen Schutz durch das Gesetz aufgrund von Bestechungshandlungen verletzt sein könnte. Der Anspruch auf gleichen Schutz durch das Gesetz legt dem Staat positive sowie negative Verpflichtungen auf.[556] Einerseits dürfen keine diskriminierenden Gesetze erlassen werden, andererseits müssen die gültigen Gesetze so ausgestaltet sein, dass sie Diskriminierung gesetzlich verbieten und einen Beitrag zum Schutz vor der Diskriminierung per Gesetz leisten.[557] Unabhängig davon, ob die positiven oder die negativen Pflichten der Staaten betroffen sind, kann ein Eingriff in das Recht auf gleichen Schutz durch das Gesetz nur in dem Erlass eines Gesetzes oder dem Ausbleiben eines solchen liegen.[558] Da die Legislative Adressat des Rechtsschutzes ist, bezieht sich der Beschwerdegegenstand immer auf einen Akt der Gesetzgebung. Zwar kann der Akt der Bestechung den Gesetzgebungsprozess maßgeblich manipulieren und somit kausal für das Zustandekommen des Gesetzes sein, der unmittelbare Eingriff in Artikel 26 IPbürgR ist jedoch an der Ausgestaltung der Gesetze festzumachen. Motive und Umstände, durch die der Gesetzgebungsprozess beeinflusst wurde, werden für die Frage einer Rechtsverletzung irrelevant. In der Korruption selbst liegt daher kein Eingriff in Artikel 26 IPbürgR.

c. Spezielles Diskriminierungsgebot – Art. 14 I 1 IPbürgR

Artikel 14 I IPbürgR stellt eine spezifische Ausprägung des Diskriminierungsverbotes dar. Neben der expliziten Nennung der Gleichheit aller Menschen vor dem Gericht in Artikel 14 I 1 IPbürgR spiegelt auch der Grundsatz des unparteiischen Gerichtes den Gedanken der gleichen Behandlung der Parteien wider.

Eine positive Korrelation des Korruptionsniveaus in einer Gesellschaft mit dem Korruptionsniveau der Justiz wurde bereits durch mehrere Studien aufgezeigt.[559] Eine generelle Beeinflussung reicht allerdings nicht aus, um einen ungerechtfertigten Eingriff in Artikel 14 IPbürgR zu begründen. Es stellt sich auch an dieser Stelle die Frage, ob die Bestechung in individuellen Konstellationen eine Verletzung von Artikel 14 IPbürgR begründen kann.

---

556 Nowak, S. 607 Rn. 17.

557 Ibid. Das Verbot der Diskriminierung gemäß Art. 26 S. 2 IPbürgR ist der negative Aspekt des Rechts auf gleichen Schutz durch das Gesetz.

558 Da offensichtlich ist, dass kein Gesetz die Verwirklichung eines Deliktes als Voraussetzung für die Gewährleistung eines gesetzlichen Anspruches normieren würde, wird diese Konstellation nicht näher erörtert.

559 Ders., S. XX.

Sofern die Entscheidung eines Richters durch die Verwirklichung der aktiven und/oder passiven Bestechung beeinflusst wurde, liegt immer eine Verletzung des Rechts auf Gleichheit vor. Die korrupt agierende Person wird gegenüber den anderen involvierten Parteien bevorzugt. Da der gemäß Artikel 14 I IPbürgR gewährte Schutz sich auf die Unabhängigkeit der Justiz stützt, stellt bereits die Verwirklichung des Bestechungsdeliktes und nicht erst ein willkürlich gefälltes Urteil einen Eingriff dar. Für einen Verstoß gegen das Recht auf Gleichheit vor dem Gericht ist es nicht zwingend notwendig, dass ein Richter in die Bestechung verwickelt ist.

Gemäß Artikel 14 I IPbürgR muss die gesamte Justiz unabhängig und unparteiisch agieren. Die Missachtung von Entscheidungskompetenzen durch sonstige, auf Ebene der Justiz tätige Beamte, die sich auf die Gleichheit vor dem Gericht auswirken kann, stellt in gleicher Weise eine Verletzung von Artikel 14 I IPbürgR dar. In derartigen Fällen der Tatbestandsverwirklichung ist es irrelevant, ob der Betroffene direkt in die Handlungen verwickelt ist oder nicht. Sein Recht auf eine unabhängige und unparteiische Justiz ist auch dann verletzt, wenn Dritte innerhalb der Gerichte korrupt agieren.

Handelt es sich um ein Verfahren des Strafprozesses, ist auch das Recht des Angeklagten, bis zum erbrachten Beweis seiner Schuld als unschuldig zu gelten (Artikel 14 II IPbürgR), durch den Akt der Bestechung verletzt. Ziel und Zweck der Vorschrift, den Angeklagten vor voreiligen Anschuldigungen zu schützen, bevor diese in einem gesetzlichen Verfahren bewiesen werden konnten, läuft leer, wenn aufgrund des Bestechungsaktes bereits zu Beginn ein Schuldiger feststeht, ohne das Urteil auf objektive Fakten stützen zu können.

Fraglich ist, inwiefern eine durch Bestechung beeinflusste Richterernennung eine Verletzung von Artikel 14 I IPbürgR begründet. Der Akt der Bestechung kann den Prozess der Ernennung eines Richters maßgeblich beeinflussen, indem ungerechtfertigte Vorteile und nicht objektive, transparente Kriterien maßgeblich für eine Entscheidung sind.[560] Die Bestechung alleine führt jedoch nicht dazu, dass ein Gericht nicht mehr unabhängig agiert. Vielmehr setzt dies voraus, dass eine oder mehrere Personen in dem für die Wahl zuständigen Gremium sich durch die ungerechtfertigten Vorteile leiten lassen. Dieser Aspekt ist jedoch vom Schutzgehalt von Artikel 14 I IPbürgR nicht erfasst. Die maßgebliche Verletzungshandlung ist eine anhand objektiver Kriterien nicht nachvollziehbare Richterernennung. Der Akt der Bestechung stellt daher keine Verletzung von Artikel 14 I IPbürgR dar.

4. Missachtung gesetzlicher Vorgaben

Die Verwirklichung von Bestechungsdelikten kann dazu führen, dass weitere Gesetze als die strafrechtliche Norm nicht mehr beachtet werden. Die im Folgenden aufgegriffenen Rechte wurden bis auf einige wenige Ausnahmen bereits unter III. A.4. thematisiert.

560 Bspw. nachweisbare Fähigkeiten, Erfahrung, Dienstalter etc.

a. *Menschenhandel*

Verstöße gegen das in Artikel 8 IPbürgR hineingelesene Verbot des Menschenhandels resultieren in den meisten Fällen nicht aus Akten öffentlicher Gewalt. Der Handel mit Personen wird in den meisten Fällen durch private Individuen oder Gruppen praktiziert.[561] Vom Staat wird daher in erster Linie verlangt, seine Bürger vor der Verschleppung durch Private zu schützen. Der Staat kommt der Schutzpflicht auf horizontaler Ebene nach, indem er Gesetze erlässt, die ein Verbot des Menschenhandels normieren und deren effektive Durchsetzung gewährleistet. Fehlende oder unzureichende Schritte im Rahmen der Verhütung, der Bekämpfung oder der polizeilichen Ermittlungen sowie eine Tolerierung von Menschenhandel begründen eine Verletzung der Schutzpflicht. Sofern der Staat sich grundsätzlich für die Eindämmung des Menschenhandels einsetzt, ist es problematisch, bereits den Einzelfall als eine Verletzung von Artikel 8 IPbürgR zu charakterisieren. Selbst wenn man eine solche annimmt, beruht diese nicht auf dem Akt der Bestechung, sondern vielmehr darin, dass der Staat seiner Schutzpflicht nur unzureichend nachkommt.

Die Schutzpflicht verlangt neben der Bekämpfung des Menschenhandels jedoch auch, dass Ursachen und Folgen der Problematik adressiert und untersucht werden.[562] Eine Verletzung des Artikels 8 I IPbürgR ist nicht ausgeschlossen, wenn der Staat es unterlässt, die Tatsache zu thematisieren, dass Amtsträger durch Korruption elementar zur Ermöglichung von Verschleppung und Ausbeutung von Menschen beitragen können. Sofern Amtsträger in den Menschenhandel involviert sind, ist die Pflicht zur Achtung der Menschenrechte betroffen. Der maßgebliche Anknüpfungspunkt einer Verletzung liegt allerdings auch in einer solchen Konstellation nicht in der Bestechung, sondern in der aktiven Beteiligung des Amtsträgers am Menschenhandel. Die Annahme unrechtmäßiger Vorteile stellt lediglich einen Zwischenschritt dar, der einer Mitwirkung an dem Verbrechen vorgeschaltet ist. Eine Verletzung von Artikel 8 I IPbürgR durch Korruption ist zu verneinen.

b. *Schutz des Briefverkehrs*

Eine bisher nicht thematisierte Konstellation ist ein Eingriff in den gemäß Artikel 17 I IPbürgR normierten Schutz der Privatsphäre. Dieser verbietet willkürliche oder rechtswidrige Eingriffe in den Schriftverkehr einer Privatperson.[563] Ein Amtsträger, der entgegen seiner Vorgaben Briefe öffnet, verletzt Artikel 17 I IPbürgR. Die maßgebliche Eingriffshandlung ist, unabhängig von den Motiven, auf denen diese

561 Die Haltung von Sklaven und die Durchführung von Menschenhandel dient privaten und nicht staatlichen Interessen, vgl. Nowak, S. 196, Rn. 5.

562 Obokata, S. 148 ff.

563 Die Organisation der Post unterscheidet sich von Land zu Land. Die Weiterleitung und Übermittlung der Post wird zum Teil durch staatliche, andernorts durch private Institutionen ausgeführt. Nur sofern die entsprechende Handlung dem Staat zurechenbar ist, weist sie für die folgenden Überlegungen Relevanz auf.

beruht, jedoch nicht die Verwirklichung eines Bestechungsdeliktes. Der Eingriff in Artikel 17 I IPbürgR liegt in dem Öffnen des Briefes oder einer anderweitigen unrechtmäßigen Handlung, die mit dem Schutz der Privatsphäre in Widerspruch steht. Eine Menschenrechtsverletzung durch Korruption ist ausgeschlossen.

5. Aushebeln von Kontrollfunktionen

a. Fehlende Kontrollen am Arbeitsplatz

Artikel 7 IPwirtR verbürgt einen Minimalstandard an gerechten Arbeitsbedingungen. Gemäß Artikel 7b) IPbürgR sind „sichere und gesunde Arbeitsbedingungen" zu gewährleisten. Was dies für die verschiedenen Arbeitsbereiche bedeutet, ergibt sich aus der Bezugnahme auf die einschlägigen ILO-Konventionen.[564] Nach Maßgabe dieser wird die Wahrung gerechter und günstiger Arbeitsbedingungen eine angemessene Qualität in Bezug auf die Arbeitsbedingungen und die Bezahlung sowie einen respektvollen Umgang zwischen Arbeitnehmer und Arbeitgeber verlangt. Da die Mehrheit der Arbeitnehmer bei privaten Arbeitgebern angestellt ist, muss der Schutz von Artikel 7 IPbürgR über eine rein vertikale Wirkung hinaus auch auf horizontaler Ebene Anwendung finden. Dem Staat obliegt es im Rahmen der Schutzpflicht Regelungen zu erlassen, deren Einhaltung zu überprüfen und Mechanismen zu konzipieren, die eine Durchsetzung der Rechte zwischen Arbeitnehmern und Arbeitgebern ermöglichen. Das nationale Recht muss mit den bindenden Standards des internationalen Rechts im Einklang stehen und es ist dafür Sorge zu tragen, dass Arbeitgeber dieses einhalten. Unterlässt der Staat es, diesen Verpflichtungen nachzukommen, kann eine Verletzung des Artikels 7 IPwirtR vorliegen. Eine solche ist jedoch abzulehnen, wenn aufgrund von Bestechung auf die Quantität oder die Qualität der arbeitsschutzrechtlichen Kontrollen Einfluss genommen wird. Der ungerechtfertigte Eingriff liegt in einer den Maßstäben von Artikel 7b) IPwirtR unzureichenden Kontrolle; nicht jedoch in dem Akt der Bestechung.

b. Ungeprüfte Medikamente

Das Recht auf Gesundheit gemäß Artikel 12 IPwirtR beinhaltet, dass der Staat Voraussetzungen schafft, die darauf ausgerichtet sind, eine Vermarktung ungeprüfter Medikamente zu verhindern. Je nachdem, ob für die Zulassung der Medikamente private Unternehmen oder Amtsträger zuständig sind, trifft den Staat eine Pflicht zum Schutz oder zur Achtung des Rechts auf Gesundheit. Sofern die Schutzpflicht des Staates betroffen ist, kann auf das zuvor Gesagte verwiesen werden. In diesem Fall erfüllt der Staat seine Pflicht vor allem durch den Erlass von Gesetzen und der Gewährleistung einer effektiven Durchsetzung der Normen. Ein Eingriff in das

564 Die detaillierten ILO-Standards haben maßgeblich zum Verständnis der relevanten Artikel in den Menschenrechtspakten beigetragen und werden auch heute zu deren Auslegung herangezogen.

Recht auf Gesundheit liegt nicht in der Verwirklichung der Bestechung, sondern in der Vermarktung veralteter oder ungeprüfter Medikamente.

Eine Verletzung von Artikel 12 IPwirtR durch Korruption ist auch abzulehnen, wenn ein Amtsträger für die Kontrolle und die Zulassung von Medikamenten zuständig ist. Der Akt der Bestechung kann die Zulassung ungeprüfter Medikamente zwar beeinflussen. Die maßgebliche Verletzungshandlung liegt jedoch entweder in der unterlassenen Kontrolle der Medikamente oder in der Entscheidung, ungeprüfte Medikamente zu vermarkten. Der Schutzgehalt von Artikel 12 IPwirtR geht nicht soweit, dem Staat aufzuerlegen, wie er reguliert, dass veraltete oder wissenschaftlich nicht zugelassene Medikamenten nicht vermarket werden. Der Amtsträger, der sich bestechen lässt, um Kontrollen zu unterlassen oder diese unsachgemäß auszuführen, macht sich strafbar. Eine Verletzung des Rechts auf Gesundheit liegt nicht vor.

c. Verlust der Neutralität im Rahmen polizeilicher Ermittlungen

Die in Kapitel III dargestellten Konsequenzen beeinflusster polizeilicher Ermittlungen auf das Recht auf Leben und das Recht auf ein Höchstmaß an Gesundheit zeigen, dass die Wahrung durchaus unterschiedlicher Rechte davon abhängen kann, dass polizeiliches Beweismaterial nicht manipuliert wird. Unabhängig davon, welches Rechtsgut betroffen ist, muss eine Menschenrechtsverletzung durch Korruption in derartigen Konstellationen jedoch aufgrund von zwei Aspekten abgelehnt werden. Einerseits existiert kein Menschenrecht, das den Bürger per se vor dem beeinflussten Agieren der Polizei schützt. Andererseits liegt auch in diesem Fall kein Eingriff durch Korruption, sondern durch die mittels der Bestechung beeinflussten Handlungen vor. Eine Menschenrechtsverletzung durch Korruption ist daher abzulehnen.

d. Sicherheit des Straßenverkehrs

Im Rahmen der tatsächlichen Auswirkungen unterlassener oder mangelnder Kontrollen im Straßenverkehr aufgrund von Bestechungshandlungen wurden die Konstellationen der „erkauften“ Fahrerlaubnis und der beeinflussbaren Überwachung des Verkehrs angesprochen. Um überhaupt über eine Menschenrechtsverletzung durch Bestechung nachdenken zu können, bedarf es eines betroffenen, durch die Menschenrechte geschützten Rechtsguts. Das Recht auf Leben gemäß Artikel 6 I IPbürgR kann betroffen sein, sofern die fehlende Fahrtüchtigkeit im Fall des „erkauften“ Führerscheins zu einem tödlichen Unfall führt. Der Akt der Bestechung stellt allerdings auch hier lediglich einen Faktor dar, der zur Ermöglichung eines Unfalls beiträgt. Unabhängig davon, dass der Schutzgehalt von Artikel 6 I IPbürgR keine Pflicht zur Vermeidung von Unfällen umfasst, ist eine Rechtsverletzung durch Korruption zu verneinen.

e. *Wahlmanipulation*

Nicht alle Konstellationen der Wahlmanipulation, in denen der freie Wille der Wähler durch die Annahme oder das Angebot eines Vorteils beeinträchtigt wird, sind von den Korruptionstatbeständen der UNCAC erfasst. So ist die aktive Bestechung gegenüber Privaten nach internationalem Recht nur strafbar, wenn sie gegenüber Privaten verwirklicht wird, die in der Privatwirtschaft ein Unternehmen leiten oder Funktionen mit Entscheidungsgewalt in einem solchen ausüben. Die Vorteilsgewährung gegenüber einem Bürger, der diese Kriterien nicht erfüllt, ist durch die internationalen Korruptionsnormen nicht erfasst. Die aktive Bestechung zur Beeinflussung des Wahlaktes in Form des Stimmkaufes fällt nach der UNCAC nicht unter den strafrechtlich zu kriminalisierenden Bestechungstatbestand.

Fraglich ist, ob die in der UNCAC normierten Bestechungshandlungen eine Verletzung von Artikel 25b) IPbürgR begründen können. Artikel 25b) IPbürgR schützt das Recht auf die freie Teilnahme an Wahlen und normiert somit ein Verbot, Bürgern die Partizipation zu verweigern, sofern keine gerechtfertigten Gründe für eine derartige Einschränkung der Rechtsausübung vorliegen.[565] Das Recht auf freie Wahlen nach Artikel 25b) IPbürgR ist durch Bestechung beeinträchtigt, wenn ein Amtsträger die unrechtmäßige Vorteilsgewährung zur Bedingung für die Teilnahme an Wahlen macht. Durch die Aufforderung zur Vorteilsgewährung wird die Teilnahme an Wahlen an eine rechtswidrige Bedingung geknüpft. Die rechtswidrige Teilnahmeverweigerung liegt in der Verwirklichung der passiven Bestechung. Eine Verletzung von Artikel 25 b) IPbürgR durch Korruption ist daher zu bejahen.

Nicht nur die Wahlbeteiligung kann beeinflusst werden. Auch die freie Äußerung des Wählerwillens ist durch den Akt der Bestechung manipulierbar. Die Aufforderung gegenüber Bürgern, ihre Stimme für einen bestimmten Kandidaten abzugeben, sofern sie weiterhin in den Genuss von staatlichen Leistungen kommen wollen, beeinträchtigt das freie Wahlverhalten und stellt eine passive Bestechung dar. Das Recht auf die Kundgabe des Wählerwillens frei von manipulativen Maßnahmen ist verletzt, wenn Personen auf direkte oder indirekte Weise gezwungen werden, ihre Stimme für einen bestimmten Kandidaten abzugeben. Da der erlangte Vorteil, der in der manipulierten Stimmabgabe für den bevorzugten Kandidaten zu sehen ist, nicht zwingend den Amtsträger begünstigen muss, der die korrupte Handlung vornimmt, reicht es in Bezug auf die Deliktsverwirklichung, wenn eine andere Person von dieser profitiert. Der Eingriff in das Recht auf die freie Äußerung des Wählerwillens wird durch die korrupte Handlung begründet, da diese eine unbeeinflusste Stimmabgabe verhindert. Eine Verletzung des Artikel 25b) IPbürgR durch Korruption liegt folglich auch in diesem Fall vor.

---

565 Solche kommen nur in Betracht, wenn sie gesetzlich normiert sind und sich auf sachgerechte Kriterien, wie beispielsweise die Festlegung eines Mindestalters stützen, Allg. Bemerkung Nr. 25 zu Art. 25 IPbürgR, § 10. Korruption fällt eindeutig nicht darunter.

Die Bestechung stellt lediglich einen Zwischenschritt dar, wenn Amtsträger Vorteile annehmen,[566] um im Gegenzug dafür Wahlmanipulation einzuleiten oder solche zuzulassen. Der Eingriff in den Schutzgehalt des Rechts auf gleiche Wahlen liegt in der Umsetzung der manipulativen Maßnahme. Gleiches gilt für eine Verletzung von Art. 25 b/c) IPbürgR im Fall des ungerechtfertigten Ausschlusses von Kandidaten durch die Wahlkommission aufgrund von Bestechungsakten ihrer Rivalen. Der Eingriff in den Rechtsschutz liegt in der unbegründeten Versagung der Zulassung der Kandidatur, nicht jedoch in dem Akt der Bestechung.

6. Vorteilsgewährung als Bedingung zur Achtung der Menschenrechte

Eine weitere Fallkategorie, die im Grunde auch unter „Missachtung gesetzlicher Vorgaben" fällt, ist der Abbruch oder das Unterlassen menschenrechtsunwürdigen Verhaltens nur gegen die Gewährung eines unrechtmäßigen Vorteils. Eingriffe in den Schutzbereich der Menschenrechte werden nicht, wie in den bisherigen Konstellationen, durch die Bestechung ermöglicht oder erleichtert. Das Zahlen von Bestechungsgeldern ist vielmehr Voraussetzung dafür, dass eine Menschenrechtsverletzung beendet oder unterlassen wird. In dieser Hinsicht ist zu unterscheiden, ob ein Eingriff bereits stattgefunden hat oder noch bevorsteht.

In erstgenannter Konstellation stellt die Verletzungshandlung unabhängig davon, wie es zu deren Beendigung kam, den Eingriff dar. Der Staat ist verpflichtet, ungerechtfertigte Eingriffe von Anfang an zu unterlassen. Missachtet er dieses aus der Pflicht zur Achtung ableitbare Gebot, ist das Unterlassen maßgebend für einen Eingriff, nicht die Tatsache, dass eine Bestechungshandlung notwendig war, um dieses zu erreichen. Anders gestalten sich die in Kapitel III A.6a) dargestellten Konstellationen einer Beeinträchtigung von Artikel 9 IPbürgR.

a. Recht auf persönliche Freiheit und Sicherheit

Gemäß Artikel 9 I IPbürgR hat jedermann das Recht auf persönliche Freiheit und Sicherheit. Die Aufforderung zur Gewährung unrechtmäßiger Vorteile, damit Menschen sich ihrer Sicherheit gewiss sein können, impliziert die Androhung zukünftiger Beeinträchtigungen, sofern den Bestechungsforderungen nicht nachgekommen wird. Fraglich ist, wie die Androhung eines Eingriffs normativ zu bewerten ist. In dieser Hinsicht muss unterschieden werden, ob ein staatlicher oder privater Akteur eine Menschenrechtsverletzung androht.

Das implizite Androhen von Einschränkungen der persönlichen Sicherheit durch das Aufstellen von Straßensperren und Überwachungsposten, an denen

566 In diesen Konstellationen kann auch die Verwirklichung der aktiven Bestechung maßgeblich sein, sofern diese von einem Amtsträger begangen wird (bspw. Vorteilsgewährung eines Politikers gegenüber einem Mitglied der Wahlkommission zur Beeinflussung der Ergebnisse).

Schutzgelder gezahlt werden müssen, damit man diese sicher passieren kann, erfolgt vermehrt durch private Akteure. In diesen Konstellationen ist die Pflicht zum Schutz der Menschenrechte betroffen. Wie bereits mehrfach erörtert, kann eine Verletzung der Pflicht zum Schutz der Menschenrechte nicht durch einen Bestechungsakt begründet werden.

Androhungen durch staatliche Akteure müssen anhand der Pflicht zur Achtung der Menschenrechte bemessen werden. Eine Menschenrechtsverletzung durch Korruption würde in dieser Konstellation voraussetzen, dass die Androhung der Beeinträchtigung als Eingriff qualifizierbar ist und dieser auf der Verwirklichung des Bestechungsdeliktes beruht. Hinsichtlich der erstgenannten Voraussetzung stellt sich die Frage, ob nur die tatsächliche Sicherheit oder auch ein gewisses Sicherheitsgefühl durch Artikel 9 I IPbürgR geschützt ist. Der Menschenrechtsausschuss hat in seiner Grundsatzentscheidung *Delgado Paéz v. Colombia* eine Verletzung von Artikel 9 I IPbürgR bejaht, obwohl die Attacken, denen sich Herr Delgado ausgesetzt sah, das Maß der Drohung nie überschritten.[567] Ausgesprochen wurden diese von Privatpersonen. Der Ausschuss bejahte eine Verletzung der staatlichen Schutzpflicht. Dies ist aufgrund der tiefgreifenden Einschnitte gerechtfertigt, die Einschüchterungsmaßnahmen bewirken können. Bedenkt man, dass die staatlichen Verpflichtungen gegenüber hoheitlich Handelnden grundsätzlich weitergehen als in Bezug auf Privatpersonen, lässt das Urteil den Rückschluss zu, dass eine Verletzung auch beziehungsweise erst recht bejaht worden wäre, wenn ein Amtsträger Beeinträchtigungen in gleicher Weise angedroht hätte. Ein Eingriff kann folglich auch in der Androhung von Beeinträchtigungen durch hoheitlich handelnde Personen liegen. Eine andere Bewertung birgt die Gefahr der Willkür. Dieser wären hinsichtlich der Androhung zukünftiger Menschenrechtsverletzungen keine Grenzen gesetzt, wenn die Eingriffsschwelle nie erreicht wäre. Indem der Amtsträger dem Bürger vor Augen führt, was passiert, wenn dieser der Aufforderung zur Gewährung unrechtmäßiger Vorteile nicht nachkommt, greift er in das Recht auf uneingeschränkte Sicherheit ein. Die Verwirklichung der passiven Bestechung impliziert unmittelbar die ungerechtfertigte Einschüchterung des Bürgers. Folglich ist auch die zweite Voraussetzung erfüllt. Eine Menschenrechtsverletzung durch Korruption ist zu bejahen.

Das Recht auf persönliche Freiheit und Sicherheit umfasst auch das Verbot, Personen nicht willkürlich in Haft festzuhalten. Erfolgt eine Inhaftierung nur, um die daraus resultierende Notlage des Betroffenen zur Verwirklichung der Bestechung auszunutzen, basiert sowohl die Festnahme als auch das Festhalten auf Willkür. Während eine Menschenrechtsverletzung durch Korruption hinsichtlich der willkürlichen Inhaftierung abzulehnen ist, da der Eingriff in der unrechtmäßigen

567 Herr Delgado, ein kolumbianischer Lehrer, sah sich Todesdrohungen ausgesetzt, nachdem er Beschwerden gegen den apostolischen Erziehungsleiter und die Schulbehörden eingereicht hatte. Nachdem ein Arbeitskollege von ihm umgebracht wurde, floh er ins französische Ausland, s. Nowak, S. 214 f., Rn. 9.

Festnahme liegt, verlangt das willkürliche „In-Haft-Halten" eine differenziertere Betrachtung. Die Entscheidung, ob der Zustand des Festhaltens aufrechtzuerhalten oder zu beendigen ist, muss auf objektiven, sachgemäßen Gründen beruhen. Wenn die Entscheidung über eine Freilassung allein davon abhängig ist, ob die betroffene Person der Forderung nach Bestechungsgeldern nachkommt oder nicht, ist diese Anforderung nicht gewahrt. Stehen der Freilassung der inhaftierten Person keine sonstigen Gründe entgegen, führt die Aufforderung zur Gewährung eines unrechtmäßigen Vorteils dazu, dass die Fortdauer der Inhaftierung willkürlich wird. Der Eingriff in Artikel 9 I IPbürgR erfolgt in diesen Fällen durch die Verwirklichung des korrupten Deliktes. Eine Menschenrechtsverletzung durch Korruption kann folglich auch begründet sein, wenn eine Verbotsnorm einschlägig ist.

b. Recht auf Meinungsfreiheit

Ähnlich wie die Fälle, in denen den Menschen mit einer Beeinträchtigung ihrer persönlichen Sicherheit gedroht wird, wenn sie den Bestechungsforderungen nicht nachkommen, gestalten sich die Konstellationen, in denen Drohungen gegenüber Journalisten oder Whistleblowern ausgesprochen werden. In der Mehrheit der Fälle beziehen sich diese jedoch nicht auf das gemäß Artikel 19 I IPbürgR geschützte Recht auf Meinungsfreiheit, von dem die Betroffenen bei ihrer Arbeit in erster Linie Gebrauch machen, sondern auf das Recht auf Leben, die körperliche Unversehrtheit oder das Recht auf einen sicheren Arbeitsplatz. Letztendlich sind die Ausgestaltung sowie der Inhalt der Androhungen irrelevant, sofern diese der ungehinderten Meinungsfreiheit entgegenstehen.[568] In gleicher Weise wie bei den Konstellationen um Artikel 9 IPbürgR greifen die dem Staat zurechenbare Androhungen in die ungehinderte Ausübung der geschützten Freiheit, speziell der Meinungsfreiheit, ein. Die passive Bestechung begründet auch in diesem Fall eine Rechtsverletzung.

c. Androhung von Folter oder anderer Formen unmenschlicher Behandlungen

Ein weiterer, in dieser Kategorie thematisierte Aspekt ist das gemäß Artikel 7 IPbürgR normierte Folterverbot. Amtsträger, die Personen in ihrem Gewahrsam festhalten, können die Durchführung beziehungsweise das Unterlassen von Foltermethoden oder anderen Formen unmenschlicher Behandlung davon abhängig machen, ob der Betroffene bereit ist, dafür zu zahlen. Die Androhung eines zukünftigen Eingriffs liegt auch in dieser Konstellation vor. Der interamerikanische Gerichtshof für Menschenrechte hat in mehreren Fällen die Androhung von Gewalt während Verhören als Folter klassifiziert.[569] Der Menschenrechtsausschuss sah die Anordnung

---

568 Vgl. bzgl. legitimer Einschränkungen des Rechts auf Meinungsfreiheit, Allg. Bemerkung Nr. 10 zu Art. 19 IPbürgR, § 4.

569 S. bspw. *Urrutia vs. Guatemala*, C/103 (2003), § 91; *Neri da Fonseca vs. Brazil*, 11.634 (2004), § 63 ff.

einer Todesstrafe in einem unfairen Prozess als Folter an, indem er auf die Angst des Verurteilten abstellte, der dieser nach der Entscheidung ausgesetzt war.[570] Die mit der angekündigten Vollstreckung eines Todesurteils verbundenen psychischen Belastungen wurden unter diesen Umständen als Verletzung von Artikel 7 I IPbürgR qualifiziert. Eine Handlung ist jedoch nur unter Fällen schwerster Misshandlungen während Haft- und Verhörsituationen als Folter zu subsumieren.[571] Die Abgrenzung zu unmenschlichen und erniedrigenden Behandlungen oder Strafe ist nicht abstrakt bestimmbar, sondern bemisst sich stark an den relativen Umständen. Die Dauer der Misshandlung, das Geschlecht und das Alter des Opfers können entscheidend dafür sein, ob Artikel 7 I IPbürgR einschlägig ist und unter welche Kategorie das Verhalten subsumiert wird.[572] Der Menschenrechtsausschuss verzichtet inzwischen regelmäßig darauf, die Handlung einer spezifischen Eingriffsform zuzuweisen.[573]

Um die Absolutheit des Folterverbotes aufrechtzuerhalten und eine Trivialisierung zu vermeiden, darf die Anwendungsschwelle des Rechts jedoch nicht zu tief herabgesetzt werden.[574] Die Androhung von Foltermethoden als Eingriff in Artikel 7 I IPbürgR zu qualifizieren, ist daher die Ausnahme. Hinsichtlich der Realisierung einer Androhung durch den Akt der Bestechung kann auf das bereits Gesagte verwiesen werden. Die Möglichkeit einer Verletzung von Artikel 7 I IPbürgR durch die passive Bestechung ist nicht ausgeschlossen, sofern gravierende physische oder psychische Leiden aus der Androhung resultieren.

7. Unzugänglichkeit von Ressourcen

Die Auswirkungen wirtschaftlich orientierter Verträge auf die Belange der Bevölkerung und der Natur können vielfältig sein. Betroffene Menschenrechte sind das Recht auf Wasser, das Recht auf Gesundheit, das Recht auf Bildung, das Recht zur Pflege und Ausübung des kulturellen Lebens sowie das Recht auf Selbstbestimmung. Insbesondere die Frage, inwiefern die Verdrängung und erzwungene Umsiedlung von Bevölkerungsteilen aus ihren ursprünglichen Lebensräumen und die daraus

---

570 *Larranaga vs. The Philippines*, HRC 2006 Report, Voll. II, Annex V, Sect. UU, § 7.11.

571 Kälin/Künzli, S. 368.

572 Dies ergibt sich aus der Allg. Bemerkung 20 zu Art. 9 IPbürgR. Diesbzgl. auch Kälin/Künzli, S. 373.

573 In einer älteren Allgemeinen Bemerkung wurde noch zwischen Art, Zweck und Schwere der auferlegten Behandlung unterschieden (Allg. Bemerkung 20 (1992), § 4). In früheren Entscheidungen ging der Menschenrechtsausschuss noch explizit von einer Verletzung des Folterverbotes aus, *Rubion and Parents vs. Colombia*, Mitteilung Nr. 161/1983 (1987), §§ 10.2., 10.4.,11., Kälin/Künzli, S. 367. Dort wird die Normierung der Rechte in Art. 10 IPbürgR, die einschlägig sein können, wenn die Anwendungsschwelle unterhalb des Verbotes der unmenschlichen Behandlung bleibt, als eine Erklärung für die Indifferenz des Ausschusses hinsichtlich der Abgrenzung genannt.

574 Kälin/Künzli, S. 374.

erwachsenen Einschränkungen hinsichtlich des Zugangs zu Ressourcen eine Verletzung des Rechts auf Selbstbestimmung begründen, ist aktuell Thema heißer Debatten.[575] Da es bis heute an einer tiefer gehenden Analyse der Frage einer Verletzung des Rechts auf Selbstbestimmung durch Korruption fehlt, steht diese im Folgenden im Vordergrund. Die meisten der weiteren, in Kapitel III.A.7. genannten Rechte stehen mit dem Recht auf Selbstbestimmung in einem engen Zusammenhang und werden daher nicht gesondert behandelt.[576] Das gemäß Artikel 1 I/II IPbürgR/IPwirtR normierte Recht auf Selbstbestimmung besagt Folgendes:

> „Alle Völker haben das Recht auf Selbstbestimmung. Kraft dieses Rechts entscheiden sie frei über ihren politischen Status und gestalten in Freiheit ihre wirtschaftliche, soziale und kulturelle Entwicklung."

> „Alle Völker können für ihre eigenen Zwecke frei über ihre natürlichen Reichtümer und Mittel verfügen, unbeschadet aller Verpflichtungen, die aus der internationalen wirtschaftlichen Zusammenarbeit auf der Grundlage des gegenseitigen Wohles sowie aus dem Völkerrecht erwachsen. In keinem Fall darf ein Volk seiner Existenzmittel beraubt werden."

Gemäß Artikel 1 III IPbürgR/IPwirtR haben die Staaten entsprechend den Bestimmungen der Charta der Vereinten Nationen die Verwirklichung des Rechts zu fördern und zu achten. Im Gegensatz zu anderen Rechtsgarantien wird nicht von einem Recht des Individuums gesprochen, sondern von einem Recht der Völker. Weder die Voraussetzungen, die an ein Volk im Sinne von Artikel 1 IPbürgR/IPwirtR geknüpft werden, noch der genaue Inhalt der Garantie ist bis ins Detail geklärt. Der Begriff des „Volks" muss insbesondere von dem der „Minderheiten" abgegrenzt werden.[577] Der völkerrechtliche Schutz Letztgenannter wird nicht als Gruppenrecht, sondern in Form von Individualrechten gewährleistet (Artikel 27 IPbürgR).[578] Mangels einer feststehenden Definition des Begriffes „Volk" muss dieser im Einzelfall fixiert werden.[579] Aus der Staatenpraxis ergeben sich jedoch Anhaltspunkte dafür, welche Personengruppen als Träger des Selbstbestimmungsrechts anzusehen sind.[580] Während zum Teil das Bewusstsein und der politische Wille, ein Volk zu sein,

575 Vgl. Human Rights Council Panel discussion on the negative impact of corruption on the enjoyment of all human rights sowie der im Rahmen des Europaparlaments durchgeführte Workshop zu derselben Thematik.

576 Darüber hinaus kann die rechtliche Bewertung auf diese übertragen werden, wie sich an späterer Stelle zeigen wird.

577 Für weitere Ausführungen zur Abgrenzung zwischen einem Volk und einer Minderheit, s. Doehring, S. 340 ff.

578 Ipsen, S. 344 ff.; Barten, S. 28 f.

579 S. Crawford, S. 647, der auf die kontextspezifische Auslegung der Rechtsgarantie hinweist und die Unstimmigkeiten bzgl. der Definition des Begriffes „Volk" hervorhebt; ders. in Alston, S. 38 wo er das Recht als „lex obscura" bezeichnet.

580 Ipsen, S. 337, Rn. 28.

als Grundelemente des Volkes definiert werden,[581] stellen andere darauf ab, ob die jeweilige Gruppe auf einem zusammenhängenden Gebiet ansässig ist, ethnische, kulturelle und sonstige Gemeinsamkeiten aufweist und durch ein entsprechendes Zusammengehörigkeitsgefühl verbunden ist.[582]

Obwohl die Menschenrechtspakte und auch sonstige, das Recht auf Selbstbestimmung normierende völkerrechtliche Dokumente,[583] dieses als einheitliches Recht auffassen, hat sich eine Unterscheidung zwischen dem äußeren (offensiven) und dem inneren (defensiven) Selbstbestimmungsrecht herausgebildet.[584] Das äußere Selbstbestimmungsrecht ist primär auf die Veränderung des territorialen Status eines Volkes gerichtet und stand daher im Zentrum des Dekolonisierungsprozesses. Die Problematik des offensiven Rechts auf Selbstbestimmung hat sich heute auf die völkerrechtliche Beurteilung der Zulässigkeit einer Sezession verlagert.[585] Demgegenüber richtet sich das innere Selbstbestimmungsrecht auf die Verwirklichung der Selbstbestimmung im Inneren eines Staates, ohne dessen territorialen Status zu verändern.[586]

Überlegungen bezüglich einer Rechtsbeeinträchtigung der Garantie durch Korruption beziehen sich auf beide Aspekte der inhaltlichen Ausformung. Eine Beeinträchtigung des äußeren Rechts auf Selbstbestimmung wird mittels der Einordnung von Bestechungsakten multinationaler Privatunternehmen als moderne Form der externen Herrschaft über ein Land begründet.[587] Trotz der zum Teil erschreckenden Dimension des Einflusses von Privatunternehmen auf einen Staat ist deren Gleichsetzung mit den Konsequenzen der Kolonialisierung kaum haltbar und wird aus diesem Grund nicht weiter vertieft. Fraglich ist vielmehr, inwiefern die innere Dimension des Rechts auf Selbstbestimmung durch den Akt der Bestechung verletzt sein kann.

---

581 Ibid.

582 Die Festlegung auf diese Kriterien beruht auf den Ergebnissen einer Expertengruppe der UNESCO, SHS-89/CONF.602/7, Punkt 27, 30.11.1970.

583 Vgl. Art. 1 Nr. 2, Art. 55 UN-Charta; Friendly Relations Declaration; Art. 1 IV 1. Zusatzprotokoll vom 8.6.1977 zu den Genfer Abkommen, Charta der AU.

584 Crawford, S. 647 mit Verweis auf *Reference re Secession of Quebec* (1998) 115 ILR 536, 594 f.; Ipsen, S. 321 Rn. 11; Thürer/Burri, in Wolfrum (MPEPIL), §§ 33 ff. Zusätzlich zur Differenzierung zwischen dem inneren und äußeren Selbstbestimmungsrecht wird von letztgenannten Autoren auf den Anwendungsfall der Wiedervereinigung eines Staates Bezug genommen, dessen Teilung ohne den Konsens der Bevölkerung stattgefunden hat.

585 Thürer/Burri, in Wolfrum (MPEPIL), §§ 44 ff.; Crawford, S. 141 f.; Ipsen, S. 352 Rn. 49 ff.

586 Crawford, S. 647; Klabbers, in HRQ 28 (2006), S. 186 ff.; Thürer/Burri, in Wolfrum (MPEPIL), §§ 33 ff.

587 Bspw. Terracino, ICHRP Paper, S. 9. Jedoch stellt auch er diesen Gedanken nur in den Raum, um sich dann direkt der inneren Dimension des Selbstbestimmungsrechts zuzuwenden.

Das Recht auf Selbstbestimmung in seiner defensiven Dimension lässt sich in zwei wesentliche Aspekte aufgliedern. Zum einen stellt das Recht ein Abwehrrecht gegen den Staat dar, wonach (Teil-)Völker nicht ihrer Identität beraubt werden dürfen, sondern ihre Eigenarten zu bewahren und zu pflegen berechtigt sind.[588] Zum anderen ist das Recht auf die Teilhabe an staatlichen Entscheidungen ausgerichtet.[589] Während Artikel 25 IPbürgR politische Partizipationsrechte normiert, bezieht sich das Selbstbestimmungsrecht verstärkt auf eine wirtschaftliche Dimension der Teilhabegarantie. Völker sollen frei über ihre natürlichen Reichtümer und Mittel verfügen, um ihre Identität wahren und kulturelle Eigenarten pflegen zu können. Fraglich ist, inwiefern die in Kapitel III.A.7. dargestellten Konsequenzen des versperrten Zugangs der Völker zu ihren natürlichen Ressourcen eine Verletzung des Rechts auf Selbstbestimmung begründen.[590] Weder der Wortlaut des Artikels selbst noch die Erläuterungen der Allgemeinen Bemerkung geben Aufschluss darüber, wie weit die Dimension des inneren Rechts auf Selbstbestimmung zu verstehen ist.[591]

Während der Entwurf des Artikels noch von einer dauerhaften Souveränität über natürliche Reichtümer und Mittel sprach,[592] steht den Völkern nach der endgültigen Fassung der Pakte nur noch die freie Verfügung über die Ressourcen zu. Diese wird dahingehend beschränkt, dass sie Verpflichtungen der internationalen wirtschaftlichen Zusammenarbeit nicht entgegenstehen darf und nur für eigene Zwecke der Völker nutzbar gemacht werden kann. Verpflichtungen der internationalen wirtschaftlichen Zusammenarbeit, die nicht auf der Grundlage des gegenseitigen Wohles basieren, sind von der Einschränkung durch den Wortlaut von Artikel 1 II IPbürgR/IPwirtR ausgenommen. Das Recht auf die freie Verfügung über die natürlichen Ressourcen steht allen Völkern sowohl gegenüber dem eigenen Staat als auch gegenüber anderen Staaten zu.

588 Ipsen, S. 371, Rn. 75.

589 Klabbers, in HRQ 28 (2006), S. 186 ff.

590 Ein weiteres Recht, das vor dem Entzug sowie der Unzugänglichkeit von Ressourcen schützt, ist das Recht auf Entwicklung. Aufgrund des fehlenden rechtlich verpflichtenden Charakters dieses Recht (Res. der Generalversammlung der VN) werden Implikationen in Bezug auf eine Beeinträchtigung durch Korruption in dieser Arbeit nicht erörtert.

591 Die Resolution der Generalversammlung, 1803 (XVII), 14.12.1962 zur Thematik permanenter Souveränität über natürliche Ressourcen bezieht sich vor allem auf das Recht der einzelnen Staaten, frei über Ressourcen verfügen zu können. Eine Einschränkung wird lediglich dahingehend gemacht, dass das Wohlergehen der Bevölkerung bei Entscheidungen über die natürlichen Reichtümer und Mittel beachtet werden soll. Unabhängig von der Tatsache, dass es sich bei der Resolution nicht um ein verbindliches Dokument handelt, hilft dieses in Bezug auf die Auslegung des Rechtsgehalts von Art. 1 IPbürgR/IPwirtR nicht weiter.

592 Nowak, S. 25.

"Governments of sovereign States may not waste raw materials at the expense of the interest of the relevant people or transfer control over natural resources to other States and foreign companies without corresponding compensation for the benefit of these people."[593]

Unabhängig von der genauen Festlegung des Moments, ab dem die Einbeziehung der Interessen der Bevölkerung notwendig wird, ist eindeutig, dass eine Konsultation bei Einschnitten in Bezug auf den Zugang zu Wasserressourcen, zu Anbauflächen oder bei auftretenden Gesundheitsrisiken stattfinden muss. In ähnlicher Weise äußert sich auch der Menschenrechtsausschuss, indem er die Achtung indigener Landrechte[594] sowie eine notwendige Zustimmung der betroffenen Menschen zu Bergbauprojekten[595] als Ausformung des Rechts auf Selbstbestimmung anerkennt.

Die Durchführung von Großprojekten, die das Recht auf Selbstbestimmung beeinträchtigen könnten, erfolgt meist nicht durch den Staat selbst, sondern durch private Unternehmen. Den Staat trifft folglich eine Schutzpflicht, durch deren Unterlassen ein Eingriff in das Rechtsgut begründet wird. Die Zahlung von Bestechungsgeldern vonseiten des Unternehmens an den Staat kann in diesen Konstellationen dazu dienen, dass Konsultations- und Informationspflichten gegenüber bestimmten Bevölkerungsgruppen bewusst umgangen werden oder die fehlende Einhaltung von Vorschriften, wie solchen des Umweltschutzes, von staatlicher Seite nicht geahndet wird. Es liegt folglich ein Dreiecksverhältnis vor, bei dem die Durchführung des Projektes durch einen privaten Dritten die schädigende Wirkung bei der Bevölkerung auslöst, der Eingriff jedoch im staatlichen Unterlassen der Wahrnehmung der Schutzpflicht begründet ist. Der Akt der Bestechung durch das Unternehmen gegenüber dem Staat ist in dieser Konstellation lediglich ein Auslöser für einen Eingriff in das Recht auf Selbstbestimmung gem. Art. 1 II IPbürgR/IPwirtR. Er begründet diesen nicht. Eine Menschenrechtsverletzung durch Korruption ist daher ausgeschlossen.

Diese normative Bewertung gilt in gleicher Weise auch für sonstige in Bezug auf den verhinderten Zugang zu Ressourcen beeinträchtigten Menschenrechte. Auch das bisher nicht tiefer gehend analysierte Recht der Angehörigen kultureller Minderheiten auf die Ausübung kultureller Gepflogenheiten gemäß Artikel 27 IPbürgR wird nicht durch den Akt der Bestechung verletzt. Zwar kann man indigene Naturvölker durchaus als eine Minderheit im Sinne des Artikel 27 IPbürgR ansehen, da sie einer Gruppe angehören, eine gemeinsame Kultur, Religion und/oder Sprache sprechen und der Mehrheit im Staat zahlenmäßig unterlegen sind.[596] Die Bestechung

593 Cassese, S. 103, zitiert aus Nowak, S. 26.

594 Abschließende Bemerkungen zu Kanada, UN Doc. CCPR/C/79/Add.105.

595 *Lubicon Lake Band vs. Canada*, Beschwerde Nr. 167/1984, 26.03.1990, UN Doc. Supp. No.40 (A/45/40), S. 1.

596 Die ersten beiden Voraussetzungen ergeben sich aus der Allgemeinen Bemerkung Nr. 23 (1994), § 5.1., die dritte wurde von dem Ausschuss in dem Fall *Ballantyne and Others vs. Canada*, Mitteilungen Nr. 359/1989 und 385/1989 (1993), § 11.2. herausgearbeitet. Dieses Verständnis ist sehr weit. Die Praxis des Menschenrechtsausschusses zeigt aber, dass es auf Minderheiten im Sinne der im VN-System im

stellt jedoch lediglich eine Vorstufe der Rechtsverletzung dar. Der Eingriff liegt jedoch in der Handlung, die zu einer fehlenden Berücksichtigung oder Missachtung der Bevölkerungsbelange führt. Der häufige Rückgriff auf eine Verletzung des Rechts auf Selbstbestimmung, um in der Debatte um die negativen Auswirkungen korrupter Handlungen auf die Menschenrechte die These einer Menschenrechtsverletzung zu stärken, greift daher zu kurz.[597]

D. Menschenrechtsverletzung durch Veruntreuung/Unterschlagung

Die Veruntreuung/Unterschlagung von Ressourcen wird zu einem menschenrechtlich relevanten Thema, wenn Staaten die materiellen Mittel zur Gewährleistung von Schutz und Verwirklichung der Menschenrechte fehlen. Es erscheint fragwürdig, ob ein Staat wie Äquatorialguinea[598] die ihm gemäß Artikel 2 I IPwirtR auferlegte Verpflichtung, all seine Möglichkeiten auszuschöpfen, um die volle Verwirklichung der Menschenrechte zu erreichen, erfüllt, wenn publik wird, welche Summen das Staatsoberhaupt und seine Familie für ihr Privatvergnügen ausgeben. Der Sohn des seit 1979 amtierenden Präsidenten erwarb beispielsweise für circa 380 Millionen US$ eine der teuersten Yachten der Welt, während 77 % der Bevölkerung unter der Armutsgrenze lebt, 35 % der Menschen in einem Alter unter 40 Jahren stirbt und 58 % der Einwohner keinen Zugang zu Trinkwasser hat.[599]

Ein Beispiel mit weitaus drastischerem Ausmaß ist Nigeria.[600] Schätzungen zufolge beläuft sich die Höhe der Gelder, die Abacha während seiner fünfjährigen Amtszeit veruntreute/unterschlug, auf 5,4 Milliarden US$. Gewinnerträge, die das Land aus dem Verkauf von Öl erwirtschaftet hatte, flossen nicht in die Staatskassen, sondern wurden auf privaten Konten in der Schweiz, Liechtenstein und Luxemburg angelegt. Gefälschte Rechnungen erlaubten es, Zahlungen überhöht zu beziffern, um korrupte Taten betreiben und verschleiern zu können.[601]

Allgemeinen verwendeten Definition von Caportori Anwendung findet, Kälin/Künzli, S. 427. S. dort auch bzgl. weiterer Hinweise.

597 Vgl. Terracino, ICHRP Paper, S. 10; Kumar S. 46 ff., Sweeney iRd. Workshops on Corruption and Human Rights, EU Parliament, EXPO/B/DROI/2013/03-04-07, 28.02.2013, S. 8.

598 Äquatorialguinea hat den IPwirtR am 25.09.1987 ratifiziert, s. https://treaties.un.org/Pages/ViewDetails.aspx?src=TREATY&mtdsg_no=IV-3&chapter=4&lang=en.

599 Global Witness, 28.02.2011, abrufbar unter: http://www.globalwitness.org/library/son-equatorial-guineas-dictator-plans-one-worlds-most-expensive-yachts, zitiert aus Boersma, S. 232.

600 Ausführungen bzgl. des Fallbsp. Nigerias s. TI, Global Corruption Report (2004), S. 102; Kofele-Kale, in Internat. Lawyer 34 I (2000), S. 162.

601 Erst durch die Rückzahlungen eines Teils der Gelder an die Folgeregierung Nigerias war es möglich, der Gesellschaft zurückzugeben, was ihnen unrechtmäßig entzogen wurde, und die Summen, wie vertraglich konditioniert, in Bildung,

Sowohl im Rahmen des IPbürgR als auch des IPwirtR sind die Vertragsparteien, wenngleich in unterschiedlicher Form, verpflichtet, positive Maßnahmen zu ergreifen, um der Pflicht zur Verwirklichung der Menschenrechte gerecht zu werden. Die dafür erforderlichen finanziellen Investitionen werden erschwert, wenn staatliche Gelder, wie in den Beispielen beschrieben, nicht in die vorgesehenen Projekte, sondern auf persönliche Konten der Machtinhaber fließen.

Die Beispiele der tatsächlichen Auswirkungen der Veruntreuung/Unterschlagung auf die Menschenrechte haben gezeigt, dass eine Rechtsbeeinträchtigung aufgrund fehlender Ressourcen sowohl in Bezug auf bürgerliche und politische Rechte als auch im Zusammenhang mit wirtschaftlichen, sozialen und kulturellen Rechten vorliegen kann. Behauptungen, die Unterscheidung zwischen einer sofortigen Umsetzungspflicht der Rechte des IPbürgR und einer progressiv ausgestalteten Verpflichtung in Bezug auf die im IPwirtR normierten Garantien sei damit zu rechtfertigen, dass nur Letztere von der Verfügbarkeit staatlicher Ressourcen abhängt, verkennen die Dimension beider Menschenrechtspakte. Denn genauso wie für die Umsetzung des bürgerlichen Rechts auf eine funktionierende Justiz gemäß Artikel 14 IPbürgR Finanzmittel benötigt werden, kann das Recht eines jeden, zur Förderung und zum Schutz der wirtschaftlichen und sozialen Interessen Gewerkschaften zu bilden, nach Artikel 8 IPwirtR primär durch das Unterlassen von Eingriffen gewährleistet werden. Trotz des Widerspruchs solch absoluter Kategorien mit den normativen Verpflichtungen der Staaten entbehren diese in relativierter Hinsicht nicht jeglicher Grundlage. Während der Fokus der bürgerlichen und politischen Rechte auf deren Achtung liegt, was bereits daraus deutlich wird, dass eine Vielzahl der Garantien als Verbotsnorm formuliert wurden, steht die Pflicht zur Verwirklichung der Rechte im Rahmen des IPwirtR im Mittelpunkt. Die Staaten werden verstärkt verpflichtet, positive Maßnahmen zu ergreifen. Der Bau von Schulen, die Errichtung von Krankenhäusern, die Absicherung durch ein System der sozialen Sicherheit sowie die Schaffung und Wahrung der Kultur erfordern meistens einen höheren finanziellen Aufwand als das Unterlassen willkürlicher Tötungen, Folter, Sklaverei und Eingriffe in die Privatsphäre.

Neben die besondere Betroffenheit hinsichtlich des Verlusts staatlicher Gelder im Rahmen der vollen Verwirklichung wirtschaftlicher, sozialer und kultureller Rechte auf faktischer Ebene tritt die Komplexität der Beurteilung einer Verletzung dieser Garantien in normativer Hinsicht. Die progressiv ausgestaltete Umsetzungspflicht unter Berücksichtigung der vorhandenen Ressourcen sowie die vagen Formulierungen der Rechtsgarantien erschweren die Feststellung einer Rechtsverletzung.

Gesundheit und Infrastruktur zu investieren. Nigeria und Äquatorialguinea sind nur Beispielsfälle. Auch in Zaire während der Zeit unter Präsident Mobuto Sese Seko sowie in Indonesien während der Herrschaft von Präsidenten Suharto und in einer Vielzahl weiterer Länder wurden große Summen staatlicher Gelder veruntreut/unterschlagen. Dowell-Jones, S. 83.

„Sie (die progressive Umsetzungspflicht) ist auf der einen Seite ein notwendigerweise flexibles Mittel, das die tatsächlichen Gegebenheiten und Schwierigkeiten widerspiegelt, die jedes Land bei der Verwirklichung der wirtschaftlichen, sozialen und kulturellen Rechte erfährt. Auf der anderen Seite muss die Formulierung (des Art. 2 I IPwirtR) im Lichte des allgemeinen Ziels oder *raison d'etre* des Paktes gelesen werden, das darin besteht, klare Verpflichtungen für Vertragsstaaten hinsichtlich der vollen Verwirklichung der jeweiligen Rechte zu schaffen. Es besteht daher die Verpflichtung, das Ziel so schnell und effektiv wie möglich zu erreichen."[602]

Die Allgemeine Bemerkung verdeutlicht das Spannungsverhältnis zwischen Flexibilität und klaren Verpflichtungen, das der Ausschuss für wirtschaftliche, soziale und kulturelle Rechte bei der Feststellung einer konkreten Pflichtverletzung in eine Balance bringen muss. Die weiten Unterschiede der finanziellen und administrativen Kapazitäten von Staat zu Staat müssen mit den Pflichten nach Artikel 2 I IPwirtR in Einklang gebracht werden. Der Erörterung konkreter Fallkonstellationen potenzieller Menschenrechtsverletzungen durch Korruption muss daher die Frage vorgeschaltet werden, welcher Maßstab im Rahmen des IPwirtR zur Beurteilung einer Verletzung der Pflicht zur Verwirklichung der Rechte herangezogen wird.

Angemessenheitstest bei der Überprüfung einer Individualbeschwerde

„Bei der Prüfung von Mitteilungen nach diesem Protokoll untersucht der Ausschuss die *Angemessenheit* der von dem Vertragsstaat im Einklang mit Teil II des Paktes getroffenen Maßnahmen. Dabei berücksichtigt der Ausschuss, dass der Vertragsstaat eine Reihe möglicher politischer Maßnahmen zur Verwirklichung der im Pakt niedergelegten Rechte treffen kann."[603]

Der Maßstab der „Angemessenheit" entstammt der *Grootboom*-Entscheidung des südafrikanischen Verfassungsgerichtes und diente diesem als Grundlage, um die Justiziabilität der Pflicht zur progressiven Verwirklichung wirtschaftlicher, sozialer und kultureller Rechte zu bestätigten.[604]

"It is not possible to determine the minimum threshold for the progressive realisation of the right of access to adequate housing without first identifying the needs and opportunities for the enjoyment of such a right. These will vary according to factors such as income, unemployment, availability of land and poverty. (...) The determination of a minimum core

602 Allg. Bemerkung Nr. 3, zu Art. 2 I IPwirtR, UN Doc. CESCR E/1991/23, § 9.
603 Art. 8 IV ZP IPwirtR.
604 Egan, S. 413; Porter, in Nordic Journal of Human Rights 27:1 (2009), S. 46, 50 f. *Government of the Republic of South Africa and Others vs. Grootboom and Others*, 2000 (11) BCLR 1169 (CC). Bzgl. der Grundlage für die Justiziabilität, s. § 44.

in the context of the right to have access to adequate housing presents difficult questions. (...) As will appear from the discussion below, the real question in terms of our Constitution is whether the measures taken by the state to realise the right are reasonable."[605]

Die Prüfung der Angemessenheit erfolgt nicht durch einen Vergleich der gewählten Vorgehensweise mit anderen potenziellen Umsetzungsmethoden, um deren Eignung abzuwägen.[606] Vielmehr wird anhand der Strategie, für die sich der Staat entschieden hat, bewertet, ob diese der Pflicht zur vollen Verwirklichung der Rechte gerecht wird. Ein zentraler Aspekt der Beurteilung der Angemessenheit ist die Einbettung des Kriteriums in den Kontext der Würde, der Gleichheit und der Freiheit. Nach Ansicht des Verfassungsgerichtes sind es die den Menschenrechten immanenten Werte, die ein Gericht leiten sollen, wenn es beurteilt, ob die vonseiten des Staates präferierten politischen Entscheidungen mit den Verpflichtungen der Menschenrechte in Einklang stehen.

"Reasonableness must be understood in the context of the Bill of Rights as a whole. The right of access to adequate housing is entrenched because we value human beings and want to ensure that they afford their basic human needs. A society must seek to ensure that the basic necessities of life are provided to all if it is to be a society based on human dignity, freedom and equality. To be reasonable, measures cannot leave out of account the degree and extent of the denial of the right they endeavor to realize. Those whose needs are the most urgent and whose ability to enjoy all rights therefore is most in peril, must not be ignored by the measures aimed at achieving the realization of the right."[607]

Ein weiterer zentraler Aspekt des Urteils ist die ergebnisbezogene Bewertung der Angemessenheit einer Maßnahme. Sowohl die Konzeption als auch die Umsetzung der Strategie wird auf ihre Kohärenz und Angemessenheit hin überprüft. Die bloße Absicht, Schritte zur vollen Verwirklichung der Rechte zu ergreifen, reicht nicht aus.

Befürworter des Angemessenheitskriteriums sehen dieses als Instrument der Überprüfung, das die primäre Zuständigkeit und den Beurteilungsspielraum der Staaten berücksichtigt, ohne auf die Absicherung einer kontextbezogenen Überprüfung hinsichtlich der institutionellen Funktionen nationaler Organe, den betroffenen Interessen und der konkreten Situation des Beschwerdeführers in der Gesellschaft zu verzichten.

---

605 Government of the Republic of South Africa and Others vs. Grootboom and Others, 2000 (11) BCLR 1169 (CC), § 32.

606 „A court considering reasonableness will not enquire whether other more desirable or favorable measures could have been adopted or whether public money could have been spent better.", a.a.O., § 41. Allerdings ist fraglich, ob dies dahingehend zu verstehen ist, dass vonseiten des Gerichtes keine weiteren Maßnahmen eingebracht werden, um diese mit der gewählten zu vergleichen. Sofern zu beurteilen ist, welche Strategie die Menschenrechte am geringsten beeinträchtigt, ist ein Vergleich sehr wahrscheinlich und demnach nicht zwingend ausgeschlossen.

607 A.a.O., § 44.

"In many respects, reasonableness review provides the courts with a flexibility and context-sensitive basis for evaluating socio-economic rights claims. It allows governments the space to design and formulate appropriate policies to meet its socio-economic rights obligations. At the same time, it subjects governments' choice to the requirement of reasonableness, inclusiveness and particularly the threshold requirement that all programmes must provide short-term measures of relief for those whose circumstances are urgent and intolerable. Reasonableness review enables courts to adjust the stringency of its review standard, informed by factors such as the position of the claimant group in society, the nature of the resource or service claimed and the impact of the denial of access to the service or resource in question on the claimant group."[608]

Gegner, denen das Kriterium zu vage ist, stützen sich auf die Möglichkeit, dieses zu missbrauchen, um den Staaten einen unermesslich weiten Ermessensspielraum einzuräumen.[609] Darüber hinaus besteht nach Ansicht dieser Stimmen die Gefahr einer zu starken Fokussierung auf die Angemessenheit der Maßnahmen, während die spezifische Situation des Beschwerdeführers und die von diesem eingebrachten Rechtsverletzungen zu wenig Beachtung finden.[610]

Zwar kam das ZP IPwirtR bisher nicht zur Anwendung, jedoch ist es mittels der Dokumente der Vorbereitungsphase sowie dem Text des ZP IPWirtR möglich, einzelne Aspekte der Überprüfung auch ohne das Vorliegen konkreter Fälle zu präzisieren. In diesem Zusammenhang ist auch von Interesse, welche Formulierungen, die zur Debatte standen, letztlich nicht in die endgültige Fassung des ZP IPwirtR aufgenommen wurden.

Die Bezugnahme auf den Kerngehalt der Rechte und Pflichten als primären Maßstab für die Überprüfung einer Mitteilung wurde bewusst abgelehnt, ohne dass diesbezüglich große Unstimmigkeiten entstanden.[611] Die Grenzen, an die der Ansatz im Rahmen der Staatenberichte stößt, sowie die Rechtsprechung anderer Organe, die sich mit der Justiziabilität wirtschaftlicher, sozialer und kultureller Rechte befassen, haben das beschränkte Potenzial des Konzeptes für individualrechtliche Beschwerden eindringlich genug verdeutlicht.[612]

Ein weiterer Punkt, der explizit abgewiesen wurde, ist das Aufgreifen der europäischen Doktrin der *margin of appreciation*. Es bedurfte überzeugender Argumente der Befürworter sowie einer starken Kampagne von NGOs, um skeptische Staaten

608 Liebenberg, in Woolman/Bishop, S. 321 f.

609 „The concept of the reasonableness is a double edged sword."; Porter, in Nordic Journal of Human Rights 27:1 (2009) S. 40.

610 Die Herausforderung, dieser Gefahr zu begegnen, zeigte sich bereits mehrmals im südafrikanischen Kontext, s. ders., S. 52.

611 Porter, in Nordic Journal of Human Rights 27:1 (2009), S. 53.

612 Ders. a.a.O. führt darüber hinaus die Gefahr an, dass ein Heranziehen des Konzeptes zu sehr präzisen Empfehlungen gegenüber den Staaten führen kann, wie diese im Fall eines Verstoßes Abhilfe schaffen müssen. Dies steht mit dem weiten Ermessensspielraum der Staaten bei der Umsetzung der Rechte in Widerspruch.

von einer Abkehr der Doktrin zu überzeugen.[613] Artikel 8 IV S. 2 ZP IPwirtR, der den Ausschuss aufruft, die Vielzahl potenzieller Umsetzungsmaßnahmen zu berücksichtigen, repräsentiert den Kompromiss, auf den man sich einigen konnte. Auf diese Weise wird der Ermessensspielraum der Staaten indirekt genannt, ohne per se einen Bereich anzuerkennen, der von der Jurisdiktion des Ausschusses ausgeschlossen ist.

Schließlich war trotz grundsätzlicher Einigkeit über eine Form der Angemessenheit als Maßstab lange umstritten, ob der Ausschuss die Angemessenheit oder die Unangemessenheit der von dem Vertragsstaat getroffenen Maßnahmen prüft.[614] Es waren dieselben Staaten, die sich für das Einfügen der national *margin of appreciation* aussprachen, die auch eine Prüfung der Unangemessenheit der Maßnahmen präferierten.[615] Die Substitution des Angemessenheitskriteriums durch das der Unangemessenheit hätte eine Umkehr der Darlegungslast zur Folge gehabt. Nicht der Staat wäre verpflichtet gewesen aufzuzeigen, dass die Maßnahmen dem Standard der Angemessenheit entsprechen, sondern der Beschwerdeführer hätte die Unangemessenheit der Vorgehensweise darlegen müssen.[616]

Neben dem Ausschluss gewisser Kriterien trugen die vorbereitenden Arbeiten auch zu einer Konkretisierung der Kriterien bei, die für die Prüfung einer Mitteilung von Relevanz sind. So hielt der Ausschuss in einem Statement die folgenden Punkte fest, die unter anderem herangezogen werden sollen, um die seitens des Staates unternommenen Schritte auf ihre Angemessenheit hin zu überprüfen:[617]

- „The extent to which the measures taken were deliberate, concrete and targeted towards the fulfilment of economic, social and cultural rights;
- Whether the State party exercised its discretion in a non-discriminatory and non-arbitrary manner;
- Whether the State party's decision (not) to allocate available resources is in accordance with international human rights standards
- Where several policy options are available, whether the State party adopts the option that least restricts Covenant rights
- The time frame in which steps were taken

613 Insbesondere die USA, Kanada, das Vereinigte Königreich, Australien, Polen und China sprachen sich vehement für eine Bezugnahme auf die national margin of appreciation aus, s. report of the open-ended working group to consider options regarding the elaboration of an optional protocol to the ICESCR, 3. Session, UN Doc. E/Cn.4/2006/47, §§ 92 ff., 123 ff.

614 A.a.O., § 92.

615 Ibid.

616 Porter, in Nordic Journal of Human Rights 27:1 (2009), S. 45.

617 Zu Beginn der Vorverhandlungen wurde auch das Kriterium der Geeignetheit („appropriate") als relevanter Prüfungsmaßstab diskutiert. Während das im Folgenden zitierte Dok. noch auf beide Kriterien eingeht, wurde „appropriate" zu einem späteren Zeitpunkt aufgrund mangelnder Befürwortung wieder gestrichen, s. ders., S. 49.

- Whether steps had taken into account the precarious situation of disadvantaged and marginalized individuals or groups."[618]

Als Maßstab zur Beurteilung, wann eine staatliche Maßnahme bedacht, konkret und auf die volle Verwirklichung der wirtschaftlichen, sozialen und kulturellen Rechte gerichtet ist, können dem Ausschuss die Allgemeinen Bemerkungen dienen, in denen er auf das Kriterium der Angemessenheit Bezug nimmt.

> „Das Konzept der Angemessenheit ist für das Recht auf (...) von besonderer Bedeutung, da es hilft, einige Faktoren hervorzuheben, die berücksichtigt werden müssen, wenn es um die Feststellung geht, ob bestimmte Güter/Leistungen, zu denen Zugang besteht, unter den gegebenen Umständen als die am besten geeigneten für die Zwecke des Artikels (...) des Paktes angesehen werden können."[619]

So nennt er beispielsweise den gesetzlichen Schutz, die Verfügbarkeit von Dienstleistungen, Material, Einrichtungen und Infrastruktur, die Bezahlbarkeit, die Bewohnbarkeit, die Zugänglichkeit, den Standort sowie die kulturelle Angemessenheit als die Aspekte des Rechts auf eine angemessene Unterkunft, die von den Staaten unter allen Umständen zu berücksichtigen sind.[620] Der Übergang der Faktoren, die das Kriterium der Angemessenheit konkretisieren, zum Kerngehalt der Rechte ist zum Teil fließend. Trotz einer Entscheidung gegen den Kerngehalt als Prüfungsmaßstab im ZP IPwirtR ist daher nicht ausgeschlossen, dass sich der Ausschuss bei der Prüfung der Angemessenheit an den Faktoren orientiert, die die Kerngehalte eines Rechts ausmachen.

Trotz präziser Kriterien, die für das starke Engagement des Ausschusses zur Gewährung eines effektiven Rechtsschutzes sprechen, ist die Bezugnahme auf den Ermessensspielraum der Staaten weder in den vorbereitenden noch in den abschließenden Dokumenten zu übersehen.

> „The Committee always respects the margin of appreciation of States to take steps and adopt measures most suited to their specific circumstances."[621]

> „In doing so (examining communications under the present Protocol), the Committee shall bear in mind that the State Party may adopt a range of possible policy measures for the implementation of the rights set forth in the Covenant."[622]

---

618 Statement by the Committee: An evaluation of the obligation to take steps to the „Maximum of available resources" under an optional protocol to the Convenant, UN Doc. E/C.12/2007/1 (10.05.2007), § 3.

619 Allg. Bemerkung Nr. 12 zu Art. 11 IPwirtR, UN Doc. E/C.12/1999/5.

620 Allg. Bemerkung Nr. 4 zu Art. 11 I IPwirtR, UN Doc. CESCR E/1992/23, § 8a)-g).

621 An Evaluation of the obligation to take steps to the „Maximum of available resources" under an Optional Protocol to the Convenant, UN Doc. E/C.12/2007/1, § 11.

622 ZP IPbürgR, UN Doc. A/63/435, Art. 8 IV.

Der Ausschuss muss einen Weg finden, die Handlungsspielräume der Staaten auf nationaler Ebene zu respektieren, ohne dass seine Empfehlungen an konkretem Gehalt einbüßen.

Was folgt aus den dargestellten Maßstäben und Kriterien für die normative Beurteilung einer Menschenrechtsverletzung durch das Delikt der Veruntreuung/Unterschlagung? Ist die Prüfung einer Verletzung ohne die Betrachtung der Angemessenheit landesspezifischer Maßnahmen ausgeschlossen? In diesem Zusammenhang ist zwischen der Pflicht zur Achtung und der zur Verwirklichung der Menschenrechte zu unterscheiden.[623] Da dem Staat im Rahmen der Verwirklichung der Rechte eine Vielzahl potenzieller Umsetzungsmaßnahmen zur Verfügung stehen und er sich frei für eine entscheiden kann, bedarf es grundsätzlich der Kenntnis über die konkrete Vorgehensweise, um über deren Angemessenheit urteilen zu können. Allerdings erlaubt der Rechtsgehalt der einzelnen Garantien es, Aspekte herauszuarbeiten, die der Staat bei der Umsetzung berücksichtigen muss. So erfordert beispielsweise die volle Verwirklichung des Rechts auf Gesundheit neben der Existenz medizinischer Einrichtungen auch deren Funktionsfähigkeit, was wiederum unter anderem geschultes Personal voraussetzt. Wird einer der Aspekte bei der Umsetzung nicht oder nur unzureichend beachtet, steht dies mit der Pflicht zur vollen Verwirklichung der Rechte in Widerspruch. Die Angemessenheit einer Maßnahme setzt folglich die Beachtung aller Aspekte des Rechtsgehaltes voraus. Wird dies durch die Veruntreuung/Unterschlagung von Ressourcen beeinträchtigt oder verhindert, kann bereits daraus eine Pflichtverletzung resultieren.

Hinsichtlich der Pflicht zur Achtung der wirtschaftlichen, sozialen und kulturellen Rechte obliegt es dem Staat, genauso wie im Rahmen des IPbürgR, Eingriffe in den Schutzgehalt zu unterlassen. Führt die Veruntreuung/Unterschlagung dazu, dass er dieser Pflicht nicht gerecht wird, liegt eine Rechtsverletzung vor, ohne dass Fragen der Angemessenheit eine Rolle spielen. Schließlich verbietet das Verbot der Regression, Rückschritte hinsichtlich der Gewährung der Rechte vorzunehmen oder solche zuzulassen. Auch in diesem Fall kann unabhängig von der Angemessenheit einer Maßnahme beurteilt werden, ob die Verwirklichung der Veruntreuung/Unterschlagung eine Rechtsverletzung darstellt. Eine normative Bewertung der Auswirkungen der Veruntreuung/Unterschlagung auf die Menschenrechte ist folglich in gewissen Grenzen auch ohne die Kenntnis über konkrete Maßnahmen möglich, für die sich einzelne Staaten hinsichtlich der Umsetzung der Rechte entschieden haben. Inwiefern die in Kapitel III.B. dargestellten Konsequenzen der Veruntreuung/Unterschlagung eine Rechtsverletzung begründen, wird im Folgenden erörtert.

623 Die Pflicht zum Schutz der Menschenrechte spielt hinsichtlich einer potenziellen Menschenrechtsverletzung durch die Verwirklichung der Veruntreuung/Unterschlagung keine Rolle, da der Tatbestand das Handeln eines Amtsträgers voraussetzt.

8. Analyse konkreter Konstellationen

a. Mangelnde Verfügbarkeit/Zugänglichkeit staatlicher Institutionen

Im Rahmen der Darstellung tatsächlicher Auswirkungen der Veruntreuung/Unterschlagung auf die Menschenrechte wurden unter III.B.1. insbesondere drei Aspekte der mangelnden Verfügbarkeit/Zugänglichkeit staatlicher Institutionen beleuchtet: einerseits das vollständige Ausbleiben von Investitionen im Bereich des Ausbaus und der Erhaltung von Institutionen, andererseits mangelnde oder minderwertige Investitionen in den sozialen Sektor und zuletzt die damit einhergehenden Folgekonsequenzen. Der Bau und die Erhaltung funktionsfähiger öffentlicher Institutionen erfordern hohe Summen, die der Staat nicht investieren kann, wenn die benötigten Gelder veruntreut/unterschlagen werden.

Fraglich ist, ab wann das fehlende Vorhandensein staatlicher Gelder für die Umsetzung menschenrechtlicher Garantien eine Verletzung dieser begründet. Der Ausschuss für wirtschaftliche, kulturelle und soziale Rechte differenziert zwischen dem fehlenden „Wollen“ und „Können“ eines Staates in Bezug auf die Einhaltung seiner Verpflichtungen.

> „Ein Staat, der nicht willens ist, seine verfügbaren Ressourcen für die Verwirklichung des Rechtes (...) auszuschöpfen, verletzt seine Verpflichtungen gem. Art. (...).“[624]

Ein Staat, der Gelder sowie Materialien veruntreut/unterschlägt, versetzt sich bewusst in eine Lage, in der aus dem fehlenden „Wollen“ ein fehlendes „Können“ resultiert. Da die Einschränkungen hinsichtlich der Einhaltung der Verpflichtungen im Fall der staatlichen Korruption auf einer bewussten Entscheidung zum kriminellen Entzug der öffentlichen Ressourcen basiert, kann schwerlich von einem fehlenden „Können“ gesprochen werden.[625] Folgt man dem Statement des Ausschusses, könnte unter Berufung auf Korruption, aus der sich ein fehlender Willen zur vollen Verwirklichung der Rechte ableiten lässt, eine Verletzung gefolgert werden. Zu beachten ist jedoch der breite Ermessensspielraum der Staaten. Vorgaben, welche genauen Summen oder wie viel Prozent des Budgets in soziale Maßnahmen investiert werden müssen, existieren nicht. Trotz des unmissverständlichen Wortlautes von Artikel 2 I IPwirtR, der die Staaten verpflichtet, „unter Ausschöpfung aller Möglichkeiten, Maßnahmen (...) zu treffen“ ist es daher schwer begründbar, eine Menschenrechtsverletzung allein aufgrund der Reduktion von Ausgaben in die Menschenrechtsverwirklichung per se anzunehmen, selbst wenn diese auf einem fehlenden „Wollen“ beruht. Der Ausschuss zu den Rechten des Kindes, das Gremium,

---

624 Allg. Bemerkung Nr. 4 zu Art. 12 IPwirtR, UN Doc. CESCR E/C.12/2000/4, § 47, eine Formulierung, die sich in vergleichbarer Weise auch in anderen Allg. Bemerkungen wiederfindet, s. auch Maastricht Guidelines, § 13.

625 Ein solches wird bspw. im Fall einer Naturkatastrophe oder bei internen Unruhen angenommen. Dies stellen Konstellationen dar, in denen dem Staat die Hände gebunden sind.

das sich am intensivsten mit den negativen Folgen von Korruption auf die Verwirklichung der Rechte auseinandersetzt und diese am deutlichsten benennt, bleibt selbst in Fällen eindeutiger Korruption, die sich negativ auf die staatlichen Ressourcen auswirkt, hinsichtlich der Feststellung einer Verletzung sehr zurückhaltend.

> *"While noting the increase of funds budgeted for specific child rights programmes, the Committee is concerned at the inadequate State annual budget allocated for areas affecting children including for health, education and social assistance in general. Furthermore, the Committee is concerned at the reported corruption which may have a negative impact on the allocation of already limited resources to effectively improve the promotion and protection of children's rights, including regarding to health and education."*[626]

Die Festlegung verbindlicher Richtlinien, welcher Prozentsatz des staatlichen Haushaltes in die Verwirklichung einzelner Rechte zu investieren ist, würde einen Eingriff in die Souveränität der Staaten darstellen und ist daher auf internationaler Ebene nicht realisierbar. Zum Teil haben Staaten durch nationale Aktionspläne starre Grenzen hinsichtlich der Rechtsverwirklichung festgelegt oder einen prozentualen Anteil des Gesamtbudgets in der Verfassung normiert, der in den Schutz gewisser menschenrechtlicher Garantien fließen muss. Beispielhaft in diesem Zusammenhang ist die Reform des indonesischen Bildungssystems. Im Rahmen der Annahme einer Verfassungserweiterung wurde das Recht eines jeden auf Zugang zur Bildung auf nationaler Ebene normiert und der Staat verpflichtet, zum Zweck der Umsetzung der Garantie mindestens 20 % des staatlichen Budgets aufzuwenden.[627] Die Verankerung einer derart konkreten Verpflichtung, durch die Verfehlungen messbar werden, ist global gesehen jedoch die Ausnahme. Selbst die verfassungsrechtliche Verankerung einer Priorisierung gewisser Bereiche im Rahmen der Ressourcenverteilung ist keine Garantie für deren Umsetzung. Trotz der Normierung der Bildung als höchste Priorität im Rahmen der Budgetverteilung in der Verfassung der Philippinen überstieg 1991 die Summe, die für den Schuldendienst vorgesehen war, die Summe der Bildungsausgaben um das Dreifache. Die infrage gestellte Verfassungsmäßigkeit des Haushaltsplanes wurde vom Gericht mit dem Argument bestätigt, der Schuldendienst sei essenziell, um die Kreditwürdigkeit des Landes und somit das Überleben der Wirtschaft abzusichern.[628] Darüber hinaus vertrat das Gericht die Auffassung, ein Urteil über die Budgetverteilung sei nicht

---

626 Abschließende Bemerkungen zu Bulgarien, UN Doc. CRC/C/BGR/CO/2, § 16 f. Ähnliche Statements finden sich bspw. in den abschließenden Bemerkungen zu Benin, UN Doc. CRC/C/BEN/CO/2, § 17; abschließende Bemerkungen zu Sri Lanka, UN Doc. CRC/C/LKA/CO/3-4, § 16c); abschließende Bemerkungen zu Afghanistan, UN Doc. CRC/C/AFG/CO/1, § 17.

627 4. Verfassungsergänzung vom 10.08.2002, zitiert aus Tomasevski, UNESCO 2004/ED/EFA/MRT/PI/73, S. 38.

628 Supreme Court of the Philippines, *Guingona, JR. vs. Caraque,* G.R. No. 94571, 22.04.1991.

Aufgabe der Judikative, sondern des Parlaments und der Exekutive.[629] Auch eine verfassungsrechtliche Normierung kann folglich wertlos werden, wenn Verstöße dagegen ohne Konsequenzen bleiben.

Sofern normative Verankerungen fehlen, kann erst dann von einer Verletzung eines Menschenrechts durch die Veruntreuung/Unterschlagung staatlicher Gelder gesprochen werden, wenn angemessene Programme zur vollen Rechtsumsetzung fehlen oder Rückschritte vorgenommen oder gebilligt werden, die dazu führen, dass ein Minimalniveau an Schutz nicht mehr gewährleistet wird.[630] Gemäß der Kriterien zur Überprüfung einer Individualbeschwerde nach dem ZP IPwirtR ist der Staat angehalten, im Fall mehrerer Entscheidungsoptionen diejenige zu bevorzugen, die mit den normierten Rechten am wenigsten in Widerspruch steht. Präferiert ein Staat bei der Errichtung öffentlicher Institutionen billige Bauplätze in urbanen Randbereichen oder außerhalb der Städte und Dörfer, anstatt diese an einem Ort zu bauen, der für alle Menschen zugänglich ist, handelt er entgegen der genannten Pflicht, da eine „sichere physische Reichweite“[631] der Einrichtung nicht gewahrt werden kann. Hinzu kommt, dass insbesondere arme Bevölkerungsgruppen nicht in der Lage sind, den Transport zu abgelegenen Einrichtungen zu finanzieren, wohingegen dies für reichere Schichten kein Problem darstellt. Die Berücksichtigung besonders benachteiligter Individuen und Gruppen, die eine weitere Verpflichtung des Staates darstellt, bleibt folglich auch unbeachtet. Schließlich ist zweifelhaft, inwiefern der Bau eines für viele Menschen unzugänglichen Krankenhauses als eine wohldurchdachte, konkrete und gezielte Maßnahme zur Verwirklichung des Rechts auf Gesundheit eingestuft werden kann. Die Bevorzugung billiger Bauplätze zur Errichtung öffentlicher Institutionen steht mit drei der sechs Kriterien in Widerspruch, anhand derer der Ausschuss die Angemessenheit einer Maßnahme nach dem ZP IPwirtR überprüfen will.[632] Zwar bedeutet auch dies nicht, dass zwingend

---

629 Tomasevski, UNESCO 2004/ED/EFA/MRT/PI/73, S. 38. In London wurde gerichtlich die Pflicht der lokalen Bildungsbehörden überprüft. Aufgrund eines Lehrermangels kamen Kinder nicht in den Genuss auf Bildung. Das Gericht urteilte, die Behörde tue, was in ihrer Macht steht, um die Situation zu beheben. Eine Pflichtverletzung wurde abgelehnt, R.v. Inner London Education Authority, ex parte Ali (1990), C.O.D. 317, (1990) 2 Admin. L.R.822, 828B, zitiert aus Tomasevski, UNESCO 2004/ED/EFA/MRT/PI/73, S. 38 f.

630 In den Maastricht Guidelines wird unter dem Punkt *„Rechtsverletzungen durch Handlungen“* als Beispiel aufgeführt: „Die Reduktion oder die Entwendung staatlicher Ausgaben, wenn die Handlungen dazu führen, dass Menschenrechte nicht verwirklicht werden können und kein adäquater Ausgleich besteht, um einen Minimalschutz zu gewährleisten“, § 14 (g). Dreh- und Angelpunkt ist hier noch der zu gewährende Minimalschutz, nicht die Angemessenheit einer Maßnahme.

631 Vgl. Allg. Bemerkung Nr. 13 zu Art. 13 IPwirtR, UN Doc. CESCR E/C.12/1999/10, § 6b) ii).

632 Die Darstellung der Kriterien findet sich unter V.D.1.b).

eine Verletzung vorliegt, jedoch weisen die Anhaltspunkte eine starke Tendenz diesbezüglich auf.

Da sich die Vertragsparteien des IPwirtR zur progressiven Umsetzung der Rechte verpflichtet haben, bedarf die Entscheidung, gar nicht in die Verwirklichung der Menschenrechte zu investieren einer Rechtfertigung, die mit den internationalen Menschenrechtsstandards in Einklang steht. Ausbleibende Investitionen sind nur in Ausnahmefällen gerechtfertigt, beispielsweise im Fall einer durch den Staat nicht verschuldeten Krise. Der Ressourcenverlust aufgrund der Veruntreuung/Unterschlagung kann unter keinen Umständen als Rechtfertigung für ein Untätigbleiben dienen. Die Veruntreuung/Unterschlagung staatlicher Ressourcen kann sich folglich negativ auf den Menschenrechtsschutz auswirken, ohne dass dies gerechtfertigt wäre, allerdings stellt sich auch an dieser Stelle die Frage des ausreichend engen Kausalzusammenhangs unter Berücksichtigung des Schutzzweckes der jeweiligen Norm.

Folgt man der hier vertretenen Argumentation, dass allein der Ressourcenverlust durch Korruption aufgrund des breiten staatlichen Ermessenspielraums nicht per se zu einer Verletzung von Menschenrechten führt, bedarf es zum Vorliegen einer solchen weiterer, dem Staat zurechenbarer Entscheidungen, die mit der progressiven Umsetzungspflicht der Garantien in Widerspruch stehen. Der Eingriff in die Menschenrechte liegt folglich in den meisten Fällen nicht in der Veruntreuung/Unterschlagung staatlicher Ressourcen, sondern in den Schritten, die dazu führen, dass der Staat nicht in einem angemessenen Maße in den Menschenrechtsschutz investiert. In zwei Konstellationen ist jedoch eine andere Beurteilung denkbar. Erstens wenn öffentliche Ressourcen veruntreut/unterschlagen werden, die bereits vor der Verwirklichung des Korruptionsdeliktes speziell für die Umsetzung der Menschenrechte vorgesehen waren und zweitens wenn der Staat sich verpflichtet hat, eine gewisse Budgetgröße in die Umsetzung der Menschenrechte zu investieren und ihm dies aufgrund von Veruntreuung/Unterschlagung nicht möglich ist. In beiden Fällen muss die Veruntreuung/Unterschlagung dazu führen, dass entweder gar nicht in die Verwirklichung der Menschenrechte investiert wird oder lediglich solche Schritte unternommen werden, die dem Kriterium der Angemessenheit nicht genügen. Dies ist erforderlich, da die Verpflichtungen nach Artikel 2 I IPwirtR nur in Verbindung mit einer konkreten Rechtsgarantie Wirkung entfalten und eine Menschenrechtsverletzung die Betroffenheit von mindestens einem Bürger in seinem Menschenrechtsschutz voraussetzt. Denn selbst ein Staat der Gelder veruntreut/unterschlägt, die speziell für den Menschenrechtsschutz vorgesehen waren, kann die Defizite im Budget anderweitig ausgleichen und dafür sorgen, dass es im Rahmen des Menschenrechtsschutzes zu keinerlei Beeinträchtigungen kommt.

Neben der Pflicht, aktive Schritte zur Umsetzung der Menschenrechte zu unternehmen, impliziert das Gebot gemäß Artikel 2 I IPwirtR, unter Ausschöpfung aller Möglichkeiten die volle Verwirklichung der Menschenrechte zu erreichen, auch das Verbot, Rückschritte im Rahmen der Umsetzung der Menschenrechte herbeizuführen oder zuzulassen. Hintergrundgedanke dieses Verbotes ist die Aufrechterhaltung der erreichten Fortschritte.

„Die Verabschiedung jeglicher rückläufiger Maßnahmen, die mit den Verpflichtungen des Rechts auf Gesundheit (...) unvereinbar sind, stellen eine Verletzung des Rechts auf Gesundheit dar."[633]

Der Ausschuss erkennt an, dass knappe Ressourcen einen Staat zu regressiven Schritten zwingen können. Er macht jedoch gleichermaßen deutlich, dass diese nur in extremen Ausnahmefällen, wie beispielsweise einer Naturkatastrophe, gerechtfertigt sind.[634] Im Fall der Veruntreuung/Unterschlagung öffentlicher Gelder ist aufgrund des grundsätzlichen Vorhandenseins der Ressourcen bereits fraglich, ob ein Fall „eingeschränkter" Ressourcen vorliegt. Unabhängig davon vermag es ein Staat nicht den hohen Anforderungen, die an die erfolgreiche Darlegung der Rechtmäßigkeit regressiver Schritte im Einzelfall gestellt werden, in einer derartigen Konstellation gerecht zu werden. Die Schließung bereits vorhandener staatlicher Institutionen stellt einen Rückschritt dar, sofern ein Bedarf an der Aufrechterhaltung der Einrichtungen bestand. Die Afrikanische Menschenrechtskommission bejahte eine Verletzung des in Artikel 17 I der Afrikanischen Menschenrechtscharta normierten Rechts auf Bildung, als Universitäten und weiterführende Schulen aufgrund von Korruption für zwei Jahre geschlossen werden mussten und Lehrkräfte nicht mehr bezahlt wurden.[635]

Fraglich ist, ob in diesem Fall von einer Menschenrechtsverletzung durch Korruption gesprochen werden kann oder ob die Korruption als Auslöser betrachtet werden muss, jedoch nicht als letztlicher Akt des Eingriffes. Zwar sind dem Ermessensspielraum des Staates hinsichtlich des Regressionsverbotes engere Schranken gesetzt als in Bezug auf die Schritte, die zu einer weiterführenden progressiven Umsetzung der Menschenrechte beitragen, es gilt jedoch auch an dieser Stelle, dass grundsätzlich von der Veruntreuung/Unterschlagung von Geldern nicht direkt auf eine Beeinträchtigung der Menschenrechte geschlossen werden kann. Vielmehr bedarf es darauf aufbauender Folgeentscheidungen, wie beispielsweise der Schließung von Schulen, damit eine konkrete Beeinträchtigung vorliegt. Der Staat ist zwar verpflichtet, seine Ressourcen so zu verwalten, dass Rückschritte hinsichtlich der Umsetzung der Menschenrechte ausbleiben. Dieses Gebot gilt jedoch nicht abstrakt, sondern im Zusammenhang mit Einschnitten in konkrete, in den Pakten normierte Garantien. In dieser Hinsicht kann auf die obige Argumentation verwiesen werden. Ausgenommen die Voraussetzungen einer der beiden Ausnahmefälle liegen vor, ist eine Menschenrechtsverletzung durch Korruption zu verneinen.

---

633 Allg. Bemerkung Nr. 14 zu Art. 12 IPwirtR, UN Doc. CESCR E/C.12/2000/4, § 48. Das Verbot der Regression gilt für alle Rechte, nicht nur für das Recht auf Gesundheit, das hier lediglich beispielhaft aufgeführt wird.

634 Bzgl. der Anforderungen vgl. UN Doc. E/C.12/2007/1, § 10. Das Bsp. der Naturkatastrophen wird unter § 10 d) aufgeführt. Als weiteres Beispiel werden interne oder internationale bewaffnete Konflikte genannt.

635 Singh, in African YB Int. Law, Vol. 12 (2004), S. 456.

Sofern Private die Situation ausnutzen, dass staatliche Institutionen für viele Menschen nicht in einer sicheren Reichweite liegen und es zu einer Beeinträchtigung weiterer Rechte kommt, trifft den Staat eine Schutzpflicht. Wie im Rahmen der Analyse einer Menschenrechtsverletzung durch Bestechung dargelegt, begründet die Verwirklichung des Korruptionsdeliktes in derartigen Konstellationen nie den Eingriff in das geschützte Rechtsgut. Der Staat verletzt seine Schutzpflicht nicht deshalb, weil er korrupt agiert, sondern weil er es unterlässt, Maßnahmen zu ergreifen, die den Bürger auf horizontaler Ebene schützen.

b. Mangelnde Funktionsfähigkeit/Qualität innerhalb staatlicher Institutionen

Institutionen müssen nicht nur vorhanden und zugänglich sein. Darüber hinaus müssen auch die Funktionsfähigkeit und ein gewisser Qualitätsstandard im Rahmen der institutionellen Arbeit gewährleistet werden. Beide Aspekte können aufgrund der Veruntreuung/Unterschlagung beeinträchtigt sein. Auf welcher Ebene die Gelder oder Materialien abgeschöpft werden oder anhand welcher Praxis dies geschieht, macht für die rechtliche Beurteilung der Fälle keinen Unterschied. Da der Staat verpflichtet ist, das Vorhandensein, die Zugänglichkeit, die Funktionsfähigkeit und die Qualität der Arbeit staatlicher Institutionen in gleicher Weise zu verwirklichen, kann es keinen Unterschied machen, welcher der genannten Aspekte aufgrund der Veruntreuung/Unterschlagung öffentlicher Gelder gar nicht oder nicht auf eine angemessene Weise realisiert wird. Die obigen Schlussfolgerungen (a.) finden daher auch für Fälle der mangelnden Funktionsfähigkeit/Qualität Anwendung. Die Veruntreuung/Unterschlagung finanzieller Ressourcen begründet nur in den zwei genannten Ausnahmefällen eine Verletzung von Menschenrechten.

Das fehlende Vorhandensein staatlicher Ressourcen kann sich im Fall eines im IPbürgR normierten Rechtsgutes auch auf die Pflicht zur Achtung der Rechte auswirken. Dies ist insbesondere hinsichtlich solcher Garantien der Fall, die auf das Agieren staatlicher Behörden abstellen. Anders als im IPwirtR setzt der IPbürgR bei der Ratifizierung des Paktes voraus, dass die staatlichen Institutionen vorhanden sind und deren grundsätzliche Funktionsfähigkeit gewahrt ist.[636] Es geht folglich weniger darum, funktionsfähige Institutionen zu schaffen, sondern vielmehr darum, die menschenrechtskonforme Arbeit der Institutionen zu gewährleisten. Eine Verletzung der Pflicht zur Achtung der Menschenrechte ist daher nicht primär an das Vorhandensein staatlicher Ressourcen gekoppelt, sondern an das Unterlassen solcher Handlungen, die rechtswidrig in den Schutzbereich des Rechtsgutes eingreifen. Inwiefern Ressourcenverluste einen Verstoß gegen die Pflicht zur Achtung auslösen, ist zweitrangig, da jeweils ein direkterer Bezugspunkt vorliegt, der den Eingriff in das Rechtsgut darstellt. Eine Verletzung des Rechtsgutes durch die Veruntreuung/Unterschlagung ist daher abzulehnen.

---

636 Diesbzgl. s. Kapitel IV.B.2.b.

Die sekundäre Bedeutung des korrupten Deliktes zeigt sich deutlich in der Beurteilung des Falles *Michael and Brian Hill vs. Spain.* Die Brüder machen geltend, dass die Versorgung mit Wasser und Nahrungsmitteln trotz entsprechenden Vorgaben ausblieb und stützen dies auf fehlende Ressourcen in den Gefängnissen aufgrund von Veruntreuung/Unterschlagung. Der Menschenrechtsausschuss geht nicht weiter auf den Vorwurf der Korruption ein, sondern bejaht lediglich eine Verletzung von Artikel 10 I IPbürgR.[637] Der Bürger ist davor geschützt, in Haft unzureichend mit Nahrung und Wasser versorgt zu werden, nicht jedoch davor, dass Beamte öffentliche Gelder veruntreuen/unterschlagen.

Fraglich ist, ob der Verlust von Materialien durch Veruntreuung/Unterschlagung eine andere rechtliche Beurteilung verlangt als der Verlust finanzieller Ressourcen. Das fehlende Vorhandensein von Materialien kann einen direkten Einfluss auf den Menschenrechtsschutz haben, wenn dieser an das Vorhandensein bestimmter Materialien geknüpft ist. Das Recht auf Bildung impliziert das Vorhandensein von Unterrichtsmaterialien, das Recht auf Gesundheit beinhaltet die Verfügbarkeit von Medikamenten und das Recht auf eine menschliche Behandlung im Gefängnis erfordert das Bereitstellen von Nahrungsmitteln für die Inhaftierten.

Die Veruntreuung/Unterschlagung von Materialien setzt voraus, dass bereits Gelder investiert wurden, um diese anzuschaffen. Es geht folglich nicht darum, dass der Staat Schritte unternehmen muss, um die Menschenrechte zu verwirklichen, sondern vielmehr darum, dass Eingriffe in den Schutzbereich unterlassen werden. Die Veruntreuung/Unterschlagung von Materialien ist daher an dem Maßstab der Pflicht zur Achtung der Menschenrechte zu bemessen. Ein Amtsträger, der die Materialien veruntreut/unterschlägt, die zur Realisierung der Rechte erforderlich sind, verstößt gegen das Gebot jegliche Eingriffe zu unterlassen, die den Schutzgehalt der Rechte beeinträchtigen. Fraglich ist, ob ein derartiger Verstoß per se eine Verletzung der jeweiligen Garantie begründet oder ob für die Annahme einer solchen ein gewisser Grad des Qualitätsabfalls oder der Reduktion der Funktionsfähigkeit einer öffentlichen Einrichtung erreicht sein muss. Im Unterschied zu den oft vagen Verpflichtungen hinsichtlich der Pflicht zur Verwirklichung der Menschenrechte legt die Pflicht zur Achtung der Menschenrechte dem Staat ein konkretes Gebot des Unterlassens auf, das in Bezug auf beide Pakte unmittelbare Wirkung entfaltet. Wird gegen dieses auf eine dem Staat zurechenbare Weise verstoßen, liegt eine Rechtsverletzung vor. Sofern das Vorhandensein von Materialien vom Schutzgehalt des Rechtes umfasst ist, begründet die Veruntreuung/Unterschlagung der Materialien einen ungerechtfertigten Eingriff.[638] Da in diesem Fall keine weiteren

637 *Michael and Brian Hill vs. Spain*, Mitteilung Nr. 526/1993, UN Doc. CCPR/C/59/D/526/1993.

638 Dieses Ergebnis gilt auch für die in Kapitel III.B.2b) dargestellten Konstellationen beeinträchtigter Nothilfen durch die Veruntreuung/Unterschlagung, da auch dort zwischen dem Verlust von Geldern und von Materialien differenziert wurde.

Schritte notwendig sind, damit eine Einschränkung des Schutzbereiches vorliegt, ist eine Menschenrechtsverletzung durch Veruntreuung/Unterschlagung zu bejahen.

Im Fall der Deliktsverwirklichung durch Private trifft den Staat lediglich eine Schutzpflicht. Eine Verletzung dieser erfolgt nicht durch Korruption, sondern durch das Unterlassen aktiver Maßnahmen zur Prävention und Sanktionierung derartiger Verbrechen.

Die Erkenntnisse sind auf die in Kapitel III.B.2. dargestellten Konstellationen übertragbar, die Beeinträchtigungen des Rechts auf soziale Sicherheit sowie der Versorgung mit Hilfsgütern durch die Veruntreuung/Unterschlagung beleuchten. In Bezug auf eine Rechtsverletzung im Fall der eingeschränkten Versorgung mit Hilfsgütern muss jedoch im Einzelfall beurteilt werden, ob der Staat verpflichtet ist, solche bereitzustellen. Nur wenn eine Pflicht, beispielsweise aus dem Recht auf Gesundheit oder dem Recht auf einen angemessenen Lebensstandard, abgeleitet werden kann, ist eine Verletzung durch das Delikt der Veruntreuung/Unterschlagung denkbar.

c. *Mangelnde Güterqualität*

Bei Konstellationen, in denen der Bevölkerung Güter zur Verfügung gestellt werden, die den Menschenrechtsstandards nicht gerecht werden, geht es sowohl um die Veruntreuung/Unterschlagung von Geldern als auch von Materialien. Die Beispiele in Kapitel III haben gezeigt, dass alle drei Pflichten betroffen sein können.

Eine Verletzung der Schutzpflicht durch Korruption ist, wie bereits mehrfach erörtert, ausgeschlossen. Im Fall der Veruntreuung/Unterschlagung finanzieller Ressourcen ist, die obige Argumentation aufgreifend, eine Verletzung der Pflicht zur Verwirklichung als auch der Achtung der Menschenrechte grundsätzlich abzulehnen.

Dass die Veruntreuung/Unterschlagung von Materialen grundsätzlich einen Eingriff in Menschenrechte begründen kann, wurde bereits bejaht. Im Unterschied zu den bereits erörterten Fällen geht es an dieser Stelle jedoch nicht darum, dass es aufgrund des Verlustes der Materialien zu Einschnitten im Menschenrechtsschutz kommt, sondern um die Frage, inwiefern das Zurverfügungstellen von Gütern minderer Qualität einen Eingriff begründet. Wie bereits aus der Fragestellung abzuleiten ist, liegt der maßgebliche Eingriff nicht in der Verwirklichung des Korruptionsdeliktes, sondern darin, dass den Bürgern Gütern zur Verfügung gestellt werden, die den Menschenrechtsstandards nicht entsprechen. Die Veruntreuung/Unterschlagung der höherwertigen Güter führt zwar in den meisten Fällen dazu, dass der Verlust durch minderwertige Güter ausgeglichen wird, dies ist jedoch einerseits nicht zwingend der Fall. Andererseits umfasst der Menschenrechtsschutz in diesen Konstellationen lediglich, dass den Bürgern keine Güter zur Verfügung gestellt werden, die sie in ihrer Gesundheit oder einem sonstigen Recht beeinträchtigen könnten. Da die Veruntreuung/Unterschlagung alleine nicht dazu führt, dass dem Bürger minderwertige, den Menschenrechtsstandards nicht entsprechende Güter angeboten werden, ist eine Menschenrechtsverletzung durch Korruption abzulehnen.

d. *Manipulation der öffentlichen Meinung*

Artikel 25 IPbürgR normiert nicht lediglich das Recht eines jeden Staatsbürgers auf die Teilnahme am politischen Geschehen, sondern setzt die Umsetzung des Rechts zugleich unter die Bedingung der Freiheit von Diskriminierungen.

Die Veruntreuung/Unterschlagung öffentlicher Gelder im politischen Kontext geht häufig mit der Zweckentfremdung von Ressourcen für private Zwecke einher.[639] Da nur ein Amtsträger das Delikt der Veruntreuung/Unterschlagung begehen kann und es sich um einen abzuwehrenden Eingriff in Artikel 25 IPbürgR handelt, ist die Beurteilung einer Rechtsverletzung an der Pflicht zur Achtung der Menschenrechte festzumachen. Eingriffe in die Partizipationsrechte, die nicht aus objektiven und sachgemäßen Gründen gerechtfertigt sind, muss der Staat unterlassen. Die Veruntreuung/Unterschlagung öffentlicher Gelder hebelt den diskriminierungsfreien Zugang zur Teilhabe am öffentlichen Geschehen aus. Das manipulative Vorgehen einzelner Kandidaten wird in dieser Konstellation durch das korrupte Delikt nicht lediglich ermöglicht. Vielmehr begründet die Veruntreuung/Unterschlagung den Eingriff in Artikel 25 IPbürgR, da einzelne Kandidaten, ohne dass dies gerechtfertigt wäre, bessergestellt werden. Die rechtswidrig erlangte privilegierte Position des jeweiligen Kandidaten widerspricht dem in Artikel 25 IPbürgR wurzelnden Gleichheitsaspekt. Das Recht, ohne unangemessenen Einschränkungen an der Gestaltung öffentlicher Angelegenheiten teilzunehmen (Artikel 25 a)), das Recht auf gleiche Wahlen (Artikel 25 b)) und das Recht des gleichen Zugangs zu öffentlichen Ämtern (Artikel 25 c)) ist durch den korrupten Akt verletzt. Personen, die nicht auf öffentliche Gelder zugreifen können oder sich trotz der Zugriffsmöglichkeiten rechtskonform verhalten, werden durch das korrupte Verhalten anderer Kandidaten auf ungerechtfertigte Weise unmittelbar diskriminiert.

Die in Kapitel III.B.3. erläuterten Einschränkungen in Bezug auf die Amtsträgereigenschaft solcher Kandidaten, die im Vorfeld ihrer Kandidatur nicht im öffentlichen Bereich tätig waren, ist bei der Feststellung einer Rechtsverletzung durch Korruption zu berücksichtigen. Die Zweckentfremdung öffentlicher Gelder durch Privatpersonen fällt nicht unter den Tatbestand der Veruntreuung/Unterschlagung. Auch das Delikt der missbräuchlichen Wahrnehmung von Aufgaben, an das man in seiner Funktion als Auffangtatbestand in dieser Konstellation noch denken könnte, setzt das Handeln eines Amtsträgers voraus und ist daher nicht einschlägig. Eine Menschenrechtsverletzung durch Korruption ist in diesen Konstellationen ausgeschlossen.

e. *Unrechtmäßige Informationsweitergabe*

Artikel 17 I IPbürgR untersagt das Abfangen, das Einsehen sowie die Weitergabe privater Informationen. Der Bürger soll davor geschützt sein, dass Daten, die seinem direkten Einfluss entzogen sind, nicht unrechtmäßig verwendet werden. Geschieht

639 Die unter III.B.5. erläuterten Maßnahmen zur Stimmsicherung sind eine Folge der Zweckentfremdung und stellen daher nicht den Eingriff in Art. 25 IPbürgR dar.

dies dennoch gegen den Willen des einzelnen Bürgers, liegt ein ungerechtfertigter Eingriff in das Recht auf Privatsphäre vor. Der Staat verstößt gegen die Pflicht zur Achtung der Menschenrechte.

Die Veruntreuung/Unterschlagung privater Daten setzt deren unrechtmäßige Verwendung zur Erlangung eines privaten Vorteils voraus. Fängt ein Amtsträger persönliche Daten ab, sieht diese ein oder leitet sie unrechtmäßig weiter, um einen Vorteil zu erlangen, greift er durch die Verwirklichung der Veruntreuung/Unterschlagung direkt in Artikel 17 I IPbürgR ein. Eine Menschenrechtsverletzung durch Korruption ist zu bejahen.

In gleicher Weise kann das gemäß Artikel 25b) IPbürgR geschützte Wahlgeheimnis verletzt werden. Ein Eingriff in das Recht auf die Teilnahme an echten, wiederkehrenden, allgemeinen, gleichen und geheimen Wahlen liegt vor, wenn eines der genannten Kriterien bei der Abhaltung von Wahlen nicht gewahrt wird. Die unrechtmäßige Verwendung von Wählerinformationen zur Erlangung eines privaten Vorteils widerspricht dem Kriterium einer geheimen Wahl. Die Veruntreuung/Unterschlagung von Wählerdaten begründet einen Eingriff in Artikel 25 b) IPbürgR. Neben dem Verbot staatlich zurechenbarer Eingriffe in das Wahlgeheimnis muss der Staat den Konsequenzen der fehlenden Geheimhaltung der Wählerdaten auf horizontaler Ebene im Rahmen seiner Schutzpflicht entgegentreten. Einerseits kann auf dieser Ebene jedoch kein umfassender Schutz verlangt werden. Andererseits wird die Verletzung einer Schutzpflicht nicht durch die Verwirklichung eines korrupten Aktes begründet. Eine Menschenrechtsverletzung durch Korruption scheidet in diesen Konstellationen aus.

Die Veruntreuung/Unterschlagung von Informationen kann auch in der Unterdrückung dieser liegen. Betroffene Menschenrechte in diesem Zusammenhang sind das Recht auf Informations-, Presse- und Medienfreiheit. Der Staat ist verpflichtet, nicht in den freien Informationsfluss einzugreifen oder diesen zu verhindern. Darüber hinaus muss er gewisse Informationen den Bürgern proaktiv zugänglich machen. Welche Informationen der Bürger einsehen können muss, ist eine Einzelfallentscheidung, die von der nationalen Gesetzeslage abhängt. Sofern der Zugang bestimmter Informationen von dem Schutzgehalt des Rechts auf Informationsfreiheit umfasst ist und dieser aufgrund der unrechtmäßigen Unterdrückung verwehrt wird, liegt ein Eingriff in Artikel 19 IPbürgR vor. Erlangt ein Amtsträger aus der Unterdrückung solcher grundsätzlich frei zugänglicher Informationen einen privaten Vorteil, begründet er durch sein korruptes Agieren eine Menschenrechtsverletzung.

Der freie Informationsfluss ist auch für die Ausübung des Wahlrechts von Relevanz. Nur ein informierter Bürger kann sich eine Meinung bilden und aufbauend darauf eine freie Entscheidung bei der Abgabe seiner Wählerstimme treffen. Die Bedeutung des freien Informationsflusses zur uneingeschränkten Ausübung politischer Partizipationsrechte wird zwar auch in der Allgemeinen Bemerkung zu Artikel 25 IPbürgR explizit verdeutlicht. Artikel 19 I/II IPbürgR ist in Bezug auf einen Eingriff in den freien Informationsfluss jedoch spezieller als Artikel 25 IPbürgR und geht diesem daher vor. Eine Beeinträchtigung der gemäß Artikel 25 IPbürgR geschützten Rechte durch die Veruntreuung/Unterschlagung von Informationen liegt zwar vor, eine Verletzung ist jedoch an Artikel 19 IPbürgR festzumachen.

Das zur Verwirklichung der Veruntreuung/Unterschlagung vorausgesetzte Anvertrautsein der Informationen muss in Bezug auf die genannten Beispiele jeweils für den konkreten Fall geprüft werden. Insbesondere solche Informationen, die der Staat den Bürgern gemäß Artikel 19 II IPbürgR frei zugänglich machen muss, sind dem handelnden Amtsträger nicht zwingend aufgrund seiner Stellung anvertraut worden. Fehlt es an dieser Voraussetzung, liegt bereits keine Veruntreuung/Unterschlagung vor. Eine Menschenrechtsverletzung durch die Verwirklichung des Korruptionsdeliktes ist folglich auch abzulehnen.

Ein weiteres Recht, das die Weitergabe von Informationen schützt und anhand dessen das Kriterium des Anvertrautseins der Informationen gut beleuchtet werden kann, ist das Recht auf Gesundheit gemäß Artikel 12 IPwirtR.

> „(Das Recht auf Gesundheit) beinhaltet das Recht, Informationen und Ideen im Hinblick auf Gesundheitsprobleme zu suchen, zu erhalten und weiterzugeben. Die Zugänglichkeit von Informationen sollte jedoch das Recht, dass persönliche Gesundheitsdaten mit Vertraulichkeit behandelt werden müssen, nicht beeinträchtigen."[640]

Eine bewusste Unterdrückung von Informationen, die der Patient für eine Entscheidung benötigt, stellt einen ungerechtfertigten Eingriff in Artikel 12 IPwirtR dar. In gleicher Weise gilt dies für die fehlende Wahrung der Vertraulichkeit persönlicher Gesundheitsdaten. Erfolgt die unrechtmäßige Verwendung der Daten zur Erlangung eines privaten Vorteils, kann das Delikt der Veruntreuung/Unterschlagung verwirklicht sein. Wie bereits unter III.B.4. dargestellt, ist das Kriterium des Anvertrautseins in Bezug auf die Informationen, die zwischen einem Arzt und einem Patienten ausgetauscht werden, nicht zwingend in allen der thematisierten Fallbeispiele erfüllt. Informationen, über die der Arzt aufgrund seiner Ausbildung und der beruflichen Erfahrung Bescheid weiß, wurden ihm nicht aufgrund seiner Stellung anvertraut. Unterdrückt er diese, kann zwar eine Verletzung von Artikel 12 IPwirtR vorliegen, die Verwirklichung der Veruntreuung/Unterschlagung ist jedoch ausgeschlossen. Anders gestaltet sich dies, wenn persönliche Patientendaten ohne eine Einwilligung des Betroffenen weitergeleitet werden. Es ist davon auszugehen, dass derartige Informationen die Anforderung des Anvertrautseins erfüllen. Da Artikel 12 IPwirtR die vertrauliche Behandlung von persönlichen Patientendaten schützt, ist ein Eingriff in den Schutzgehalt durch Korruption zu bejahen.

In Kapitel III.B.4. wurden des Weiteren Fälle thematisiert, in denen die Polizei private Daten unrechtmäßig verwendet, um Personen einzuschüchtern und Druck auf diese auszuüben. In diesem Zusammenhang kommt eine Verletzung des Rechts auf persönliche Freiheit und Sicherheit der Bürger gemäß Artikel 9 I IPbürgR in Betracht. Zwar ist in diesen Konstellationen von dem Vorliegen des Anvertrautseins der Informationen auszugehen. Der unrechtmäßige Eingriff erfolgt jedoch nicht

640 Allg. Bemerkung Nr. 14 zu Art. 12 IPwirtR, UN Doc. CESCR E/C.12/2000/4, § 12b) iv).

durch die unrechtmäßige Verwendung der Daten, sondern ist in den Konsequenzen zu sehen, die durch die Veruntreuung/Unterschlagung ermöglicht werden. Eine Verletzung von Artikel 9 I IPbürgR liegt daher nicht vor.

Die unrechtmäßige Unterdrückung oder Weitergabe von Informationen kann auch eine diskriminierende Wirkung haben. Dies ist beispielsweise dann der Fall, wenn während eines Ermittlungsprozesses Informationen zugunsten oder zulasten einer involvierten Person unrechtmäßig verwendet werden. Die unrechtmäßige Weitergabe von Hinweise über bereits erlangte Beweise oder über die Vorgehensweisen und Strategien der Polizei können das Ziel von Ermittlungen vollständig unterhöhlen. Der mutmaßliche Täter ist den Amtsträgern immer einen Schritt voraus. Die ordnungsgemäße Durchführung polizeilicher Ermittlungen ist durch die Menschenrechte nicht per se geschützt. Artikel 9 IPbürgR schreibt lediglich vor, dass eine Festnahme rechtmäßig sein muss. Korrupte Akte bei der Durchführung polizeilicher Ermittlungen führen jedoch nicht per se zu einer Festnahme. Selbst wenn eine solche stattfindet, kann es sein, dass die Festnahme trotz der Verwirklichung eines korrupten Deliktes im Rahmen des Ermittlungsprozesses rechtmäßig ist. Letztendlich würde ein rechtswidriger Eingriff in Artikel 9 IPbürgR in der Festnahme liegen und nicht in der Veruntreuung/Unterschlagung.

Ein weiteres, in diesem Zusammenhang möglicherweise betroffenes Recht ist das Recht auf ein faires Verfahren gemäß Artikel 14 IPbürgR. Dieses bezieht sich jedoch nur auf Handlungen, die vor einem Gericht vorgenommenen werden. Polizeiliche Ermittlungen sind nicht von dem Schutzgehalt erfasst, auch wenn diese oft als Grundlage für einen gerichtlichen Prozess dienen. Sofern durch die Veruntreuung/Unterschlagung von Informationen die Unabhängigkeit und Neutralität eines Gerichtes unterhöhlt wird, kann auf die Ausführungen im Rahmen der normativen Bewertung der Bestechungsdelikte verwiesen werden.[641]

f. Verlust persönlicher/sonstiger Gegenstände

Konstellationen, in denen Amtsträger das Delikt der Veruntreuung/Unterschlagung verwirklichen, indem sie mit Gegenständen, die ihnen aufgrund ihrer Stellung anvertraut wurden, unrechtmäßig verfahren, widersprechen in erster Linie dem Schutz des Eigentums. Aufgrund einer fehlenden Normierung von Eigentumsrechten durch die Menschenrechtsrechtspakte, abgesehen vom Schutz des geistigen Eigentums gemäß Artikel 15 I c) IPwirtR, ist eine Rechtsverletzung in dieser Hinsicht ausgeschlossen. Fraglich ist, ob der Schutzgehalt einer sonstigen Garantie den Schutz des Eigentums in besonderen Konstellationen umfasst. Im Rahmen der Darstellung der tatsächlichen Auswirkungen korrupter Akte auf die Menschenrechte wurde in diesem Zusammenhang der Verlust persönlicher Wertgegenstände von Gefangenen thematisiert. Polizisten nutzen die Vorschrift, dass die Wertgegenstände der Inhaftierten während der Dauer der Haft in den Gewahrsam der Gefängnisleitung

641 S. Kapitel V.C.3c).

abgegeben werden müssen, um diese zu veruntreuen/unterschlagen. Eine Menschenrechtsverletzung könnte in dieser Konstellation vorliegen, wenn das Recht auf eine menschliche und würdige Behandlung in Haftsituationen ein Verbot der Aneignung persönlicher Wertgegenstände umfasst. Da dem Wortlaut von Artikel 10 I IPbürgR nicht zu entnehmen ist, was eine menschliche und würdevolle Behandlung impliziert, verweist der Menschenrechtsausschuss zur Auslegung des Rechtsgehalts auf Dokumente der VN, die Vorgaben zur Behandlung von Gefangenen konkretisieren. Diese sind zwar nicht rechtlich verbindlich, sie geben jedoch Aufschluss darüber, was die VN für die Behandlung von Gefangenen als Mindeststandard ansehen. Unter dem Titel „Aufbewahrung der Habe der Gefangenen" finden sich folgende Absätze in dem Dokument „Mindestgrundsätze für die Behandlung von Gefangenen":

> „1) Geld, Wertsachen, Kleidung und andere Gegenstände, die einem Gefangenen gehören und die er nach der Anstaltsordnung nicht behalten darf, werden bei der Aufnahme in die Anstalt in sichere Verwahrung genommen. Ein Verzeichnis über diese Gegenstände ist vom Gefangenen schriftlich zu bestätigen. Es ist Vorsorge zu treffen, diese Gegenstände in gutem Zustand zu erhalten.
>
> 2) Bei der Entlassung des Gefangenen sind ihm diese Gegenstände und das Geld zurückzugeben, soweit ihm nicht genehmigt wurde, Geld auszugeben oder Gegenstände aus der Anstalt zu verschicken, oder es für notwendig gehalten wurde, aus Gründen der Hygiene ein Kleidungsstück zu vernichten. Der Gefangene hat eine Empfangsbescheinigung über das Geld und die Gegenstände, die ihm ausgehändigt worden sind, zu unterzeichnen.
>
> 3) Geld oder Gegenstände, die für Gefangene von außerhalb entgegengenommen werden, sind nach denselben Vorschriften zu behandeln."[642]

Zwar kann aufgrund der fehlenden rechtlichen Verbindlichkeit der Mindestgrundsätze im Fall der Veruntreuung/Unterschlagung persönlicher Gegenstände nicht generell vom Vorliegen einer Rechtsverletzung von Artikel 10 IPbürgR ausgegangen werden. Da jedoch davon auszugehen ist, dass der Menschenrechtsausschuss sich bei der Beurteilung einer Rechtsverletzung von Artikel 10 IPbürgR an den Mindeststandards orientiert, ist die Annahme eines Eingriffs in Artikel 10 I IPbürgR im beschriebenen Fall nicht auszuschließen. In diesem Fall läge eine Verletzung von Artikel 10 I IPbürgR durch Korruption vor.

642 Mindestgrundsätze zur Behandlung von Gefangenen (1975), abrufbar unter: http://www.un.org/depts/german/menschenrechte/gefangene.pdf.

E. Menschenrechtsverletzung durch weitere Korruptionsdelikte

Wie in Kapitel II.C. dargestellt, werden in der UNCAC neben der Bestechung und der Veruntreuung/Unterschlagung drei weitere Korruptionsdelikte normiert: die missbräuchliche Einflussnahme, die missbräuchliche Aufgabenwahrnehmung sowie die illegale Bereicherung. Das Vorliegen einer Menschenrechtsverletzung durch Korruption kann folglich anhand der zwei bereits untersuchten Delikte nicht abschließend bewertet werden. Es stellt sich die Frage, welche Bedeutung den bisher nicht analysierten Tatbeständen in diesem Zusammenhang zukommt.

1. Illegale Bereicherung

Das Delikt der illegalen Bereicherung ist einschlägig, wenn der Täter die ihm vorgeworfene erhebliche Mehrung seines Vermögens nicht erklären kann.[643] Sanktioniert werden nicht die dem Täter nicht nachweisbaren Taten, sondern der daraus erwachsene Zustand. Einen Zustand als eine Menschenrechtsverletzung zu qualifizieren, ist nicht unmöglich. Eine derartige Subsumtion ist jedoch die Ausnahme.[644]

Die Auswirkungen der illegalen Bereicherung auf die Menschenrechte sind in gewisser Hinsicht mit denen des Deliktes der Veruntreuung/Unterschlagung vergleichbar. In beiden Fällen kommt es zu Verlusten öffentlicher Ressourcen, die dazu führen, dass notwendige Investitionen in die Verwirklichung der Menschenrechte ausbleiben. Die illegale Bereicherung ist im Gegensatz zur Veruntreuung/Unterschlagung im Taterfolg allerdings auf pekuniäre Einbußen beschränkt. Eine Übertragung der normativen Bewertung der Konstellation der Veruntreuung/Unterschlagung auf die Fälle der illegalen Bereicherung ist folglich nur insofern möglich, als es um Einbußen finanzieller Art geht. Eine Menschenrechtsverletzung durch die Veruntreuung/Unterschlagung wurde in diesen Fällen, abgesehen von zwei Ausnahmekonstellationen, abgelehnt. Die Deliktsverwirklichung war in der Mehrzahl der Fälle lediglich ein Auslöser für einen Eingriff, begründete diesen jedoch nicht selbst. Diese Erkenntnis muss in gleicher Weise für die illegale Bereicherung gelten,

643 Art. 19 UNCAC.

644 Das prominenteste Beispiel in diesem Zusammenhang sind die Fälle des erzwungenen Verschwindenlassens von Personen. Angehörige wissen nicht, wie es zu dem fehlenden Auffinden oder dem Verlust der Person gekommen ist, und können daher keinen Akt, sondern nur den Zustand als einen Eingriff geltend machen. Dieser wurde von dem interamerikanischen Gerichtshof bereits mehrfach als eine Verletzung des Rechts auf persönliche Freiheit und Sicherheit (Art. 9 IPbürgR), des Rechts auf Anerkennung der Rechtsfähigkeit (Art. 16 IPbürgR) sowie des Rechts, nicht der Folter oder anderer grausamer, unmenschlicher oder erniedrigender Behandlung oder Strafe unterworfen zu werden (Art. 7 IPbürgR), anerkannt, vgl. *Velásquez Rodríguez vs. Honduras* (29.06.1988) vor dem interamerikanischen Gerichtshof für Menschenrechte, Heinz, S. 4.

da auch in Bezug auf dieses Delikt, weitere Schritte notwendig sind, damit eine Menschenrechtsverletzung vorliegt. Sofern keine der beiden Ausnahmefälle einschlägig ist, muss eine Menschenrechtsverletzung durch die illegale Bereicherung abgelehnt werden.

2. Missbräuchliche Einflussnahme

Für die Beurteilung einer Menschenrechtsverletzung durch das Delikt der missbräuchlichen Einflussnahme ist es hilfreich, auf die Unterschiede zwischen diesem und dem Bestechungsdelikt einzugehen. Von Relevanz ist in diesem Zusammenhang einerseits der Unterschied, dass die missbräuchliche Einflussnahme nicht wie das Delikt der Bestechung in einem Zwei-Personen-Verhältnis verwirklicht wird, sondern drei Personen in die Ausführung der Tat involviert sind. Andererseits unterscheidet sich der angestrebte Taterfolg.[645] Während die Bestechung auf die Vornahme einer Handlung oder eines Unterlassens gerichtet ist, auf die durchaus ein berechtigter Anspruch bestehen kann, geht es dem Täter der missbräuchlichen Einflussnahme um eine rechtswidrige Vorteilsgewährung. Anhand einer Betrachtung der Konstellationen, in denen der Bürger durch die Verwirklichung der missbräuchlichen Einflussnahme theoretisch in seinen Menschenrechten betroffen sein kann, lässt sich die Relevanz des Tatbestandes für die zu untersuchende Fragestellung analysieren. Es ist sowohl zwischen der aktiven und passiven Form der missbräuchlichen Einflussnahme zu unterscheiden als auch über den Sachverhalt, ob der Bürger selbst in die Deliktsverwirklichung involviert ist. Zwar setzt der Tatbestand der missbräuchlichen Einflussnahme das Handeln eines Amtsträgers nicht voraus. Fehlt es an diesem, ist grundsätzlich auch die staatliche Zurechenbarkeit zu verneinen. Im Folgenden werden daher nur solche Konstellationen erörtert, in denen die Amtsträgereigenschaft des Täters vorliegt.

Eine unter den genannten Voraussetzungen verwirklichte, aktive missbräuchliche Einflussnahme müsste derart ablaufen, dass ein Amtsträger einem anderen Amtsträger oder einer sonstigen Person einen ungerechtfertigten Vorteil gewährt, verspricht oder anbietet, damit dieser seinen Einfluss gegenüber einer staatlichen Behörde missbraucht. Im Fall der direkten Verwicklung eines Bürgers in die Tatbestandsverwirklichung müsste dieser als derjenige agieren, der seinen Einfluss auf eine staatliche Behörde missbräuchlich geltend macht. Da es an der Betroffenheit des Bürgers fehlen würde, weist diese Konstellation für die untersuchte Fragestellung keine Relevanz auf.

Liegt eine passive missbräuchliche Einflussnahme vor, in die der Bürger involviert ist, muss dieserdie Rolle der Person einnehmen, von der ein ungerechtfertigter Vorteil gefordert/angenommen wird, damit ein Amtsträger seinen Einfluss auf eine Behörde missbraucht. Die Konsequenz wäre, dass der Bürger einen ungerechtfertigten

645 Vgl. Art. 18 UNCAC.

Vorteil erhält. Seine Opferstellung ist daher zu verneinen. Auch diese Konstellation ist folglich für die zentrale Fragestellung der Arbeit irrelevant.

Der Bürger kann in seinen Rechten jedoch betroffen sein, wenn er nicht in die Deliktsverwirklichung involviert ist. Dies ist beispielsweise der Fall, wenn ein Politiker einem Justizbeamten einen Vorteil gewährt, damit dieser seinen Einfluss gegenüber dem zuständigen Richter missbraucht. Das durch Artikel 14 I IPbürgR geschützte Recht auf eine Verhandlung vor einem unparteiischen Gericht ist verletzt, sofern der Justizbeamte auf das Angebot eingeht.[646] Unterlässt er dies, bleiben Auswirkungen auf den Rechtsgehalt von Artikel 14 aus. Eine Rechtsverletzung wäre in diesem Fall zu verneinen.

Die Betroffenheit der Rechte Dritter ergibt sich im Fall der missbräuchlichen Einflussnahme aus der Missachtung des Diskriminierungsverbotes. Voraussetzung für einen Eingriff in die Rechte Dritter durch die Verwirklichung der missbräuchlichen Einflussnahme ist folglich einerseits, dass die an der Bestechung beteiligte Person einen ungerechtfertigten Vorteil erhält, und andererseits, dass die daraus resultierende Benachteiligung eines anderen Bürgers mit dem Verbot der Diskriminierung in Widerspruch steht. Sind beide Voraussetzungen gegeben, ist eine Menschenrechtsverletzung durch die missbräuchliche Einflussnahme zu bejahen. Ein ungerechtfertigter Eingriff kann folglich sowohl bei der aktiven wie auch bei der passiven Deliktsverwirklichung vorliegen, sofern der Bürger nicht in die Deliktsverwirklichung involviert ist.

3. Missbräuchliche Wahrnehmung von Aufgaben

Die Besonderheit des Tatbestandes der missbräuchlichen Aufgabenwahrnehmung ist der Fakt, dass es einer Beeinflussung von außen gegenüber dem Amtsträger nicht bedarf. Vielmehr entscheidet der Amtsträger aus intrinsischer Motivation heraus, in Erfüllung seiner Aufgaben gesetzeswidrig zu handeln, sofern er daraus einen Vorteil ziehen kann. Wenn der Tatbestand der Bestechung aufgrund einer fehlenden Beeinträchtigung abgelehnt werden muss, kann das Delikt der missbräuchlichen Aufgabenwahrnehmung verwirklicht sein.

Die normative Bewertung der Bestechung als Eingriff in die Menschenrechte hat ergeben, dass die Deliktsverwirklichung vermehrt nur eine Vorstufe des Eingriffs darstellt, eine Menschenrechtsverletzung jedoch abzulehnen ist. Die in vielen Fällen lediglich indirekten Auswirkungen der Bestechungshandlung sind dadurch zu erklären, dass eine Beeinflussung des Amtsträgers erfolgt sein muss, bevor es zu einem rechtswidrigen Eingriff durch diesen kommen kann. Da die mit den Menschenrechten konfligierende Handlung erst nach der Beeinflussung vorgenommen wird, fehlt es an direkten Konsequenzen der Bestechungshandlung auf den

646 Für eine Verletzung kommt es nicht auf die unsachgemäße Entscheidung des Richters an. Die Unparteilichkeit des Gerichts ist bereits dann nicht mehr gewahrt, wenn der Justizbeamte die unrechtmäßigen Vorteile annimmt und sein Verhalten daran bemisst.

Menschenrechtsschutz. Der direkte Zusammenhang zwischen der korrupten Handlung und dem ungerechtfertigten Eingriff in den Rechtsgehalt kann in Fällen der missbräuchlichen Aufgabenwahrnehmung jedoch vorliegen, da die missbräuchliche Aufgabenwahrnehmung keine Beeinflussung als Tatbestandsmerkmal verlangt. Es ist jedoch zu beachten, dass die missbräuchliche Wahrnehmung von Aufgaben nicht in allen Konstellationen einschlägig ist, in denen eine Menschenrechtsverletzung durch Bestechung aufgrund eines fehlenden kausalen Zusammenhangs abgelehnt wurde. Nur sofern der Eingriff auf eine Verletzung der Pflicht zur Achtung der Menschenrechte beruht, ist ein derartiger Rückschluss möglich. In Konstellationen, in denen eine Verletzung an der Pflicht zum Schutz der Menschenrechte zu bemessen ist, kann diese auch durch die missbräuchliche Wahrnehmung von Aufgaben nicht begründet werden. Weder vermag ein korrupter Einzelakt einen Verstoß gegen die Schutzpflicht auszulösen, noch wird ein solcher an dem strafrechtlichen Fehlverhalten von Amtsträgern bemessen.[647]

Die missbräuchliche Wahrnehmung von Aufgaben dient in Bezug auf die Veruntreuung/Unterschlagung insbesondere dann als Auffangtatbestand, wenn es an dem Kriterium des Anvertrautseins fehlt.[648] Dies kann insbesondere bei einer Verletzung der Menschenrechte durch die unrechtmäßige Datennutzung von Relevanz sein. Fehlt es an dem Anvertrautsein der Daten, deren unrechtmäßige Verwendung, die mit dem Schutzgehalt eines Menschenrechts in Widerspruch steht, jedoch vorliegt, ist eine Menschenrechtsverletzung durch das Delikt der missbräuchlichen Wahrnehmung von Aufgaben begründet.

Dem Delikt der missbräuchlichen Aufgabenwahrnehmung kommt auch über seine Funktion als Auffangtatbestand hinaus für die Frage der Menschenrechtsverletzung durch Korruption Bedeutung zu. In manchen Fällen sind Eingriffe in den Schutzgehalt der Menschenrechte nur unter das Delikt der missbräuchlichen Aufgabenwahrnehmung subsumierbar. Ein Beispiel ist die Bevorzugung Verwandter oder anderer, dem Amtsträger nahestehende Personen bei der Besetzung öffentlicher Ämter. Gemäß Artikel 25c) IPbürgR hat jeder Staatsbürger das Recht:

> „unter allgemeinen Gesichtspunkten der Gleichheit zu öffentlichen Ämtern seines Landes Zugang zu haben."

Das Recht auf gleichen Zugang läuft leer, wenn die Auswahl des Kandidaten von vornherein feststeht. Ein Amtsträger, der für die Einstellung staatlicher Mitarbeiter zuständig ist, muss ein ordnungsgemäßes Bewerbungsverfahren durchführen und die Person auswählen, die aufgrund ihrer Fähigkeiten am besten zur Ausführung der Aufgaben geeignet ist. Unterlässt er dies, verstößt er gegen die Vorschriften, die Artikel 25c) IPbürgR auf nationaler Ebene konkretisieren. Der Eingriff in Artikel 25c)

---

647 Die Schutzpflicht umfasst lediglich ein generelles Vorgehen des Staates, um Rechtsbeeinträchtigungen durch Private zu verhindern. Sofern er dieser Pflicht gerecht wird, kann ein Einzelfall keine Rechtsverletzung begründen.

648 Vgl. die Ausführungen in Kapitel II.C.2. zu Art. 17 UNCAC.

IPbürgR ist nicht erst durch die Auswahl eines bestimmten Kandidaten gegeben. Das Recht auf gleichen Zugang zu öffentlichen Ämtern setzt ein faires und transparentes Bewerbungsverfahren voraus.

Die Ausführungen bestätigen, die bereits zu Beginn der Arbeit angenommene begrenzte Relevanz der weiteren, in der UNCAC normierten Korruptionsdelikte für die Frage einer Menschenrechtsverletzung durch Korruption. Der illegalen Bereicherung kommt abgesehen von Ausnahmekonstellationen gar keine, der missbräuchlichen Einflussnahme lediglich eine marginale Bedeutung zu. Eine andere Einordnung in dieser Hinsicht verlangt das Delikt der missbräuchlichen Aufgabenwahrnehmung. Dieses weist sowohl in seiner Funktion als Auffangtatbestand als auch in Bezug auf solche Fallkonstellationen, die nur unter den Tatbestand der missbräuchlichen Wahrnehmung von Aufgaben subsumierbar sind, für die Analyse der Fragestellung eine weitere Bedeutung auf.

F. Zusammenfassung

Im Hinblick auf die Fragestellung, ob und unter welchen Voraussetzungen Korruption eine Menschenrechtsverletzung begründet, lässt sich basierend auf den Erkenntnissen dieses Kapitels Folgendes zusammenfassend festhalten. Korruption kann einen ungerechtfertigten Eingriff in Menschenrechte begründen. In einer Vielzahl der in Kapitel III dargestellten Fälle der Beeinträchtigung der Menschenrechte durch Korruption ist eine Verletzung jedoch abzulehnen. Der hauptsächliche Grund dafür ist der fehlende unmittelbare Zusammenhang zwischen der Verwirklichung des korrupten Deliktes und dem Eingriff ins jeweilige Menschenrecht. In diesen Konstellationen ist das Korruptionsdelikt nach der Äquivalenztheorie zwar durchaus kausal für den Eingriff. Unter der Berücksichtigung zurechnungsbeschränkender Kriterien, insbesondere dem Schutzzweck der Norm, ist eine Verletzung durch Korruption jedoch abzulehnen. Die Menschenrechte schützen den Bürger nicht generell vor einem rechtswidrigen Agieren durch Amtsträger. Ein grundsätzlicher Schutz vor Korruption kann daher durch die Menschenrechte nicht gewährleistet werden. Vielmehr muss anhand des jeweiligen Schutzbereiches des betroffenen Rechtsguts analysiert werden, inwiefern dieser die durch Korruption begründete Beeinträchtigung erfasst.

So schützt beispielsweise das Recht auf Freizügigkeit nach Artikel 12 II/III IPbürgR den Bürger vor einer ungerechtfertigten Ablehnung seines Antrags auf Ausstellung von Reisedokumenten. Indem ein Amtsträger die Ausfertigung der Dokumente von der Zahlung von Bestechungsgeldern abhängig macht, stellt er eine ungerechtfertigte Bedingung auf, die mit Artikel 12 II/III IPbürgR nicht vereinbar ist. Trotz eines fehlenden expliziten Schutzes vor Korruption durch Artikel 12 IPbürgR begründet der Akt der Bestechung einen Eingriff in das Rechtsgut. Das vom Schutzbereich umfasste Verbot der rechtswidrigen Verweigerung der Ausstellung der Dokumente wird unmittelbar durch den korrupten Akt ausgehebelt, ohne dass es weiterer Schritte bedarf. Eine Verletzung von Artikel 12 II/III IPbürgR durch Korruption liegt folglich vor.

Die fehlende Unmittelbarkeit unter Berücksichtigung des Schutzzweckes der Norm wurde anhand der Veruntreuung/Unterschlagung finanzieller Ressourcen besonders deutlich. Der Verlust finanzieller Ressourcen betrifft häufig die Pflicht zur Verwirklichung der Rechte und wirkt sich somit insbesondere auf die im IPwirtR normierten Rechte aus. In diesem Zusammenhang war insbesondere das Zusammenspiel der Generalklausel gemäß Artikel 2 I IPwirtR mit der jeweils betroffenen Rechtsgarantie von Bedeutung. Die Besonderheit dieser Konstellationen lag darin, dass aus Artikel 2 I IPwirtR durchaus eine Pflicht des Staates abgeleitet werden kann, Korruption zu unterlassen. Dies lässt sich damit begründen, dass die Veruntreuung/Unterschlagung staatlicher Ressourcen mit der Pflicht, alle Möglichkeiten auszuschöpfen, um Maßnahmen zur vollen Verwirklichung der normierten Rechte zu treffen, in Widerspruch steht. Im Zusammenspiel mit dem jeweils betroffenen Rechtsgut könnte eine weitere, den Schutz vor Korruption umfassende Interpretation des Schutzbereiches angenommen werden. Allerdings wird die Pflicht zur Ausschöpfung aller Möglichkeiten durch die lediglich progressive Verwirklichungspflicht der Staaten relativiert, die diesen im Rahmen der Umsetzung der Menschenrechte einen sehr weiten Ermessensspielraum zugesteht. Obwohl der Verwirklichung der Menschenrechte eine gewisse Priorität zukommen soll, haben die Vertragsstaaten sich nicht verpflichtet, einen bestimmten Anteil oder eine konkrete Summe ihres Budgets in die Verwirklichung der Menschenrechte zu investieren. Darüber hinaus sind die in Artikel 2 I IPwirtR normierten Pflichten im Zusammenspiel mit einem normierten Rechtsgut zu lesen. Der alleinige Verlust finanzieller Ressourcen ohne nachteilige Auswirkungen auf den Schutz eines normierten Rechtsgutes reicht für die Begründung einer Menschenrechtsverletzung nicht aus. Die hier vertretene Auffassung lehnt aus den genannten Gründen eine Argumentation ab, die eine Menschenrechtsverletzung nur aufgrund des Verlusts finanzieller Ressourcen durch Korruption bejaht. Ein unmittelbarer Zusammenhang zwischen der Veruntreuung/Unterschlagung finanzieller Ressourcen und beispielsweise einer schlecht ausgestatteten Schule oder einem schwer zugänglichen Krankenhaus, beides durch den IPwirtR geschützte Aspekte, liegt daher nicht per se vor. Vielmehr müssen grundsätzlich weitere, dem Staat zurechenbare Entscheidungen vorliegen, damit der finanzielle Ressourcenverlust zu Einschnitten im Menschenrechtsschutz führt. Die für den Eingriff maßgebliche Handlungskette setzt letztlich erst nach der Verwirklichung des Korruptionsdeliktes an, was dazu führt, dass die Unmittelbarkeit zwischen korruptem Delikt und Menschenrechtsverletzung abzulehnen ist. Unter V.D.8.a. wurden zwei Ausnahmefälle erörtert, in denen die Veruntreuung/Unterschlagung finanzieller Ressourcen eine Menschenrechtsverletzung begründen kann. Das abweichende Ergebnis hängt in beiden Fällen damit zusammen, dass der Staat gewisse Budgetgrößen bereits vor der Veruntreuung/Unterschlagung der Verwirklichung der Menschenrechte zugeschrieben hat. Ein unmittelbarer Zusammenhang zwischen dem Verlust der Gelder und fehlender Investitionen in die Menschenrechte liegt daher vor. Eine Menschenrechtsverletzung setzt jedoch auch in diesen Konstellationen konkrete Einschränkungen in Bezug auf ein normiertes Rechtsgut voraus.

Eine Menschenrechtsverletzung durch Korruption muss auch dann abgelehnt werden, wenn die Menschenrechte den durch das korrupte Delikt beeinträchtigten Bereich überhaupt nicht regeln. Beispiele in diesem Zusammenhang waren der fehlende Eigentumsschutz, der fehlende Schutz vor manipulierter polizeilicher Ermittlungsarbeit sowie vor willkürlichen Eingriffen in den Straßenverkehr.

Schließlich zeigen die Ausführungen des Kapitels auf, dass eine Differenzierung hinsichtlich der Wahrscheinlichkeit einer Menschenrechtsverletzung durch Korruption sowohl anhand der unterschiedlichen vertraglichen Verpflichtungen der Staaten als auch anhand der Unterschiede in Bezug auf die Korruptionsdelikte möglich ist. Während in Konstellationen, in denen die Pflicht zur Achtung und zur Verwirklichung der Menschenrechte betroffen ist, anhand des Einzelfalls geprüft werden muss, ob eine Menschenrechtsverletzung durch Korruption vorliegt, kann dies immer verneint werden, wenn die Schutzpflicht der Staaten betroffen ist. Ein Eingriff in die Menschenrechte liegt in diesen Fällen nie in der Verwirklichung des korrupten Aktes, sondern immer in fehlenden Maßnahmen zum Schutze der Bürger vor Beeinträchtigungen ihrer Rechte durch Private. In Bezug auf die verschiedenen Korruptionsdelikte lässt sich festhalten, dass neben der Bestechung und der Veruntreuung/Unterschlagung lediglich die missbräuchliche Wahrnehmung von Aufgaben Bedeutung für die Fragestellung einer Menschenrechtsverletzung durch Korruption aufweist.

Kapitel VI

Während in den bisherigen Kapiteln das Vorliegen einer Menschenrechtsverletzung durch Korruption auf materiell-rechtlicher Ebene erörtert wurde, geht es im Folgenden um die prozedurale Geltendmachung eines ungerechtfertigten Eingriffs. In optionalen Zusatzprotokollen des IPbürgR und des IPwirtR ist der Rechtsmechanismus der Individualbeschwerde normativ verankert.[649] Individuen können eine Beschwerde[650] vor dem zuständigen Organ einreichen, um einen von ihnen als ungerechtfertigt wahrgenommenen hoheitlichen Eingriff in die Menschenrechte geltend zu machen.[651] Der Menschenrechtsausschuss und der Ausschuss für wirtschaftliche, soziale und kulturelle Rechte sind unabhängige quasi-gerichtliche internationale Organe, denen die Kompetenz zur Überprüfung einer Individualbeschwerde von den Vertragsparteien übertragen wurde.[652]

Die Vorgehensweise der Ausschüsse bei der Überprüfung einer Beschwerde wird durch das entsprechende Zusatzprotokoll sowie spezielle Verfahrensregeln[653] festgelegt. Im Folgenden werden die drei Aspekte: Ablauf einer Überprüfung, Zulässigkeitsvoraussetzungen sowie Prüfung der Begründetheit erläutert. Zunächst werden die Regelungen des IPbürgR erörtert. Aufgrund der nahezu identisch ablaufenden Überprüfung einer Individualbeschwerde vor dem Menschenrechtsausschuss und dem Ausschuss für wirtschaftlich, soziale und kulturelle Rechte können die Ausführungen im Wesentlichen auf das ZP IPwirtR übertragen werden.

Für die Fragestellung relevante Abweichungen des ZP IPWirtR werden im Anschluss an die drei skizzierten Teilaspekte dargestellt.

---

649 Die Ratifizierung der Zusatzprotokolle steht allen Vertragsparteien des IPbürgR offen, Art. 8 ZP IPbürgR. Eine Beschwerde ist nur zulässig, sofern sie gegen einen Staat eingereicht wird, der sowohl den Vertrag als auch das Zusatzprotokoll unterschrieben und ratifiziert hat, Verfahrensregel 84 III ZP IPbürgR.

650 Während der Mechanismus als Individualbeschwerde bezeichnet wird und es sich de facto auch um Beschwerden handelt, die geltend gemacht werden, wird in den Vertragstexten und Zusatzprotokollen von „Mitteilungen" (*communications*) gesprochen. In der folgenden Darstellung werden die Begriffe Beschwerde und Mitteilung synonym verwendet. Das Hochkommissariat für Menschenrechte bringt eine weitere Bezeichnung ein und spricht von „Klageschriften" (*petition*), Allg. Bemerkung Nr. 33, § 6; Egan, S. 257 Fn. 27.

651 Vgl. Präambel ZP IPbürgR; Art. 1 ZP IPbürgR.

652 Der Menschenrechtsausschuss ist für die Beschwerde einer Verletzung eines bürgerlichen oder politischen Menschenrechts zuständig, Art. 1 ZP IPbürgR. Der Ausschuss für wirtschaftliche, soziale und kulturelle Rechte überprüft Mitteilungen, die sich auf einen Eingriff der Rechte des IPwirtR beziehen, Art. 1 ZP IPwirtR.

653 Bzgl. des ZP IPbürgR finden sich diese in UN Doc. CCPR/C/3/Rev.10.

A. Rechtsschutz nach dem ZP IPbürgR

1. Ablauf

Der Ablauf von der Einreichung einer Individualbeschwerde bis zu einer Entscheidung über diese wird in den einschlägigen Verfahrensregeln ausführlich erläutert. Die Darstellung an dieser Stelle soll vor allem die Langwierigkeit des Verfahrens verdeutlichen, die ein Individuum hinnehmen muss, wenn es sich zur Anrufung eines Ausschusses entscheidet. Der Ablauf ist darüber hinaus bezeichnend für die Art und Weise der Klärung des Sachverhaltes sowie die Rolle der Parteien und die Kommunikation zwischen diesen und dem Ausschuss.

Die Beurteilung einer Mitteilung erfolgt in drei Etappen: die Pre-Registrierungsphase, die Vorarbeit durch eine spezielle Arbeitsgruppe und die Entscheidung durch den Ausschuss.[654] Sofern eine Verletzung festgestellt wird und dem Staat gewisse Pflichten zur Wiedergutmachung auferlegt werden, schließt ein *Follow-up*-Prozess an. Ein Spezialberichterstatter kontrolliert, inwiefern der Staat seinen aus der Entscheidung erwachsenden Verpflichtungen gerecht wird.[655] Jede einzelne Etappe ist sehr zeitaufwendig. Der Rückstand des Ausschusses bei der Bearbeitung der Beschwerden zieht die Dauer eines Prozesses zusätzlich in die Länge.[656]

a. Pre-Registrierung

Jede Beschwerde, die ein Individuum einreicht, wird vom Hochkommissariat für Menschenrechte registriert.[657] Eine Sonderabteilung ist für eine sehr grobe Überprüfung der Beschwerde zuständig. Nach Beendigung der ersten Übersicht wird die Beschwerde an einen Spezialberichterstatter des Menschenrechtsausschusses weitergeleitet.[658]

Dem Spezialberichterstatter obliegt es in der Phase der Pre-Registrierung, die Fakten klarzustellen, auf denen die Behauptung einer Rechtsverletzung beruht. Ist er der Auffassung, es bedürfe weiterer Informationen, um die Beschwerde zu fundieren, wird der Beschwerdeführer aufgefordert, diese zu erbringen.[659] Erst wenn

---

654 Egan, S. 253 ff.; Schmidt in Moeckli et al., S. 414.

655 Die Entscheidungen des Ausschusses sind für die Staaten nicht verbindlich. Sie werden als „view“ (Auffassung) bezeichnet, Kälin/Künzli, S. 250 ff.; Egan S. 262; Ulfstein, in Keller/Ulfstein, S. 74.

656 S. Ulfstein, in Keller/Ulfstein, S. 103; Zwart, S. 1 f.

657 Verfahrensregel 84 I ZP IPbürgR.

658 Verfahrensregel 95 III ZP IPbürgR etabliert die Möglichkeit, dass der Ausschuss unter seinen Mitgliedern Spezialberichterstatter ernennen kann, um die Bearbeitung der Beschwerden zu erleichtern. Die Position des Spezialberichterstatters für Beschwerden wurde 1989 etabliert und dient vor allem der Unterstützung des Ausschusses in der Phase der Pre-Registrierung, zitiert aus Egan, S. 258 Fn. 28.

659 Die Klarstellung aller Fakten ist sowohl Aufgabe des Hochkommissariats für Menschenrechte, Verfahrensregel 86 ZP IPbürgR, als auch des Spezialberichterstatters, vgl. Egan, S. 258 ff.; Schmidt, in Moeckli et al., S. 414.

ausreichende Informationen über den Sachverhalt vorliegen, wird die Beschwerde registriert und an ein Mitglied des Ausschusses weiterverwiesen, das als Berichterstatter im Rahmen der Vorbereitungsphase fungiert. Der Spezialberichterstatter kann den Staat zur Vornahme einstweiliger Maßnahmen auffordern, sofern dies aufgrund einer besonders akuten Gefahr für das betroffene Individuum notwendig erscheint.[660]

b. Vorbereitungsphase

Der zuständige Berichterstatter erarbeitet eine Beurteilung der Zulässigkeit und der Begründetheit der Klage. Bevor der Ausschuss über die Beschwerde urteilt, überprüft eine Arbeitsgruppe die Bewertung.[661] Die Auffassung der Arbeitsgruppe wird mit dazugehörigen Empfehlungen an den Ausschuss weitergeleitet. Der Staat wird aufgefordert, in einem Zeitrahmen von sechs Monaten seine Ansichten zur Zulässigkeit und Begründetheit der Beschwerde vorzulegen.[662] Auf Antrag kann der Staat separate Einwände gegen die Zulässigkeit der Beschwerde einreichen, ohne sich über die Begründetheit äußern zu müssen.[663] Die Parteien erhalten die Möglichkeit, innerhalb einer gewissen Frist auf die Position der Gegenpartei einzugehen.[664] Der Prozess des Austausches von Informationen dauert an, bis die vorliegenden Auskünfte nach Ansicht der Arbeitsgruppe ausreichen, um über den Fall zu entscheiden.

c. Entscheidung durch den Ausschuss

Hält der Ausschuss eine Beschwerde für unzulässig, werden dem Individuum die Gründe für die Entscheidung schriftlich mitgeteilt. Der Fall ist damit beendet.[665] Liegen die Zulässigkeitsvoraussetzungen vor, urteilt der Ausschuss in geschlossenen Sitzungen über die Begründetheit.[666] Der Ausschuss entscheidet einstimmig. Die

---

660 Verfahrensregel 92. Kälin/Künzli, S. 251. Dies ist bspw. bei der Vollstreckung der Todesstrafe oder einer drohenden Abschiebung der Fall.

661 Verfahrensregel 93 ZP IPbürgR. Die Arbeitsgruppe besteht aus mindestens fünf Mitgliedern des Ausschusses und tagt eine Woche vor den Hauptsitzungen. Verfahrensregel 93, 95 I ZP IPbürgR. Es kann eine oder mehrere Arbeitsgruppen etabliert werden.

662 Verfahrensregel 97 II ZP IPbürgR.

663 Die Frist für die Begründung beträgt sechs Monate, Verfahrensregel 97 III ZP IPbürgR. Der Zeitrahmen für die Ausführungen hinsichtlich der Begründetheit einer Beschwerde wird von der Arbeitsgruppe unter diesen Umständen meistens soweit nach hinten verlagert, bis eine Entscheidung hinsichtlich der Zulässigkeit getroffen wurde, um unnötige Verhandlungen hinsichtlich der Begründetheit der Klage zu vermeiden.

664 Verfahrensregel 97 IV/VI ZP IPbürgR.

665 Verfahrensregel 98 I ZP IPbürgR.

666 Die Verhandlungen sind nicht öffentlich, Art. 5 III ZP IPbürgR; Verfahrensregel 102 ZP IPbürgR.

Abgabe von Sondervoten ist zulässig.[667] Nach dem Erlass einer Entscheidung wird diese veröffentlicht.[668] Die nicht bindende „Auffassung" des Ausschusses wird dem Staat und dem Individuum mitgeteilt.[669]

Liegt nach Ansicht des Ausschusses eine Verletzung vor, werden dem Staat Empfehlungen vorgelegt. Diese beschränken sich normalerweise auf generelle Hinweise. In Sonderfällen behält der Ausschuss sich vor, konkrete Anforderungen zu stellen, beispielsweise, wenn es um die Abänderung eines Gesetzes, eine besondere Form der Kompensation oder die Freilassung aus der Haft geht. Der Staat wird in der Regel aufgefordert, den Ausschuss innerhalb von 90 Tagen über die Maßnahmen zu informieren, die hinsichtlich der Abhilfe ergriffen wurden.[670]

d. *Follow-up*

Der Prozess des Follow-up soll der konsequenten Umsetzung der Entscheidungen des Ausschusses durch den Staat dienen.[671] Durch Gespräche mit den zuständigen Behörden, Funktionsträgern sowie mit Betroffenen in der Gesellschaft sollen Informationen über die Umsetzung der Empfehlungen erlangt werden. Diese können als Druckmittel dienen, sofern der Staat aktive Schritte zur Umsetzung unterlässt. Der Staat erhält in regelmäßigen Abständen Aufforderungen zur Umsetzung und wird zur Erklärung des Untätigbleibens aufgefordert. Erteilt der Staat die eingeforderten Auskünfte, werden diese in der Regel an den Autor der Beschwerde weitergeleitet und um Stellungnahme seinerseits gebeten.[672]

---

667 Verfahrensregel 104 ZP IPbürgR.

668 Verfahrensregel 102 V ZP IPbürgR, sofern nicht etwas anderes in dieser Hinsicht entschieden wurde, s. Verfahrensregel 102 ZP IPbürgR.

669 Verfahrensregel 100 III ZP IPbürgR. Trotz der fehlenden rechtlichen Verbindlichkeit der Auffassung des Menschenrechtsausschusses erlangen diese nach den Worten eines Mitglieds der ehemaligen Menschenrechtskommission aufgrund der „inneren Qualität der Unbefangenheit, Objektivität und Nüchternheit an Autorität", Tomuschat, in Hum. Rts. Law Jour. 1 (1930), S. 255.

670 Schmidt, in Moeckli et al., S:413; Egan, S. 262.

671 Aufgrund der fehlenden Umsetzung der Empfehlungen durch die Staaten hat sich der Ausschuss im Bewusstsein der Problematik im Jahre 1990 entschieden, einen Prozess zur Überprüfung der Implementierung der Empfehlungen zu etablieren, CCPR Jahresbericht 1990, UN Doc. A/45/40, Vol.2, Annex XI.

672 Kälin/Künzli, S. 255; Egan, S. 264; Schmidt, in Moeckli et al., S. 413 f. Die Aussagen beider Parteien werden durch den für den Follow-up-Prozess zuständigen Berichterstatter in Zwischenberichten zusammengefasst, veröffentlicht und dem Ausschuss in öffentlichen Sitzungen vorgestellt. Bzgl. der Differenzierung hinsichtlich der Vertraulichkeit des Verfahrens selbst und des Follow-up s. Verfahrensregel 103 ZP IPbürgR.

2. Zulässigkeitsvoraussetzungen

Für detaillierte Ausführungen der einzelnen Zulässigkeitskriterien kann auf eine Vielzahl von Autoren verwiesen werden.[673] Die folgenden Ausführungen sollen lediglich dem Überblick dienen.

a. Verbot anonymer, missbräuchlicher oder inkompatibler Beschwerden

Unter außerordentlichen Umständen behält sich der Ausschuss vor, Beschwerden als missbräuchlich abzuweisen.[674] Die Inkompatibilität einer Beschwerde mit dem jeweiligen Vertrag kann sich sowohl auf die *ratione temporis*,[675] *ratione materiae*,[676] *ratione loci*[677] oder die *ratione personae*[678] beziehen. Besondere Bedeutung für die Geltendmachung einer Menschenrechtsverletzung durch Korruption kommt der durch den Beschwerdeführer vorzuweisenden Opfereigenschaft zu (*ratione personae)*. Diese setzt voraus, dass eine direkte Betroffenheit durch den hoheitlichen Akt geltend gemacht werden kann.[679] Der Ausschuss hat in *Aumeeruddy-Cziffra vs. Mauritius* klargestellt:

673 Primäre Regelungen finden sich in dem Zusatzprotokoll sowie in den Verfahrensregeln. Ausführungen in Young; McGoldrick; Zwart; Möller/Zayas sowie Egan. Im Folgenden wird primär Bezug auf die Verfahrensregeln genommen, da diese im Zusatzprotokoll nicht an einer Stelle gemeinsam aufgeführt werden.

674 Während das Zusatzprotokoll keine Bestimmung hinsichtlich des Zeitrahmens enthält, hat der Ausschuss durch eine Erweiterung der Verfahrensregeln 2010 in der Regel 96c) normiert, dass eine Mitteilung, die fünf Jahre nach der Ausschöpfung des nationalen Rechtsweges oder drei Jahre nach Beendigung eines anderen internationalen Streitbeilegungsverfahren eingereicht wurde, als missbräuchlich abgewiesen werden kann.

675 Die Ausschüsse sind nur befugt, über eine Beschwerde zu urteilen, die sich auf einen Eingriff bezieht, der nach dem Zeitpunkt der Ratifikation des Vertrages vorgefallen ist.

676 Die Beschwerde muss sich auf ein in dem entsprechenden Vertrag normiertes Recht beziehen, Regel 96 b).

677 Die Beschwerde muss von einem Individuum geltend gemacht werden, das zum Zeitpunkt des Eingriffes unter der Herrschaftsgewalt eines Vertragsstaates stand.

678 Der beschuldigte Staat muss den jeweiligen Vertrag sowie das Zusatzprotokoll unterzeichnet und ratifiziert haben. Das Individuum muss geltend machen können, Opfer eines Eingriffes gewesen zu sein, Regel 96a).

679 Sofern es sich um ein zukünftiges Ereignis, wie beispielsweise den Erlass eines Gesetzes handelt, darf es sich nicht lediglich um ein theoretisch mögliches Risiko eines Eingriffs handeln. Eine konkrete Verletzungshandlung muss unmittelbar bevorstehen, s. bspw. *Bordes and Temeharo vs. France*, Mitteilung Nr. 645/1995, § 5.4.; Stahl, S. 155; Ergan, S. 270, Fn. 111. In Ausnahmefällen ist das Einreichen einer Mitteilung auch im Namen des Opfers zulässig, wenn anzunehmen ist, dass diesem die Geltendmachung eines Eingriffs unmöglich ist, Art. 90 I ZP IPbürgR. Zwar steht diese Auslegung mit dem Wortlaut von Art. 1 ZP IPbürgR in Widerspruch,

"... it is a matter of degree how concretely this requirement (victim requirement) should be taken."[680]

Es hängt folglich von der Bewertung des Einzelfalles ab, ob der Beschwerdeführer die direkte Betroffenheit ausreichend darlegen kann. Weder die abstrakte Geltendmachung einer Beschwerde im Wege einer *actio popularis* noch das Einreichen einer Mitteilung, die auf die Verletzung des öffentlichen Interesses abstellt, ist vor dem Menschenrechtsausschuss möglich.[681] Für die Darlegung einer Menschenrechtsverletzung durch Korruption reicht es daher nicht aus, auf generelle Aspekte Bezug zu nehmen, die mit dem korrupten Handeln von Hoheitsträgern einhergehen.[682] Zu denken ist an die fehlende Wahrung demokratischer Werte, der Vertrauensverlust der Bevölkerung oder eine Qualitätsreduktion sozialer Leistungen. Da die Menschenrechte nicht per se vor der korrupten Ausübung hoheitlicher Gewalt schützen, bedarf es immer der konkreten Anknüpfung an ein normiertes Rechtsgut. Die Ausführungen in Kapitel III und V haben klar gezeigt, dass bei Weitem nicht alle der Beispiele unter den Schutzgehalt einer normierten Garantie fallen.

Neben die normativ einschränkende Komponente treten die faktischen Schwierigkeiten, die mit der Darlegung der eigenen Betroffenheit einhergehen. Während die eigene Wahrnehmung der Opferstellung für das Vorliegen einer Rechtsverletzung auf materiell-rechtlicher Ebene irrelevant ist, wird von dem Beschwerdeführer einer Individualbeschwerde verlangt darzulegen, warum er behauptet, in seinen Rechten verletzt zu sein. Die Informationsasymmetrie zwischen Nehmer und Geber führt dazu, dass die von passiven Bestechungsdelikten betroffenen Bürger sich ihrer Opferrolle oft nicht bewusst sind. Informationsasymmetrien entstehen einerseits durch das bewusste Unterdrücken von Informationen, andererseits durch die Vermittlung falscher Informationen in Verbindung mit fehlenden Überprüfungsmöglichkeiten.

der normiert, dass nur „Individuen, die behaupten Oper einer Verletzung zu sein", beschwerdeberechtigt sind. Allerdings ist diese Norm nicht wortwörtlich zu verstehen, da es ansonsten gerade in Fällen krassester Menschenrechtsverletzungen, in denen das Opfer vom Staat abgehalten wird, eine Beschwerde einzureichen (Todesfall, Gefängnis), nicht möglich wäre, diese geltend zu machen, s. Tomuschat, in Hum. Rts. Law Jour. 1 (1930), S. 250.

680 Mitteilung Nr. 35/1978, § 9.2.

681 Dies ergibt sich jeweils aus den Voraussetzungen gem. Art. 1 ZP IPbürgR, die iRd. Einlegung einer Individualbeschwerde voraussetzen, dass es sich bei dem Beschwerdeführer um ein „Individuum" handelt, der geltend macht, „Opfer" eines hoheitlichen Eingriffs in ein geschütztes Menschenrecht geworden zu sein.

682 Interessant ist in diesem Zusammenhang eine Studie von Landmann/Schudel (ICHRP), die den Korrelationsfaktor zwischen der Einhaltung der Menschenrechte und der wahrgenommenen Korruption messen. Der Faktor ist hoch, wenn nur diese zwei Aspekte betrachtet werden. Die Einbeziehung von sonstigen Indikatoren wie bspw. die wirtschaftliche Entwicklung, Demokratie, Größe und Wachstumsrate der Bevölkerung, interne und externe Konflikte führt zu einer Reduktion des Korrelationsfaktors.

Ein Dorfbewohner, der einen Antrag auf einer Behörde stellt und nicht über die rechtmäßigen Kosten der Bearbeitung informiert ist, realisiert häufig gar nicht, dass der zuständige Beamte eine höhere, ungerechtfertigte Summe verlangt, um den erzielten Überschuss für sich zu behalten. Selbst wenn die betroffene Person den Missbrauch erahnt, kann sie diesen in vielen Fällen nicht überprüfen, da ihr die notwendige Information fehlt oder der Zugang zu dieser versperrt ist.

Eine weitere Konstellation, in der die Wahrnehmung der eigenen Opferstellung problematisch sein kann, sind Fälle der Beeinträchtigung individueller Rechte durch korrupte Akte Dritter. Aufgrund der fehlenden Involvierung in die Deliktsverwirklichung erkennen Betroffene zum Teil nicht, dass sie Opfer eines ungerechtfertigten Eingriffs wurden. Ein Beispiel für eine solche Konstellation ist die Annahme von Bestechungsgeldern durch einen Arzt in einem staatlichen Krankenhaus, aus der sich verkürzte Wartezeiten oder eine bessere Behandlung zugunsten der bestechenden Partei ergeben. Der menschenrechtlich geschützte, diskriminierungsfreie Zugang zu gesundheitlichen Versorgungseinrichtungen läuft leer, wenn die Gewährung rechtswidriger Vorteile maßgeblich dafür ist, wer wann und wie medizinisch betreut wird. Die Patienten, die länger warten, einen Qualitätsabfall bei der medizinischen Beratung hinnehmen müssen oder schlechter beraten werden, haben oft keinen Einblick, worauf die Schlechterstellung basiert. Unter Umständen nehmen sie ihre Benachteiligung aufgrund der miserablen Zustände, die in einem öffentlichen Krankenhaus vorherrschen können, überhaupt nicht wahr. Im Fall der Veruntreuung/Unterschlagung fehlt es immer an einer Beteiligung des betroffenen Bürgers an der Deliktsverwirklichung. Die Realisierung der eigenen Opferstellung ist umso problematischer, wenn es an einem Bewusstsein für korrupte Praktiken fehlt und die Betroffenen die Situation nicht richtig einschätzen können.

Schließlich wird die Wahrnehmung der eigenen Opferstellung durch die Konnotation der heimlichen Deliktsverwirklichung erschwert. Zwar wird in Ländern, in denen Korruption endemische Maße angenommen hat, eine Verheimlichung der Alltagskorruption oft nicht mehr für nötig gehalten. Dies gestaltet sich aus Sicht eines Bürgers jedoch anders, wenn es um Formen der *grand corruption* geht. Je höher die Ebene, auf der sich Korruption abspielt, desto geringer ist die Chance für einen Externen, Einsicht in diese und die daraus folgenden Konsequenzen zu erlangen. Dies gilt umso mehr für Personen mit einem schwachen Bildungshintergrund. Insbesondere die Veruntreuung/Unterschlagung öffentlicher Ressourcen ist für den außenstehenden Bürger schwer einsehbar, die Auswirkungen nicht abschätzbar. Das Bewusstsein für die eigene Opferstellung ist vor allem bei langfristig auftretenden Folgen korrupter Handlungen selten vorhanden. Für Individuen ohne tiefere Rechtskenntnisse ist es nur schwer nachvollziehbar, den korrupten Akt mit einer Verletzung der Menschenrechte in Verbindung zu bringen. Die Darlegung der eigenen Betroffenheit stellt für eine Individualperson in vielen Fällen ein großes Hindernis dar, das ohne unterstützende, externe rechtliche Expertise meistens nur schwer zu überwinden ist. Eine mögliche Hilfe von NGOs wird durch die Begrenzung des *locus standi* auf ein Individuum zumindest hinsichtlich der Geltendmachung von Rechtsschutz eingeschränkt.

b. Begründung der Beschwerde

Damit der Menschenrechtsausschuss eine Beschwerde als zulässig anerkennt, reicht es nicht, den vermeintlichen Eingriff lediglich zu benennen. Zwar existiert im Gegensatz zu den Regeln der Europäischen Menschenrechtskonvention kein explizites Kriterium, welches die Unzulässigkeit einer Beschwerde festlegt, wenn diese offensichtlich nicht hinreichend begründet ist.[683] In der Praxis des Menschenrechtsausschusses hat sich eine Prüfung der genannten Anforderung jedoch auch etabliert. Der Ausschuss rechtfertigt dies damit, dass Individuen, die eine Beschwerde einreichen, eine Verletzung behaupten müssen.[684]

> *"A claim (eine Behauptung) is not just an allegation, but an allegation supported by substantiating material."*[685]

Damit aus einer bloßen Beschwerde die Behauptung einer solchen wird, muss der Beschwerdeführer substantiiert darlegen, auf welchen Ereignissen die Rechtsverletzung beruht und welche Rechte betroffen sind.[686] Die eingereichten Informationen müssen die Behauptung derart untermauern, dass eine offenkundige Unbegründetheit ausgeschlossen ist.[687] Zu hohe Anforderungen werden an dieser Stelle nicht gestellt.[688] Es reicht aus, wenn der Beschwerdeführer einen *Prima-facie*-Fall darlegen kann.[689]

c. Verbot der doppelten Überprüfung

Der Menschenrechtsausschuss erklärt Beschwerden für unzulässig, die zur gleichen Zeit von einem anderen internationalen Organ der Streitbeilegung geprüft werden.[690]

---

683 Vgl. Art. 35 III EMRK.

684 Egan, S. 274.

685 CCPR Annual Report 2010, § 98. Es konnte ein gradueller Wandel vom Begriff „evidence" zu „material" verzeichnet werden. In früheren Berichten hieß es nicht „substantiating material", sondern „substantiating evidence", s. bspw. HRC 24. Annual Report 2000, § 559.

686 Beschwerde Nr. 68/1980, HRCee Selected Decisions I, S. 28; Beschwerde Nr. 184/1984, HRCee Report 1986, S. 177, zitiert aus Zwart, S. 12.

687 Vgl. Kälin/Künzli, S. 254. Der Menschenrechtsausschuss bezieht sich in der Regel auf die Formel „sufficiently substantiated". Allerdings legt er diese unterschiedlich aus. Auch die Anforderungen an die Glaubwürdigkeit sowie die Gewichtung der eingebrachten Beweise ist nicht einheitlich, s. Young, S. 238ff.

688 Wie gezeigt besteht im Rahmen der Vorbereitung der Entscheidung weiterhin die Möglichkeit, zusätzliche Informationen einzuholen, auch vonseiten des Beschwerdeführers. Zudem soll ein Vorziehen der Begründetheitsprüfung vermieden werden.

689 Beschwerde Nr. 262/1987, HRCee Report 1989, S. 281; Beschwerde Nr. 221/1987 sowie Nr. 323/1988, HRCee Report 1991, S. 224, zitiert aus Zwart, S. 11. Die Darlegung eines Prima-facie-Falles wird als der niedrigste Standard hinsichtlich des Beweismaßes angesehen, Young, S. 237.

690 Verfahrensregel 96 e).

d. *Ausschöpfung der nationalen Rechtsschutzmöglichkeiten*

Ein Individuum ist verpflichtet, vor Einreichung einer Individualbeschwerde den nationalen Rechtsweg zu erschöpfen.[691] Diese Voraussetzung ist Ausfluss der Subsidiarität internationaler Gerichte und Quasi-Gerichte, die erst zuständig sind, wenn dem Staat auf nationaler Ebene die Möglichkeit gegeben wurde, in angemessener Weise für den Rechtsschutz des Individuums einzustehen. Die Anforderung der Ausschöpfung nationaler Rechtsschutzmöglichkeiten kann sich in Bezug auf die Geltendmachung einer Menschenrechtsverletzung durch Korruption als problematisch erweisen, wenn das Ausmaß der Korruption in einem Staat endemisch ist. Unter diesen Umständen ist es höchst unwahrscheinlich, dass ein nationales Gericht die Interessen des von Korruption betroffenen Individuums angemessen berücksichtigt, insbesondere wenn es darum geht, einen Akt staatlicher Korruption zu überprüfen und zu sanktionieren.

Die Pflicht zur Ausschöpfung des nationalen Rechtsweges gilt jedoch nicht absolut. Relativierungen sind möglich, wenn nicht zu erwarten ist, dass der Staat innerhalb einer angemessenen Zeit Abhilfemaßnahmen trifft,[692] wenn Rechtsmittel nicht zur Verfügung stehen oder wenn die zur Verfügung stehenden Rechtsschutzmöglichkeiten nicht als effektiv erachtet werden.[693] Ein Rechtsmittel steht zur Verfügung, wenn der Beschwerdeführer es für sich nutzen kann. Legt ein Staat fest, dass Korruptionsdelikte nur vor Sondergerichten geltend gemacht werden können und gewährleistet er nicht deren Existenz und Funktionsfähigkeit, wie dies in Indien der Fall war,[694] kann der Beschwerdeführer sich direkt an internationale Spruchkörper richten. Fraglich ist, wann von einer mangelnden Effektivität des nationalen Rechtsschutzes auszugehen ist und wer dies zu beweisen hat. Eindeutige Kriterien für die Beurteilung der Effektivität von Rechtsschutzmöglichkeiten existieren nicht.

> *"The Committee recalls its established jurisprudence, which indicates that it is necessary to exhaust only those remedies that have a reasonable prospect of success."*[695]

---

691 Verfahrensregel 96 f) ZP IPbürgR. Die Voraussetzung der Rechtswegerschöpfung auf nationaler Ebene ist in vielen Fällen die größte Hürde, die es hinsichtlich der Geltendmachung internationalen Rechtsschutzes zu meistern gilt, Bantekas/Oette, S. 286.

692 Art. 5 IIb) ZP IPbürgR.

693 Diese Ausnahmeregelung ist weder im Zusatzprotokoll noch in den Verfahrensregeln verankert, wurde vom Ausschuss jedoch bereits in der Beurteilung von Beschwerden sowie in Jahresberichten bestätigt, CCPR Annual Report 2010, § 110; *Gomariz vs. Spain,* Beschwerde Nr. 1095/2002, § 6.4; *Alba Cabriada vs. Spain,* Beschwerde Nr. 1101/2002, § 6.5; *Dios Prieto vs. Spain,* Beschwerde Nr. 1293/2004, § 6.3., s. Schmidt, in Moeckli, S. 412; Egan, S. 278.

694 Dies wird von einer NGO vor dem Menschenrechtsrat in Bezug auf das öffentliche Food Distribution System geltend gemacht, UN Doc. A/HRC/5/NGO/6, 6.6.2007, S. 4.

695 *Rodriguez Dominguez vs. Spain,* Mitteilung Nr. 1471/2006, § 6.3.

Der Ausschuss behält sich vor, auf Einzelfallbasis zu entscheiden, ob angemessene Chancen auf Erfolg vorliegen. Die Anforderungen an die Darlegung der Unwahrscheinlichkeit einer erfolgreichen Geltendmachung von Rechtsschutz auf nationaler Ebene sind allerdings nicht unverhältnismäßig hoch. Kann der Beschwerdeführer hinreichend darlegen, dass eine unparteiische, auf objektiven Kriterien gestützte Entscheidung vor einem nationalen Gericht nicht zu erlangen ist, weist der Ausschuss den Staat an, sich zu den Vorwürfen zu positionieren.[696] Die wesentliche Beweislast wird dem Staat auferlegt.[697] Dieser muss die Effektivität der zur Verfügung stehenden Mechanismen beweisen, nicht der Beschwerdeführer die Ineffektivität dieser.

> *"(...) the communication would not be considered inadmissible in so far as the exhaustion of domestic remedies was concerned, unless the State party gave details of the remedies which it submitted had been available to the author in the circumstances of his case, together with evidence that there would be a reasonable prospect that such measures would be effective."*[698]

Ein effektiver Rechtsschutz liegt nach Ansicht des Menschenrechtsauschusses auch dann nicht vor, wenn mittellosen Personen Prozesskostenhilfe verwehrt wird.[699]

Die Afrikanische Menschenrechtskommission hat sich konkret mit der Frage auseinandergesetzt, ob eine von Korruption unterlaufene Justiz das Kriterium der Effektivität noch erfüllen kann.[700] Der Antragsteller machte geltend, die Anforderung der Ausschöpfung des nationalen Rechtsweges sei unter anderem deswegen nicht einschlägig, weil die Wahrung einer unabhängigen Justiz aufgrund der endemischen Korruption in dem Land ausgeschlossen sei.

> *"The Complaint submits that the corrupt system in Equatorial Guinea is sustained by a government policy that violates the judicial independence and precludes any form of judicial or other accountability for the violations complained of."*[701]

---

696 Vgl. Ausführungen iRd. genannten Mitteilungen. In gleicher Weise diesbzgl. auch der EGMR bspw. in *Akdivar and Others vs. Turkey* (16.09.1996), RJD 1996-IV, 1193, § 68; *Basic vs. Austria* (30.01.2001), RJD 2001-I, 187 § 33, zitiert aus Thienel, in German YB of Int'l Law 50 (2007), S. 559.

697 McGoldrick, S. 189; Joseph/Castan, S. 134 ff., allerdings wird hier die Auffassung vertreten, dass der Ausschuss hinsichtlich der Beurteilung nicht immer konsequent war, zitiert aus Egan, S. 278, Fn. 164.

698 *Alberto Altesor vs. Uruguay*, Communication No. 10/1977, U.N. Doc. CCPR/C/OP/1 at 105 (1985), § 4b).

699 *Reid vs. Jamaica*, Mitteilung Nr. 250/1987; *Henry vs. Jamaica*, Mitteilung Nr. 230/1987; *Thomas vs. Jamaica*, Mitteilung Nr. 272/1988; *Gordon vs. Jamaica*, Mitteilung Nr. 237/1987, zitiert aus Young, S. 170 f.

700 *Asociacion Pro Derechos Humanos de Espana vs. Equatorial Guinea*, Mitteilung Nr. 347/2007.

701 Ibid., § 57.

Des Weiteren führt der Beschwerdeführer an, dass Ziel und Zweck der Rechtswegerschöpfung, nämlich die Wahrung der nationalen Souveränität durch die subsidiäre Zuständigkeit internationaler Organe, in dem vorliegenden Fall nicht erreichbar sei. Er behauptet, die Regierung Äquatorialguineas habe aufgrund der Korruption auch bisher keine Abhilfemaßnahmen auf nationaler Ebene ergriffen, wenn ihr Menschenrechtsverletzungen vorgeworfen wurden.

> *"Equatorial Guinea has been known for corruption and was placed at number 168 out of 179 by Transparency International's Corruption Perception Index in 2007. Thus it will be unnecessary to recount the international attention that the corrupt system has received to argue that the Government has had ample notice, and more than sufficient opportunity to give domestic remedies, and has refused to do so."*[702]

Die Afrikanische Menschenrechtskommission lehnte die Zulässigkeit der Klage ab. Ihrer Ansicht nach wäre der Antragssteller entweder verpflichtet gewesen, Rechtsschutz vor nationalen Gerichten zumindest probeweise zu ersuchen oder aber seine Ausführungen hinsichtlich der Ineffektivität zu konkretisieren. Das Einbringen von Zweifeln an der Effektivität reiche nicht aus, um auf die Rechtswegausschöpfung verzichten zu können.

> *"It is the Commission's view that when the Complainant makes a general assertion of the ineffectiveness and unavailability of local remedies in the Respondent State without specifying the attempts made to exhaust them, the Complaint's arguments only amount mere doubts about the impossibility to utilise such remedies."*[703]

> *"The rules require applicants to provide some prima facie evidence of an attempt to exhaust local remedies. (...) Applicants must indicate that they had recourse to all domestic remedies to no avail and must supply evidence to that effect."*[704]

Die Auffassung, dass Zweifel an der Effektivität alleine nicht rechtfertigen, die Geltendmachung nationalen Rechtsschutzes unversucht zu lassen, teilt auch der Menschenrechtsausschuss.

> *"Mere doubts about the effectiveness of local remedies (...) did not absolve the author from pursuing such remedies."*[705]

Sofern der Beschwerdeführer den Versuch der Ausschöpfung des nationalen Rechtsweges unterlässt, muss er konkret und detailliert darlegen können, warum sich bereits aus einer abstrakten Betrachtung die Ineffektivität der nationalen Gerichte ergibt.

Die Afrikanische Menschenrechtskommission geht in der Begründung der Unzulässigkeit der Klage auf die maßgeblichen Kriterien ein, die ihrer Auffassung nach

---

702 Ibid., § 68.

703 Ibid., § 145.

704 *Anuak Justice Council vs. Ethiopia*, Mitteilung Nr. 299/05, § 50.

705 *A vs. Australia*, Mitteilung Nr. 560/1993, U.N. Doc. CCPR/C/59/D/560/1993 (1997), § 6.4. Für weitere Nachweise s. Zwart, S. 211, Fn. 87.

für die Beurteilung der Effektivität des nationalen Rechtsschutzes maßgeblich sind. Zwar zitiert die Kommission zur Untermauerung der Argumentation primär eigene ältere Entscheidungen, Rückschlüsse sind jedoch aufgrund des gleichlautenden Wortlautes der Voraussetzung der Rechtswegerschöpfung in der Afrikanischen Menschenrechtscharta und dem Zusatzprotokoll des IPbürgR durchaus möglich.[706] Die Menschenrechtskommission führt in Bezug auf die Anforderungen an eine effektiv agierende Justiz unter anderem aus:

> *"It is improper to insist on the Complainants seeking remedy from a source which does not operate impartially and has no obligation according to legal principles. In such cases the remedy is neither adequate nor effective."*[707]

> *"A court lacking legal authority or de facto power to mandate and enforce a meaningful remedy for a wrong determined to have occurred would not constitute a sufficient remedy for that wrong. The bottom line in these inquiries is whether or not in fact the judiciary can provide a check on the executive branch of government."*[708]

> *"The Court must take realistic account not only of the existence of formal remedies in the legal system of the Contracting Party concerned, but also of the general legal and political context in which they operate (...)."*[709]

Eine Justiz, die weder unabhängig agiert noch an das Recht gebunden ist, entbehrt sowohl das Kriterium der Angemessenheit als auch das der Effektivität. Der Maßstab für die Wahrung der Unabhängigkeit ist nicht alleine die rechtliche Verankerung der Kompetenzen und die formale Abgrenzung der Judikativen von der Exekutiven. Die Ausübung der richterlichen Kompetenzen in der Praxis ist in gleicher Weise von Relevanz. Eine Judikative, die zwar formal keiner Beeinflussung durch andere staatliche Gewalten ausgesetzt ist, in der Realität aber nicht unabhängig agieren kann, wird vom Menschenrechtsausschuss nicht als effektiv eingestuft. In gleicher Weise reicht es nicht aus, einen Rechtsweg formal zu eröffnen. Dieser muss in der Praxis beschritten werden können.

Aus dem Vorliegen endemischer Korruption alleine ist folglich kein Rückschluss auf die Ineffektivität des nationalen Rechtsschutzes möglich. Orientiert man sich an den dargestellten Zitaten, ist jedoch keinesfalls ausgeschlossen, dass effektive Rechtsschutzmöglichkeiten auf nationaler Ebene im Fall endemischer Korruption in einem zukünftigen Fall verneint werden. Die Beispiele der Beeinträchtigung von Artikel 14 IPbürgR durch Korruption haben gezeigt, dass ein unabhängiges und unparteiisches Agieren der Justiz ausgeschlossen ist, wenn Korruption den

---

706 Eine Übertragung der Bewertung ist aufgrund der unterschiedlichen Auslegungspraktiken der beiden Gremien jedoch ausgeschlossen.

707 *Civil Liberties Organization vs. Nigeria*, Mitteilung Nr. 129/94 (1999), § 8.

708 Constitutional Rights Project and Civil Liberties Organisation vs. Nigeria, Mitteilung Nr. 102/93 (1998), § 41.

709 Akdivar and Others vs. Turkey (1996) EGMR.

entscheidenden Faktor für hoheitliches Handeln darstellt. Unterlässt der Beschwerdeführer es nicht, die Ausschöpfung des nationalen Rechtsschutzes zu versuchen, und kann er die mangelnde Neutralität der Richter zumindest ansatzweise darlegen, wird der Ausschuss den betroffenen Staat auffordern, diese Behauptungen zu widerlegen. Reagiert der Staat nicht oder kann er keine hinreichende Gegendarstellung erbringen, ist eine Relativierung der Anforderung der nationalen Rechtswegerschöpfung keineswegs abwegig.

3. Prüfung der Begründetheit

Die Untersuchung der Beschwerden durch den Menschenrechtsausschuss läuft nach keinem festgelegten Muster ab. Problematisch bei der Geltendmachung einer durch Korruption begründeten Menschenrechtsverletzung ist die Beweisbarkeit des korrupten Aktes. Ohne entsprechende Zeugenaussagen oder anderes Beweismaterial ist es im Nachhinein oft schwer darzulegen, dass eine Leistung von der Gewährung unrechtmäßiger Vorteile abhängig gemacht wurde oder Investitionen gerade aufgrund der Veruntreuung/Unterschlagung ausblieben.

Aus diesem Grund ist hinsichtlich der Begründetheitsprüfung insbesondere von Interesse, wie der Menschenrechtsausschuss verfährt, wenn Widersprüche zwischen den Aussagen der Parteien vorliegen. Antworten hierauf ergeben sich einerseits durch Aspekte der Beweislastverteilung und andererseits durch die Faktoren, die im Rahmen der Abwägung der Wahrscheinlichkeiten eine Rolle spielen. Gewonnene Erkenntnisse geben nicht nur Aufschluss über die Erfolgsaussichten einer Beschwerde im Einzelfall, sondern stellen einen weiteren Aspekt dar, der für die Analyse von Potenzialen und Grenzen eines menschenrechtlichen Ansatzes der Korruptionsbekämpfung von Bedeutung ist.

a. Rollen der beteiligten Parteien

Die Auslegung von Verträgen lässt zwar keinen direkten Aufschluss über die Verteilung der Beweislast zu. Die Besonderheiten der Vertragsauslegung im Hinblick auf die Menschenrechte sind allerdings für das Verständnis der Rollen maßgeblich, die der Beschwerdeführer und der Staat als Parteien in einem Verfahren vor dem Menschenrechtsausschuss einnehmen. Dieses lässt wiederum indirekt Rückschlüsse auf die Anforderungen zu, die an die Beweiserbringung der Parteien gestellt werden. Wie in Kapitel IV.B.1. dargestellt, orientiert sich die objektive Auslegung der Menschenrechtsverträge an der Gewährleistung eines möglichst effektiven Schutzes der normierten Rechte. Der Schutzgehalt der Rechte ist zugunsten des Individuums dynamisch und möglichst umfassend, die Einschränkungsmöglichkeiten eines Rechtes hingegen eng und restriktiv auszulegen.

Trotz des hohen Stellenwertes, den der Schutz der Menschenrechte im Rahmen der Auslegung erlangt, obsiegt dieser nicht per se gegenüber den staatlichen Interessen. Sofern staatliche Maßnahmen auf die Wahrung der staatlichen Ordnung und den Schutz des Allgemeinwohls abzielen, stellen sie gerechtfertigte Belange dar, die es zu berücksichtigen gilt.[710] Es lässt sich jedoch festhalten, dass die Anforderungen, die an den Staat gestellt werden, um die fundierte Behauptung einer Rechtsverletzung zu widerlegen höher sind, je absoluter der Schutz des Rechtsgutes ausgestaltet ist[711] oder je problematischer sich die Beweiserbringung einer Rechtsverletzung für den Beschwerdeführer gestaltet.[712] Zwar kann aus der zwingenden Notwendigkeit, die schwächere Stellung des Beschwerdeführers in die Bewertung einer Individualbeschwerde einzubeziehen, nicht gefolgert werden, dass an die vonseiten des Individuums zu erbringenden Beweise geringere Anforderungen gestellt werden als an die von staatlicher Seite eingebrachten Beweise. Um der Zielsetzung der Menschenrechtsverträge gerecht zu werden, muss die überlegene Stellung des Staates zur Beeinflussung des Prozesses auf der Ebene des Beweismaßes jedoch Berücksichtigung finden.

b. Beweismaß

Das Beweismaß ist der Grad von Gewissheit, der für die richterliche Überzeugung erforderlich ist.[713] Aufgrund fehlender Regelungen[714] sowie einer bisher nicht vorhandenen eindeutigen Positionierung der menschenrechtlichen Gerichte/

---

710 Zum Teil wird auch der schwerer zu führende Negativbeweis herangezogen, um eine generelle, dem Staat auferlegte Beweislast zu verneinen, Kokott (1993), S. 409. Inwiefern dieses Argument iRd. Menschenrechte stimmig ist, kann hinterfragt werden, da es dem Staat in diesen Fällen ja meistens gerade möglich ist, die Situation und auch die Beweise zu kontrollieren.

711 Insbesondere an den Gegenbeweis hinsichtlich Verletzungen von Art. 6, Art. 7, Art. 9 und Art. 10 IPbürgR werden hohe Ansprüche gestellt, Möller/Zayas, S. 36. Hinsichtlich der Vornahme von Foltermethoden in Haftsituationen hat sich angesichts der notorisch schwierigen Beweissituation in konstanter Praxis eine Beweislastumkehr etabliert, Kälin/Künzli, S. 378.

712 Dies ist bspw. iRd. Darlegung eines Verstoßes gegen das Diskriminierungsverbot der Fall, was dazu geführt hat, dass internationale Menschenrechtsgerichte sowie der Menschenrechtsausschuss vermehrt indirekte Beweise und Rückschlüsse aus allgemeinen Umständen hinsichtlich der Darlegung des *Prima-facie*-Falles zulassen. Darüber hinaus wird die Beweislast einer gerechtfertigten Diskriminierung grds. dem Staat auferlegt, *Bhinder Singh vs. Canada*, Mitteilung Nr. 208/1986; *Chedi Ben Ahmed Karoui vs. Sweden*, Mittelung Nr. 185/2001, zitiert aus Interights, S. 107 ff. Andere Fälle, in denen die Beweiserbringung erschwert ist, sind Konstellationen des erzwungenen Verschwindenlassens von Personen. Da das Unterdrücken der Beweise gerade die Intention des Staates darstellt, greift der Gerichtshof auf generelle Umstände und anerkannte Fakten zurück und vermutet eine Verletzung, sofern der Staat dies nicht widerlegen kann, *Veasquez Rodriquez* Fall, Inter-Am.Ct.H.R. (Ser. C) No. 4 (1988), § 124.

713 Bender/Nack/Treuer, Rn. 548, zitiert aus Ott, in Hannich, § 261 StPO II Rn. 4.

714 OHCHR, HRCee Fact Sheet No.15, abrufbar unter: http://www.ohchr.org/Documents/Publications/FactSheet15rev.1en.pdf.; Young, S. 187.

Quasi-Gerichte[715] ist es umstritten, welches Beweismaß vor diesen Anwendung findet. Die Vorsicht internationaler Spruchkörper aufgrund der hohen Bedeutung der Menschenrechte einerseits und der Achtung staatlicher Souveränität andererseits sprechen für strenge Anforderungen an das Beweismaß.[716] Argumente für die Anwendung eines geringeren Beweismaßes sind die geschwächte Stellung des Individuums gegenüber dem Staat, dessen grundsätzliche Beweisnot sowie die Effektuierung des Schutzes der Menschenrechte. Diese Aspekte werden nicht angemessen berücksichtigt, wenn das Beweismaß der vollen richterlichen Überzeugung in jedem Fall anwendbar wäre.[717] Zwar zeigt die Praxis des Menschenrechtausschusses durch die Zulässigkeit indirekter Beweise[718] und die zum Teil sehr geringen formellen Anforderungen an die Zulässigkeit des Beweismaterials,[719] dass abgeschwächte

715 Im Gegensatz dazu haben sich völkerrechtliche Gerichte eindeutig gegen strikte Beweisregeln positioniert: *IGH Nicaragua vs. United States of America*, Merits, Urteil vom 27.06.1986, ICJ Report (1986), S. 24, § 29; Interamerikanischer Gerichtshof *Velasquez Rodriguez Fall*, Urteil vom 29.07.1988, HRLJ 9 (1988), S. 232, § 127; Sandifer, S. 15ff., S. 123ff.; für weitere Nachweise s. Kokott (1993), S. 398 f., Fn. 1223. Darüber hinaus kann selbst aus der Bezugnahme des EGMR auf das Beweismaß „beyond reasonable doubt" nicht gefolgert werden, dass dieser Maßstab in gleicher Weise wie in strafrechtlichen Verfahren verstanden wird, vgl. Thienel, in German YB of Int'Law 50 (2007), S. 575 ff. Vielmehr wird ein Grad an Wahrscheinlichkeit verlangt, der sich an den eingebrachten Vorwürfen bemisst. In gleicher Weise zeigt die Praxis des IGH, dass das angewandte Beweismaß mit dem Grad der Anschuldigungen in einem Zusammenhang steht. Selbst bei schwerwiegendsten Verbrechen, wie die eines Völkermordes, wird allerdings nicht notwendigerweise auf das Beweismaß „beyond reasonable doubt" zurückgegriffen, *Application of the Convention on the Prevention and Punishment of the Crime of Genocide, Bosnia and Herzegovina vs. Serbia and Montenegro* (26.02.2007), vgl. Thienel, in German YB of Int'Law 50 (2007), S. 556 ff., 563 ff.

716 Ramcharan, S. 78, 80 vom Angloamerikanischen ausgehend, hält das Beweismaß der überwiegenden Wahrscheinlichkeit für einschlägig, da eine leichtfertige Annahme von Menschenrechtsverletzungen die Kooperationsbereitschaft der Staaten gefährden könne.

717 Thienel, in German YB of Int'Law 50 (2007), S. 579; Kokott spricht sich für ein Beweismaß aus, das mit der Bedeutung des betroffenen Rechtes steigt, Kokott (1993), S. 396; (1998), S. 230.

718 Bspw. in *Luis Alberto Estradet Cabreira vs. Uruguay*, Mitteilung Nr. 105/1981, UN Doc. CCPR/C/OP/2 (1990), § 133. Die Verletzung von Art. 10 I IPbürgR wurde in diesem Fall daraus abgeleitet, dass der Ausschuss bereits in anderen Fällen, die sich auf die würdelose und unmenschliche Behandlung von Insassen in dem gleichen Gefängnis während desselben Zeitraums bezogen hatten, einen Eingriff angenommen hatte. *Bleier vs. Uruguay*, Beschwerde Nr. 30/1978, 6. Annual Report HRCee, S. 396, Annex X. Bzgl. der Zulässigkeit indirekter Beweise s. auch Young, S. 201 f.

719 In den Beschwerden gegen Uruguay (bspw. *Vasilskis v. Uruguay*, Beschwerde Nr. 80/1980, UN Doc CCPR/C/18/D/80/1980, § 2.3. sowie *Quinteros vs. Uruguay*, Mitteilung Nr. 107/1981, UN Doc. CCPR/C/OP/2 at 138 (1990), § 1.5.) bezogen

Anforderungen an das Beweismaß gestellt werden. Eine konsistente Spruchpraxis darüber hinaus ist bisher jedoch nicht ersichtlich.[720] Selbst die vom Menschenrechtsausschuss in den meisten Fällen angewandte Formel des „*sufficiently substantiated*" Beweises[721] gibt aufgrund der uneinheitlichen Verwendung keinen Aufschluss darüber, welche generellen Anforderungen an das Beweismaß gestellt werden. Weitere Kriterien wie „*compelling evidence*", „*to establish the facts with certainty*" oder die Forderung nach „*clear evidence*" werden von dem Ausschuss verwendet, ohne dass Rückschlüsse für potenzielle Unterschiede des geforderten Beweismaßes möglich wären.[722] Vielmehr lässt sich daraus schließen, dass der Ausschuss einen Ansatz der flexiblen Abwägung der Wahrscheinlichkeit hinsichtlich der eingebrachten Beweise im Einzelfall präferiert.[723]

Trotz einer fehlenden eindeutigen Erkenntnis über das einschlägige Beweismaß lassen die Ausführungen zwei Schlussfolgerungen zu, die für die Geltendmachung einer durch Korruption begründeten Menschenrechtsverletzung von Bedeutung sind. Einerseits wird ersichtlich, dass die strengste Form des Beweismaßes „*beyond reasonable doubt*" in Verfahren der Individualbeschwerde nicht einschlägig ist.[724]

---

sich die Beschwerdeführer vermehrt auf Aussagen anderer Mitgefangenen, um ihre Darstellung des Sachverhaltes zu untermauern. Der Ausschuss zog diese heran, ohne eine unabhängige Verifizierung vorzunehmen, was zum Teil kritisiert wurde. Bswp. durch McGoldrick, S. 149 f. In *San Juán Arévalo vs. Colombia* stützte sich der Ausschuss auf einen Brief des Vaters des Opfers, um die staatliche Zurechenbarkeit der Inhaftierung des Sohnes darzulegen, Beschwerde Nr. 181/1984, UN Doc. CCPR/C/37/D/181/1984 (1989), § 11. Ando kritisierte dies ausdrücklich in einer „dissenting opinion" (abweichende Meinung). Eine mögliche Erklärung hinsichtlich der starken Gewichtung des Briefes iRd. Entscheidung könnte auch die Anwendung des Prinzips der „judical notice" sein. Der aus dem amerikanischen Rechtssystem stammende Grundsatz besagt, dass Tatsachen, die allgemein bekannt sind, nicht bewiesen werden müssen, sondern vom Gericht „zur Kenntnis" genommen werden können, auch ohne einen Parteivortrag diesbezüglich, s. Young, S. 209f. Zum Gedanken der „judical notice", Davis, in Colum. Law Rev. 55 (1955), S. 945 ff.; ders., in Pound/Griswold/southerland, S. 69 ff.; Weinstein/Mansfield/Abrams/Berger, S. 1266 f., zitiert aus Kokott (1993), S. 43 f.

720 Vgl. OHCHR, HRCee Fact Sheet No. 15, s. Fn. 73.

721 Diese verwendet der Ausschuss auch iRd. Zulässigkeitsprüfung hinsichtlich der Begründung einer Behauptung der Rechtsverletzung. Allerdings auch dort uneinheitlich, s. S. 208, Fn. 667.

722 Young, S. 243 ff.

723 McGoldrick, S. 150, § 4.36; Murray, in Evans/Murray, S. 159 ff.; Bantekas/Oette, S. 294; Interights, S. 109.

724 Interights, S. 107,109. Die strengen Anforderungen an das Beweismaß in strafrechtlichen Verfahren beruhen auf der Unschuldsvermutung des Angeklagten und können durch diese gerechtfertigt werden. Mangels einer einschlägigen Unschuldsvermutung in Menschenrechtsverfahren wird der Anforderung der vollen richterlichen Überzeugung an das Beweismaß jedoch die Grundlage entzogen.

Die Beweisanforderungen, denen der Beschwerdeführer vor dem Menschenrechtsausschuss gerecht werden muss, bleiben bei Weitem hinter solchen zurück, die in einem strafrechtlichen Verfahren Anwendung finden.[725] Da Korruptionsdelikte im Normalfall vor Strafgerichten abgehandelt werden, ist es den Opfern aufgrund der hohen Anforderungen an das Beweismaß oft unmöglich, die Tat darzulegen. Zwar muss auch der Menschenrechtsausschuss von der Verwirklichung der korrupten Handlung überzeugt werden, jedoch unter abgeschwächten Kriterien. Andererseits zeigt die Praxis des Menschenrechtsausschusses, dass die Abgrenzung zwischen faktischer Klärung der Beweislage und rechtlicher Würdigung des Falles weniger scharf verläuft, als dies im nationalen Recht der Fall ist. Nicht die Anwendung technischer Regeln des Beweismaßes steht im Vordergrund, sondern vielmehr die Abwägung von Wahrscheinlichkeiten. Auch dieser Aspekt kann für den Beschwerdeführer im Fall einer durch Korruption begründeten Menschenrechtsverletzung von Vorteil sein. Je präziser der Beschwerdeführer den Sachverhalt eines ungerechtfertigten Eingriffes sowie die Umstände und Hintergründe, die zu der Situation geführt haben, darlegen kann, desto wahrscheinlicher ist es, dass der Ausschuss seinen Aussagen nachgeht, auch wenn lediglich schwache Beweise zur Untermauerung aufgeführt werden können.

Die Verfahrensregeln des ZP IPbürgR geben wenig Aufschluss darüber, welche Bedeutung den Aussagen der Parteien im Rahmen der Abwägung beigemessen wird. Der einzige Anhaltspunkt ist die in Artikel 4 II ZP IPbürgR normierte Mitwirkungspflicht des Staates und die Praxis des Ausschusses, die sich in Bezug auf diese entwickelt hat.

i. Kooperationspflicht gemäß Art. 4 II ZP IPbürgR

Gemäß Artikel 4 II ZP IPbürgR obliegt es dem Staat bei der Sachverhaltsaufklärung aktiv mitzuwirken und Beweise, sofern vorhanden, einzubringen. Der Staat wird verpflichtet, alle gegen ihn erhobenen Beschwerden zu untersuchen und dem Ausschuss die Informationen zukommen zu lassen, die er hinsichtlich des Sachverhalts besitzt.[726] Unterlässt er es, dieser Pflicht nachzukommen, werden die vonseiten des Beschwerdeführers dargelegten Informationen als nachgewiesen anerkannt und aufgrund dieser eine Entscheidung getroffen, sofern keine offenkundigen Zweifel

725 Während das deutsche Recht in allen Verfahren von dem Grundsatz der vollen richterlichen Überzeugung ausgeht, ist dieser im angloamerikanischen Rechtskreis in Strafverfahren einschlägig, Kokott (1993), S. 396.

726 Die bloße Zurückweisung der Vorwürfe reicht nicht aus, um der Kooperationspflicht gerecht zu werden, Tomuschat, in Hum. Rts. Law Jour. 1 (1930), S. 252 f.; s. bspw. Beschwerde Nr. 9/1977, HRCee Report 1980, S. 110; Beschwerde Nr. 8/1977, HRCee Report 1980, S. 118; Beschwerde Nr. 37/1978, HRCee Report 1981, S. 145, zitiert aus Zwart, S. 12. Die Kooperationspflicht des Staates wird aus dem Grundsatz von Treu und Glauben abgeleitet, s. Allg. Bemerkung Nr. 33, UN Doc. CCPR/C/GC/33, § 15, der sich auf Art. 26 WVK bezieht.

an der Unbegründetheit bestehen.[727] Der Staat trägt unter diesen Umständen das Risiko der Nichterweislichkeit der Gegendarstellung.[728]

Zeigt der Staat sich bei der Aufklärung des Sachverhaltes kooperationsbereit, muss der Ausschuss, sofern Widersprüche und Unklarheiten zwischen den eingebrachten Informationen bestehen, eine differenziertere Entscheidung über die Beweislastverteilung treffen. Die Verfahrensregeln schweigen diesbezüglich. Fraglich ist, ob nationale Regeln, sofern diese auf menschenrechtliche Verfahren übertragbar sind, zu weiteren Erkenntnissen beitragen können.

ii. Regelungen des nationalen Beweisrechts

Entscheidend für Fragen der Beweislast auf nationaler Ebene ist die Konzeption des einschlägigen Verfahrens.[729] In diesem Zusammenhang ist zwischen den Grundzügen eines Ermittlungs- und eines Verhandlungsverfahren zu differenzieren.[730] Handelt es sich um ein Verfahren, das verstärkt Züge eines Ermittlungsgrundsatzes

---

727 Vgl. *Wrigth vs. Jamaica*, Beschwerde Nr. 349/1989. Der Staat unterließ es, sich zu den Vorwürfen zu äußern. Der Ausschuss lehnte eine Rechtsverletzung trotzdem mit dem Argument ab, dass die vonseiten des Beschwerdeführers eingebrachten Informationen nicht ausreichen, um seine Aussagen als bestätigt ansehen zu können und auf deren Basis eine Entscheidung zu treffen. Diese Praxis kommt dem in §§ 331 ff. ZPO geregelten Versäumnisurteil des deutschen Prozessrechtes sehr nahe. Zu den zum Teil marginalen Unterschieden zwischen einer Mitwirkungspflicht und der subjektiven Beweislast, s. Witenberg, in R.G.D.I.P. 55 (1951), S. 322 ff., Kokott (1993), S. 393 ff.

728 Dies hat der Ausschuss mehrfach klargestellt. Unter anderem *Conteris vs. Uruguay*, Mitteilung Nr. 139/1983, (17.07.1985) § 7.2; *Bleier vs. Uruguay*, Mitteilung Nr. 30/1978, (29.03.1982), § 12 ff.; *Sathasivam et al. vs. Sri Lanka*, Mitteilung Nr. 1436/2005, § 6.4.; Allg. Bemerkung Nr. 33, UN Doc. CCPR/C/GC/33, § 10. Für Nachweise einzelner Entscheidungen s. Young, S. 228, Fn. 464.

729 Vgl. Kokott (1993); Kokott (1998), die sich am intensivsten mit der Beweislast vor Menschenrechtsgerichten auseinandergesetzt hat. Die Analyse konzentriert sich jedoch auf den europäischen und interamerikanischen Schutz der Menschenrechte. In ähnlicher Weise hinsichtlich des Ausgangspunktes Thienel, in German YB of Int'Law 50 (2007), S. 545 ff., der sich allerdings auf die Praxis des EGMR beschränkt. Er verknüpft die Frage des einschlägigen Verfahrens direkt mit der hinsichtlich der Art der Beweislast. Weitere Autoren, die sich mit der Frage der Beweislast iRd. internationalen Menschenrechtsschutzes beschäftigt haben, sind Zwart; Legg, alledings v.a. unter dem Aspekt der „margin of appreciation"; McGoldrick, wie Zwart iR. einer generellen Darstellung der Arbeit des Menschenrechtsausschusses.

730 Trotz der Tatsache, dass die meisten gerichtlichen Verfahren sowohl Elemente eines Verhandlungs- als auch eines Ermittlungsverfahrens aufweisen und daher nicht strikt einem der beiden Verfahrenstypen zuzuordnen sind, weisen sie Tendenzen auf, die eine primäre Einordnung der Verfahrensart ermöglichen, vgl. Bomsdorf, S. 280 ff.

aufweist, kommt dem Gericht bei der Aufklärung der Tatsachen eine entscheidende Rolle zu. Im Gegensatz dazu obliegt es in Verfahren, die unter dem Grundsatz des Verhandlungsgrundsatzes konzipiert sind, den Parteien, ihre Behauptungen durch Beweise zu untermauern. Das Gericht hat keine oder nur eine sehr beschränkte Ermittlungskompetenz. Der Menschenrechtsausschuss ist im Gegensatz zu regionalen Menschenrechtsgerichten, die weite eigene Kompetenzen zur Aufklärung des Sachverhaltes innehaben,[731] in seiner Urteilsfindung auf die ihm vorliegenden Dokumenten beschränkt.[732]

> "The Committee shall consider the communication in the light of all written information made available to it by the individual and the State party concerned and shall formulate its Views thereon."[733]

Die fehlenden Befugnisse des Menschenrechtsausschusses zur selbstständigen Ermittlung des Sachverhaltes charakterisiert das Verfahren einer Individualbeschwerde als ein Verhandlungsverfahren. Auf nationaler Ebene gilt in Verhandlungsverfahren der Grundsatz, dass jede Partei die Voraussetzungen der ihr günstigen Norm beweisen muss (*actori incumbit probatio*).[734] Der Beweis obliegt

731 S. diesbzgl. Kokott (1998) S. 144; genauso Thienel, in German YB of Int'Law 50 (2007), S. 546 f.

732 Diese müssen von den Parteien eingebracht worden sein, allerdings nicht zwingend von diesen selbst herrühren. So akzeptierte der Ausschuss auch einen Bericht von Amnesty International, mit dem der Beschwerdeführer die unwürdige Behandlung von Gefangenen darlegte, *Mukong vs. Cameroon*, Mitteilung Nr. 458/1991 (21.07.1994), UN Doc. CCPR/C/51/D/458/1991, § 2.9. Die Berücksichtigung von Aussagen Dritter ist nur über Zeugenaussagen möglich, die von Seiten des Beschwerdeführers oder des Staates eingebracht werden. Die Heranziehung anderer schriftlicher Dokumente, wie Staatenberichte, vergleichbare Entscheidungen über Individualbeschwerden oder Berichte anderer Organe der Vereinten Nationen im Rahmen der Beurteilung des Sachverhaltes ist durchaus üblich. Selbst in dieser Hinsicht ist jedoch umstritten, inwiefern eine derartige Vorgehensweise von den Kompetenzen des Ausschusses erfasst ist. Opsahl, in Alston, S. 426 f. der sich dafür ausspricht, nur die von den Parteien eingebrachten schriftlichen Dokumente iRd. Entscheidungsfindung als zulässig anzuerkennen; Nowak, S. 692 wirft die Frage hinsichtlich der Heranziehung anderer schriftlicher Dokumente auf, entscheidet sich jedoch nicht abschließend, sondern stellt auf den Ermessensspielraum des Ausschusses ab, der im Rahmen von diesem entscheiden muss, welche Beweise er für zulässig ansieht. Hinsichtlich Bsp. für die Praxis der Heranziehung weiterer schriftlicher Dokumente s. Young, S. 210 ff.

733 Art. 5 I ZP IPbürgR; Verfahrensregel 100 I. Ob mündliche Verhandlungen durch diese Regelung per se ausgeschlossen sind, ist umstritten. Dagegen: Tomuschat in EPIL, § 32; dafür: McGoldrick, S. 143 ff; Schmidt, in ICLQ 41 (1992), S. 653; Opsahl, in Alston, S. 427; zitiert aus Egan, S. 260 Fn. 49 f.

734 Dieses allgemeine Prinzip der Beweislast wird auch als „Normentheorie" bezeichnet, die 1956 von Rosenberg statuiert wurde, Rosenberg, S. 98 f.; hinsichtlich der

folglich dem Kläger. Überträgt man die Regel auf die Beurteilung einer Individualbeschwerde, würde der Beschwerdeführer per se die Beweislast dafür tragen, dass ein dem Staat zurechenbarer Eingriff in ein geschütztes Rechtsgut vorliegt. Bereits das Grundkonzept der Menschenrechte, die Gewährung eines möglichst effektiven Menschenrechtsschutzes, spricht gegen die Anwendung dieser Regel auf ein Individualbeschwerdeverfahren. Es liegt in der Macht des Staates, Beweise vorzuenthalten oder zu unterdrücken. Würde man dem Beschwerdeführer per se die Beweislast für das Vorliegen eines ungerechtfertigten Eingriffs auferlegen, würde die Wirksamkeit des Menschenrechtsschutzes enorme Einbußen verzeichnen.[735] Auch andere, dem nationalen Recht entstammende Regelungen, wie *in dubio pro reo*,[736] können nicht auf den internationalen Menschenrechtsschutz übertragen werden. Werte, wie die individuelle Freiheit, die der Regel im nationalen Recht zugrunde liegen, streiten in Verfahren zum Schutze der Menschenrechte gerade zugunsten des den Staat wegen Menschenrechtsverletzungen anklagenden Individuums.[737]

Die Erörterung möglicher Anknüpfungspunkte für eine Antwort auf die Frage der Beweislastverteilung vor dem Menschenrechtsausschuss hat gezeigt, dass in dem dialektischen Verhältnis zwischen der staatlichen Souveränität und dem Schutz der Menschenrechte ein Ausgleich notwendig ist, um den Interessen beider Parteien in einem Verfahren gerecht zu werden. Zwar ergeben die Auslegung von Menschenrechtsverträgen, die Erkenntnisse hinsichtlich des Beweismaßes, die Praxis bei einem Unterlassen der Mitwirkung von staatlicher Seite sowie die eindeutige

---

Anwendung der Norm auf internat. Ebene s. Weber, S. 13; Schopflocher, in Wisconsin Law Review (1940), S. 253, zitiert aus Thienel, in German YB of Int'Law 50 (2007), S. 550, Fn. 47.

735 Ein weiteres Argument gegen die Anwendung der Regel auf ein Verfahren vor dem Menschenrechtsausschuss ist der Grundgedanke, der hinter dieser steht: ein Konflikt sich widerstreitender Interessen gleichberechtigter Parteien. Zwar stehen in dem Moment der Verhandlung über eine Individualbeschwerde das Interesse des Bürgers und das des Staates gegenüber, da der Staat bereits aus Gründen der internationalen Reputation ein Interesse an der Ablehnung eines ungerechtfertigten Eingriffs hat. Im Grunde entspricht der Schutz der normierten Menschenrechte jedoch dem Interesse beider Parteien, da sich der Vertragsstaat freiwillig zu deren Achtung verpflichtet hat. Darüber hinaus handelt es sich nicht um zwei Ansprüche gleichberechtigter Parteien, sondern um die Geltendmachung einer Rechtsverletzung in einem Über-Unterordnungsverhältnis.

736 Der Grundsatz aus dem nationalen Strafrecht ist ein Zweifelssatz und daher im Grunde keine Beweislastregelung, da er erst nach abgeschlossener Beweiswürdigung Anwendung findet, BeckOK StGB, Heintschel-Heinegg § 1 II Rn. 26. Überträgt man den Grundsatz „im Zweifel für den Angeklagten" auf Menschenrechtsverfahren, wäre der Staat der Angeklagte. Eine Menschenrechtsverletzung müsste folglich zu Gunsten des Staates abgelehnt werden, wenn diese nicht bewiesen werden kann. Dies würde ein weiteres Hindernis hinsichtlich der Wirksamkeit des Menschenrechtsschutzes darstellen.

737 Kokott (1993), S. 404.

Ablehnung der den Staat potentiell begünstigenden Beweislastregelungen, dass der Schutz des Individuums auch auf prozeduraler Ebene einen hohen Stellenwert erfährt. Eindeutige Ergebnisse, die einem von Korruption betroffenen Individuum hinsichtlich der erschwerten Beweisbarkeit korrupter Akte Rechtssicherheit vermitteln könnten, wären an dieser Stelle jedoch verfehlt. Es bleibt bei einer Einzelfallentscheidung wie der Ausschuss mit den eingebrachten Positionen der Parteien verfährt. Fraglich ist, ob in öffentlich-rechtlichen Verfahren neben den Beweislastregelungen andere Wege zur Entscheidungsfindung bei Ungewissheiten existieren, die Hinweise darüber ermöglichen, welches Gewicht den Aussagen der Parteien beigemessen wird. Ein Konzept, dass Menschenrechtsorgane in diesem Zusammenhang nutzen, ist das der *margin of discretion/appreciation.*

c. *Margin of discretion*

Das Konzept, staatlichen Behörden bei gewissen Entscheidungen einen Handlungsspielraum zuzugestehen, wurde durch die zunehmende Anerkennung einer *national margin of appreciation* durch den Europäischen Gerichtshof für Menschenrechte bekannt.[738] Die zunächst noch zurückhaltende Anwendung wurde inzwischen auf viele der EMRK Artikel ausgedehnt und auch andere Menschenrechtsgerichte sowie der Menschenrechtsausschuss sind, wenn auch zum Teil unter einer anderen Bezeichnung, dazu übergegangen, den Ansatz in ihre Entscheidungsfindung einfließen zu lassen.[739] Eine detaillierte Analyse der Anwendung des Konzeptes durch menschenrechtliche Gerichte/Quasi-Gerichte hat ergeben, dass verschiedene externe Faktoren die Zubilligung eines nationalen Beurteilungsspielraumes beeinflussen können.[740] So führt beispielsweise die Wahrung demokratischer Grundprinzipien[741]

---

738 Die ersten Anwendungsfälle im europäischen Rechtsraum resultieren von der Europäischen Kommission für Menschenrechte als eine Reaktion auf die Notstandsklausel in Art. 15 EMRK, Morrisson, in Hum. Rts. J., 6 (1973), S. 267 f.; O'Donnell, in Hum. Rts. Q. 4 (1982), S. 477; Feingold, in Notre Dame Law Rev. 53 (1977), S. 90 ff., zitiert aus Kokott (1998), S. 222. Die *national margin of appreciation/margin of discretion* entspricht dem Gedanke des Ermessensspielraums der Behörden im deutschen Verwaltungsrecht.

739 Insbesondere der Menschenrechtsausschuss spricht in vielen Fällen nicht explizit von einer *margin of appreciation.* Zum ersten Mal fand der Ansatz Erwähnung in *Hertzberg vs. Finnland*, UN Doc. CCPR/C/15/D/61/1979 (1982), § 10.3.: „There is no universally applicable moral standard. Consequently, in this respect, a certain margin of discretion must be accorded to the responsible national authorities."

740 In Orientierung an Legg, S. 67 ff.

741 *Debreczeny vs. The Netherlands*, UN Doc. CCPR/C/53/D/500/1992 (1995), § 9.3. Dies kann sich generell sowohl auf demokratische Prinzipien als auch auf spezielle Ausformungen demokratischer Prozesse wie das Vorhandensein und Fördern einer sozialen Debatte beziehen, *Faurisson vs. France*, UN Doc. CCPR/C/58/D/550/1993 (1996), zitiert aus Legg, S. 91, 97 f.

sowie die Achtung der Beteiligungsrechte von Minderheiten dazu, dass Gerichte/Quasi-Gerichte eher gewillt sind, eine *margin of discretion* einzuräumen, als wenn dies nicht der Fall ist.[742] Darüber hinaus haben sich Bereiche herausgeformt, in denen nationalen Organen verstärkt ein Beurteilungsspielraum zugestanden wird. Geht es um Sachverhalte der nationalen Sicherheit,[743] des Schutzes des Kindes, der Gesundheitsversorgung, der Bildung oder um wirtschaftliche Belange können diese nach Auffassung der Menschenrechtsgerichte/Quasi-Gerichte auf nationaler Ebene besser beurteilt werden, als dies durch ein internationales Gremium möglich wäre.[744] Der Menschenrechtsausschuss verzichtet allerdings auch in solchen Konstellationen nicht auf eine genaue Überprüfung der Einhaltung der Menschenrechte.[745]

> *"Notwithstanding the deference given to the immigration authorities to appreciate the evidence before them, the Committee considers that further analysis should have been carried out in this case. The Committee therefore considers that the removal order issued against the author would constitute a violation of article 7 of the Covenant if it were enforced."*[746]

In anderen Bereichen wiederum hat sich eine gegenteilige Praxis etabliert. So wird Staaten ein weitaus geringerer Beurteilungsspielraum eingeräumt, wenn

---

742 Kann der Staat bspw. nachweisen, dass er sich über die Belange und Bedürfnisse einer betroffenen Minderheit informiert und diese berücksichtigt hat, bevor eine Entscheidung getroffen wird, die mit deren Interessen und Rechten konfligiert, ist die Zubilligung eines Beurteilungsspielraums wahrscheinlicher, als wenn er dies unterlässt. Vgl. *Gueye vs. France*, UN Doc. CCPR/C/35/D/196/1985 (1989); *Aparina Mahuika vs. New Zealand*, UN Doc. CCPR/C/70/D/547/1993 (2000); *Länsman vs. Finland*, UN Doc. CCPR/C/52/D/511/1992 (1994), zitiert aus Legg, S. 95 f.

743 *Joeng-Eun Lee vs. Republic of Korea*, UN Doc. CCPR/C/84/D/1119/2002 (2005), zitiert aus Legg, S. 158.

744 S. ders., S. 153 ff. Dieser führt daneben auch noch den Bereich der öffentlichen Verwaltung auf, wobei sich diesbzgl. keine Fallbsp. des Menschenrechtsausschusses finden lassen. Eine deutliche Bezugnahme auf den Beurteilungsspielraum des Staates hinsichtlich wirtschaftlicher Belange erfolgte in *Kitok vs. Sweden*: „The regulation of an economic activity is normally a matter for the State alone.", UN Doc. CCPR/C/33/d/197/1985 (1988), § 9.2. Die primäre Kompetenz der Staaten in diesen Fällen ergibt sich insbesondere aus der größeren Nähe, die nationale Behörden hinsichtlich der Beurteilung derartiger Sachverhaltskonstellationen in der Regel aufweisen.

745 Vgl. bspw. *Weismann and Perdomo vs. Uruguay*, UN Doc. CCPR/C/9/D/8/1977 (1980). Für weitere Bsp. s. Legg, S. 152 ff.

746 *Ernest Sigman Pillai and others vs. Canada*, UN Doc. CCPR/C/101/D/1763/2008 (2011), § 11.4., zitiert aus Legg, S. 163. In diesem Fall ging es um den Bereich „Gesundheit", da im Rahmen eines Abschiebungsurteils die posttraumatischen Störungen des Beschwerdeführers nicht angemessen berücksichtigt wurden. Ein anderer Fall einer abweichenden Entscheidung bspw. *Juan Asensi Martinez vs. Paraguay*, UN Doc. CCPR/C/95/D/1407/2005 (2009), zitiert aus Legg, S. 161.

prozessuale Fragen,[747] die Länge der Entscheidungsfindung[748] oder die Methoden der Auslegung[749] betroffen sind.

Schließlich kann auch die Staatenpraxis anderer Vertragsstaaten die Zubilligung einer *margin of discretion* beeinflussen, je nachdem, ob diese die Verhaltensweise des Staates stützt.[750]

Überträgt man die Erkenntnisse der Anwendungspraxis der *margin of discretion* auf Fälle einer Menschenrechtsverletzung durch Korruption, wird ersichtlich, dass die Bereiche, in denen sich eine grundsätzlich starke Berücksichtigung der staatlichen Auffassung entwickelt hat, vermehrt betroffen sind, wenn es um die Auswirkungen der Korruption auf die Menschenrechte geht. Das Recht auf Gesundheit, das Recht auf Bildung und somit auch die Rechte des Kindes waren die Garantien, die in Kapitel III und V mit am stärksten thematisiert wurden. Interessant ist darüber hinaus, dass es sich vor allem um Aspekte handelt, die durch ihre Normierung im IPwirtR Eingang in den Menschenrechtsschutz gefunden haben. Das verstärkte Zugeständnis eines nationalen Beurteilungsspielraums in diesem Bereich spiegelt auch das ZP IPwirtR wider. Dies ist durchaus verständlich, da die vagen Garantien und die breiten Umsetzungsmöglichkeiten der Staaten die Feststellung einer Rechtsverletzung erschweren. Betrachtet man allerdings die Aspekte, die für das Zugeständnis eines Beurteilungsspielraums eine Rolle spielen, ist es sehr wahrscheinlich, dass der Ausschuss in Anbetracht eines Staates, in dem Korruption endemische Ausmaße angenommen hat, bei der Bewilligung zurückhaltend agiert. Ohne Ausnahmen ausschließen zu können, erscheint es höchst fraglich, ob sich ein Staat, der vom Missbrauch anvertrauter Macht geprägt ist, überzeugend zur Wahrung demokratischer Grundprinzipien sowie zu einer starken Beteiligung von Minderheiten positionieren kann. Darüber hinaus führt das Zugeständnis einer

---

747 *Robinson vs. Jamaica*, UN Doc. CCPR/C/35/D/223/1987 (1989), in diesem Fall ging es um die Verteidigung des Beschwerdeführers, deren Notwendigkeit von dem Menschenrechtsausschuss anders beurteilt wurde als von staatlicher Seite. Ähnlich hinsichtlich der Überprüfung in *Rameka vs. New Zealand*, UN Doc. CCPR/C/79/D/1090/2002 (2003). Trotz expliziter Aufforderung des Staates, seiner Beurteilung zu folgen, verwarf der Ausschuss diese und nahm eine Verletzung an, ders., S. 169 f.

748 *EB vs. New Zealand*, UN Doc. CCPR/C/89/D/1368/2005 (2007), Legg, S. 172.

749 Bspw. in *Maroufidou vs. Sweden*, UN Doc. CCPR/C/12/D/58/1979 (1981), zwar schließt sich der Ausschuss in diesem Fall der Bewertung durch den Staat an, allerdings nicht ohne davor eine genaue Überprüfung vorgenommen zu haben, ders., S. 171 f.

750 Kritisch in diesem Zusammenhang ist, wie eine einheitliche Staatenpraxis gemessen wird und ab wann eine solche eine derartige Bedeutung gewinnt, dass sie hinsichtlich der Zubilligung eines nationalen Beurteilungsspielraums ins Gewicht fällt, s. dissenting opinion des Ausschussmitglieds Ruth Wedgewood in *Yoon and Choi vs. Republic of Korea,* die sich kritisch mit der Frage auseinandersetzt, ob in dem vorliegenden Fall von einer ausreichenden Staatenpraxis ausgegangen werden kann.

margin of discretion in keinem Fall per se zu einer Abwälzung des Risikos der Nichterweislichkeit von Behauptungen auf das Individuum.[751]

Weder das einschlägige Beweismaß noch das Konzept der *margin of discretion* räumen die Ungewissheiten aus, denen sich ein Individuum ausgesetzt sieht, wenn es sich trotz einer schwachen Beweislage der korrupten Tat entscheidet, eine durch diese begründete Menschenrechtsverletzung vor dem Menschenrechtsausschuss geltend zu machen. Die herausgearbeiteten Tendenzen zeigen zwar, dass sich der Menschenrechtsausschuss der schwächeren Stellung des Beschwerdeführers gegenüber dem Staat bewusst ist und diese berücksichtigt. Letztendlich bleibt es jedoch bei Einzelfallentscheidungen, anhand derer generelle Rückschlüsse nur in sehr engen Grenzen zulässig sind.

B. Besonderheiten des ZP IPwirtR[752]

1. Ablauf

Der Ablauf der Überprüfung einer Mitteilung durch den Ausschuss für wirtschaftliche, soziale und kulturelle Rechte ist im Grunde mit dem vor dem Menschenrechtsausschuss nahezu identisch. Eine Besonderheit ergibt sich daraus, dass der Ausschuss gemäß Artikel 7 I ZP IPwirtR verpflichtet wird, den Parteien seine „Guten Dienste" zur Verfügung zu stellen, um auf eine gütliche Einigung der Sache hinzuwirken. Sofern eine solche zustande kommt, wird die Prüfung der Mitteilung gemäß Artikel 7 II ZP IPwirtR eingestellt.

2. Zulässigkeitsprüfung

Die Zulässigkeitsvoraussetzungen einer Mitteilung vor dem Ausschuss ergeben sich aus Artikel 2 ff. ZP IPwirtR. Ein relevanter Unterschied des ZP IPwirtR im Vergleich zum ZP IPbürgR liegt in der Normierung der potenziellen Beschwerdeführer einer Mitteilung gemäß Artikel 2 ZP IPwirtR.[753] Eine Verletzung kann sowohl von Einzelpersonen oder Personengruppen als auch in deren Namen geltend

---

751 Anderer Ansicht Kokott (1998), S. 221: „(...) because the margin of appreciation imposes the burden of proof upon the individual. (...) Furthermore, where no margin of appreciation exists, the state bears the burden of proof." Eine Auffassung, die sich nach Auffassung des Autors allerdings nur schwerlich durch die Praxis der Zubilligung einer *margin of appreciation* bestätigen lässt.

752 Das Zusatzprotokoll des IPwirtR trat im Mai 2013 in Kraft. Am 5.2.2013 ging die 10. Ratifikationsurkunde von Uruguay bei dem Sekretariat des Generalsekretärs der Vereinten Nationen ein. Gem. Art. 18 ZP IPwirtR tritt das Protokoll drei Monate nach Hinterlegung der 10. Ratifikations- oder Beitrittsurkunde in Kraft.

753 Nach langen Debatten iRd. vorbereitenden Arbeiten zum Erlass des ZP IPwirtR hat man sich gegen Einschränkung hinsichtlich der Justiziabilität der Rechte entschieden. Diskutiert wurde sowohl der Vorschlag, diese auf besonders schwerwiegende Verletzungen des Kerngehaltes zu reduzieren oder es den Staaten zu überlassen,

gemacht werden.[754] Diese Erweiterung des *locus standi* ermöglicht einerseits die Justiziabilität einer Verletzung des Rechts auf Selbstbestimmung. Andererseits kann der im Rahmen der Zulässigkeitsvoraussetzungen des ZP IPbürgR dargestellten Problematik der eingeschränkten Geltendmachung von Rechtsschutz durch NGOs entgegengewirkt werden.[755] Eine *actio popularis* ist vor dem Ausschuss für wirtschaftliche, soziale und kulturelle Rechte nicht denkbar.

Weitere Unterschiede im Vergleich zu dem ZP IPbürgR ergeben sich in Bezug auf einzelne Zulässigkeitsanforderungen aus Artikel 3 II a) und e) ZP IPwirtR. Artikel 3 II a) ZP IPwirtR normiert eine Frist von einem Jahr nach Erschöpfung der innerstaatlichen Rechtsbehelfe, in der das Einreichen einer Mitteilung zulässig ist. Es sei denn, der Beschwerdeführer kann nachweisen, dass die Wahrung der Frist für ihn nicht möglich war. Während das ZP IPbürgR zunächst keinerlei zeitliche Einschränkungen vorsah, wurden durch die Änderungen der Verfahrensregeln im Jahre 2010 Fristen normiert.[756] Die Normierung einer einjährigen Frist führt zweifellos zu einer Entlastung des Ausschusses. Ob dies auf einer derartigen Grundlage angemessen ist, erscheint fraglich, wenn man die fehlende Kenntnis über internationale Rechtsschutzmöglichkeiten in vielen Ländern berücksichtigt, die nur schwerlich innerhalb einer derart kurzen Zeitspanne überwunden werden kann. Je kürzer die Fristen, desto wahrscheinlicher ist eine Benachteiligung der Opfer, die nicht von Anfang an wissen, welche Möglichkeiten des Rechtsschutzes ihnen über die nationalen Verfahren hinaus zur Verfügung stehen.[757]

Artikel 3 II e) ZP IPwirtR schließt die Zulässigkeit solcher Mitteilungen aus, die offensichtlich unbegründet sind, nicht hinreichend begründet werden oder ausschließlich auf von Massenmedien verbreiteten Meldungen beruhen. Verwunderlich ist die Bezugnahme auf Mitteilungen, die ausschließlich auf von Massenmedien verbreiteten Meldungen beruhen, da solche im Grunde bereits durch die Voraussetzung einer direkten Betroffenheit ausgeschlossen werden.

---

welche Rechte sie als justiziabel anerkennen, s. Langford, in Nordic Journal of Human Rights, 27:1 (2009), S. 19, Egan, S. 408 f.

754 Das Einreichen einer Beschwerde im Namen einer Person oder einer Personengruppe setzt deren Zustimmung voraus. Ausnahmen sind dann möglich, wenn der Urheber der Mitteilung rechtfertigen kann, dass er ohne eine solche Zustimmung handelt.

755 Voraussetzung ist jedoch, dass eine direkte Betroffenheit im Sinne einer klaren Benachteiligung vorliegt. „Es sei denn, der Ausschuss ist der Auffassung, dass die Mitteilung eine ernste Frage von allgemeiner Bedeutung aufwirft.", Art. 4 ZP IPwirtR.

756 Grundsätzlich gilt eine Frist von fünf Jahren nach Erschöpfung der innerstaatlichen Rechtsbehelfe. Eine dreijährige Frist ist ausnahmsweise einschlägig, wenn der Sachverhalt bereits vor einem anderen internationalen Untersuchungs- oder Streitregelungsverfahren verhandelt wurde.

757 Vgl. Langford, in Nordic Journal of Human Rights 27 (2009), S. 23.

3. Prüfung der Begründetheit

Artikel 8 III ZP IPwirtR vermerkt explizit, dass der Ausschuss bei seiner Entscheidungsfindung einschlägige Unterlagen anderer Organe, Sonderorganisationen, Fonds, Programme und Mechanismen der Vereinten Nationen, anderer internationaler Organisationen, einschließlich regionaler Menschenrechtssysteme sowie Stellungnahmen oder Bemerkungen des betreffenden Vertragsstaates einbeziehen kann. Eine derartige Regelung fehlt in dem ZP IPbürgR als auch in den Verfahrensregeln, was durchaus eine Debatte losgelöst hat, inwiefern die Heranziehung derartiger Dokumente, insbesondere dann, wenn sie nicht von den Parteien eingebracht wurden, zulässig ist.

Neben der Tatsache, dass es positiv zu vermerken ist, dass im ZP IPwirtR auf diese Problematik eingegangen wurde, kann der Rückschluss auf derartige Dokumente für einen Beschwerdeführer, der eine durch Korruption begründete Menschenrechtsverletzung geltend macht, durchaus von Vorteil sein. In vielen Fällen geht der Ausschuss bereits in seinen Staatenberichten auf die Korruptionsproblematik ein. Zwar können diese nicht als Beweis für einen konkreten Korruptionsfall dienen, sie untermauern jedoch, dass der Staat generell mit dem Phänomen des illegalen Machtmissbrauches konfrontiert ist und geben Hinweise darauf, welche Bereiche von der Korruption besonders betroffen sind. Die Aussagen des Beschwerdeführers können dadurch verstärkt werden. Darüber hinaus können auch die Unterlagen anderer Organe der Vereinten Nationen sowie Internationaler Organisationen oder sonstiger Programme Rückschlüsse auf das Korruptionsniveau in einem Land ermöglichen. Die Bezugnahme auf Entscheidungen regionaler Spruchkörper ist insbesondere dann von Interesse, wenn diese ein stärkeres Bewusstsein für die negative Beeinträchtigung der Menschenrechte durch Korruption widerspiegeln, als dies in Urteilen internationaler Gerichte/Quasi-Gerichte der Fall ist. Insbesondere die Rechtsprechung afrikanischer Gerichte weist oft sehr einprägsam auf die fatalen Konsequenzen hin, die ein korrupter Akt für die Gewährleistung von Menschenrechten haben kann. Das ausgeprägte Bewusstsein für die Problematik, die sicherlich in deren verstärkten praktischen Relevanz in Afrika wurzelt, findet sich auch in den afrikanischen Antikorruptionsverträgen wieder. Die Bezugnahme auf regionale Entscheidungen kann darüber hinaus in der Umsetzung zu einem kohärenten Schutz der Menschenrechte auf internationaler und regionaler Ebene beitragen. In Anbetracht der Einbeziehung von Stellungnahmen des Staates ist es dem Ausschuss möglich, zu überprüfen, inwiefern diese die Bereitschaft zu einem aktiven Vorgehen gegen Korruption reflektieren. Dogmatisch interessanter ist jedoch der Unterschied in Bezug auf den Prüfungsmaßstab im ZP IPwirtR. Gemäß Artikel 8 IV ZP IPwirtR untersucht der Ausschuss bei der Prüfung einer Mitteilung:

„die Angemessenheit der von dem Vertragsstaat im Einklang mit Teil II des Paktes getroffenen Maßnahmen. Dabei berücksichtigt der Ausschuss, dass der Vertragsstaat eine Reihe möglicher politischer Maßnahmen zur Verwirklichung der im Pakt niedergelegten Rechte treffen kann."

Im Gegensatz zum Menschenrechtsausschuss, der sich bei der Prüfung einer Mitteilung vor allem am konkreten Gehalt der geltend gemachten Rechte und den ihnen immanenten Kriterien orientiert, nimmt der Ausschuss für wirtschaftliche, soziale und kulturelle Rechte durch die Festlegung bestimmter materieller Prüfungskriterien verstärkt auf die allgemeinen Regelungen des Paktes Bezug. Das der *Grootboom*-Entscheidung des südafrikanischen Verfassungsgerichtes entnommene Kriterium der „Angemessenheit" wird in Artikel 8 IV ZP IPwirtR als Prüfungsmaßstab normiert. Wie bereits unter V.D.I. dargestellt, erfordert die Berücksichtigung nationaler Gegebenheiten bei einer Beurteilung der progressiven Vertragsumsetzung einen Prüfungsmaßstab, der einerseits konkret genug ist, um einen effizienten Rechtsschutz zu wahren, und andererseits die Kontrolle mit der staatlichen Souveränität angemessen in Einklang bringt. Das Urteil eines internationalen Organs, inwiefern die vonseiten des Staates getroffenen Maßnahmen den Kriterien der Ausschöpfung aller Optionen zur bestmöglichen Verwirklichung der Garantien gerecht werden, kann leicht als unangemessene Einmischung in nationale Angelegenheiten deklariert werden. Um dem entgegenzuwirken und die Kooperation der Staaten nicht bereits von Beginn an zu gefährden, einigte man sich auf den Prüfungsmaßstab der Angemessenheit.[758] Was dies konkret für Fallkonstellationen einer Menschenrechtsverletzung durch Korruption bedeutet, wurde in Kapitel V.D.II. analysiert.

Die restriktive Auslegung des nationalen Beurteilungsspielraums im Rahmen des IPbürgR steht im Kontrast zu dessen weitreichender Zubilligung in Verfahren vor dem Ausschuss für wirtschaftliche, soziale und kulturelle Rechte.[759] Zwar gilt auch im Rahmen des ZP IPwirtR, dass die Anerkennung einer *margin of discretion* nicht per se dazu führt, dass dem Beschwerdeführer die materielle Beweislast auferlegt wird. Die unzureichende Konkretisierung des Rechtsgehaltes der einzelnen Garantien, das Abstellen auf Minimalstandards hinsichtlich des Schutzniveaus, die progressive Realisierungspflicht sowie der breite Ermessensspielraum der Staaten

758 Porter, in Nordic Journal of Human Rights 27 (2009), S. 53 ist der Auffassung, dass die Bewertung der „Angemessenheit" im Einzelfall ohne die Einbeziehung von Expertenwissen und die Bewertung der Fakten vor Ort nur schwerlich möglich ist. Derartige fact-finding/fact-gathering-Kompetenzen des Ausschusses finden sich jedoch weder im ZP noch in den Verfahrensregeln. Es ist daher davon auszugehen, dass der Ausschuss eine Überprüfung einer Mitteilung in ähnlicher Weise wie der Menschenrechtsausschuss vornehmen wird.

759 Die Unterschiede sind auf die Verpflichtungen zur Umsetzung der Rechte in den beiden Pakten zurückzuführen.

weisen jedoch deutlich auf die Hürden einer erfolgreichen Geltendmachung einer Rechtsverletzung hin. Diese stehen in einem engen Zusammenhang mit den Schwierigkeiten, denen sich der Ausschuss ausgesetzt sieht, wenn er beurteilen soll, ob die vonseiten der Staaten getätigten Maßnahmen die beste Nutzung der vorhandenen Ressourcen darstellt.[760]

760 „Canada, France, Germany and Senegal drew attention to the difficulties the Committee would face in determining whether measures corresponded to the best use of available resources and questioned whether the Committee would be in a position to assess all the elements influencing the policy choices of Governments.", UN Doc. E/CN.4/2006/47, § 91. Nigeria wies in diesem Zusammenhang explizit auf die zusätzlichen, durch Korruption hervorgerufenen Erschwernisse bei der Festlegung objektiver Prüfungskriterien hin, ders., § 93 „Nigeria noted that the issue of corruption added to the difficulty of developing such criteria."

Schluss

„The task of combating corruption is a daunting one, with no simple answers. It is a never-ending evolution."[761]

Das Wort „daunting" kann im Deutschen mit hoffnungslos und entmutigend übersetzt werden. Der Begriff steht aber auch für Respekt einflößend. Respekt einflößend ist ein Adjektiv, das es vermag, eine Problematik zu umschreiben, ohne deren Dimension zu verkennen oder herunterzuspielen, jedoch bei Weitem nicht so abschreckend wirkt wie die Begriffe hoffnungslos und entmutigend. „Daunting" sollte im Zitat aus diesem Grund als Respekt einflößend verstanden werden und für die Herausforderungen stehen, die im Kampf gegen Korruption zu meistern sind. Nicht nur die Akteure, die an der Effizienzsteigerung der Antikorruptionsmaßnahmen arbeiten, sind aktiv. Auch korrupte Täter arbeiten an ihren Strategien, indem sie noch bestehende Graubereiche nutzen, um auf legale Weise korrupt zu agieren und Aufdeckungs- und Überwachungstechniken analysieren, um diese umgehen zu können.

Trotz allen Respekts, den die Aufgabe der Korruptionseindämmung einflößt, sollte nicht hoffnungslos davor haltgemacht werden. Das Wissen um die Konsequenzen korrupter Akte auf allen staatlichen und gesellschaftlichen Ebenen ist Anreiz genug, über neue, holistischere, effektivere und langfristig tragfähigere Antikorruptionsansätze nachzudenken. Welchen Mehrwert eine verstärkt menschenrechtliche Perspektive auf korruptes Handeln für die Korruptionsbekämpfung haben kann, ist die zentrale Fragestellung der vorliegenden Dissertation. Chancen und Grenzen dieses Ansatzes wurden analysiert, um einen Beitrag auf theoretischer Ebene zu leisten, der auch für die Praxis Relevanz aufweist.

Die wesentlichen Erkenntnisse werden im Folgenden in einem Fazit zusammengefasst (A.). In einem Ausblick wird das Potenzial einer menschenrechtlichen Korruptionsperspektive hinsichtlich der Möglichkeiten der zukünftigen Nutzbarmachung erörtert (B.).

A. Fazit

Kann die Verwirklichung eines korrupten Aktes eine Menschenrechtsverletzung begründen?

Ja, lautet die Antwort auf die zentrale Frage der vorliegenden Dissertation. Der Vergleich zwischen faktischer Beeinträchtigung der Rechtsgarantien (Kapitel III) und deren Verletzung (Kapitel V) verdeutlicht jedoch auch, dass ein ungerechtfertigter Eingriff in Menschenrechte durch Korruption in einer Vielzahl der Konstellationen abzulehnen ist. Der fehlende unmittelbare Zusammenhang zwischen dem korrupten Akt und der Menschenrechtsverletzung, Einschränkungen durch

761 Snider/Kidane, in Cornell Int'l L.J. 40 (2007), S. 696.

den Schutzzweck der Garantien sowie Beeinträchtigungen in Bereichen, die durch die verbindlichen Menschenrechte nicht geregelt sind, waren die aus der Arbeit ersichtlichen primären Gründe, die gegen die Annahme einer Menschenrechtsverletzung durch Korruption sprechen.

Die Problematik des fehlenden unmittelbaren Zusammenhangs zwischen der Korruption und der Menschenrechtsverletzung lässt sich anhand des Ansatzes verdeutlichen, den der ICHRP wählte, um die Verbindung zwischen Korruption und den Menschenrechten zu veranschaulichen.[762] In Anbetracht einer Verletzung der Menschenrechte durch einen korrupten Akt wird zwischen einer direkten, einer indirekten und einer entfernten Verletzung differenziert.[763] Trotz der Tatsache, dass eine derartige Unterscheidung nach juristischem Verständnis nicht tragbar ist, da eine Verletzung materiell-rechtlich entweder vorliegt oder nicht, bietet die Differenzierung eine Erklärung für die verschiedenen Dimensionen der Beeinflussung der Menschenrechte durch Korruption, auf die im Folgenden zurückgegriffen wird.

Die Kategorie einer direkten Verletzung spiegelt wider, was auch aus rechtlicher Sicht als ein ungerechtfertigter Eingriff in ein Menschenrecht durch Korruption bezeichnet wird. Die wohl einprägsamsten Beispiele einer Rechtsverletzung durch das Delikt der Bestechung sind die Konstellationen, in denen Bürgern der unentgeltliche Zugang zu Gütern oder Leistungen verwehrt wird, weil Amtsträger die Gewährung eines ungerechtfertigten Vorteils zur Zugangsvoraussetzung machen. Während die Garantie zum Schutz eines angemessenen Lebensstandards sowie das Recht auf ein Höchstmaß an Gesundheit von den wirtschaftlichen, sozialen und kulturellen Rechten am stärksten von der Bestechung betroffen sind, wird die Gewährleistung des Rechts auf ein faires Verfahren von den bürgerlichen und politischen Rechten durch Bestechung am meisten in Mitleidenschaft gezogen. Eine Verletzung der Menschenrechte durch die Veruntreuung/Unterschlagung beruht nach den Erkenntnissen des V. Kapitels vor allem auf dem Verlust von Materialien sowie auf der unrechtmäßigen Weitergabe von Informationen. Eine Rechtsverletzung durch Verluste pekuniärer Art war, abgesehen von zwei Ausnahmekonstellationen, abzulehnen. Der Unterschied zwischen einer „direkten“ und einer „indirekten“ Verletzung wurde in Bezug auf die Beeinträchtigung der Funktionsfähigkeit und der Qualität öffentlicher Einrichtungen durch die Veruntreuung/Unterschlagung besonders deutlich. Während die unrechtmäßige Verwendung von Materialien vermehrt als ungerechtfertigter Eingriff in geschützte Garantien qualifiziert wurde, stellt die Veruntreuung/Unterschlagung anvertrauter Gelder in der Regel lediglich einen Zwischenschritt dar, der im weiteren Verlauf zu einer Menschenrechtsverletzung führen kann. Der korrupte Akt ist im Fall einer indirekten Verletzung ein essenzieller Faktor in der Handlungskette, die letztlich häufig in einem ungerechtfertigten

762 Der International Council on Human Rights Policy war eine der ersten NGOs, die sich mit der Frage einer Menschenrechtsverletzung durch Korruption ausführlicher auseinandersetzte. Die NGO existiert inzwischen jedoch nicht mehr.

763 ICHRP (2009), S. 24 ff.

Menschenrechtseingriff mündet, er stellt jedoch nicht selbst den maßgeblichen Akt der Verletzung dar.[764] Ein konkretes Beispiel einer „indirekten" Verletzung ist das Umgehen von Kontrollen, die für die Gewährung des menschenrechtlichen Schutzes unabdingbar sind. Der ungerechtfertigte Eingriff in die Menschenrechte ist an dem Unterlassen einer Kontrolle oder dem Durchführen einer mangelhaften Inspektion festzumachen. Korruption kann ein derartiges Verhalten auslösen. Dies ist jedoch nicht zwingend der Fall. Es bedarf weiterer Zwischenschritte, damit ein Eingriff bejaht werden kann. Ein unmittelbarer Zusammenhang zwischen der Bestechung eines Inspekteurs und der Menschenrechtsverletzung liegt nicht vor. Eine weitere Konstellation einer „indirekten Verletzung" ist das massive Einschüchtern von Whistleblowern, damit diese zukünftige Veröffentlichungen korrupter Machenschaften unterlassen. Ein Eingriff in Art. 19 I IPbürgR erfolgt durch staatliche Restriktionen gegenüber dem Whistleblower in seinem Recht auf Meinungsfreiheit. Die Aufdeckung der Korruption ist lediglich der Auslöser für ein derartiges Vorgehen.

Der fehlende unmittelbare Kausalzusammenhang unter Berücksichtigung des Schutzzweckes der Norm ist am häufigsten ausschlaggebend dafür, dass eine Menschenrechtsverletzung durch Korruption abzulehnen ist. Der aktuellen Debatte um die negativen Auswirkungen der Korruption auf die Menschenrechte wird häufig ein Kausalitätsverständnis zugrunde gelegt, das von einer sehr weiten, generellen Kausalität, bezogen auf die Gesamtauswirkungen, ausgeht. Die Verletzung eines Menschenrechts durch Korruption auf materiell-rechtlicher Ebene liegt jedoch nach der hier vertretenen Auffassung nur vor, wenn ein unmittelbar kausaler Zusammenhang zwischen dem korrupten Einzelakt und der Betroffenheit gegeben ist. Ausgehend von den Gesamtauswirkungen von Korruption auf die Gesellschaft, eine Menschenrechtsverletzung durch Korruption anzunehmen, ist zumindest aus einer juristischen Perspektive nicht haltbar. Ungenauigkeiten in dieser Hinsicht rühren einerseits von dem unterschiedlichen Verständnis der Disziplinen, die sich in die Debatte einbringen, andererseits jedoch auch aus einem Unwissen, das sich insbesondere auf Art. 2 I IPwirtR bezieht. Häufig wird auf einen Verstoß des korrupten Staates gegen die in Art. 2 I IPwirtR normierte Pflicht, „unter Ausschöpfung aller Möglichkeiten Maßnahmen zu treffen (...)", verwiesen, um Argumente für eine generelle Menschenrechtsverletzung durch Korruption einzubringen. Art. 2 I IPwirtR normiert jedoch keine selbstständige Pflicht, die als solche verletzt werden kann, sondern ist eine Generalklausel, die des Zusammenspiels mit den konkreten Rechtsgarantien bedarf, um Wirkung zu entfalten. Zwar ist der Staat generell verpflichtet, allen Faktoren entgegenzuwirken, die zu einer Einschränkung des Rechtsschutzes führen könnten,[765] worunter Korruption sicherlich subsumierbar

764 Die Notwendigkeit eines hinreichend engen Zusammenhangs zwischen dem Akt öffentlicher Gewalt und der Betroffenheit des Beschwerdeführers wurde in Kapitel V.B.1. crläutert.

765 Ssenjonyo, S. 63.

ist.[766] Eine Verletzung der aus Art. 2 I IPwirtR ableitbaren Pflicht kann jedoch nur aus deren Verknüpfung mit einem ungerechtfertigten Eingriff in den Schutzgehalt einer normierten Garantie resultieren. Die Menschenrechte gewähren keinen Schutz vor korruptem Handeln durch den Staat per se. Staatlich korruptes Agieren begründet an sich daher noch nicht zwingend eine Menschenrechtsverletzung.

Die fehlende Kausalität ist letztlich auch der Grund, warum der korrupte Akt in denen vom ICHRP als „entfernte Verletzung" bezeichneten Fällen keine Menschenrechtsverletzung begründet. Wenn Korruption zwar eine Rolle dafür spielt, dass der Staat seine menschenrechtlichen Verpflichtungen verletzt, letztendlich jedoch eine Vielzahl weiterer Geschehnisse dem ungerechtfertigten Eingriff zwischengeschaltet sind, liegt nach dem Verständnis des ICHRP eine entfernte Menschenrechtsverletzung vor. Als Beispiel wird die Situation einer korrupten Wahlmanipulation angeführt, die Auslöser für Proteste ist, die vom Staat entgegen des Rechts auf freie Meinungsäußerung und des Rechts auf das Abhalten friedlicher Versammlungen mit Gewalt unterdrückt werden. Unabhängig davon, dass die Ausführungen in Kapitel V gezeigt haben, dass auch eine „direkte Verletzung" des Rechts auf „echte, wiederkehrende, allgemeine, gleiche und geheime Wahlen, bei denen die freie Äußerung des Wählerwillens gewährleistet ist" durch Korruption möglich ist, wurden derart weite Folgen korrupter Akte auf die Menschenrechte von der Dissertation nicht behandelt, da eine Verletzung durch Korruption in diesen Fällen nach einem juristischen Verständnis offensichtlich nicht vorliegt.

Die Grenzen des Schutzgehaltes der verbindlich normierten Menschenrechte waren ein weiterer Grund dafür, dass eine Verletzung der Menschenrechte durch Korruption verneint wurde. So fällt beispielsweise die Veruntreuung/Unterschlagung der Wertgegenstände von Gefangenen nicht unter den Menschenrechtsschutz, da weder Artikel 10 IPbürgR das Eigentum der Inhaftierten schützt, noch sonst eine generelle Norm zum Schutz des Eigentums in den Menschenrechtspakten existiert. Ein anderes Beispiel ist die korrupte Manipulation polizeilicher Ermittlungsarbeiten. Obwohl das Sichern von Beweisen sowie die rechtmäßige Aufklärung des Sachverhalts durch die Polizei für das Zustandekommen eines fairen Urteils maßgeblich sind, beschränkt sich der Schutz des Artikels 14 IPbürgR auf das gerichtliche Verfahren selbst. Die polizeiliche Ermittlungsarbeit ist diesem vorgeschaltet und daher vom Schutzgehalt der Garantie nicht umfasst.

Ein dritter, hinsichtlich der Annahme einer Menschenrechtsverletzung durch Korruption einschränkender Aspekt sind Restriktionen, die an den Tatbestandsmerkmalen der Korruptionsdelikte festzumachen sind. Obwohl die Arbeit nicht darauf ausgerichtet war, die Definition einzelner Korruptionsdelikte zu hinterfragen, zeigt sich anhand der Ausführungen in Kapitel III, dass manche Konstellationen des Machtmissbrauchs zum eigenen Vorteil nach dem Verständnis der UNCAC nicht als korrupt gelten. Fraglich ist, inwiefern die Erkenntnis über die fehlende

766 Vgl. Abschließende Bemerkungen: Nigeria, UN Doc. E/1999/22, Abs. 97,119; Mexiko, UN Doc. E/2002/22, Abs. 381, 394; Tanzi/ Davoodi, s. Ssenyonjo, S. 63, Fn. 88.

Anwendbarkeit eines Korruptionstatbestandes in bestimmten Fällen Aufschlüsse darüber zulässt, welche Tatbestandsmerkmale eventuell zu eng formuliert sein könnten. Eine ausweitende Modifizierung der Tatbestände müsste strafrechtlich gerechtfertigt und angemessen sein. Der Amtsträgerbegriff, das Erfordernis des Anvertrautseins im Rahmen der Veruntreuung/Unterschlagung sowie Einschränkungen hinsichtlich der Bestechung im privaten Sektor sind Aspekte, die in dieser Hinsicht einer genaueren Betrachtung bedürfen.

Der Amtsträgerbegriff der UNCAC ist zwar bereits sehr umfassend, Personen, die auf ein politisches Amt kandidieren, fallen jedoch nicht darunter. Der einzige Grund, der eine Subsumtion von „Amtsträger-Kandidaten“ unter den Amtsträgerbegriff rechtfertigen könnte, ist die bereits zum Teil sehr enge Verwicklung dieser in hoheitliche Abläufe im Vorfeld zur tatsächlichen Wahl oder zum Bewerbungsverfahren, die ein missbräuchliches Verhalten auf Kosten des Staates ermöglicht. Ein Beispiel ist die Veruntreuung/Unterschlagung staatlicher Mittel im Wahlkampf, auf die Kandidaten beispielsweise aufgrund ihrer Parteizugehörigkeit Zugriff haben können. Gegen eine Ausdehnung des Amtsträgerbegriffes auf Kandidaten für hoheitliche Ämter spricht jedoch der Grundgedanke, auf dem die Sanktionierung korrupten Handelns auf öffentlicher Ebene beruht. Korruption auf hoheitlicher Ebene widerspricht dem Ideal staatlichen Handelns, das ausschließlich auf das Allgemeinwohl der Gesellschaft ausgerichtet sein sollte. Die Stärkung des Allgemeinwohls als leitendes Handlungsmotiv ist jedoch nur in Bezug auf solche Akte gerechtfertigt, die auch tatsächlich von staatlicher Seite ausgeführt werden. Eigennütziges Handeln von Privatpersonen kann moralisch verwerflich sein, es ist jedoch strafrechtlich zunächst nicht zu beanstanden. Eine Begrenzung des Amtsträgerbegriffes auf die Personen, die im Rahmen der ihnen von staatlicher Seite anvertrauten Macht verpflichtet sind, diese im Sinne des Allgemeinwohls auszuüben, ist daher gerechtfertigt. Ein Bürger, der für ein hoheitliches Amt kandidiert, handelt bis zu dem Moment, in dem er gewählt wird, als Privater. Die unrechtmäßige Zweckentfremdung öffentlicher Mittel zu Zwecken der Wahlmanipulation stellt eine rechtswidrige Aneignung, nicht jedoch einen Missbrauch anvertrauter Macht dar. Eine Ausdehnung des Amtsträgerbegriffes auf Amtsträgerkandidaten ist abzulehnen.

Fraglich ist, ob das Tatbestandsmerkmal des Anvertrautseins der Veruntreuung/Unterschlagung notwendig ist oder ob es für das Aufrechterhalten der Trennung zwischen privater und öffentlicher Sphäre nicht reicht, dass nur ein Amtsträger das Delikt verwirklichen kann. Das Merkmal des Anvertrautseins setzt kein besonderes Treueverhältnis voraus, sondern stellt darauf ab, dass der Wertgegenstand dem Amtsträger in dem Vertrauen überlassen wurde, er werde die Herrschaft nur im Sinne des Überlassenden ausüben.[767] Würde man auf das Kriterium des Anvertrautseins verzichten, wäre eine Strafbarkeit bei jeglicher unrechtmäßigen Verwendung eines Wertgegenstandes gegeben. Da der Überlassende im Fall der Veruntreuung/Unterschlagung sowohl ein Privater als auch eine hoheitlich handelnde Person sein kann,

767 Lackner/Kühl, § 246 StGB Rn. 13.

basiert die Kriminalisierung der Handlung nicht darauf, dass staatliches Handeln entgegen den Interessen der Allgemeinheit ausgeübt wird. Welches Schutzgut die Veruntreuung/Unterschlagung letztlich sichert, wird auf internationaler Ebene uneinheitlich beurteilt. Zum Teil ist das Delikt der Veruntreuung/Unterschlagung in der Kategorie der Eigentumsdelikte normiert, andere Staaten stellen auf eine Verletzung der Integrität der staatlichen Verwaltung ab. Folgt man der ersten Auffassung und ordnet die Veruntreuung/Unterschlagung als ein Eigentumsdelikt ein, kann auf das Kriterium des Anvertrautseins verzichtet werden. Vielmehr tritt unter diesen Umständen das Erfordernis eines Schadens in den Vordergrund, auf das in der UNCAC verzichtet wird. Auch aus dem Rückgriff auf die deskriptive Korruptionsdefinition kann nicht gefolgert werden, dass ein Anvertrautsein des Wertgegenstandes zwingend erforderlich ist. Zwar findet sich das Kriterium des Anvertrautseins in dieser wieder, allerdings im Zusammenhang mit der anvertrauten Macht. Deren Missbrauch in Bezug auf die unrechtmäßige Verwendung eines Wertgegenstandes ist unabhängig davon möglich, ob das Tatobjekt dem Amtsträger aufgrund seiner Stellung anvertraut wurde oder er auf andere Weise in dessen Besitz gekommen ist. Das Vorliegen einer Veruntreuung/Unterschlagung ist daher grundsätzlich auch in solchen Konstellationen vertretbar, in denen es an einem Anvertrautsein fehlt. Zwingend erforderlich ist jedoch die Anknüpfung an das hoheitliche Tätigwerden, da es ansonsten an dem Missbrauch öffentlicher Gewalt fehlt, der durch die Veruntreuung/Unterschlagung sanktioniert werden soll.[768] Dies ist allerdings bereits dadurch gewährleistet, dass nur ein Amtsträger die Veruntreuung/Unterschlagung verwirklichen kann.

Die letzte auf den Tatbestandsmerkmalen der Korruptionsdelikte basierende Beschränkung liegt in der sehr eng gefassten Kriminalisierung der Bestechung im privaten Sektor. Die Bestechung ist gemäß Artikel 21 UNCAC nur strafbar, wenn die in die Deliktsverwirklichung involvierte private Person ein Unternehmen leitet oder für ein solches tätig wird und sich die Bestechung im Rahmen wirtschaftlicher, finanzieller oder gesellschaftlicher Tätigkeiten realisiert. Eine Erklärung für die Zurückhaltung bei der Sanktionierung der Bestechung im privaten Sektor ist das traditionelle Korruptionsverständnis, das Korruption am Missbrauch anvertrauter Macht auf öffentlicher Ebene festmacht.[769] Die Verwirklichung der Bestechung zwischen Privaten ist nach dieser Auffassung kein tatsächlich korrupter Akt. Der

768 Fraglich ist auch, wie weit ein Anvertrautsein zu verstehen ist. Liegt ein solches beispielsweise vor, wenn ein Bürger seine Post aufgibt, weil er konkludent mit der Post vereinbart, dass eine unrechtmäßige Einsicht unterbleibt oder müsste der Tatbestand der Veruntreuung/Unterschlagung verneint werden, wenn ein Postbeamte unbefugt Briefe öffnet, um darin enthaltene Informationen gegen einen Vorteil an Dritte weiterzugeben?

769 So bspw. Johnston: „(...) we gain nothing by stretching our notions of corruption to include all forms of high-profile wrongdoing. We already have many concepts such as fraud, theft, and failure to perform fiduciary duties, that are readily applicable to the private sector.“ S. 13; Jain, in Journ. Of Econ. Surveys 15, Nr.1 (2001), S. 73.

Wandel hin zur Einsicht, dass ein derart restriktives Korruptionsverständnis mit der Realität nicht mehr in Einklang steht, vollzieht sich nur sehr langsam. Viele Staaten behandeln die Bestechung auf privater Ebene bis heute als Unternehmensdelikt oder wickeln diese über zivilrechtliche Regeln ab.[770] Der fehlende Konsens auf internationaler Ebene hat dazu geführt, dass die Staaten sich nach Artikel 21 UNCAC lediglich verpflichtet haben, eine Kriminalisierung in Erwägung zu ziehen. In Anbetracht der zunehmenden Privatisierung öffentlicher Aufgabenbereiche, immer stärker ineinander übergehenden Grenzen zwischen privaten und hoheitlichen Funktionen sowie der Zunahme wirtschaftlicher Interaktionen auf internationaler Ebene ist ein Festhalten an der traditionellen Korruptionsdefinition im Grunde nicht mehr tragbar. Das traditionelle geprägte Korruptionsverständnis kann eine Erklärung für die Zurückhaltung bieten, es rechtfertigt diese jedoch nicht. Die Konstellationen in Kapitel III, in denen das enge Korruptionsverständnis offenkundig wurde, bezogen sich allerdings nicht ausschließlich auf korrupte Handlungen, die nur zwischen Privaten abläuft, sondern auch auf die aktive Bestechung gegenüber einer Privatperson, die durch einen Amtsträger realisiert wird. Fraglich ist, wie letzterer Fall zu beurteilen ist, in dem ein Amtsträger einen Vorteil gewährt, damit eine Privatperson eine bestimmte Handlung vornimmt oder unterlässt. Die Überschrift „Bestechung im privaten Sektor" über Artikel 21 UNCAC lässt vermuten, dass sich die Vorschrift auf die Form der Deliktsverwirklichung bezieht, die ohne eine Involvierung hoheitlich handelnder Personen abläuft, auch wenn der Wortlaut dies nicht zwingend vorgibt. Artikel 15 UNCAC wiederum, der die Bestechung inländischer Amtsträger regelt, setzt für die Verwirklichung der aktiven Bestechung voraus, dass der ungerechtfertigte Vorteil an einen Amtsträger versprochen/angeboten oder gewährt wird. Die aktive Bestechung durch einen Amtsträger gegenüber einer Privatperson ist folglich in der UNCAC nicht geregelt. Auch an dieser Stelle kann der Rückgriff auf die deskriptive Korruptionsdefinition dazu dienen, die Frage zu klären, ob eine Regelung dieser Konstellation überhaupt sinnvoll erscheint. Ziel der Gewährung eines Vorteils ist die Vornahme oder das Unterlassen einer Handlung, die mit der anvertrauten Macht oder den übertragenen Kompetenzen der jeweiligen Person in einem Widerspruch steht. Die Person, die eine manipulierte Handlung vornehmen beziehungsweise diese unterlassen soll, ist der Bürger. Zwar wurde diesem keine Macht anvertraut, wie es bei einem Amtsträger der Fall ist, eine Überschreitung von Kompetenz aufgrund des gewährten Vorteils ist jedoch durchaus denkbar. Es stellt sich die Frage, warum es einen Unterschied machen sollte, ob ein Amtsträger oder eine Privatperson einen Unternehmer besticht und dieser aufgrund des gewährten Vorteils beispielsweise fälschliche Angaben auf Beipackzetteln von Medikamenten

770 Das Spanische StGB verzichtet auf eine Bezugnahme auf Korruption im privaten Bereich, normiert aber Unternehmensdelikte (Titel XIII, Chapter XIII). In Frankreich findet sich das Verbot der Bestechung auf privater Ebene in den Gesetzen des Arbeitsrechts, Art. L.152–6, vgl. Heine, S. 611 f.; Argandona, zitiert aus Terracino, S. 21.

abdruckt, die es ermöglichen, diese teurer/billiger zu verkaufen. Interessanterweise ist die aktive Bestechung nicht in allen Antikorruptionskonventionen auf das Anbieten oder Gewähren eines Vorteils gegenüber einem Amtsträger beschränkt. Das Zivilrechtsübereinkommen des Europarates definiert „Korruption“ als

> „das unmittelbare oder mittelbare Fordern, Anbieten, Gewähren, Annehmen oder Inaussichtstellen von Bestechungsgeldern oder eines anderen ungerechtfertigten Vorteils, das die Erfüllung der dem Begünstigenden obliegenden Pflichten beeinträchtigt oder dazu führt, dass er sich nicht wie geboten verhält.“[771]

Trotz der Ungenauigkeit des Vertragstextes, der es nicht vermag zwischen „Korruption“ und „Bestechung“ zu differenzieren, zeigt der Wortlaut sehr deutlich, dass die aktive Bestechung einer Privatperson denkbar ist, sofern diese an gewisse Pflichten gebunden ist, die im Fall der Vorteilsgewährung beeinträchtigt oder missachtet werden. Die Verwirklichung der aktiven Bestechung ist folglich auch dann denkbar, wenn ein Amtsträger einer Privatperson einen Vorteil dafür gewährt, dass diese eine Handlung vornimmt oder unterlässt, die mit ihren Pflichten/anvertrauten Kompetenzen in Widerspruch steht. Das Gleiche gilt für den Akt der passiven Bestechung. Eine fehlende Kriminalisierung dieser Konstellationen erscheint fraglich, insbesondere wenn man bedenkt, dass die Folgen von Korruption heutzutage nicht mehr davon abhängen, ob das Bestechungsdelikt auf privater oder hoheitlicher Ebene verwirklicht wurde.

Die Ausgestaltung der Tatbestandsmerkmale ist eng mit dem entsprechenden Korruptionsverständnis verknüpft und lässt sich im Zusammenhang mit diesem nachvollziehen. Während die Einschränkung des Amtsträgerbegriffs, die solche Personen nicht umfasst, die für ein öffentliches Amt kandidieren, durchaus gerechtfertigt ist, sprechen gute Gründe dafür, die Kriminalisierung der Bestechung auszudehnen. Fälle, in denen der Amtsträger Vorteile an Private verspricht/anbietet/gewährt beziehungsweise in denen Private Vorteile von einem Amtsträger fordern/annehmen, um Handlungen vorzunehmen oder zu unterlassen, die mit den übertragenen Kompetenzen in einem Widerspruch stehen beziehungsweise diese beeinträchtigen, sollten von dem Bestechungstatbestand umfasst sein. In Anbetracht des Merkmals des Anvertrautseins ist vertretbar, auf dieses zu verzichten. Die Notwendigkeit einer Modifikation erscheint jedoch bei Weitem nicht so dringlich wie in Bezug auf die Kriminalisierung der Bestechungsdelikte.

Neben der Analyse einer Menschenrechtsverletzung durch die Delikte der Bestechung sowie der Veruntreuung/Unterschlagung untersucht die vorliegende Dissertation auch, welche Bedeutung die weiteren in der UNCAC normierten Delikte für die Frage einer Menschenrechtsverletzung durch Korruption haben. Im Gegensatz zur Bestechung und Veruntreuung/Unterschlagung, bei denen an eine Ausdehnung der Tatbestandsmerkmale zu denken ist, weisen die Delikte der illegalen

771 Art. 2 Zivilrechtsübereinkommen gegen Korruption, BGBl. III Nr. 155/2006 (Änderungen BGBl. I Nr. 2/2008).

Bereicherung und der missbräuchlichen Einflussnahme keine oder lediglich eine marginale Bedeutung für die Fragestellung einer Menschenrechtsverletzung durch Korruption auf. Eine Ausnahme im Rahmen der in der vorliegenden Arbeit nicht näher analysierten Delikte ist der Tatbestand der missbräuchlichen Wahrnehmung von Aufgaben, der nicht nur in seiner Funktion als Auffangtatbestand einen ungerechtfertigten Eingriff in Menschenrechte darstellen kann. Die in Kapitel V.E. ausführlich erörterten Ergebnisse werden im Folgenden nur kurz erläutert.

Die illegale oder unerlaubte Bereicherung setzt gemäß Artikel 20 UNCAC eine erhebliche Zunahme des Vermögens eines Amtsträgers voraus, die er im Verhältnis zu seinen rechtmäßigen Einkünften nicht erklären kann. Die menschenrechtlich relevanten Folgen der illegalen Bereicherung sind wie bei der Veruntreuung/Unterschlagung der Verlust öffentlicher Ressourcen. Da dieser, wie nun mehrfach angesprochen, nur dann eine Menschenrechtsverletzung begründen kann, wenn es sich um den Verlust von Materialien handelt, es jedoch um einen solchen bei der illegalen Bereicherung gerade nicht geht, scheidet ein ungerechtfertigter Eingriff in Menschenrechte durch die illegale Bereicherung bereits auf theoretischer Ebene aus.

Eine Verletzung von Menschenrechten durch die missbräuchliche Einflussnahme ist denkbar, wenn der Bürger nicht in die Deliktsverwirklichung involviert ist und es zu einem Verstoß gegen das Diskriminierungsverbot kommt. Auf prozessualer Ebene erschwert die fehlende Beteiligung die Geltendmachung einer subjektiven Rechtsverletzung jedoch, insbesondere im Fall der Diskriminierung. Für den Betroffenen ist es oft nicht ersichtlich, worauf die Besserstellung einer anderen Partei beruht, wenn er diese überhaupt als ungerechtfertigt wahrnimmt.

Mehr Bedeutung für die Fragestellung einer Menschenrechtsverletzung durch Korruption kommt der missbräuchlichen Wahrnehmung von Aufgaben zu. Die Deliktsstruktur erfordert weder einen Akt der Vorteilsgewährung wie die Bestechung noch ein Anvertrautsein des unrechtmäßig verwendeten Wertgegenstands wie die Veruntreuung/Unterschlagung. Viele Konstellationen, in denen eine Menschenrechtsverletzung durch Bestechung oder durch die Veruntreuung/Unterschlagung abzulehnen ist, können unter den Tatbestand der missbräuchlichen Wahrnehmung von Aufgaben subsumiert werden. Darüber hinaus kann das Delikt auch über die Funktion als Auffangtatbestand eine Menschenrechtsverletzung begründen, wenn der Gesetzesverstoß nicht mit den Schutzvorschriften der jeweiligen Garantie in Einklang steht.

B. Ausblick

Die Zusammenfassung der Ergebnisse zeigt, dass eine Menschenrechtsverletzung nicht einfach angenommen werden kann, wenn ein korruptes Delikt verwirklicht wird, selbst dann nicht, wenn eine Beeinträchtigung des Schutzgehalts der Rechte vorliegt. Je nach Delikt, dem betroffenen Recht und den damit korrespondierenden Pflichten, die Staaten durch die Unterzeichnung der Menschenrechtsverträge eingegangen sind, muss das Vorliegen eines ungerechtfertigten Eingriffs im konkreten

Einzelfall geprüft werden. Die Schnittmenge zwischen den Bereichen der Korruption und der Menschenrechte in Anbetracht einer Menschenrechtsverletzung durch die Verwirklichung eines korrupten Aktes ist letztlich nicht allzu groß.

Fraglich ist, ob Akzeptanz und Nutzen eines verstärkt menschenrechtlich geprägten Antikorruptionsansatzes von einer Vergrößerung der Schnittmenge profitieren würden. Während die Überlegungen zu einer ausweitenden Modifikation der Korruptionsdelikte, abgesehen von einer umfassenderen Kriminalisierung der Bestechung auf privater Ebene, in dieser Hinsicht nicht zielführend erscheinen, steht die Frage über den Mehrwert einer Ausdehnung des Menschenrechtsschutzes bisher ungeklärt im Raum. Ein derartiges Recht würde den Staat verpflichten, alle korrupten Handlungen unabhängig von deren Auswirkungen zu unterlassen. Eine Prüfung des Kausalzusammenhangs wäre hinfällig, da jeder korrupte Akt eine „direkte" Verletzung von Menschenrechten begründen würde. Genauso müsste nicht mehr darüber nachgedacht werden, welche weiteren Garantien durch die Korruption beeinträchtigt sein könnten, da die Verletzung des Menschenrechts gegen Korruption gegenüber anderen Rechten aufgrund der spezielleren Regelung des Sachverhaltes immer vorrangig wäre, *lex specialis derogat legi generali.*

Unabhängig von der Frage, ob es realistisch erscheint, dass Staaten eine derartige Forderung akzeptieren, ist zu bedenken, dass die Deklaration neuer Menschenrechte den Menschenrechtsschutz nicht zwingend verbessert, sondern im Gegenteil in einer geschwächten Akzeptanz der Menschenrechte resultieren kann.[772] Die Normierung neuer Menschenrechte sollte daher zunächst kritisch hinterfragt und auf ihren Mehrwert hin geprüft werden. Ob ein solcher vorliegt, kann stark von der Perspektive abhängen, aus der dieser beurteilt wird. Die Frage des Nutzens einer generellen Charakterisierung korrupter Handlungen als Menschenrechtsverletzung stellt sich insbesondere aus zwei Blickrichtungen. Einerseits geht es um eine Beurteilung der Vorzüge für den Kampf gegen die Korruption. Andererseits verlangt der menschenrechtliche Fokus eine Würdigung, inwiefern die Normierung eines neuen Menschenrechts zur Verbesserung des Rechtsschutzes der Betroffenen beitragen könnte. Um eine Antwort auf diese Aspekte zu finden, erscheint es angemessen, zunächst den Mehrwert eines menschenrechtlichen Ansatzes zu beleuchten. Denn nur wenn dieser für sich zielführend erscheint, lohnt es sich, über den Nutzen einer Ausweitung des Menschenrechtsschutzes durch die Normierung eines neuen Menschenrechts nachzudenken. Im Folgenden wird daher zunächst das Potenzial der bereits normierten Menschenrechte für einen effektiven Rechtsschutz und eine erfolgreiche Korruptionseindämmung erörtert.

Die Menschenrechte beruhen einerseits auf dem Gedanken, dass staatlichem Handeln zum Schutze der Bürger Grenzen gesetzt werden müssen. Andererseits

772 An späterer Stelle wird nochmals auf die Problematik eingegangen. Ausführlich dazu s. Peters, in Starck, S. 91 ff. sowie Lohmann, in zfmr 2 (2013), S. 9 ff.; Künnemann, in HRQ 17 (1995), S. 323 ff. führt sehr deutlich auf, was die Menschenrechte tatsächlich ausmacht und wo sie ihre Grenzen finden.

wird der Staat durch die Menschenrechte nicht nur zu einem Unterlassen, sondern in einem gewissen Rahmen auch zu einem positiven Tun verpflichtet. Dies ist der Fall, wenn es aktiver Schritte bedarf, um den Mindeststandard zu gewährleisten, der für ein würdevolles Leben unabdingbar ist. Die Anerkennung der Justiziabilität der Rechte ermöglicht es Betroffenen, Rechtsverletzungen geltend zu machen und Ansprüche auf Widergutmachung zu stellen, sofern entsprechende Institutionen existieren.[773] Die Bewertung des Mehrwertes eines Korruptionsverbotes auf menschenrechtlicher Ebene für einen verbesserten Opferschutz kann folglich nicht lediglich daran bemessen werden, dass eine Rechtsverletzung im Fall der Korruption auf materiell-rechtlicher Ebene vorliegen würde. Vielmehr gilt es, auch die Erfolgsaussichten einer Beschwerde auf prozessualer Ebene in den Blick zu nehmen und gegebenfalls über weitere Anknüpfungsmöglichkeiten einer menschenrechtlich geprägten Antikorruptionsdebatte nachzudenken. Wie die Ausführungen in Kapitel VI aufgezeigt haben, sind die Möglichkeiten der erfolgreichen Geltendmachung von Rechtsschutz in Fällen einer Menschenrechtsverletzung durch Korruption begrenzt. Die Anforderungen an die Zulässigkeit einer Mitteilung, insbesondere die Ausschöpfung des nationalen Rechtsweges sowie die Darlegung der eigenen Betroffenheit, sind bereits so hoch, dass Individuen diese ohne das Hinzuziehen rechtlicher Expertise nur schwerlich meistern könnten. Insbesondere in Fällen der Alltagskorruption, die sich in dem Ausmaß, wie in Kapitel III dargestellt, vermehrt auf Entwicklungs- und Schwellenländer konzentriert, verfügen die Betroffenen über keinen oder einen sehr schwachen Bildungshintergrund und es fehlt ihnen an den finanziellen Möglichkeiten, die notwendig wären, um dieses Defizit durch externe rechtliche Unterstützung zu überbrücken.[774] Darüber hinaus stellen die Beweisschwierigkeiten, die sich im Rahmen der Begründetheitsprüfung ergeben, eine weitere Hürde dar, deren Dimension nicht zu verkennen ist. Trotz geringeren Anforderungen an das Beweismaß als in strafrechtlichen Prozessen sowie einer Berücksichtigung der geschwächten Position des Individuums gegenüber dem Staat muss der Beschwerdeführer auch bei der Darlegung einer Menschenrechtsverletzung vor dem jeweiligen Vertragsorgan gewisse Maßstäbe erfüllen, damit Erfolgsaussichten bestehen. Letztendlich hängt es selbst im Fall der Feststellung einer Verletzung vom politischen Willen des Staates ab, ob dieser den gestellten Forderungen zur Wiedergutmachung nachkommt und das Individuum entschädigt.

Die bisher abstrakt dargestellten Schwierigkeiten der erfolgreichen Geltendmachung einer Menschenrechtsverletzung durch Korruption können anhand des konkreten Falles *SERAP vs. Nigeria* zumindest zum Teil in ihrer praktischen Ausformung

773 Ausführlich zur Bedeutung der Justiziabilität von Menschenrechten, speziell wirtschaftlichen, sozialen und kulturellen Rechten, s. Langford, in Langford, S. 5 ff.

774 Zwar gibt es NGOs, die sich Menschenrechtsverletzungen annehmen, die Opfer aufgrund rechtlicher und finanzieller Aspekte nicht selbstständig geltend machen können. Allerdings müssen diese sich aufgrund geringer Kapazitäten auf ein paar wenige Fälle konzentrieren und können daher nur einen Bruchteil der Fälle abdecken.

nachvollzogen werden.[775] Die einzige Konstellation, in der ein übernationales Organ aufgerufen wurde, über eine Menschenrechtsverletzung durch Korruption zu urteilen, ist geradezu prägnant in Bezug auf die geringen Erfolgsaussichten des Beschwerdeführers. Eine nigerianische NGO klagt in *SERAP vs. Nigeria* die Verletzung des Rechts auf Bildung an und stützt ihren Vorwurf auf die Veruntreuung/Unterschlagung der für Bildungseinrichtungen veranschlagten Gelder. Angeklagter vor dem ECOWAS Community Court war sowohl die Kommission für Bildung, die der Staat eingesetzt hatte, um die ordnungsgemäße Verteilung der Ressourcen an die verschiedenen Institutionen zu gewährleisten und deren rechtmäßige Ausgaben zu kontrollieren, sowie der Staat Nigeria selbst. Während die NGO SERAP der Kommission die Veruntreuung/Unterschlagung der Gelder vorwarf und sich zum Beweis dieser auf einen Ermittlungsbericht der unabhängigen Korruptionsbehörde stützte, legte sie dem Staat eine Teilnahme zur Last, weil dieser es trotz der Kenntnis über die Vorgänge unterlassen hatte, die Missstände zu adressieren und die Verantwortlichen zu bestrafen.[776] Laut dem Bericht der Korruptionsbehörde verzeichnete die Bildungskommission zum Zeitpunkt der Klageeinreichung einen Verlust von mehr als 3,5 Billionen nigerianische Naira (ca. 13 Millionen Euro) aufgrund der Veruntreuung/Unterschlagung. Für SERAP standen diese finanziellen Defizite in einem kausalen Zusammenhang mit dem fehlenden Zugang zu Grundschulunterricht von mehr als fünf Millionen Kinder und dem Ausbleiben staatlicher Investitionen in die Aus- und Weiterbildung der Lehrer sowie in die Anschaffung von Schulbüchern und sonstigen Materialien.[777] Das Urteil lässt keine Zweifel daran, dass selbst derart gravierende Verluste und Einschnitte in den Rechtsschutz nicht per se eine Menschenrechtsverletzung durch Korruption begründen. Nachdem in der Entscheidung ausgeführt wird, warum dem vorgelegten Bericht in dem konkreten Fall die Beweiskraft abzusprechen sei, führt das Gericht in genereller Hinsicht aus:

> *"And coming to the crux of the matter: granting that the report has made conclusive findings of corruption that per se will not amount to a denial of the right to education, without more. (...) There must be a clear linkage between the acts of corruption and a denial of the right to education. In a vast country like Nigeria, with her massive resources, one can hardly say that an isolated act of corruption contained in a report will have such devastating consequences as a denial of the right to education."*[778]

Trotz des rechtlich nicht zu beanstandenden Ergebnisses weist die Argumentation des Gerichtes in dem zitierten Absatz gravierende Defizite auf. Anstatt die fehlende Kausalität weiter auszuführen und aufgrund dieser eine Verletzung folgerichtig

775 The registered Trustees of the Socio-Economic Rights and Accountability Project vs. the Federal Republic of Nigeria and Universal Basic Education Commission, ECOWAS Community Court Judgment, 30.11.2010, ECW/CCJ/JUD/07/10.

776 ECW/CCJ/JUD/07/10, § 5.

777 A.a.O., § 4 f.

778 A.a.O., § 19.

abzulehnen, wird das Hauptaugenmerk darauf gelegt, dass ein korrupter Akt an sich keine Menschenrechtsverletzung begründen kann. Es stellt sich die Frage, wie der Hinweis auf die Größe des Landes und den Ressourcenreichtum zu verstehen ist, der in keinerlei Zusammenhang mit der Beurteilung einer Menschenrechtsverletzung steht. Das Urteil in dem Fall *SERAP vs. Nigeria* verdeutlicht, dass es nicht nur der Sensibilität des Beschwerdeführers bedarf, um einen kausalen Zusammenhang zwischen einer korrupten Tat und einer Verletzung von Menschenrechten zu erkennen, sondern auch die entsprechende Expertise aufseiten des Gerichtes notwendig ist. Es hängt folglich nicht zwingend an einem geringen Bildungshintergrund, wenn rechtliche Zusammenhänge falsch interpretiert werden. Auch auf richterlicher Ebene muss ein Umdenken stattfinden, um eine korrupte Tat als eine potenzielle Menschenrechtsverletzung verstehen zu können. Darüber hinaus ist der Fall ein konkretes Beispiel dafür, dass selbst der Beschwerdeführer, der über rechtliche Expertise verfügt und seinen Korruptionsvorwurf auf einen offiziellen Bericht der Antikorruptionsbehörde stützen kann, damit rechnen muss, dass eine Verletzung abgelehnt wird.

Die theoretischen Überlegungen, beispielhaft ausgeführt an einem konkreten Beispiel, weisen auf einen lediglich marginalen Mehrwert, der für die Betroffenen hinsichtlich des Rechtsschutzes auf internationaler Ebene aus der Erkenntnis folgt, dass eine korrupte Tat ihre Menschenrechte verletzt. Die erfolgreiche Nutzbarmachung des Mechanismus der Individualbeschwerde in Fällen der Menschenrechtsverletzung durch Korruption ist nach den Erkenntnissen der vorliegenden Arbeit gering. Da dieses Ergebnis nicht an bestimmte Rechte geknüpft ist, sondern von der Struktur des Rechtsschutzes abhängt, würde auch die Normierung neuer Garantien nicht dazu beitragen, die Hürden im Rahmen der Geltendmachung einer Individualbeschwerde zu senken oder die Erfolgsaussichten zu steigern. Die Notwendigkeit eines menschenrechtlichen Korruptionsverbotes lässt sich daher zumindest in Anbetracht des Ziels der Effektivitätssteigerung des Rechtsschutzes auf internationaler Ebene nicht rechtfertigen.

Fraglich ist, welches Potenzial die Menschenrechte über die Möglichkeit der Geltendmachung einer Rechtsverletzung auf prozessualer Ebene hinaus für den Kampf gegen Korruption aufweisen. Die Hoffnung, dass die Kenntnis um das Potenzial korrupter Akte zur Begründung einer Menschenrechtsverletzung Regierungsoberhäupter davor zurückschrecken lassen wird, ihre Macht nicht weiterhin zum eigenen Vorteil zu missbrauchen, erscheint geradezu utopisch, wenn man bedenkt, dass insbesondere in den Ländern, in denen der Mehrzahl der Menschen ein würdevolles Leben versagt bleibt, die meisten Gelder auf die privaten Konten der Staatsoberhäupter fließen. Korrupte Überzeugungstäter, die auf höchster Ebene agieren und zumindest auf nationaler Ebene nicht befürchten müssen, dass sie zur Rechenschaft gezogen werden, ändern nichts an ihrem Verhalten, nur weil dieses in Einzelfällen gegen Menschenrechte verstößt. Ein anderes Fazit wäre nur denkbar, wenn der korrupte Täter aufgrund der Feststellung einer Menschenrechtsverletzung mit verstärkten Sanktionen auf internationaler Ebene rechnen müsste. Dies ist jedoch nicht der Fall. Die erfolgreiche Geltendmachung einer Menschenrechtsverletzung durch Korruption im Wege der Individualbeschwerde birgt für den Staat keine weitreichenden negativen Konsequenzen. Zwar kann das jeweilige Vertragsorgan der Regierung Maßnahmen zur Wiedergutmachung auferlegen, diese sind jedoch weder verbindlich, noch verfügt der jeweilige Ausschuss über rechtliche Sanktionsmechanismen, wenn diesen nicht Folge geleistet wird. Die fehlende oder mangelhafte Umsetzung der Auffassung des Menschenrechtsausschusses ist bis heute ein ungelöstes Problem.

Trotz der Tatsache, dass es unrealistisch erscheint, korrupte Täter auf höchster Regierungsebene durch eine menschenrechtliche Perspektive auf Korruption zu einem Unterlassen korrupter Akte zu bewegen, kann eine verstärkt opferbezogene Betrachtung das Korruptionsverständnis innerhalb der Gesellschaft wandeln und für Bürger wie für solche Amtsträger, die gewillt sind, etwas zu verändern, Handlungsanreize setzen. Betrachtet man Korruption aus einer menschenrechtlichen Perspektive geht es nicht mehr nur um ein strafrechtliches Delikt, dessen Verwirklichung davon abhängt, ob der eigene Nutzen das Entdeckungsrisiko überwiegt und dessen Auswirkungen sich auf wirtschaftliche und politische Belange auf höchster Ebene begrenzt. Vielmehr wird die Verletzung individueller Rechte der Betroffenen in den Fokus gestellt. Eine derartige Betrachtungsweise eröffnet insbesondere auch Menschen mit einem schwachen Bildungshintergrund das Ausmaß von Korruption zu verstehen und einzusehen, dass sie Täter und Opfer zugleich sind und dass sie sich gegen derartige Verhaltensmuster wehren.[779] Der Missbrauch anvertrauter Macht zur Erlangung eines privaten Vorteils im Alltag wird von vielen Menschen nicht hinterfragt, sondern hingenommen, weil es alternativlos erscheint, Beschwerde- oder Rechtsschutzmöglichkeiten fehlen oder das Wissen um deren Existenz nicht vorhanden ist. In diesem Kontext kann das Herunterbrechen eines korrupten Aktes

779 Einerseits sind sie Täter und Opfer zugleich, da sowohl das Fordern (passiv) als auch die Gewährleistung (aktiv) unrechtmäßiger Vorteile strafbar ist. Andererseits können Bürger, die eine Funktion als Amtsträger wahrnehmen, Opfer und Täter einer Menschenrechtsverletzung sein. Während sie als Täter handeln, wenn sie im Rahmen ihrer Dienstausübung ungerechtfertigte Vorteile von Bürgern einfordern, die mit dem Schutzgehalt der Menschenrechte in Widerspruch steht, sind sie häufig auch Opfer von Menschenrechtsverletzungen, weil bspw. auch ihre Rechte verletzt sind, wenn Korruption in einem Staat endemisch ist und finanzielle Verluste dazu führen, dass die Gehälter nicht mehr ausgezahlt werden (Art. 7 a) i) IPwirtR). Die finanzielle Notlage des Amtsträgers in derartigen Konstellationen kann der Anreiz dafür sein, gegenüber Bürgern korrupt zu agieren, wenn diese Ansprüche auf Güter/Leistungen geltend machen. „Rent-seeking behavior on the part of public officials in any African countries is a consequence of extreme low salaries ... (compounded by) compressed wage scales and limited opportunities for advancement."
Global Coalition for Africa, Corruption and Development in Africa, GCA/PF/N.2/11/1997, S. 12 (1997).

auf eine Verletzung von Grund-/Menschenrechten es ermöglichen, dass Betroffene Korruption nicht lediglich als ein abstraktes Phänomen sehen, das sie selbst nicht betrifft, sondern beginnen, dieses als ihr eigenes Anliegen zu begreifen.[780] Der stärksten Anreiz, sich gegen Korruption aufzulehnen, wurzelt in der Erkenntnis der eigenen Betroffenheit.[781] Ermutigende und kreative Beispiele erfolgreicher, von Bürgern initiierter Antikorruptionsinitiativen, die korruptes Handeln nicht länger tolerieren wollen, existieren auf der ganzen Welt.[782] Doch nicht nur sogenannte Grassroots-Bewegungen können von einer menschenrechtlichen Korruptionsperspektive profitieren. Sofern der Wille zur Korruptionsbekämpfung auf hoheitlicher Ebene vorhanden ist, kann das Wissen um die von Korruption betroffenen Bereichen des Menschenrechtsschutzes auch von staatlicher Seite genutzt werden. Beschwerdemechanismen können etabliert und ausgebaut, das Recht auf Information gestärkt, die Garantien der Meinungs- und Pressefreiheit im Rahmen des Whistleblowerschutzes gewährleistet und die gewinnbringende Zusammenarbeit zwischen Akteuren der Antikorruptionsarbeit und des Menschenrechtsschutzes ermöglicht werden. Der Menschenrechtsschutz blickt auf langjährige Erfahrung zurück und auf nationaler, regionaler und internationaler Ebene existiert inzwischen eine Vielzahl von Mechanismen, die zu einer effektiven Gewährleistung der Menschenrechte beitragen. Die noch junge Antikorruptionsarbeit kann von dem im Bereich des Menschenrechtsschutzes vorhandenen Wissen profitieren und die Expertise der Menschenrechtsinstitutionen für die Antikorruption fruchtbar machen.[783] So wäre

780 Sweeney, Zitat bei einem Workshop des Europäischen Parlaments zu Korruption und Menschenrechten in Drittstaaten, 28.02.2013, Brüssel.

781 Die Relevanz der Einbeziehung der von Korruption Betroffenen wird u.a. in UN Anti-Corruption Toolkit, S. 102 deutlich hervorgehoben.

782 Beyerle. Eine durchaus ausgefallene Idee ist die einer indischen NGO. Diese ließ Rupie-Scheine von einem Wert von null Rupie drucken und verteilte diese an eine Vielzahl von Menschen. Sofern ein Amtsträger Bestechungsforderungen aufstellte, sollten die Menschen ihm die wertlosen Scheine als eindeutiges Signal ihrer Intoleranz gegen Korruption aushändigen. Die Reaktion auf diese gewaltfreie Antikorruptionsinitiative war enorm und wurde weit über Indien hinaus für ihren Erfolg zur Eindämmung korrupter Akte im Alltag berühmt. Für weitere Informationen s. Website der NGO, abrufbar unter http://www.5thpillar.org/programs/zero-rupee-note.

783 Noch in den 1990-er Jahren war ein politischer Wille im Kampf gegen die Korruption fast nicht vorhanden. Zwar hatten die USA bereits 1977 den *Foreign Corrupt Practise Act* erlassen, der Rest der Welt hielt es jedoch bis in die späten 90er-Jahre für angemessen, Bestechungsgelder, die an ausländische Beamte gezahlt wurden, von den Steuergeldern abzusetzen. Ein verbindliches Verbot auf internationaler Ebene wurde erst durch Art. 12 Nr.4 UNCAC erreicht. Für alle Vertragsparteien der OECD-Konvention war die steuerliche Abzugsfähigkeit von Bestechungsgeldern bereits durch das Inkrafttreten der OECD-Konvention 1999 verboten (durch die Erläuterungen zum Übereinkommen wird auf die am 11.04.1996 angenommenen Empfehlungen über die steuerliche Abzugsfähigkeit von Bestechungsgeldern für

es beispielsweise wünschenswert, dass die Qualitätsstandards der Arbeit gesetzlich vorgeschriebener Antikorruptionsstellen an diejenigen nationaler Menschenrechtsinstitutionen angeglichen werden. Während die Funktionsweise nationaler Menschenrechtsinstitutionen an internationalen Maßstäben ausgerichtet ist, fehlen solche für nationale Antikorruptionsstellen.[784] Die Glaubwürdigkeit und Akzeptanz von Antikorruptionsstellen würde beispielsweise davon profitieren, wenn, wie für nationale Menschenrechtsinstitutionen vorgeschrieben,[785] bei begründeten Bedenken über die zuverlässige Ausübung der Funktionen die Möglichkeit eines Prüfungsverfahrens bestünde.

Die Massenproteste des arabischen Frühlings im Jahre 2012/13 haben gezeigt, dass die Menschen in ihren Forderungen nicht zwischen Antikorruption und Menschenrechten differenzieren. Es geht ihnen um Gerechtigkeit, Rechtsstaatlichkeit, Partizipation, Transparenz und Verantwortlichkeit – Werte, die sowohl die Menschenrechts- als auch die Antikorruptionsagenda prägen. Für viele ist es nicht das primäre Anliegen, vor einem Gericht – sei es auf nationaler, regionaler oder internationaler Ebene – einen langwierigen und kostenintensiven Prozess anzustreben, bei dem wenig Aussicht auf Erfolg besteht. Die Betroffenen fordern unabhängige Institutionen auf lokaler und regionaler Ebene, die Hinweise auf Missstände entgegennehmen, diese gewissenhaft prüfen und die Verantwortlichen bei einem Zutreffen der Vorwürfe zur Rechenschaft ziehen, ohne dass diejenigen, die Informationen weiterleiten, negative Folgen befürchten müssen. Denn unabhängig davon, ob ein korrupter Akt normativ eine Menschenrechtsverletzung begründet oder lediglich eine Beeinträchtigung der Garantie darstellt, sind die Betroffenen tagtäglich mit den negativen Konsequenzen konfrontiert.

Das Bewusstsein für eine Verknüpfung der Menschenrechte mit der (Anti-)Korruption macht nicht auf nationaler oder regionaler Ebene halt. Im März 2013 debattierte der Menschenrechtsrat der VN über die negativen Auswirkungen der Korruption auf die Menschenrechte. Dem beratenden Ausschuss wurde das Mandat erteilt, zu evaluieren, wie die Thematik von allen Menschenrechtsorganen der VN in Zukunft auf eine produktive Weise behandelt werden kann.[786] Mitarbeiter des Hochkommissariats für Menschenrechte befassen sich mit den Auswirkungen von Korruption auf das Recht auf Entwicklung und erst kürzlich wurde ein Handbuch für Antikorruptionsaktivisten veröffentlicht, dass diesen erläutert, wie Menschenrechte

ausländische Amtsträger verwiesen, die von den Vertragsparteien der OECD-Konvention mit Unterzeichnung dieser gleichzeitig angenommen wurden), Rochow, S. 16.

784 Sweeney, s. Fn. 814. In Bezug auf die Standards für nationale Menschenrechtsinstitutionen beruft Sweeney sich auf die Paris Principles for National Human Rights Institutions.

785 Ibid. Die Pariser Prinzipien sehen ein sogenanntes Peer-Review-Verfahren durch das ICC vor. Sweeney bringt die Idee eines solchen für die Antikorruptionsstellen durch die IAACA ein.

786 UN Doc. A/HRC/23/26.

für den Kampf gegen die Korruption nutzbar gemacht werden können.[787] Das Europäische Parlament organisiert Workshops zur Verknüpfung der Menschenrechte mit der (Anti-)Korruption[788] und Transparency International, die bekannteste NGO im Bereich der Antikorruption weist durch den Fokus der jährlichen Korruptionsberichte auf den engen Zusammenhang der Thematiken hin.[789] Eine verstärkt menschenrechtliche Korruptionsperspektive hat in den letzten Jahren enorm an Präsenz gewonnen. Der Mehrwert dieser für eine präventive Antikorruptionsstrategie auf politischer Ebene ist heute nicht mehr abzustreiten. Die Menschenrechte vermögen es, durch ihre Anerkennung als verbindliche Garantien, Unrecht zu adressieren, Debatten anzustoßen und neue Perspektiven zu eröffnen. Darüber hinaus bietet eine menschenrechtliche Betrachtungsweise korrupter Akte ein bisher zum größten Teil ungenutzt gebliebenes Vokabular, das ausgeschöpft werden kann, um korrupte Missstände aus einer opferbezogenen Perspektive zu beleuchten. Die Vorzüge einer menschenrechtlichen Betrachtung korrupter Handlungen für den Kampf gegen die Korruption sind primär präventiver Natur.

Bedarf es neuer Menschenrechte, um die genannten Vorzüge zu erreichen und zu stärken, oder kann ein Umdenken Betroffener wie Verantwortlicher auch auf der Einsicht der negativen Auswirkungen der Korruption auf die bereits normierten Garantien aufbauen? Die Forderung in der Wissenschaft nach einem selbstständigen Menschenrecht auf eine korruptionsfreie Gesellschaft beziehungsweise nach einem Recht auf das Verbot staatlich zurechenbaren korrupten Handelns basiert weniger auf der Überlegung, den konkreten Einzelfall eines korrupten Aktes als Menschenrechtsverletzung einordnen zu können als vielmehr auf dem Argument der weitreichenden Folgen von Korruption, die mit menschenrechtlichen Werten und der generellen Pflicht zur vollen Verwirklichung der Menschenrechte in einem starken Widerspruch stehen.[790] Wie die Darstellung in Kapitel III gezeigt haben, kann dieses Anliegen auch anhand der bereits normierten Menschenrechte erreicht werden. Selbst wenn eine Verletzung abzulehnen ist, liegt eine Beeinträchtigung des Schutzgehaltes doch in den meisten Fällen vor. Diese Erkenntnis könnte auch

787 OHCHR, The human rights case against corruption.

788 Workshop des Europäischen Parlaments zu Korruption und Menschenrechten in Drittstaaten, 28.02.2013, Brüssel.

789 Die Verknüpfung der Thematiken wird bereits durch den Fokus der Berichte deutlich, der meist auf die Auswirkungen der Korruption auf ein bestimmtes Menschenrecht eingeht, so bswp. der TI Global Corruption Report (2007), der sich mit den Beeinträchtigungen des Rechts auf Bildung durch Korruption auseinandersetzt.

790 Der prominenteste Vertreter einer derartigen Forderung ist C. Raj Kumar in seinem Buch *Corruption and Human Rights in India*, sowie Kumar, in 16 Mich. St. J. Int'l L 475 (2008), S. 568. Ndiva Kofele-Kale leitet die Forderung auf ein Recht auf eine korruptionsfreie Gesellschaft sowohl aus dem Recht auf wirtschaftliche Selbstbestimmung (Art. 1 IPwirtR) als auch aus dem unverbindlichen Recht auf Entwicklung ab, Internat. Lawyer, 34 I (2000), S. 149–178, S. 163 ff.

anhand der Einschnitte bereits anerkannter Menschenrechte durchaus deutlicher adressiert werden. Die Tatsache, dass mittels der Normierung eines menschenrechtlichen Korruptionsverbotes eine Menschenrechtsverletzung im Fall korrupter Akte per se zu bejahen wäre, kann zwar dazu führen, dass eine menschenrechtliche Perspektive noch stärker wahrgenommen wird, als dies durch das Heranziehen der bereits normierten Menschenrechte der Fall ist. Allerdings stellt sich dann die Frage, ob die mit der Ausdehnung der Menschenrechte einhergehende Gefahr der Aufweichung der Menschenrechte die rein theoretisch denkbaren Vorteile einer Normierung neuer Menschenrechte nicht überwiegt.

Die Tatsache, dass Menschenrechte heute als der Goldstandard der Gouvernanz gelten[791] und keine Regierung der Welt sich gegen die Menschenrechte ausspricht, führt dazu, dass häufig auf die Menschenrechte als Lösung für alle humanitären und sozialreformerischen Projekte zurückgegriffen wird.[792] Veränderungen und Ausweitungen der Menschenrechte können im komplexen Szenario der Folgen und Herausforderungen der Globalisierung sowohl nötig, erwartbar als auch begründbar sein.[793] Das Instrument Menschenrechte sollte jedoch nicht überstrapaziert und dadurch letztlich entwertet werden. Die Gefahr, dass sich derartige Sorgen verwirklichen, besteht insbesondere dann, wenn neue Menschenrechte rechtlich schwer zu fassen sind und dadurch an Akzeptanz und Durchsetzungskraft einbüßen. Die Normierung eines Menschenrechts auf eine korruptionsfreie Gesellschaft stößt bereits hinsichtlich der konzeptionellen Ausgestaltung an Grenzen, insbesondere an die des kulturellen Pluralismus. Wie sollte auf internationaler Ebene festgelegt werden, was dem Staat durch ein menschenrechtliches Korruptionsverbot untersagt wird, wenn bis heute kein Konsens über eine Korruptionsdefinition erzielt werden konnte? Darüber hinaus ist zu klären, wer Träger des Menschenrechts gegen Korruption ist. Geht es um ein Abwehrrecht, das den Staat gegenüber dem Individuum primär zu einem Unterlassen verpflichtet oder handelt es sich um ein Recht der dritten Generation der Menschenrechte, deren Träger nicht der Einzelne, sondern ein Kollektiv, in diesem Fall die Gesellschaft ist?[794] Sofern Letzteres zutreffend wäre, stellt sich die Frage, ob die als kollektive Menschenrechte ausgerufenen Garantien überhaupt als genuine Menschenrechte zu fassen sind oder nicht vielmehr politisch berechtigte rechtliche Forderungen darstellen, die in anderen Formen als die der Menschenrechte konzipiert werden sollten. Kann der für die Menschenrechte

791 S. allg. Pollmann/Lohmann, zitiert aus Peters in Starck, S. 91.

792 Das wohl drastischste Beispiel in diesen Zusammenhang ist das Konzept der *responsibility to protect.* Krasse Verstöße gegen menschenrechtliche Garantien durch einen Staat gegenüber seiner Bevölkerung sollen der Staatengemeinschaft das Recht geben, für den Schutz der Menschenrechte einzutreten und in den Konflikt zu intervenieren.

793 Lohmann, in zfmr 2 (2013), S. 16.

794 Die Einordnung der Menschenrechte in die drei Menschenrechtsgenerationen ist umstritten, s. Krennerich in zfmr 2 (2012), der jedoch auch von den „kaum kodifizierbaren“ Rechten der 3. Generation spricht.

konstitutive Anspruch auf Universalität und Egalität gerechtfertigt werden, wenn die Trägerschaft der Menschenrechte genuin auf Kollektive ausgedehnt wird?[795] Diese bisher ungeklärten Aspekte verdeutlichen, dass die Forderung zur Normierung eines Menschenrechts gegen Korruption verstärkt auf politischen Erwägungen beruht. Normative Grundfragen blieben dabei meistens unbedacht. Derartige Defizite in der Konzeption eines neuen Menschenrechts machen es umso schwerer, für die Anerkennung eines solchen zu plädieren, wenn Skeptiker die Proliferation der Menschenrechte bereits jetzt als ein „billiges rhetorisches Mittel" bezeichnen, das dazu dient, die Desiderata eines bestimmten Lebensstils zu unterstützen.[796] Die Probleme des gesellschaftlichen Lebens sollten nicht einfach in einen Katalog subjektiver Rechte übersetzt und dadurch gelöst werden.[797] Damit die Menschenrechte als regulative Idee fungieren können, dürfen sie nicht zu einer „illusorischen Utopie" gemacht werden, sondern müssen eine realistische Utopie bleiben.[798] Während das Strafrecht primäres Mittel zur Kriminalisierung korrupter Akte und Sanktionierung korrupter Täter ist und dies auch bleiben sollte, können die Menschenrechte genutzt werden, um die negativen Auswirkungen korrupter Akte in ein neues Licht zu rücken und durch eine verstärkt opferbezogene Perspektive ein Umdenken anzuregen. Um dieses Ziel zu erreichen, bedarf es allerdings nicht der Normierung neuer Menschenrechte, sondern die Formen der Verletzung und Beeinträchtigung der bereits anerkannten Garantien sollten von IO, NGOs und Staatenvertretern offensiver adressiert werden.

Für die Nutzbarmachung der Verknüpfung zwischen Korruption und Menschenrechten bedarf es keiner Vergrößerung der bereits vorhandenen Schnittmenge. Vielmehr sollte der vorhandene Bereich der Überschneidung stärker thematisiert und die damit einhergehenden Chancen besser ausgeschöpft werden. Sowohl der Bürger als auch der Staat, der gewillt ist, dem Missbrauch anvertrauter Macht zum privaten Vorteil entschlossen entgegenzutreten, kann ein menschenrechtliches Korruptionsverständnis als Ergänzung zu den bereits bestehenden Antikorruptionsstrategien für sich nutzbar machen. Auf Ebene der VN bleibt zu hoffen, dass die Vertragsorgane der Menschenrechtspakte das Ausmaß der Verwirklichung korrupter Akte auf die Pflicht zur Achtung, zum Schutz und zur Verwirklichung der Menschenrechte erkennen und sich in Zukunft intensiver mit dieser auseinandersetzen. Der Mehrwert, der aus der rechtlichen Erkenntnis einer Menschenrechtsverletzung durch Korruption gezogen werden kann, ist letztlich verstärkt auf politischer als auf rechtlicher Ebene zu sehen. Der Kampf gegen die Korruption ist Respekt einflößend, aber er ist nicht hoffnungslos und die Verantwortlichen sollten sich nicht entmutigen lassen.

---

795 Ibid.

796 Kratochwil, in Comparative Sociology 9 (2010), S. 136 f. Kratochwil richtet sich hier gegen die Idee eines „Menschenrechts auf Freihandel", zitiert aus Peters, in Starck, S. 128.

797 A.a.O., als Kritik formuliert.

798 Cassese (2010), S. xxi.

Genauso wenig wie Don Quijote vor Riesen stand, als er seine Lanze zückte, ist das Ziel der Korruptionsreduktion heute als aussichtlos zu bezeichnen.[799]

"Many are tempted to think that the omnipresence of this problem (corruption) means that it is unsolvable or nothing much can be done about. Nothing is more removed from the truth."[800]

799 Die Bezugnahme auf Don Quijote basiert auf einem Zitat des Direktors von TI, Cobus de Swart, der den Kampf gegen Korruption damals als einen Kampf gegen Windmühlen bezeichnete.

800 UN Anti-Corruption Toolkit, S. 99.

Literaturverzeichnis

A. Monografien

Alatas, Hussein: Corruption and the Destiny of Asia, New Jersey, 1999.
Zit.: Alatas

Bantekas, Ilias/Oette, Lutz: International Human Rights – Law and Practice, Cambridge, 2013.
Zit.: Bantekas / Oette

Barten, Ulrike: Minorities, Minority Rights and Internal Self-Determination, Cham, 2015.
Zit.: Barten

Beiter, Klaus Dieter: The Protection of the Right to Education by International Law, Leiden, 2006.
Zit.: Beiter

Bender, Rolf/Nack, Armin/Treuer, Wolf-Dieter: Tatsachenfeststellung vor Gericht, 3. Auflage, München, 2007.
Zit.: Bender / Nack / Treuer

Blundo, Giorgio/Olivier Sardan, Jean Pierre de: Everyday Corruption and the State. Citizens and Public Officials in Africa, Cape Town, 2006.
Zit.: Blundo / Olivier de Sardan

Boersma, Martine: Corruption: A Violation of Human Rights and a Crime under International Law? Cambridge, 2012.
Zit.: Boersma

Boersma, Martine/Nelen, Hans: Corruption & Human Rights: Interdisciplinary Perspectives, Maastricht, 2010.
Zit.: Boersma / Nelen

Bomsdorf, Falk: Prozeßmaximen und Rechtswirklichkeit, Berlin, 1971.
Zit.: Bomsdorf

Bray, Mark/Lykins, Chad: Shadow Education: Private Supplementary Tutoring and its Implications for Policy Makers in Asia, Manila, 2012.
Zit.: Bray / Lykins

Brown, Lester: State of the World, A Worldwatch Institute Report on Progress Toward a Sustainable Society, New York, 1997.
Zit.: Brown

Carrera, Daniel: Peculado de bienes y servicios públicos, Buenos Aires, 1968.
Zit.: Carrera

Cassese, Antonio: The Self-Determination of Peoples, A Legal Reappraisal, New York, 1995.
Zit.: Cassese

–: Realizing Utopia: The Future of International Law, Oxford, 2010.
Zit.: Cassese (2010)

Castaneda, Jorge: Legal Effects of United Nations Resolutions, New York, 1969.
Zit.: Castaneda

Chapmann, Audrey/Russell, Sage: Core Obligations: Building a Framework for Economic, Social and Cultural Rights, Antwerpen, 2002.
Zit.: Chapmann / Russell

Clapham, Andrew: Human Rights, A Very Short Introduction. Oxford, 2007.
Zit.: Clapham

Craven, Matthew: The International Covenant on Economic, Social and Cultural Rights: A Perspective on its Development, Oxford, 1995.
Zit.: Craven

Crawford, James: Brownlie's Principles of Public International Law, 8. Auflage, Oxford, 2012.
Zit.: Crawford

Creus, Carlos: Derecho penal, Vol. II Buenos Aires, 1983.
Zit.: Creus

Dowell-Jones, Mary: Contextualising the International Covenant on Economic, Social and Cultural Rights: Assessing the Economic Deficit, Leiden/Boston, 2004.
Zit.: Dowell-Jones

Eckhoff, Rolf: Der Grundrechtseingriff Köln, 1992.
Zit.: Eckhoff

Egan, Suzanne: The UN Human Rights Treaty System: Law and Procedure, Sussex, 2011.
Zit.: Egan

Fastenrath, Ulrich: Lücken im Völkerrecht. Zu Rechtscharakter, Quellen, Systemzusammenhang, Methodenlehre und Funktionen des Völkerrechts, Berlin, 1991.
Zit.: Fastenrath

Gebert, Pius: The Right to Education in Art. 13 of the UNO Covenant on Economic, Social and Cultural Rights and its Effects on the Swiss Education System, St. Gallen, 1996.
Zit.: Gebert

Graefrath, Bernhard: Menschenrechte und internationale Kooperation, 10 Jahre Praxis des Internationalen Menschenrechtskomitees, Berlin, 1988.
Zit.: Graefrath

Grzeszick, Bernd: Rechte und Ansprüche: eine Rekonstruktion des Staatshaftungsrechts aus den subjektiven öffentlichen Rechten, Tübingen, 2002.
Zit.: Grzeszick

Heidenheimer, Arnold: „The Context of Analysis", In: Political Corruption: Readings in Comparative Analysis on Definition, New Brunswick, 1970. Hrsg.: Arnold Heidenheimer.
Zit.: Heidenheimer

Heidenheimer, Arnold/Johnston, Michael: Political Corruption: Concepts and Contexts, 3. Auflage, New Brunswick, 2002.
Zit.: Heidenheimer / Johnston

Hudson, Manley: International Tribunals: Past and Future, Michigan, 1944.
Zit.: Hudson

Kälin, Walter/Künzli, Jörg: Universeller Menschenrechtsschutz, 2. Auflage, Basel, 2008.
Zit.: Kälin/ Künzli

Kokott, Juliane: Beweislast und Prognoseentscheidung bei der Inanspruchnahme von Grund- und Menschenrechten, Heidelberg, 1993.
Zit.: Kokott (1993)

–: The Burden of Proof in Comparative and International Human Rights Law, Den Haag, 1998.
Zit.: Kokott (1998)

Legg, Andrew: The Margin of Appreciation in International Human Rights Law, Deference and Proportionality, Oxford, 2012.
Zit.: Legg

McGoldrick, Dominic: The Human Rights Committee: Its Role in the Development of International Covenant on Civil and Political Rights, Oxford, 1994.
Zit.: McGoldrick

Miller, William/Grodeland, Ase/Koshechkina, Tatyana: A Culture of Corruption? Coping with Government in Post-Communist Europe, Budapest, 2001.
Zit.: Miller / Grodeland / Koshechkina

Möller, Jakob/Zayas de, Alfred: United Nations Human Rights Committee Case Law 1977–2008, Kehl am Rhein, 2009.
Zit.: Möller / Zayas

Nissen, Christine: Living under the Rule of Corruption – An Analysis of Everyday Forms of Corrupt Practices in Cambodia, Phnom Penh, 2005.
Zit.: Nissen

Noonan, John: Bribes: The Intellectual History of a Moral Idea, Berkeley, 1987.
Zit.: Noonan

Obokata, Tom: Trafficking in Human Beings from a Human Rights Perspective: Towards a Holistic Approach, Leiden, 2006.
Zit.: Obokata

Ramcharan, Bertrand: International Law and Fact-Finding in the Field of Human Rights, Leiden, 1982.
Zit.: Ramcharan

Rose-Ackermann, Susan: Corruption: A Study in Political Economy, New York, 1978.
Zit.: Rose-Ackermann

–: Corruption and Government: Causes, Consequences and Reform, Cambridge, 1999.
Zit.: Rose-Ackerman (1999)

Rosenberg, Leo: Die Beweislast, 5. Auflage, München, 1981.
Zit.: Rosenberg

Rottmann, Elke: Schutzbereich und Gewährleistungsbereich der Grundrechte: Grundrechtsdogmatische und rechtsstaatliche Überlegungen auf Basis der Analyse des Glykolurteils des BVerfGs Hamburg, 2012.
Zit.: Rottmann

Röhrich, Raimund: Methoden der Korruptionsbekämpfung: Risiken erkennen, Schäden vermeiden, Berlin, 2008.
Zit.: Röhrich

Saltmann, Richard/Busse, Reinhard/Mossialos, Elias: Regulating Entrepreneurial Behaviour in European Health Care Systems, Buckingham / Philadelphia, 2002.
Zit.: Saltmann / Busse / Mossialos

Sandifer, Durward Valdamir: Evidence before International Tribunals, Minnesota, 1975.
Zit.: Sandifer

Scarpa, Silvia: Trafficking in Human Beings: Modern Slavery, Oxford, 2008.
Zit.: Scarpa

Schreyögg, Georg: Organisation: Grundlagen moderner Organisationsgestaltung, 4. Auflage, Wiesbaden, 2003.
Zit.: Schreyögg

Sepúlveda, Magdalena: The Nature of the Obligations under the International Covenant on Economic, Social and Cultural Rights, Antwerpen, 2003.
Zit.: Sepúlveda

Shue, Henry: Basic Rights, Princeton, 1980.
Zit.: Shue

Smith, Daniel Jordan: A Culture of Corruption: Everyday Deception and Popular Discontent in Nigeria, Princeton, 2007.
Zit.: Smith (2007)

Spenlé, Christoph: Das Staatenberichtsverfahren der UNO Menschenrechtsverträge: Zur Notwendigkeit einer Reform der Kontrollmechanismen der UNO Menschenrechtsverträge, Zürich, 2011.
Zit.: Spenlé

Ssenyonjo, Manisuli: Economic, Social and Cultural Rights in International Law, Oxford, 2009.
Zit.: Ssenyonjo

Stahl, Sandra: Schutzpflichten im Völkerrecht – Ansatz einer Dogmatik, Heidelberg 2012.
Zit.: Stahl

Steiner, Henry/Alston, Philip: International Human Rights in Context, 2. Auflage, Oxford, 2000.
Zit.: Steiner / Alston

Strupp, Karl: Die völkerrechtliche Haftung des Staates, insbesondere bei Handlungen Privater, Kiel, 1972.
Zit.: Strupp

Terracino, Julio Bacio: The International Legal Framework against Corruption Cambridge, 2012.
Zit.: Terracino

Tomuschat, Christian: Human Rights: Between Idealism and Realism, 2. Auflage, Oxford, 2003.
Zit.: Tomuschat

Weber, Adolf Dietrich: Über die Verbindlichkeit zur Beweisführung im Civilprozeß, 2. Auflage, Halle, 1832.
Zit.: Weber

Weinstein, Jack/Mansfield, John/Abrams, Norman/Berger, Margaret: Evidence: Cases and Materials, New York, 1988.
Zit.: Weinstein / Mansfield / Abrams / Berger

Wiesbrock, Katja: Internationaler Schutz der Menschenrechte vor Verletzungen durch Private, 1. Auflage, Berlin, 1999.
Zit.: Wiesbrock

Young, Kirsten A.: The Law and Process of the U.N. Human Rights Committee, New York, 2002.
Zit.: Young

Zeiser, Roland: Trafic d' influence: Der Straftatbestand des missbräuchlichen Handels mit Einfluss als Modell zur Schließung von Strafbarkeitslücken? Berlin, 2012.
Zit.: Zeiser

Zwart, Tom: The Admissibility of Human Rights Petitions, Dordrecht,1994.
Zit.: Zwart

B. Aufsätze

Ajit, Mishra: „Corruption: An Overwiew" In: The Economics of Corruption, New Delhi, 2005.
Zit.: Ajit, in The Economics of Corruption

Anukansai, Kanokkan: „Corruption: The Catalyst for Violation of Human Rights" In: Journal of the National Anti-Corruption Commission, Thailand (NACC) Bangkok, 2007.
Zit.: Anukansai, in NACC Journal (2007)

Alam, Shah: „Enforcement of International Human Rights Law by Domestic Courts: A Theoretical and Practical Study" In: Netherlands International Law Review (NILR), 2006.
Zit.: Alam, in NILR (2006)

Alston, Philipp: "International Governance in the Normative Areas", S. 15 ff. In: UNDP, Background Papers: Human Development Report 1999.
Zit.: Alston, UNDP Background Paper

Babu, Rajesh: "The United Nations Convention Against Corruption: A Critical Overview", Social Science Research Network, 01.03.2006.
Zit.: Babu

Barr, Abigail/Serra, Danila: "Corruption and Culture: An experimental Analysis" (S. 862–869) In: Journal of Public Economics, 94 (2009).
Zit.: Barr / Serra

Berger, Antje: "Special Rapporteurs of Human Right Bodies" In: The Max Planck Encyclopedia of Public International Law (MPEPIL), Oxford, 2008 Hrsg.: Rüdiger Wolfrum.
Zit.: Berger, in Wolfrum (MPEPIL)

Bernhardt, Rudolf: "Thoughts on the Interpretation of Human-Rights Treaties", S. 65ff. In: Protecting Human Rights: The European Dimension, Studies in honour of Gérard J. Wiarda, Köln, 1998 Hrsg.: Franz Matscher / Herbert Petzold.
Zit.: Bernhardt, in Matscher/Petzold

–: "Interpretation in International Law", In: Encyclopedia of Public International Law (EPIL) Band 7 Heidelberg, 1984.
Zit.: Bernhardt, in EPIL (7)

Bertrand, Marianne/Djankov, Simon/Hanna, Rema/Mullainathan, Sendhil: "Obtaining a Driver's Licence in India: An Experimental Approach to Studying Corruption" (S. 1639–1676) In: Quarterly Journal of Economics, Nov. 2007.
Zit.: Bertrand et al., in Quart. J. Econ. (2007)

Bilchitz, David: "Towards a Reasonable Approach to the Minimum Core: Laying the Foundation for the Future Socio-Economic Rights Jurisprudence", S. 1–26 In: South African Journal on Human Rights (SAJHR) 19 (1) (2003).
Zit.: Bilchitz, in SAJHR 19 (1) (2003)

Böckmann, Alexander: "Antikorruption – Wandel in Diskurs und Praxis", S. 149–164 In: Korruptionsbekämpfung als globale Herausforderung, Wiesbaden, 2011 Hrsg.: Lukas Achathaler.
Zit.: Böckmann, in Achathaler

Bratton, Michael: "Vote Buying and Violence in Nigerian Election Campaigns" In: Electoral Studies 27 (2008), S. 621–632.
Zit.: Bratton, in Electoral Studies 27 (2008)

Buergenthal, Thomas: "Self-executing and Non-self Executing Treaties in National and International Law", S. 309ff. In: Recueil des Cours de l'Academie de Droit International (RdC) 235 (1992).
Zit.: Buergenthal in RdC 235 (1992)

–: "Modern Constitutions and Human Rights Treaties", S. 211ff. In: Columbia Journal of Transnational Law 36 (1997).
Zit.: Buergenthal, in Colum. J. Transnat'L 36 (1997)

Breau, Susan/Carr, Indira: "Humanitarian Aid, Human Rights and Corruption", S. 149–175 In: Emerging Areas of Human Rights in the 21st Century, Hrsg.: Marco Odello / Sofia Cavandoli, New York, 2011.
Zit.: Breau / Carr in Odello / Cavandoli

Bueren, Geraldine Van: "Of Floors and Ceilings: Minimum Core Obligations and Children", S. 183ff. In: Core Obligations: Building a Framework for Economic, Social and Cultural Rights, Antwerpen, 2002 Hrsg.: Sage Russel.
Zit.: Van Bueren, in Russel

Carr, Indira: "The United Nations Convention on Corruption: Making a Real Difference to the Quality of Life of Millions?", S. 3–44 In: Manchester Journal of International Economic Law, Vol.3 Issue 3, 2006.
Zit.: Carr, in Manchester J. Int'l Econ. L. 3 (2006)

Cassese, Antonio: "Modern Constitutions and International Law", S. 331ff. In: Recueil des Cours de l'Academie de Droit International (RdC) 185 (1985).
Zit.: Cassese, in RdC 185 (1985)

Chapman, Audrey: "A Violations Approach for Monitoring the International Covenant on Economic, Social and Cultural Rights, S. 23–66 In: Human Rights Quarterly (HRQ) 18 (1996).
Zit.: Chapman, in HRQ 18 (1996)

Chaudhury, Nazmul/Hammer, Jeffrey/Kremer, Michael/Muralidharan, Karthik/Rogers, Halsey: "Missing in Action: Teacher and Health Worker Absence in Developing Countries", S. 91–116 In: Journal of Economic Perspectives, 20 (2006).
Zit.: Chaudhury et al.

Chawla, Mukesh/Berman, Peter/Kawiorska, Dorota: "Financing Health Services in Poland: New Evidence on Private Expenditures", S. 337–346 In: Health Economics, 7 (1998).
Zit.: Chawla et. Al, in Health Economics 7 (1998)

–: “In Search of the Core Content of the Right to Education“, S. 217–246 In: Core Obligations: Building a Framework for Economic, Social and Cultural Rights, Antwerpen, 2002 Hrsg.: Sage Russel.
Zit.: Coomans, in Chapman / Russel

–: “Education and Work”, S. 280–303 In: International Human Rights Law, Oxford 2010 Hrsg.: Daniel Moeckli / Sangeeta Shah / Sandesh Sivakumaran.
Zit.: Coomans, in Moeckli et al.

Cranston, Maurice: “Human Rights: Real and Supposed” In: Political Theory and the Rights of Man, Bloomington, 1967 Hrsg.: David Daiches Raphael.
Zit.: Cranston, in Raphael

Craven, Mathew: “The Justiciability of Economic, Social and Cultural Rights”, S. 1–12 In: Economic, Social and Cultural Rights: Their Implementation in United Kingdom Law, Nottingham, 1999 Hrsg.: Richard Burchill / David Harris / Anne Owers.
Zit.: Craven, in Burchill / Harris / Owers

Crawford, James: “Right to Self-Determination in International Law” In: Peoples’ Rights, Oxford, 2001 Hrsg.: Philip Alston.
Zit.: Crawford, in Alston

Czada, Roland: „Good Governance als Leitkonzept für Regierungshandeln: Grundlagen, Anwendung, Kritik“ In: Governance – Regieren in komplexen Regelsystemen, Hrsg.: Arthur Benz / Nicolai Dose 2. Auflage, Wiesbaden, 2009.
Zit.: Czada, in Benz / Dose

Davis, Kenneth: “Judicial Notice” In: Columbia Law Review 55 (1955).
Zit.: Davis, in Columb. Law Rev. 55 (1955)

–: “A System of Judicial Notice Based on Fairness and Convenience” In: Perspectives of Law, Essays for Austin Wakeman Scott Hrsg.: Roscoe Pound / E.N. Griswold / A.E. Sutherland Boston, 1964.
Zit.: Davis, in Pound / Griswold / Sutherland

Delcheva, Evgenia/Balabanove, Dina/McKee, Martin: “Under-the-Counter Payments for Health Care: Evidence from Bulgaria”, S. 89–100 In: Health Policy 42 (1997).
Zit.: Delcheva et Al., in Health Policy 42 (1997)

Dickerson, Claire: “Political Corruption: Free-Flowing Opportunism” In: Connecticut Journal of International Law, Vol. 14 (1999).
Zit.: Dickerson, in Connecticut Journ. Of Int’l Law, Vol. 14 (1999)

Dowell-Jones, Mary: “The Committee on Economic, Social and Cultural Rights: Assessing the Economic Deficit”, In: Human Rights Law Review 1 (2001).
Zit.: Dowell- Jones, in HRLR 1 (2001)

Drzewicki, Krzysztof: “Internationalization of Human Rights and their Juridization“, In: An Introduction to the International Protection of Human Rights: A Textbook Hrsg.: Raija Hanski / Markku Suksi 2. Ausgabe, Turku /Abo, 1999.
Zit.: Drzewicki, in Hanski / Suksi

Eide, Asbjorn: "Economic and Social Rights", S. 109–174 In: Human Rights: Concepts and Standards Hrsg.: Janusz Symonides, Aldershot, UNESCO Publishing, 2000.
Zit.: Eide, in Symonides

–: "Economic, Social and Cultural Rights as Human Rights", In: Economic, Social and Cultural Rights: A Textbook, Leiden, 2001 Hrsg.: Asbjorn Eide / Catarina Krause / Allen Rosas.
Zit.: Eide in, Eide / Krause / Rosas

Eisenhardt, Kathleen: Agency Theory: An Assessment and Review In: Academy of Management Review, 1989, Vol. 14, No.1, S. 57–74.
Zit.: Eisenhardt

Ensor, Tim/Duran-Moreno, Antonio: "Corruption as a Challenge to effective Regulation in the Health-Sector", S. 106–125 In: Regulating Entrepreneurial Behaviour in European Health Care Systems, Buckingham/Philadelphia, 2002 Hrsg.: Saltmann / Busse / Mossialos.
Zit.: Ensor / Duran-Moreno, in Saltmann / Busse / Mossialos

Feingold, Cora: "The Doctrine of Margin of Appreciation and the European Convention on Human Rights", S. 90–106 In: Notre Dame Law Review 53 (1977).
Zit.: Feingold, in Notre Dame Law Rev. 53 (1977)

Friedrich, Carl: "Corruption Concepts in Historical Perspective", In: Political Corruption: Concepts and Contexts Hrsg.: Arnold Heidenheimer / Michael Johnston, New Brunswick, 2002.
Zit.: Friedrich, in Heidenheimer / Johnston

Gathii, James: "Kenya's Long Anti-Corruption Agenda: 1952–2010: Prospects and Challenges of the Ethics and Anti-Corruption Commission Under the 2010 Constitution" In: Law and Development Review 4 (2011).
Zit.: Gathii, in L. & Dev. Rev. 4 (2011)

Gilroy, Michael/Kruse, Daniel: Die Prinzipal-Agent-Theorie als Erklärungsinstrumentarium von Korruption: Angewendet auf den Praxisfall "Siemens" Hrsg.: Universität Paderborn, Fakultät für Wirtschaftswissenschaften, Lehrstuhl für Makrotheorie und internationale Wirtschaftsbeziehungen Paderborn, 2011.
Zit.: Gilroy / Kruse

Grafl, Lucas: „Zum unterschiedlichen Verständnis von korrupten und strafwürdigen Handlungen – eine empirische Untersuchung", S. 175–190 In: Korruptionsbekämpfung als globale Herausforderung, Wiesbaden, 2001 Hrsg.: Lukas Achathaler et al.
Zit.: Grafl in Achathaler

Groenendijk, Nico: "A Principal-Agent Model of Corruption", S. 207–229 In: Crime, Law & Social Change 27.
Zit.: Groenendijk, in Crime, Law & Social Change 27

Gupta, Sanjeev/Davoodi, Hamid/Tiongson, Erwin: "Corruption and the Provision of Health Care and Education Services", In: Governance Corruption and Economic Performances Hrsg.: George Abed / Sanjeev Gupta Washington, 2002.
Zit.: Gupta / Davoodi / Tiongson, in Abed / Gupta

Hammer, Jeffrey/Chaudhury, Nazmul: "Ghost Doctors: Absenteeism in Bangladeshi Health Facilities" In: World Bank Economic Review, Vol. 18, S. 423–441, Oxford, 2003.
Zit.: Hammer / Chaudhury, WB Econ. Rev., Vol. 18

Harland, Chris: "Status of the International Covenant on Civil and Political Rights (ICCPR) in the Domestic Law of State Parties: An Initial Global Survey through UN Human Rights Committee Documents", S. 187–260 In: Human Rights Quarterly (HRQ), 22 (2000).
Zit.: Harland, in HRQ 22 (2000)

Heinz, Wolfgang: Das neue internationale Übereinkommen zum Schutz aller Personen vor dem Verschwindenlassen, Essay No.8, Deutsches Institut für Menschenrechte, April 2008.
Zit.: Heinz

Hensgen, Leonie: "Corruption and Human Rights – Making the Connection at the United Nations", S. 198–219 In: Max Planck Yearbook of United Nations Law 17 (2013).
Zit.: Hensgen, in Max Planck UNYB 13 (2013)

Herdegen, Matthias: "Interpretation in International Law" In: The Max Planck Encyclopedia of Public International Law (MPEPIL), Online Version, last updated: Feb.2010 Hrsg.: Rüdiger Wolfrum.
Zit.: Herdegen, in Wolfrum (MPEPIL)

Hill, Lisa: "Adam Smith and the Theme of Corruption", S. 636–662 In: The Review of Politics 68, No.4 (2006).
Zit.: Hill, in The Review of Politics 68, No.4 (2006)

Humphrey, J. P.: Letter to the Editor, S. 539ff. In: Human Rights Quarterly (HRC) 6 (1984).
Zit.: Humphrey, in HRC 6 (1984)

Huntington, Samuel: "Modernization and Corruption", S. 59–71 In: Political Order in Changing Societies, New Haven, 1968.
Zit.: Huntington, in Political Order in Changing Societies

Ivanov, Kalin: "The Limits of a Global Campaign against Corruption" S. 28–45 In: Corruption and Development. The Anti-Corruption Campaigns Hrsg.: Sarah Bracking Hampshire, 2007.
Zit.: Ivanov

Jensen, Michael/Meckling, William: "Theory of the Firm: Managerial Behaviour, Agency Costs and Ownership Structure" In: Journal of Financial Economics (1976), S. 305 ff.
Zit.: Jensen / Meckling, in Journal of Financial Economics

Jhabvala, Farrokh: "Domestic Implementation of the Covenant on Civil and Political Rights", S. 461ff. In: Netherlands International Law Review (NILR) 32 (1985).
Zit.: Jhabvala, in NILR 32 (1985)

–: "The Practice of the Covenant's Human Rights Committee", S. 81ff. In: Human Rights Quarterly (HRQ) 6 (1984).
Zit.: Jhabvala, in HRQ 6 (1984)

Johnston, Michael: "Right and Wrong in British Politics: Fits of Morality in Comparative Perspective" In: Polity 24, No.1 (Herbst 1991), S. 1–25.
Zit.: Johnston, in Polity 24 No.1

–: "The Search for Definitions: The Vitality of Politics and the Issue of Corruption", In: International Science Journal 149 (1996).
Zit.: Johnston, in International Science Journal 149 (1996)

Kaufmann, Daniel: "Economic Corruption: The Facts." In: Foreign Policy, No.107 (1997),
Zit.: Kaufmann, in Foreign Policy Nr.107, (1997)

Kälin, Walter: "Die Europäische Menschenrechtskonvention als Faktor der europäischen Integration", S. 529ff. In: Im Dienst an der Gemeinschaft, Festschrift für Dietrich Schindler zum 65. Geburtstag, Basel 1989 Hrsg.: Walter Haller / Alfred Kölz / Georg Müller / Daniel Thürer.
Zit.: Kälin, in Walter et al.

Keller, Helen/Grover, Leena: "General Comments of the Human Rights Commitee and their Legitimacy" In: UN Human Rights Treaty Bodies Hrsg.: Helen Keller / Geir Ulfstein Cambridge, 2012.
Zit.: Keller / Grover, in Keller / Ulfstein

Khan, Mushtaq: "State Failure in Developing Countries and Institutional Reform Strategies" In: Toward Pro-Poor Policies. Aid, Institutions and Globalization Hrsg.: Bertil Tungodden / Nicholas Stern / Ivar Kolstad Washington DC, 2004.
Zit.: Khan, in Tungodden / Stern / Kolstad

Kjoer, Mette/Kinnerup, Klavs: "Good Governance – How does it Relate to Human Rights?" In: Human Rights and Good Governance Hrsg.: Hans-Otto Sano / Gudmundur Alfredsson Den Haag, 2002.
Zit.: Kjoer / Kinnerup, in Sano / Alfredsson

Klabbers, Jan: "The Right to be Taken Seriously: Self-Determination in International Law", S. 186–206 In: Human Rights Quarterly 28 (2006).
Zit.: Klabbers, in HRQ 28 (2006)

Klaveren von, Jacob: "Corruption as a Historical Phenomenon", S. 83–94 In: Political Corruption: Concepts and Contexts Hrsg.: Arnold Heidenheimer / Michael Johnston, New Brunswick, 2002.
Zit.: Klaveren, in Heidenheimer / Johnston

Klein, Eckart: "General Comments" In: Recht-Staat-Gemeinwohl, Festschrift für Dietrich Rauschning, Hrsg.: Knut Ipsen / Edzard Schmidt-Jortzig, Köln, 2001.
Zit.: Klein, in Ipsen / Schmidt-Jortzig

Klitgaard, Robert: "Gifts and Bribes" In: Strategy and Choice, Cambridge 1991 Hrsg.: Richard Zeckhauser.
Zit.: Klitgaard, in Zeckhauser

Kofele-Kale, Ndiva: "The Right to a Corruption-Free Society as an Individual and Collective Human Right: Elevating Official Corruption to a Crime under International Law",S. 149–178In: International Lawyer Vol.34 No.1 (2000).
Zit.: Kofele-Kale, in Internat. Lawyer, 34 I (2000)

Kratochwil, Friedrich: "How (IL)liberal is the Liberal Theory of Law? Some Critical Remarks on Slaughter's Approach", S. 120–145 In: Comparative Sociology 9 (2010).
Zit.: Kratochwil, in Comparative Sociology 9 (2010)

Krennerich, Michael: „Soziale Menschenrechte – von der zögerlichen Anerkennung zur extraterritorialen Geltung" In: Zeitschrift für Menschenrechte, 2 (2012), S. 166–183.
Zit.: Krennerich, in zfmr 2 (2012)

Kumar, Raj: „Corruption, Development and Good Governance: Challenges for Promoting Acccess to Justice in Asia", S. 568ff. In: 16 Michigan State Journal of International Law 475 (2008).
Zit.: Kumar, in 16 Mich. St. J. Int'l L 475 (2008).

–: „Corruption and Human Rights in India: Comparative Perspectives on Transparency and Good Governance", Oxford, 2011.
Zit.: Kumar

Künnemann, Robert: „A Coherent Approach to Human Rights", In: Human Rights Quarterly 17 (1995), S. 323–342.
Zit.: Künnemann, in HRQ 17 (1995)

Landmann, Todd/Schudel, Carl Jan Willem: „Corruption and Human Rights: Empirical Relationships and Policy Advice", Working Paper commissioned by the ICHRP, Genf, 2007.
Zit.: Landmann / Schudel, (ICHRP)

Langford, Malcolm: „Closing the Gap? – An Introduction to the Optional Protocol to the International Covenant on Economic, Social and Cultural Rights" In: Nordic Journal of Human Rights 27 (2009).
Zit.: Langford, in Nordic Journal of Human Rights 27 (2009)

–: „The Justiciability of Social Rights: From Practice to Theory“, S. 3–45 In: Social Rights Jurisprudence – Emerging Trends in International and Comparative Law, Cambridge, 2008 Hrsg.: Malcolm Langford.
Zit.: Langford, in Langford

–: King, Jeff A.: „Committee on Economic, Social and Cultural Rights – Past, Present and Future”, S. 477–516 In: Social Rights Jurisprudence – Emerging Trends in International and Comparative Law, Cambridge, 2008 Hrsg.: Malcolm Langford.
Zit.: Langford / King, in Langford

Larmour, Patrick: „Corruption and Governance in the South Pacific”, S. 1–17 In: Pacific Studies, Vol. 20/3 (1997).
Zit.: Larmour, in Pacific Studies, Vol. 20/3 (1997)

Lazar, Sian: „Citizens Despite the State. Everyday Corruption and Local Politics in El Alto, Bolivia”, S. 212–228 In: Corruption – Anthropological Perspectives Hrsg: Dieter Haller / Cris Shore, London, 2005.
Zit.: Lazar

Liebenberg, Sandra: „Socio-Economic Rights. Revisiting the Reasonableness Review/ Minimum Core Debate“, S. 303–324 In: Constitutional Conversations, Pretoria, 2008 Hrsg.: Stu Woolman / Michael Bishop.
Zit.: Liebenberg, in Woolman / Bishop

Liszt, Franz: „Das Verbrechen als sozial-pathologische Erscheinung“ In: Strafrechtliche Aufsätze und Vorträge II (1892–1904) Hrsg.: Ders., Berlin, 1970.
Zit.: Liszt

Lohmann, Georg: „Werden Menschenrechte überschätzt? Über Missbrauch, problematische Ausweitungen und Grenzen der Menschenrechte“, S. 9–23 In: Zeitschrift für Menschenrechte (zfmr) 2 (2013).
Zit.: Lohmann, in zfmr 2 (2013)

Low, Lucinda/Bjorklund, Andrea/Cameron Atkinson, Kathryn: „The Inter-American Convention against Corruption: A Comparison with the United States Foreign Corrupt Practices Act”, In: Virginia Journal of International Law 39 (1997).
Zit.: Low / Bjorklund / Cameron Atkinson, in Virginia Journal of International Law 39 (1997)

Mahoney, Paul: „Judicial Activism and Judicial Self-Restraint in the European Court of Human Rights. Two Sides of the Same Coin”, S. 57 ff. In: Human Rights Law Journal 11 (1990).
Zit.: Mahoney, in HRLJ 11 (1990)

Malinverni, Giorgio: „Les fonctions des droits fondamentaux dans la jurisprudence de la Commission et de la Coeur européennes des Droits de l'Homme”, S. 539ff. In: Im Dienst an der Gemeinschaft, Festschrift für Dietrich Schindler zum 65. Geburtstag, Basel 1989 Hrsg.: Walter Haller / Alfred Kölz / Georg Müller / Daniel Thürer.
Zit.: Malinverni, in Walter et al.

Mauro, Paolo: „Corruption and Growth" In: Quarterly Journal of Economics 110, No.3 (1995), S. 681–712.
Zit.: Mauro in, Quarterly Journ. of Econom., 3 (1995)

–: „The Effects of Corruption on Growth, Investment and Government Expediture: A Cross-Country Analysis", In: Corruption and the Global Economy Hrsg.: Kimberly Ann Elliott Washington, 1997.
Zit.: Mauro, in Elliott

Mégret, Frédéric: „Nature of obligation", S. 124–149 In: International Human Rights Law, Oxford 2010 Hrsg.: Daniel Moeckli / Sangeeta Shah / Sandesh Sivakumaran.
Zit.: Mégret, in Moeckli et al.

Moroff, Holger: „Internationalisierung von Anti-Korruptionsregimen", S. 444–477 In: Dimensionen politischer Korruption: Beiträge zum Stand der internationalen Forschung Hrsg.: Ulrich Alemann Wiesbaden, 2005.
Zit.: Moroff, in Alemann

Morrisson, Clovis: „Margin of Appreciaction in European Human Rights Law", S. 263–286 In: Human Rights Journal 6 (1973).
Zit.: Morrisson, in Hum. Rts. J. 6 (1973)

Murray, Rachel: „Evidence and Fact-Finding by the African Commission", S. 139–170 In: The African Charter on Human and Peoples' Rights: The System in Practice 1986–2006, 2. Auflage, Cambridge, 2008 Hrsg.: Malcolm Evans / Rachel Murray.
Zit.: Murray, in Murray / Evans

Nacimiento, Grace: „Die Amerikanische Deklaration der Rechte und Pflichten des Menschen", Heidelberg, 1997.
Zit.: Nacimiento

Nye, Joseph: „Corruption and Political Development: A Cost-Benefit Analysis", S. 417–427 In: American Political Science Review 61, No.2 (1967).
Zit.: Nye, in American Political Science Review 61, No.2 (1967)

O'Donnell, Thomas: „The Margin of Appreciation Doctrine: Standards in the Jurisprudence of the European Court of Human Rights", S. 474–496 In: Human Rights Quarterly 4 (1982).
Zit.: O'Donnell, in Hum. Rts. Q. 4 (1982)

O'Flaherty, Michael: „The Reporting Obligation under Article 40 of the International Covenant on Civil and Political Rights: Lessons to be Learned from Consideration by the Human Rights Committee of Irelands's First Report", S. 514 -538 In: Human Rights Quarterly (HRQ) 16 (1994).
Zit.: O'Flaherty, in HRQ 16 (1994)

Olken, Benjamin: „Corruption Perception vs. Corruption Reality", S. 950–974 In: Journal of Public Economics, 93 (2009).
Zit.: Olken

–: „Monitoring Corruption: Evidence from a Field Experiment in Indonesia", S. 200–249 In: Journal of Political Economy 115 (2007).
Zit.: Olken (JPE), 115

–: Barron, Patrick: „The Simple Economics of Extortion: Evidence from Trucking in Aceh", S. 417–452 In: Journal of Political Economy 117 (2009).
Zit.: Olken / Barron

Opsahl, Torkel: „The Human Rights Committee" In: The United Nations and Human Rights, Oxford, 1992 Hrsg.: Philipp Alston.
Zit.: Opsahl, in Alston

Pawlowski, Joanne: „Forced Eviction of Cambodia's Poor", In: Human Rights Tribune 11/3 (2005).
Zit.: Pawlowski, in Human Rights Tribune 11/3

Pazmandy, Matthias: „Erlebte Korruption als Korruptionsindikator – Neue Chancen für die Messung von Korruption am Beispiel europäischer Erhebungen", S. 191–202 In: Korruptionsbekämpfung als globale Herausforderung Hrsg.: L. Achathaler Wiesbaden, 2011.
Zit.: Pazmandy

Peters, Anne: „Der internationale Schutz der Menschenrechte: Risiko und Chancen aktueller Ausweitungen", S. 91–129 In: Recht und Willkür, Tübingen, 2012 Hrsg.: Christian Starck.
Zit.: Peters, in Starck

Pope, Jeremy: „Corruption in Africa: The Role for Transparency International", In: Corruption, Democracy and Human Rights in Eastern and Central Africa, Ibadan, 1995 Hrsg.: Ayodele Aderniwale.
Zit.: Pope, in Aderniwale

Porter, Bruce: „The Reasonabless of Art. 8(4) – Adjudicating Claims from the Margins" In: Nordic Journal of Human Rights Vol.27, Nr. 1 (2009).
Zit.: Porter, in Nordic Journal of Human Rights 27:1 (2009)

Pragal, Oliver: „§ 299 StGB – keine Straftat gegen den Wettbewerb", S. 63–81 In: Zeitschrift für Internationale Strafrechtsdogmatik (ZIS) 2/2006.
Zit.: Pragal, in ZIS 2/2006

Rabl, Tanja: „Wie Korruption entsteht – eine Analyse der Entscheidungsprozesse korrupter Akteure" In: Korruption – Forschungsstand, Prävention, Probleme, Lengerich, 2011 Hrsg.: Thomas Kliche / Stephanie Thiel.
Zit.: Rabl, in Kliche / Thiel

Ramsauer, Ulrich: „Die Bestimmung des Schutzbereiches von Grundrechten nach dem Normzweck", S. 89–106 In: Verwaltungsarchiv (VerwArch) 72 (1981).
Zit.: Ramsauer, in VerwArch 72 (1981)

Rädler, Peter: „Independence and Impartiality of Judges", S. 727–746 In: The Right to a Fair Trail Hrsg.: David Weissbrodt / Rüdiger Wolfrum Heidelberg, 1997.
Zit.: Rädler, in Weissbrodt / Wolfrum

Reinikka, Ritva/Svensson, Jakob: „Local Capture: Evidence from a Central Government Transfer Program in Uganda“, S. 678–704 In: The Quarterly Journal of Economics, 119 II (2004).
Zit.: Reinikka / Svensson

Robertson, Robert: „Measuring State Compliance with the Obligation to Devote the ‚Maximum Available Resources‘ to Realising Economic, Social and Cultural Rights“, S. 693ff. In: Human Rights Quarterly (HRQ) 16 (1994).
Zit.: Robertson, in HRQ 16 (1994)

Rochow, Marius: „Die Maßnahmen von OECD und Europarat zur Bekämpfung der Bestechung“ In: Beiträge zum Transnationalen Wirtschaftsrecht, Mai 2006 Heft 56. Hrsg.: Institut für Wirtschaftsrecht, Juristische Fakultät der Martin-Luther Universität Halle- Wittenberg.
Zit.: Rochow

Ross, Stephen: „The Economic Theory of Agency: The Principal's Problem", S. 134ff. In: The American Economic Review, 1973.
Zit.: Ross, in American Economic Review

Rönnau, Thomas/Faust, Florian/Fehling, Michael: „Kausalität und objektive Zurechnung", S. 113ff. In: Juristische Schulung (JuS) 2004.
Zit.: Rönnau / Faust / Fehling, in JuS 2004

Schefer, Krista Nadakavukaren: „Causation in the Corruption-Human Rights Relationship", S. 397–425 In: Rechtswissenschaft (RW), Heft 4 (2010).
Zit.: Schefer in RW 4 (2010)

Scheinin, Martin: „The Right to Social Security", S. 211–221 In: Economic, Social and Cultural Rights: A Textbook, Leiden, 2001 Hrsg.: Asbjorn Eide / Catarina Krause/ Allen Rosas.
Zit.: Scheinin, in Eide / Krause / Rosas

Schenk, Sylvia: „Die Rolle der Zivilgesellschaft in der Korruptionsbekämpfung“, In: Integrität in Staat und Wirtschaft“, Berlin, 2010 Hrsg.: Hans Herbert von Arnim.
Zit.: Schenk, in v. Arnim

Schlachter, Oscar: „The Obligation to Implement the Covenant in Domestic Law“ In: The International Bill of Rights Hrsg.: Louis Henkin, New York, 1981.
Zit.: Schlachter, in Henkin

Shleifer, Andrei/Vishny, Robert: „Corruption" In: Quarterly Journal of Economics, 108 (1993), S. 599–617.
Zit.: Shleifer / Vishny, in Quarterly Journ. of Econom., 108 (1993)

Schmidt, Markus: „United Nations", In: International Human Rights Law, Oxford 2010 Hrsg.: Daniel Moeckli / Sangeeta Shah / Sandesh Sivakumaran.
Zit.: Schmidt, in Moeckli et al.

–: „Individual Human Rights Complaints Procedures Based on United Nations Treaties and the Need for Reform" In: International and Comparative Law Quarterly (ICLQ), 41 (1992), S. 645–659.
Zit.: Schmidt, in ICLQ 41 (1992)

Schopflocher, Ernst: „Civil Procedure: A Comparative Study of Some Principal Features under German and American Law", S. 234ff. In: Wisconsin Law Review (1940).
Zit.: Schopflocher, in Wisconsin Law Journal (1940)

Schwelb, Egon: „The Nature of Obligations of the State parties to the International Covenant on Civil and Political Rights", S. 301ff. In: Amicorum Discipulorumque Liber Hrsg.: René Cassin, Paris, 1969.
Zit.: Schwelb, in Cassin

Scott, Craig/Alston, Philip: „Adjudicating Constitutional Priorities in a Transnational Context: A Comment on Soobramoney's Legacy and Grootboom's Promise", S. 206ff. In: South African Journal on Human Rights 16 (2000).
Zit.: Scott / Alston, in S. Afr. J. on Hum. Rts. 16 (2000)

Seibert-Fohr, Anja: „Domestic Implementation of the International Covenant on Civil and Political Rights Pursuant to its Article 2 para.2", S. 399–472 In: Max Planck Yearbook of United Nations Law, Vol. 5 (2001) Hrsg.: Jochen Frowein / Rüdiger Wolfrum.
Zit.: Seibert-Fohr in UNYB 5 (2001)

Sequeira, Sandra: „Advances in Measuring Corruption in the Field", S. 145–175 In: New Advances in Experimental Research on Corruption (Research in Experimental Economics, Vol. 15.) Hrsg.: Danila Serra / Leonard Wantchekon, Bingley, 2012.
Zit.: Sequeira

Singh, Kishore: „Education: International Obligations and Regional Normative Action in Africa", S. 437–467 In: African Yearbook of International Law, Vol. 12, Leiden, 2004.
Zit.: Singh, in African YB Int. Law, Vol.12 (2004)

Snider, Thomas/Kidane, Won: „Combating Corruption Through International Law in Africa: A Comparative Analysis", S. 691–748 In: Cornell International Law Journal, 40 (2007).
Zit.: Snider / Kidane, in Cornell Int'l L.J. 40 (2007)

Spence, Michael/Zeckhauser, Richard: „Insurance, Information and Individual Action" In: The American Economic Review, 1973, S. 134 ff.
Zit.: Spence / Zeckhauser, in The American Economic Review

Sperdutti, Guiseppe: „Responsibility of States for Activities of Private Law Persons", S. 216ff. In: Encyclopedia of Public International Law (EPIL), Band 4, 1. Auflage 2000.
Zit.: Sperdutti, in EPIL Band 4

Staberock, Gerald: „Human Rights, Domestic Implementation" In: Max Planck Encyclopedia of Public International Law (MPEPIL) Hrsg.: Rüdiger Wolfrum Oxford, 2011.
Zit.: Staberock, in Wolfrum (MPEPIL)

Steßl, Antonia: „It Takes Two to Tango. Von der unterschätzten Bedeutung des Einflusses sozialer Aspekte auf korruptes Verhalten", S. 306–336 In: Korruption – Forschungsstand, Prävention, Probleme Hrsg.: Thomas Kliche / Stephanie Thiel Lengerich, 2011.
Zit.: Steßl

Stoll, Peter-Tobias: „Human Rights, Treaty Bodies" In: Max Planck Encyclopedia of Public International Law (MPEPIL), Hrsg.: Rüdiger Wolfrum Oxford, 2013.
Zit.: Stoll, in Wolfrum (MPEPIL)

Swart, Koenraad: „The Scale of Public Offices", S. 95–106 In: Political Corruption: Concepts and Contexts Hrsg.: Arnold Heidenheimer / Michael Johnston, New Brunswick, 2002.
Zit.: Swart, in Heidenheimer / Johnston

Terracino, Julio Bacio: „Hard Law Connection between Corruption and Human Rights" ICHRP, Genf, 2007.
Zit.: Terracino, ICHRP

Thürer, Daniel: „Soft Law" In: Max Planck Encyclopedia of Public International Law (MPEPIL), Hrsg.: Rüdiger Wolfrum Oxford, 2009.
Zit.: Thürer, in Wolfrum (MPEPIL)

– Burri, Thomas: „Self-determination" In: Max Planck Encyclopedia of Public International Law (MPEPIL), Hrsg.: Rüdiger Wolfrum Oxford, 2008.
Zit.: Thürer / Burri, in Wolfrum (MPEPIL)

Tomuschat, Christian: „National Implementation of International Standards on Human Rights", S. 31ff. In: Canadian Human Rights Yearbook 1984–1985.
Zit.: Tomuschat in Canadian Human Rights Yearbook

–: „Die Bundesrepublik Deutschland und die Menschenrechtspakte der Vereinten Nationen", S. 1ff. In: Zeitschrift für die Vereinten Nationen 26 (1978).
Zit.: Tomuschat, in Zeitschrift für Vereinte Nationen 26 (1978)

–: „Menschenrechte, Individualbeschwerde" In: Handbuch Vereinte Nationen Hrsg.: Rüdiger Wolfrum München, 1991.
Zit.: Tomuschat, in Wolfrum

–: „Making Individual Communications an Effective Tool for the Protection of Human Rights" In: Recht zwischen Umbruch und Bewahrung. Völkerrecht-Europarecht-Staatsrecht, Festschrift für Rudolf Bernhard Hrsg.: Ulrich Beyerlin / Michael Bothe / Rainer Hoffman / Ernst Ulrich Petersmann Berlin, 1995.
Zit.: Tomuschat, in Beyerlin et al.

–: „Human Rights Committee" In: Encyclopedia of Public International Law (EPIL), Online Version Heidelberg, 2010.
Zit.: Tomuschat, in EPIL

–: „Evolving Proecudral Rules: The UN Human Rights Committee's First Two Years in Dealing with Individual Communications", S. 249ff. In: Human Rights Law Journal 1 (1980).
Zit.: Tomuschat, in Hum. Rts. Law Jour. 1 (1930)

Vandenberg, Martina: „Complicity, Corruption and Human Rights: Trafficking in Human Beings", S. 323–333 In: Case Western Reserve Journal of International Law, Vol. 34 (2002) Atlanta, 2002.
Zit.: Vandenberg, in Case W. Res. J. Int'L Vol.34 (2002)

Wang, Hongying/Rosenau, James: „Corruption as an Issue of Global Governance", S. 25–49 In: Global Governance 7 (2001).
Zit.: Wang / Rosenau, in Global Governance 7 (2001)

Webb, Philippa: „The United Nations Convention against Corruption – Global Achievement or Missed Opportunity?", S. 191–230 In: Journal of International Economic Law (JIEL) Vol. 8 No.1 Oxford University Press, 2005.
Zit.: Webb, in J. Int'l Econ. L., 8 (1)

Wilsher, Dan: „Inexplicable Wealth and Illicit Enrichment of Public Officals: A Model Draft That Respects Human Rights in Corruption Cases" In: Crime, Law and Social Change 45 (2006).
Zit.: Wilsher, in Crime Law and Social Change 45 (2006)

Witenberg, J.C.: „Onus probandi devant les juridictions arbitrales", S. 321–342 In: Revue Générale de Droit International Public (R.G.D.I.P) 55 (1951),
Zit.: Witenberg, in R.G.D.I.P. 55 (1951)

Wolfrum, Rüdiger: „Obligation of Result Versus Obligation of Conduct", S. 363–383 In: Looking to the Future: Essays on International Law in Honor of W. Michael Reisman, Leiden, 2010 Hrsg.: Mahnoush H. Arsanjani et al.
Zit.: Wolfrum, in Arsanjani et al.

Young, Katherine: „The Minimum Core of Economic and Social Rights: A Concept in Search of Content", S. 113- 175 In: Yale Journal of International Law (YJIL) 33 (2008).
Zit.: Young, in YJIL, 33 (2008)

Zayas de, Alfred: „The United Nations and the Guarantees of a Fair Trail in the International Covenant on Civil and Political Rights and the Convention Against Torture and Other Cruel, Inhuman or Degrading Treatment or Punishment", S. 667–696 In: The Right to a Fair Trail, Heidelberg, 1998 Hrsg.: David Weissbrodt / Rüdiger Wolfrum.
Zit.: Zayas de, in Weissbrodt / Wolfrum

Zerbes, Ingeborg: „Art. 1: The Offence of Bribery of Foreign Public Officials" In: The OECD Convention on Bribery: A Commentary, Cambridge, 2007 Hrsg.: Mark Pieth / Lucinda Low / Peter J. Cullen.
Zit.: Zerbes, in Pieth / Low / Cullen

Zhang, Sheldon/Pineda, Samuel: „Corruption as a Causal Factor in Human Trafficking" In: Organized Crime: Culture, Markets and Policies, Heidelberg, 2008 Hrsg.: Dina Siegel / Hans Nelsen.
Zit.: Zhang / Pineda, in Siegel / Nelsen

C. Kommentare

Dörr, Oliver/Schmalenbach, Kirsten: Vienna Convention on the Law of Treaties – A Commentary, Heidelberg, 2012.
Zit.: Dörr / Schmalenbach

Fischer, Thomas: Strafgesetzbuch, Kommentar 61. Auflage, München, 2014.
Zit.: Fischer

Hannich, Rolf: Karlsruher Kommentar zur Strafprozessordnung, 7. Auflage München, 2013.
Zit.: Verfasser, in Hannich

Heintschel-Heinegg, Bernd: Beck Online Kommentar StGB 23. Auflage, 2012.
Zit.: BeckOK StGB - Verfasser

Joseph, Sarah/Castan, Melissa: The International Covenant on Civil and Political Rights, Cases, Materials and Commentary, 3. Auflage, Oxford, 2013.
Zit.: Joseph/Castan

Kindhäuser, Urs/Neumann, Ulfried/Paeffgen, Hans Ulrich: Nomos Kommentar, Strafgesetzbuch, Band I, 4. Auflage Baden-Baden, 2013.
Zit.: Nomos StGB – Bearbeiter

Lackner, Karl/Kühl, Kristian: Kommentar Strafgesetzbuch, 27. Auflage, München, 2011.
Zit.: Lackner / Kühl

Maunz, Theodor/Dürig, Günter (Begründer): Grundgesetz Kommentar München, 2014 Hrsg.: Roman Herzog / Matthias Herdegen / Rupert Scholz / Hans Klein.
Zit.: Maunz / Dürig – Bearbeiter

Nowak, Manfred: U.N. Convenant on Civil and Political Rights – CCPR Commentary, 2. Auflage, Kehl, 2005.
Zit.: Nowak

Schönke, Adolf/Schröder, Horst: Kommentar Strafgesetzbuch, 29. Auflage, München, 2014.
Zit.: Schönke / Schröder

Laufhütte v., Heinrich Wilhelm/Rissing-van Saan, Ruth/Tiedemann, Klaus (Hrsg.): Leipziger Kommentar, StGB, Band 10 12. Auflage, Berlin, 2007.
Zit.: Leipziger Kommentar StGB - Bearbeiter

D. Lehrbücher

Bleckmann, Albert: Völkerrecht Baden – Baden, 2001.
Zit.: Bleckmann

Doehring, Karl: Völkerrecht 2. Auflage, Heidelberg, 2004.
Zit.: Doehring

Epping, Volker: Grundrechte, 4. Auflage, Heidelberg, 2010.
Zit.: Epping

Ipsen, Knut: Völkerrecht, 6. Auflage, München, 2014.
Zit.: Ipsen

Kimminich, Otto/Hobe, Stephan: Einführung in das Völkerrecht, 7. Auflage, Tübingen/Basel, 2000.
Zit.: Kimminich / Hobe

Pieroth, Bodo/Schlink, Bernhard: Staatsrecht II – Grundrechte 27. Auflage, Heidelberg, 2011.
Zit.: Pieroth / Schlink

Schweisfurth, Theodor: Völkerrecht, Tübingen, 2006.
Zit.: Schweisfurth

Smith, Rhona: Textbook on International Human Rights, 3. Auflage, Oxford, 2007.
Zit.: Smith

Stein, Torsten/v. Buttlar, Christian: Völkerrecht, 12. Auflage Köln, 2009.
Zit.: Stein / v. Buttlar

Verdross, Alfred/Simma, Bruno: Universelles Völkerrecht, 3. Auflage, Berlin, 1984.
Zit.: Verdross / Simma

E. Sonstige Dokumente

Alolo, Namawu Alhassan: Corruption, Human Rights and Gender: An Empirical Investigation Ghana, ICHRP, Genf, 2007.
Zit.: Alolo

Andvig, Jens/Fjeldstad, Odd-Helge: „Crime, Poverty and Police Corruption in Developing Countries“ Chr. Michelsen Institute Working Paper, 2008:7 Bergen, 2008.
Zit.: Andvig / Fjeldstad

Azfar, Omar/Gurgur, Tugrul: Does Corruption Affect Health and Education Outcomes in the Philippines? World Bank Research Paper.
Zit.: Azfar / Gurgur

Bahur, Monika/Nasiritousi, Naghmeh: „Why Pay Bribes? Collective Action and Anti-Corruption Efforts", QoG Working Paper Series, 2011.
Zit.: Bahur / Nasiritousi

Bray, Mark: Counting the Full Cost: Parental and Community Financing of Education in East Asia, Collaborative Report by the World Bank and UNICEF, Directions in Development, Washington, 1996.
Zit.: Bray, UNICEF/World Bank

Chene, Marie: Impact of Corruption on Indigenous People, U4 Expert Answer, 26.05.2010.
Zit.: Chene (U4)

Cheriyan, George: Enforcing the Right to Food in India: Bottlenecks in Delivering the Expected Outcome, UNI-WIDER Research Paper No. 2006/132, Finland, 2006.
Zit.: Cheriyan, UNI-WIDER Research Paper 2006/132

Da Silva, Marcos/Garcia, Fernando/Bandeira, Andrea Camara: How Does Corruption hurt Growth? Evidence about the Effects of Corruption on Factors of Productivity and Per Capita Income, TI Brasilien, Sao Paulo, 2001.
Zit.: Da Silva / Garcia / Bandeira

Deutsches Institut für Menschenrechte: Die „General Comments" zu den VN-Menschenrechtsverträgen, Deutsche Übersetzung und Kurzeinführung Baden-Baden, 2005.
Zit.: Deutsches Institut für Menschenrechte

Diokno, Maria Socorro: Challenges and Opportunities: A Response In: Symposium Papers: A Human Rights Approach to Development, Human Rights Council of Australia (HRCA) Sydney, 1995.
Zit.: Diokno, in HRCA

Economic Commission for Latin America and the Caribbean (ECLAC): The Equity Gap: Latin America, the Caribbean and the Social Summit, Santiago de Chile, 1997.
Zit.: ECLAC, Equality Gap

–: Equidad, desarrollo y ciudadanía, Santiago de Chile, 2000.
Zit.: ECLAC, Equidad, desarrollo y ciudadanía

Focal Integrity Team Cameroon (FITCAM): „A Manual of Good Governance and Anti-Corruption Procedures – The Education Sector in Cameroon",
Zit.: FITCAM

Foege, Wiliam: „The Power of Immunisation", In: UNICEF, The Progress of Nations 2000, New York, 2000.
Zit.: Foege, UNICEF

Gephardt, Malte: „Herausforderungen für die Anti-Korruptionskampagne im Spannungsverhältnis zwischen internationaler und lokaler Ebene" Paper für die Nachwuchskonferenz ‚Normative Ordnung: Rechtfertigung und Sanktionen'", 23.- 25.10.2009 Goethe Universität, Frankfurt am Main.
Zit.: Gephardt

Gupta, Sanjeev/Mello, Luiz/Sharan, Raju: „Corruption and Military Spending", IMF Working Paper WP/00/23, 2000.
Zit.: Gupta / Mello / Sharan, IMF Working Paper WP/00/23, 2000.

Hallak, Jaques/Poisson, Muriel: Corrupt Schools, Corrupt Universities: What Can Be Done? International Institute for Education Planing (IIEP), UNESCO Paris, 2007.
Zit.: Hallak / Poissoin, IIEP/UNESCO

Hardjono, Raith/Teggemann, Stefanie (Hrsg.): „The Poor Speak Up: 17 Stories of Corruption", Erscheinungsjahr unbekannt.
Zit.: Hardjono / Teggemann

Human Rights Watch: Hopes Betrayed: Trafficking of Women and Girls to Post-Conflict Bosnia and Herzegovina for Forced Prostitution, New York, 2002.
Zit.: Human Rights Watch

International Labor Organization (ILO): Conventions and Recommendations, Genf, 1982.
Zit.: ILO, Conventions and Recommendations

International Council on Human Rights Policy (ICHRP): „Corruption and Human Rights: Making the Connection", Genf, 2009.
Zit.: ICHRP (2009)

Ibid.: „Integrating Human Rights in the Anti-Corruption Agenda: Challenges, Possibilities and Opportunities", Genf, 2010.
Zit.: ICHRP (2010)

International Centre for the Legal Protection of Human Rights (INTERIGHTS): „Non-Discrimination in International Law – a Handbook for Practitioners", London, 2001.
Zit.: Interights

Jali Commission: Official Executive Summary of Final Report of the Judicial Commission of Inquiry into Allegations of Corruption, Maladministration, Violence or Intimidation in the Department of Correctional Services, Durban, 2006.
Zit.: Jali Commission, Executive Summary of Final Report

Jayawickrama, Nihal: Corruption – A Violation of Human Rights? TI Working Paper, Berlin, 1998.
Zit.: Jayawickrama

Journal of Turkish Weekly: „Armenian Protesters: Referendum Rigged", 29.11.2005.
Zit.: Journal of Turkish Weekly, 29.11.2005

Kaufmann, Daniel/Kraay, Aart: „Governance and Growth: Causality Which Way? Evidence for the World, In Brief" Hrsg.: World Bank Washington, 2003.
Zit.: Kaufmann / Kraay / Mastruzzi

Lewis, Maureen: Governance and Corruption in Public Health Case Systems, Working Paper 78, Centre for Global Development, 2006.
Zit.: Lewis

Mastad, Ottar/Mwisongo, Aziza: Informal Payments and the Quality of Health Care in Tanzania: Results from Qualitative Research Chr. Michelsen Institute (CMI) Working Paper Nr.5 (2007) Bergen, 2007.
Zit.: Mastad / Mwisongo

Ministry of Education, South Korea: The Development of Education: National Report of the Republic of Korea, Seoul 1996.
Zit.: Ministry of Education, The Development of Education: National Report of the Republic of Korea

Multidisciplinary Group on Corruption (GMC) (Arbeitsgruppe eingesetzt durch das Ministerkomitee des Europarates): Programme of Action against Corruption, Strasbourg, 1996.
Zit.: Programme of Action against Corruption, GMC (96) 95

Office of the High Commissioner for Human Rights: Fact Sheet No.15, Civil and Political Rights: The Human Rights Committee.
Zit.: Fact Sheet No.15

–: The Human Rights Case Against Corruption, Genf, 2013.
Zit.: OHCHR

Ogundokun, Opeoluwa Adetoro: „A Human Rights Based Approach to Combating Corruption in Africa: Appraising the AU Convention Using Nigeria and South Africa", Centre for Human Rights, University of Pretoria, 2005.
Zit.: Ogundokun

Organization for Economic Cooperation and Development (OECD): OECD Glossary on Corruption: A Glossary of International Standards in Criminal Law, Strasburg, 2008.
Zit.: OECD Glossary Corruption

Pearson, Zoe: „Human Rights and Corruption", Research Paper by the Centre for Democratic Institutions, Australia, 2001.
Zit.: Pearson

Riedel, Eibe/Arend, Jan-Michael/Suárez Franco, Ana Maria: Indicators – Benchmarks – Scoping – Assessment, Background Paper Hrsg.: Friedrich-Ebert-Stiftung, Belin/ Genf, 2010.
Zit.: Riedel / Arend / Suárez Franco

Savage, Kevin/Delesgues, Lorenzo/Martin, Ellen/Ulfat, Gul Pacha: Corruption Perceptions and Risks in Humanitarian Assistance: An Afghanistan Case Study, Humanitarian Policy Group (HPG) Working Paper, Juli 2007.
Zit.: Savage / Delesgues / Martin / Ulfat, HPG (Juli 2007)

Savage, Kevin/Jackollie, Mulbah/Kumeh, Maxim/Dorbor, Edwin: Corruption Perception and Risks in Humanitarian Assistance: A Liberia Case Study, Humanitarian Policy Group (HPG) Working Paper, April 2007.
Zit.: Savage / Jackollie / Kumeh / Dorbor, HPG (April 2007)

Schäfer, Bernhard: Die Individualbeschwerde nach dem Fakultativprotokoll zum Zivilpakt. Ein Handbuch für die Praxis, Berlin, 2004.
Zit.: Schäfer

Seppännen, Maaria/Virtanen, Pekka: Corruption, Poverty and Gender, Case Studies of Nicaragua and Tanzania, Oulu, 2008.
Zit.: Seppännen / Virtanen

Stalgren, Patrik: Corruption in the Water Sector: Causes, Consequences and Potential Reform, Swedish Water House Policy Brief No.4, Stockholm International Water Institute (SIWI), Stockholm, 2006.
Zit.: Stalgren, SIWI

Sunga, Lyal/Bottigliero, Ilaria: In-Depth Study on the Linkages between Corruption and Human Rights, Raoul Wallenberg Institute Lund, 2007.
Zit.: Sunga / Bottigliero

Swardt, Cobus de: „A Quest for Social Justice: Fighting Corruption around the World" Public Lecture: La Trobe University, Melbourne, Australia, 20.05.2009.
Zit.: Swardt

Tanzi, Vito: „Corruption around the World – Causes, Consequences, Scope, and Cures" In: IMF Staff Papers, Vol. 45, No.4 (December 1998).
Zit.: Tanzi, IMF Staff Papers

Tanzi, Vito/Davoodi, Hamid: „Corruption, Public Investment and Growth", IMF Working Paper 97/193, 1997.
Zit.: Tanzi / Davoodi

Thaipradit, Sathita: The Ethics of the Police in the Investigation of Criminal Cases: The Case Study of Sherry-Ann Duncan Bangkok, 2004.
Zit.: Thaipradit

Thienel, Tobias: „The Burden and Standard of Proof in the ECtHR", S. 543–588 In: German Yearbook of International Law, 50 (2007), Berlin,2008.
Zit.: Thienel, in German YB of Int'Law 50 (2007)

Tomasevski, Katarina: School Fees as Hindrance to Universalizing Primary Education, Background Paper for the Education for All Global Monitoring Report 2003/4, Gender and Education for All: The Leap to Equality, UNESCO Dok. 2004/ED/EFA/MRT/PI/73 Genf, 2003.
Zit.: Tomasevski, UNESCO 2004/ED/EFA/MRT/PI/73

Transparency International: Global Corruption Report 2004 Political Corruption London, 2004.
Zit.: TI Global Corruption Report (2004)

–: Global Corruption Report 2007: Corruption in Judicial Systems, Cambridge, 2007.
Zit.: TI, Global Corruption Report (2007)

–: Global Corruption Report 2006: Corruption and Health Cambridge, 2006.
Zit.: TI Global Corruption Report (2006)

–: Using the Right to Information as an Anti-Corruption Tool, Berlin, 2006.
Zit.: TI-Right to Information as an Anti-Corruption Tool

–: Korruptionsbarometer, Berlin, 2013.
Zit.: Korruptionsbarometer TI (2013)

United Nations Development Programme (UNDP): „Corruption and Good Governance“, UNDP Discussion Paper 3, New York, 1997.
Zit.: UNDP Discussion Paper 3

UNESCO: Statistical Yearbook, Paris, 1996.
Zit.: UNESCO, Statistical Yearbook (1996)

United Nations Global Programme against Corruption (GPAC): United Nations Manual on Anti-Corruption Policy Centre for International Crime Prevention, Office of Drug Control and Crime Prevention, Wien, 2002.
Zit.: UN Anti-Corruption Toolkit

UNICEF: The State of the World´s Children, New York, 1999.
Zit.: UNICEF

United Nations Global Initiative to Fight Human Trafficking (UN.GIFT): Corruption and Human Trafficking: The Grease That Facilitates Crime, Wien, 2008.
Zit.: UN.GIFT

U4 Anti-Corruption Research Center: „Corruption in the education sector”, Issue 4/2006 Hrsg.: U4 Anti-Corruption Research Center (Chr. Michelsen Institut), Bergen, 2006.
Zit.: U4, 4/2006

World Bank: Anticorruption in Transition: A Contribution to the Policy Debate, Washington D.C., 2000.
Zit.: World Bank

World Bank: Azerbaijan Health Sector, Vol.I/II, Washington, 2005.
Zit.: World Bank, Azerbaijan Health Sector (Vol.I/II)

World Water Assessment Programme: Water, a Shared Responsibility: The United Nations World Water Development Report 2 Paris, 2006.
Zit.: World Water Assessment Programme

Zucker Boswell, Nancy: „Building Effective Anticorruption Regimes: A Public-Private Sector Partnership” Paper presented at the annual ASIL meeting, Washington, 1997.
Zit.: Zucker Boswell, (Paper ASIL)

F. Internetquellen

Brundtland, Gro Harlem: „Globalisation, TRIPS and Access to Medicine” 4th WTO Ministerial Conference at Doha, Qatar, 9-13.11.2001, Statement WHO/17 Abrufbar unter: http://www.who.int/inf-pr-2001/en/state2001-17.html.
Zit.: Brundtland, 4th WTO Ministerial Conference, Statement WHO/17

BMJ: „Perinatal and Maternal Outcomes by Planned Place of Birth for Healthy Women with low risk Pregnancies: The Birthplace in England national prospective Cohort Study." Oxford, 2011 Abrufbar unter: http://www.bmj.com/content/343/bmj.d7400.
Zit.: BMJ 2011;343:bmj.d7400

Glendinning, Lee: „Corruption Rife among Prison Staff, Report Claims", The Times, 31.07.2006 Abrufbar unter: http://www.thetimes.co.uk/tto/news/uk/crime/article 1877608.ece.
Zit.: Glendinning, The Times, 31.07.2006

Global Witness: „Son of Equatorial Guinea's Dictator plans one of World's most Expensive Yachts", Artikel vom 28.02.2011 Abrufbar unter: http://www.global witness.org/library/son-equatorial-guineas-dictator-plans-one-worlds-most-expensive-yachts.
Zit.: Global Witness, 28.02.2011

Lobe, Jim: Billionen-Verluste für Entwicklungsländer durch Korruption, Steuer- und Kapitalflucht Neopresse, 18.12.2012 Abrufbar unter: http://www.neopresse.com/wirtschaft/billionen-verluste-fur-entwicklungslander-durch-korruption-steuer-und-kapitalflucht/
Zit.: Lobe, in Neopresse (18.12.2012)

Leffers, Jochen: „Germany Rocked by Allegations of PhD Bribes", In: Der Spiegel, 24.08.2009 Abrufbar unter: http://www.spiegel.de/international/germany/academic -corruption-germany-rocked-by-allegations-of-ph-d-bribes-a-644639.html.
Zit.: Leffers, in Der Spiegel (24.08.2009)

Mungiu-Pippidi, Alina: „On Corruption in Universities and How it is being Challenged by a ‚Clean Universities' Ranking and the Power of Press Coverage", In: Times Higher Education (THE), 21.11.2013 Abrufbar unter: http://www.times highereducation.co.uk/comment/opinion/corruption-in-universities-a-blueprint-for-reform/2009139.article.
Zit.: Mungiu-Pippidi, in THE (21.11.2013)

Shah, Anup: Nigeria and Oil Global Issues, Bericht vom 03.07.2004 Abrufbar unter: http://www.globalissues.org/article/86/nigeria-and-oil.
Zit.: Shah (03.07.2004)

Sokwanele: Corruption in the Passport Office, 21.06.2007 Abrufbar unter: http://www.sokwanele.com/thisiszimbabwe/archives/591.
Zit.: Sokwanele

www.ingramcontent.com/pod-product-compliance
Ingram Content Group UK Ltd.
Pitfield, Milton Keynes, MK11 3LW, UK
UKHW021845290926
8980IPUK00005B/656